北京商务年鉴

（2021）

北京市商务局　编

图书在版编目 (CIP) 数据

北京商务年鉴 . 2021 / 北京市商务局编 . -- 北京 : 中国商务出版社 , 2021.9
ISBN 978-7-5103-3993-6

Ⅰ . ①北… Ⅱ . ①北… Ⅲ . ①商务—北京— 2021 —年鉴 Ⅳ . ① F727.1-54

中国版本图书馆 CIP 数据核字 (2021) 第 197104 号

北京商务年鉴（2021）

BEIJING SHANGWU NIANJIAN (2021)

北京市商务局　编

出　　版：中国商务出版社
地　　址：北京市东城区安外东后巷 28 号　　**邮　编**：100710
责任部门：教育事业部（010-64255862　cctpswb@163.com）
责任编辑：刘豪
直销客服：010-64255862
总 发 行：中国商务出版社发行部（010-64208388　64515150）
网购零售：中国商务出版社淘宝店（010-64286917）
网　　址：http://www.cctpress.com
网　　店：https://shop162373850.taobao.com
邮　　箱：cctp@cctpress.com
排　　版：德州华朔广告有限公司
印　　刷：北京建宏印刷有限公司
开　　本：889 毫米 × 1194 毫米　1/16
印　　张：28.25　　**字　数**：633 千字
版　　次：2021 年 11 月第 1 版　　**印　次**：2021 年 11 月第 1 次印刷
书　　号：ISBN 978-7-5103-3993-6
定　　价：150.00 元

《北京商务年鉴（2021）》编辑委员会

《北京商务年鉴（2021）》编辑部

编 辑 说 明

一、《北京商务年鉴（2021）》（以下简称《年鉴》）由北京市商务局《年鉴》编辑委员会编纂，是本市商务领域唯一的权威性、综合性年鉴。该书的前身——《北京商务概览》创刊于2003年，2004年分为外经贸卷和内贸卷。2005年将两卷合一，更名为《北京商务年鉴》，并由内部刊印改为公开出版发行。

二、《年鉴》全面、系统地记述了上年北京市商务领域的基本情况和取得的成就。封面年号“2021”表示本期《年鉴》于2021年出版，主要包括2020年1月1日至12月31日期间的工作成果、相关数据，并在重要文献中涉及2021年全市商务工作安排。

三、《年鉴》的内容由商务部门各单位和海关、天竺综保区等单位提供，内容广泛，资料详实，数据准确，逐年出版，具有宝贵的文献保存价值。

四、《年鉴》不仅能为政府机关领导决策提供参考依据，也可为国内外商务领域和其他各界人士提供相关的法规、政策和数据资料。

五、创刊以来，《年鉴》承蒙供稿单位的大力支持，受到有关人士的欢迎和鼓励，在此谨致谢意，并希望继续得到各界人士的关心和支持。

《北京商务年鉴》编辑委员会

二〇二一年八月

Editor's Notes

Ⅰ. *Beijing Commercial Yearbook* (2021) (hereinafter abbreviated as the *Yearbook*), compiled by the editorial committee of the *Yearbook* of Beijing Municipal Bureau of Commerce, is the only authoritative and comprehensive yearbook in the commercial field in Beijing. The predecessor of the *Yearbook* is *Beijing Commercial Review* started publication in 2003. In 2004, the book was divided into two volume—Foreign Economy & Trade Volume and Domestic Trade Volume. In 2005, the two volumes were combined together as one book with the name *Beijing Commercial Yearbook*, which changed from a periodical for restricted circulation into a publicly published one.

Ⅱ. The *Yearbook* gives a comprehensive and systematic record of the basic situation and achievements in the commercial field in Beijing. "2021" in the cover means the *Yearbook* is published in 2021. The *Yearbook* mainly includes the achievements of work and related data from January 1 to December 31, 2020, and involves the commercial work arrangement of Beijing in 2021 in some important documents.

Ⅲ. The contents of the *Yearbook* come from various authorities of Commerce and other departments like the Customs and Beijing Tianzhu Free Trade Zone. With rich material, wide coverage and accurate data, the *Yearbook* is a valuable document.

Ⅳ. The *Yearbook* can not only provide reference for the leaders of government authorities to make decision but also provide the related materials of laws, regulations, policies and data for domestic and overseas personnel in the commercial field as well as other fields.

Ⅴ. We are deeply appreciative of the great support from the authorities providing articles, and the enthusiastic encouragement of the related personnel since the publication of the *Yearbook*. We hope we would be concerned and supported continuously in the future.

Editorial Committee of *Beijing Commercial Yearbook*

Aug. 2021

目　录

第一部分　重要文献

第二部分　法规、文件选编

第三部分　主要业务

第四部分 海 关

第五部分　开发区、综保区、行政区商务

第六部分　统计资料

第七部分 大 事 记

第八部分 附 录

CONTENTS

Part Ⅰ Important Documents

Part Ⅱ Collection of Laws, Regulations and Documents

Part Ⅲ Main Work

Part Ⅳ Customs

Part Ⅴ Development Areas, Free Trade Zone and Districts

Part Ⅵ Statistical Data and Material

Part Ⅶ Major Events

Part Ⅷ Appendix

第一部分

重　要　文　献

附图一卷

插 文 附 图

杨晋柏同志在全市商务工作会议上的讲话

（2021 年 2 月 8 日）

同志们：

岁末年初，千头万绪。我们在春节前召开2021年全市商务工作会议，主要目的是贯彻落实市委市政府决策部署和指示要求，将今年的目标任务和“十四五”时期的工作思路及早明确下来，及时安排部署下去。刚才，立刚同志作了工作报告，讲得很详细，我都同意，请大家认真抓好落实。6家单位的交流材料，我都看了，各具特色，大家要相互学习借鉴。

过去五年，全市商务系统以习近平新时代中国特色社会主义思想为指导，认真贯彻落实市委市政府决策部署，奋发有为、履职尽责，做了大量卓有成效的工作。特别是去年，面对复杂严峻的国内外形势和新冠肺炎疫情的严重冲击，同志们凝心聚力、忘我付出，千方百计防疫情、保供应、稳商贸、促发展、创新局，为全市经济社会发展做出了积极贡献。突出表现在以下几点：一是全力打赢疫情防控“阻击战”，千方百计保障防疫物资及生活必需品平稳供应。想方设法从国内外调动资源，调配口罩超过2亿只，很快实现防疫物资从进口到出口的转变，口罩、防护服、医疗器械等物资出口翻倍，医药材及药品出口增长超30%。滚动修订餐饮、农产品批发市场等14个行业防控指引，落实测体温、戴口罩、一米线、限客流、通风消毒等措施，织牢商贸流通领域防控大网。创新方式方法，构建全方位生活必需品市场监测体系，建立“点对点”监测补货机制，推动重点流通企业组织货源，积极协调外埠货源进京，组织大型连锁超市开展价格承诺，推动主要批发市场批零分开、管理升级。加大生活必需品政府储备规模，根据实际科学调储，蔬菜零售价格近6个月来保持一线城市最低（丰台区一手抓防疫、一手抓供应，特别是新发地疫情发生后，紧急组织企业开辟临时交易场地，有力保障了蔬菜等生活必需品平稳过渡，为全市菜篮子保供稳价做出了积极贡献；顺义、门头沟等区抓便民商业网点工作有力度有效率，完成全年任务140%以上）。二是充分发挥统筹协调作用，不断开创“两区”建设新格局。在申报阶段，连续作战近5个月，组织与近50个国家部委反复协调磋商，有力保障了“两区”顺利获批。之后，又迅速、高效地搭建组织架构，拉开工作框架，围绕“产业+区域+要素”，形成“9+17+4”方案体系，251项任务首年实施率达35.8%，目前接近50%，一批突破性项目顺利落地（西城区落地我市首家新设外资控股券商；石景山区落户我市首家合资消费金融公司；大兴区获批全国首家跨省共建共管共享的综合保税区）。成立稳外资工作专班，实现全市“一盘棋”工作格局，利用外资自去年6月开始持续收窄，从最高时下降21.8%，到年底时基本与上年规模持平，实现了稳住外资基本盘的总目标（其中，朝阳区以占到全市近三分之一的体量，实现了7.7%的增长）。陈吉宁市长对全市稳外资工作作出批示：稳外资专班加强协调、调度工作卓有成效，予以肯定。三是加强横向协作、纵向联动，全力以赴促消费。以前所未有的频率调度促消费工作，以前所未有的力度开展消费季活动，以前所未有的方式和规模发放消费券。自去年4月以来，社零额降幅连续9个月收窄，全市社零额增速11月单月首次实现由负转正，同比增长7.9%，增速高于全国2.9个百分点（其中，平谷区、怀柔区、开发区于10月单月率先实现正增长；1—12月，房山、通州、昌平、密云区的服务消费实现正增长。东城区多次承办“北京消费季”启动仪式等全市性乃至全国性大型促消费活动，表现出了高水平、高站位）。蔡奇书记给予高度肯定，批示：消费季工作做得好，有成效，值得肯定。此外，督促指导餐饮企业、网络点餐平台等开展“光盘行动”取得明显成效。四是全力筹办服贸会，确保了展会圆满举行。创新探索出“综合+专题”“室内+室外”“线上+线下”的办展新模式，吸引148个国家和地区的企业机构参展参会，取得了七大类1418项成果（各区均组建交易团，其中，开发区、海淀、朝阳、顺义、延庆等交易团成交投资类成果突出，合计占全市交易团总额的97.7%）。可以说，成绩来之不易，值得充分肯定。在此，我代表市政府，向大家表示衷心的感谢和诚挚的问候！

下面，我讲三点意见。

一、强化政治意识，紧紧围绕构建新发展格局谋划商务工作

加快构建以国内大循环为主体、国内国际双循环相互促进的新发展格局，是以习近平同志为核心的党中央根据我国发展阶段、环境、条件变化，特别是基于我国比较优势变化，审时度势作出的重大战略决策。构建新发展格局，要坚持扩大内需这个战略基点，畅通国内大循环，贯通生产、分配、流通、消费各环节，商务部门主管的内贸流通在其中处于举足轻重的位置；构建新发展格局，需要深入参与国际循环、推进更高水平对外开放，商务部门主管的对外贸易和双向投资工作对此责无旁贷；而推动内需和外需、进口和出口、引进外资和对外投资协调发展，实现国内国际双循环相互促进，更需要商务部门立足自身职责、加强统筹协调，发挥应有作用。因此，全市商务系统要胸怀“两个大局”、心系“国之大者”，不断提高政治判断力、政治领悟力、政治执行力，担当作为、开拓创新，把构建新发展格局贯穿到商务工作各领域、全过程，在构建新发展格局中担负起更大责任、展现出更大作为。

（一）要提高认识

重点是要理解“三个是、三个不是”。即构建新发展格局是把握发展主动权的先手棋，不是被迫之举和权宜之计；是开放的国内国际双循环，不是封闭的国内单循环；是以全国统一大市场基础上的国内大循环为主体，不是各地都搞自我小循环。特别是要注意不要狭义地、片面地理解新发展格局，不要认为在商务领域的大循环、双循环就是物流的循环，不要认为内贸流通领域就只是消费，不要认为以国内大循环为主体就是只要扩大进口而忽视了出口。要坚持系统观念，科学理解和把握好短期和长期、国内和国际、全国和地方、内贸和外贸、进口与出口等关系，全面深化对构建新发展格局的认识。

（二）要发挥优势

在构建新发展格局中，我市商务工作具有很好的基础，也有独特的优势，主要体现三个方面：一是高精尖产业优势。我市高新技术产业处于全国领先位置，数字经济增加值占地区生产总值比重达38%。近年来特别是疫情后，互联网、大数据、人工智能等新技术对商业领域的影响和渗透越来越深，通过数字赋能商业，催生大量新业态新模式，加速传统业态和模式再造。同时，商业也为科技创新提供了需求空间和应用场景，为商务工作更好服务于构建新发展格局带来了重大机遇。二是超大市场优势。北京既是超大型城市，也是伟大祖国的首都，消费市场不仅面向本市，也面向全国，面向世界。“十三五”时期，我市最终消费支出对GDP的贡献率在60%以上，持续作为经济增长的第一拉动力。商品消费2019年突破1.5万亿元，境外消费居全国前列，疫情之下线上消费又展现巨大爆发力，2020年实现网上零售额4423.3亿元，年度增量首次突破千亿达1057亿元，同比增长30.1%，高于全国15.3个百分点。2019年，我市中等收入群体大约有1200万人，占常住人口的55.8%，是我们建设强大国内市场的重要支撑。京津冀协同发展也为我们挖掘需求潜力提供了强大腹地。三是营商环境优势。2018年以来，北京综合营商环境连续两年全国排名第一，2019年世界银行发布的《全球营商环境报告2020》，北京得分达到了部分OECD成员国水平。作为全国唯一同时拥有国家服务业扩大开放综合示范区和自贸试验区两大开放试点政策的城市，我们以开放促改革、以改革优环境，形成了开放倒逼改革的常态化制度优势，“北京样板”成效突出。这些都为我们率先探索构建新发展格局提供了底气和支撑。大家要珍惜好、巩固好、运用好，在“十四五”时期实现更大作为。

（三）要正视不足

一是对外开放水平还需提升。部分干部开放发展的意识不强，统筹安全与发展不够精准，与国际先进规则相衔接的产业开放体系不完善，开放平台数量相对偏少、作用发挥不充分。利用外资后劲不足，服贸会筹办和招商招展缺乏国际化、市场化运营机制。二是商务工作发展不平衡不充分的问题比较突出。推动商旅文体等多业态融合的消费生态建设力度不足。商圈建设、优质消费环境塑造与国际化大都市水平还有差距，生活性服务业网点不足、品质有待提升，农产品流通体系建设不完善，物流设施相对短缺且较为落后，冷链流通水平不高。三是消费、外贸、外资受疫情冲击恢复滞后。虽然去年完成了调整后的年度目标，但相关指标还是不及全国平均水平，与上海等东部发达省市的差距也有所扩大。总消费下降6.9%、社会消费品零售总额下降8.9%，利用外资与去年基本持平，进出口总额下降19.1%。

这些困难和挑战，一部分是在增长动力重构和发展方式转换过程中发生的，具有一定的必然性，一部分是受新冠肺炎疫情冲击所致，具有一定的特殊性，这些都需要我们更加突出开放发展，在今后工作中抓住主要矛盾，保持战略定力，立足自身优势，创新发展思路，全力以赴在机遇与挑战中实现新的发展。

二、聚焦两“子”发力，为我市率先探索构建新发展格局的有效路径贡献商务力量

党的十九届五中全会指出，各地区都要找准自己在国内大循环和国内国际双循环中的位置和比较优势，有条件的地区可以率先探索有利于促进全国构建新发展格局的有效路径，发挥引领和带动作用。蔡奇书记多次强调，北京就属于有条件的地区，要率先探索有效路径，积极融入新发展格局。党中央已从战略上布好局，我们要在紧要处落好子，具体有五个“子”，即建设国际科技创新中心、“两区”建设、数字经济、以供给侧结构性改革引领和创造新需求（其中建设国际消费中心城市又是重点）、深入推动京津冀协同发展，五个“子”中有两“子”和商务工作直接相关，是“十四五”乃至更长时间，我市商务系统的中心工作，需要我们着力抓好，抓出实效。

（一）要大力推进“两区”“一平台”建设

“两区”是党中央在构建新发展格局中赋予北京的极好机遇和重大责任。中国国际服务贸易交易会是国家高水平对外开放的三大展会平台之一。要通过“两区”“一平台”建设，使国内市场和国际市场更好联通，更好利用国际国内两个市场、两种资源，推动我市形成更高水平的对外开放，实现更可持续更高质量发展。

一是高标准推进“两区”建设。“两区”建设不进则退，慢进也是退。各有关区和部门要围绕国务院批复方案、“9大领域+17个区域+4大要素”系列方案、2021年工作要点等已经明确的任务，抓紧落实，力争年底前基本完成251项试点任务。“两区”办（商务局）要发挥好统筹协调作用，建好台账，按照年中和年底两个时间节点，督促代表性政策和制度创新成果落地。“两区”建设要与“两稳”(稳外贸、稳外资）工作统筹来抓，加大政策集成、宣传和推介，营造更好的贸易投资环境。要强化贸易投资政策与产业政策的协调，持续推进优势产品出口，扩大优质产品进口，紧抓数字贸易，打造数字贸易试验区。要充分发挥招商引资协调组作用，抓紧完善市场化招商引资激励机制，集中力量抓出一批高质量项目。各区要把抓项目作为检验自身“两区”工作成效的重要标准，从制度创新和经济发展两方面交上一份满意答卷。

二是高水平办好服贸会。要把服贸会打造成为国家开放发展的金字招牌，既要办好“展会”，更要注重实效，使之成为配置要素资源、促进高质量发展的重要平台。要克服硬件条件的先天不足，选准用好有限的场馆资源。要坚持市场化、专业化的办展方向，针对服贸会目前存在的筹办和招商招展缺乏实体化、市场化运营机制等问题，借鉴进博会、广交会等筹办经验，探索组建我市专业化的会展企业，作为服贸会招商招展、市场化运营主体，在服贸会执委会统筹指导下，逐步建立服贸会市场化招商招展的运营机制。要发挥市委宣传部、市教委等行业主管部门作用，高质量办好专题展。财政、海关、税务等部门要继续争取进口展品税收优惠政策并力争作为长期政策执行。商务、外办、民政等部门要协调加快全球服务贸易联盟组建工作。

（二）要全力打造国际消费中心城市

消费是盘活生产和流通，促进国民经济循环的重要支撑。中央“十四五”规划建议将培育国际消费中心城市列为全面促进消费的重要举措。今年要积极向商务部争取，力争率先建成国际消费中心城市。要加快出台建设国际消费中心城市实施方案，明确北京的目标定位和发展路径，积极破解堵点难点，发挥头部企业作用，推动一批重大项目尽早落地。

一是坚持系统观念、统筹谋划。要加强前瞻思考和全局谋划，统筹好国际和国内、规模和品质、供给与需求、传统和新型、政府与市场这几个关系。尤其要重视发挥市场的作用，坚持政府搭台、企业唱戏，发挥市场在配置资源中的决定性作用，调动广大企业，特别是头部企业的积极性和创造性。要深入研究破解促消费工作中政府部门感到缺乏有效抓手，市场主体感到政府无形之手“掣肘”的问题。政府要尽量做减法，给市场主体留出更大的空间，引导激发市场活力。去年，政企联合推出的北京消费券，市场反映很好，消费者和商家都得到了实惠，是一个有益的尝试。

二是坚持立足实际、突出重点。国际消费中心城市建设是一个系统工程，涉及方方面面、考虑因素众多。在具体工作中不能平均发力，要从我市的实际情况出发，发挥优势、找准问题，突出重点、以点带面开展工作。要更加重视优化消费环境，进一步完善消费空间布局，推动传统百货、重点商圈等改造提升，营造国际一流消费环境。要更加重视提升消费供给，加大力度发展首店首发、旗舰店，继续办好“北京消费季”系列活动，争取更多有国际影响力的体育赛事、会展节庆活动落户北京。要更加重视做大服务消费，发挥我市资源禀赋优势，下大力气做大做强文化消费、旅游消费、体育消费、还有医疗特别是中医消费，环球影城已竣工，下一步要运营好，这也是我市服务消费一个大的增长点。要更加重视新消费，落实好《北京市促进新消费引领品质新生活行动方案》，加强科技赋能，投放一批高科技的消费场景，积极推动数字消费。要更加重视吸引境外人士到京消费，吸引更多的入境旅游，支持发展免税店业务，做好国外消费回流文章。要更加重视发展享受型、发展型消费，把握消费升级的趋势，更好地满足人民群众对美好生活的需要。

三是坚持夯基垒台、畅通物流。商贸物流是商品价值实现的关键环节，对促进消费、保障城市正常运行、提升居民生活服务品质等具有重要基础性、支撑性作用。春华副总理在全国商务工作电视电话会议上，专门讲了关于流通效率问题，强调要想方设法把物流成本降下来。我市物流是典型的“输入型”+“城市配送型”，容易受各种因素制约，物流系统的韧性不足。2019年1月出台的《北京物流专项规划》，由于用地指标不足、属地积极性不高等原因，目前进展缓慢。要加快推进《北京物流专项规划》落地，抓紧制定并实施《北京市“十四五”时期农产品流通体系发展规划》，进一步完善商贸物流基础设施网络；推进商贸物流智能化发展，积极利用5G、物联网、人工智能、大数据等现代技术提升物流自动化、智能化、集约化水平，加快健全我市现代商贸物流体系。

三、坚持稳中求进，全力做好构建新发展格局起步之年的商务工作

中央经济工作会明确要求，构建新发展格局今年要迈好第一步、见到新气象。前不久召开的全国商务工作会和市“两会”对我市商务工作提出了一系列要求。刚才立刚同志对今年工作已经作了全面部署。这里，我再强调几点：

（一）要市区联动、部门协同，全面完成今年商务工作的主要指标

抓商务工作，要坚持目标导向，盯紧主要指标。一是总消费。今年要达到增长7.5%左右，其中社零额增长5%左右。为完成这个目标，我请商务局做了一个测算，对各区进行了细化分解。其中，朝阳、海淀，去年社零额合计占全市的43.3%，今年要继续担当有为，稳住消费基本盘。朝阳区总消费、社零额增速分别预设为7%和4.9%；海淀区分别预设为8.8%和4.8%。门头沟区、房山区总消费要保持10%以上的增长，社零额增速分别要达6.6%和5.8%。二是利用外资。今年是“两区”建设的重要一年，外资是体现“两区”建设成效的一项重要指标。按照市“十四五”规划利用外资830亿美元、2021年150亿美元的目标倒推，几个重点的外资大区，如朝阳区、海淀增速不能低于6%，亦庄、通州、顺义、大兴、昌平等自贸组团所在区也要高标准要求，增速分别要达到6.9%、6.1%、3.9%、3.8%、1.9%。三是外贸。我们提出货物进出口要实现“位次不减、结构优化”，服务贸易持平略增，这些定性的表述，背后也要量的支撑。参照近三年的情况，今年出口规模要实现4900亿元，增长5.3%。按照惯例，对各区货物出口额指标进行了预设分解。朝阳区要实现1178亿元、西城区实现1140亿元、海淀区实现1120亿元，这三个区占全市的七成，

作用非常重要。顺义区、平谷区也要保持30%以上的增长。四是商务服务业。今年仍是全市经济增长支撑重要指标，营业收入要力争增长12%左右，任务十分艰巨，9个细分行业都要努力。其中，占比最大的广告业，要力争增长9%左右；人力资源要增长12%左右。各区各部门要以这些目标为导向抓好相关工作，为全市经济增长做好支撑。

（二）要守住底线，以首善标准做好重大活动服务保障

今年有两件大事。首先是按照中央统一部署，做好建党100周年庆祝活动服务保障工作。要巩固好商务服务保障工作机制，以最坚决的态度、最周密的筹划和最高的标准落实好各项任务。其次是冬奥会、冬残奥会筹办，今年进入了决胜冲刺阶段，要按照“一刻也不能停、一步也不能错、一天也误不起”的要求，认真做好供应单位遴选、食材食品供应保障、商业服务环境优化和质量提升等服务保障工作。

（三）要统筹安全与发展，慎终如始抓好常态化疫情防控

商务工作“点多、线长、面广”，物流体量大，人员聚集多，疫情防控是做好商务工作的前提条件，一刻也不能松。要进一步压实“四方责任”，以更严措施、更坚决态度，科学、精准、依法、有效做好商贸流通领域的疫情防控工作。要配合抓好进口冷链食品监管，从流通环节把好防控关。要加强行业监管，督促商场超市等聚集性场所落实佩戴口罩、测温验码等防控措施。要加强生活必需品市场监测，及时预警，快速处置，千方百计地确保生活必需品供应充足、价格平稳。今年春节，在京过节人数明显增加，要落实好相关工作方案，科学做好节日期间保供稳价工作，要精心组织好春节期间300万张“零门槛”红包消费券发放；组织开展好春节家政服务市场保供行动。

（四）要落实管党治党责任，持之以恒加强自身建设

这是我们做好各项工作的坚强保障。要强化政治引领，把党的政治建设摆在首位，善于用政治眼光观察和分析经济社会问题，不折不扣落实中央和市委市政府的各项决策部署，不断巩固深化“不忘初心、牢记使命”主题教育成果。要持续提升履职能力和水平，增强补课充电的紧迫感，加强学习和调查研究，提升对外经济合作、国际消费中心城市建设等方面的专业素质。要全面贯彻新时代党的组织路线，加强商务系统干部队伍建设，选派优秀年轻干部到重点工作、重要岗位上历练，构建完备的人才梯次结构。要严格落实中央八项规定及其实施细则精神，力戒形式主义、官僚主义，驰而不息改进作风，使铁的纪律成为广大党员干部的日常习惯。在前不久召开的市直部门党组书记月度工作点评会上，蔡奇书记指出了“一些党员干部日常教育管理力度不够”的问题，商务局党组要高度重视，持续抓好整改。

同志们！在商务领域探索构建新发展格局的有效路径是系统性的、全局性的工作，需要我们担当作为、攻坚克难。我们要深入学习贯彻习近平新时代中国特色社会主义思想，在市委市政府的坚强领导下，锐意进取、真抓实干，全力以赴做好各项工作，以优异成绩迎接建党100周年！

临近新春佳节，也借此机会向各位拜个年，祝大家牛年顺意，阖家安康！

以构建新发展格局为引领努力实现“十四五”商务发展良好开局

——北京市商务局党组书记、局长闫立刚在2021年全市商务工作会议上的报告

（2021年2月8日）

今天召开全市商务工作会议，总结“十三五”时期和2020年商务工作，明确“十四五”时期发展重点，部署2021年重点任务。

一、“十三五”时期北京商务发展回顾

“十三五”时期，北京商务发展走过了极不平凡的五年。面对复杂严峻的国际经贸形势和艰巨繁重的改革发展任务，我们在市委、市政府坚强领导下，全力推动商务高质量发展，统筹全市构建总消费发展体系，推进北京市服务业扩大开放综合试点，建设国家服务业扩大开放综合示范区和中国（北京）自由贸易试验区，商务工作服务首都发展大局的能力不断提升，为完成首都“十三五”主要目标任务、率先全面建成小康社会作出重要贡献。

——消费结构实现历史性跨越。市场总消费规模提前实现“十三五”预期目标。消费升级特征明显，服务消费在总消费中的占比超越商品消费，网上零售额与社零额的比率提升10个百分点以上，全市居民恩格尔系数持续降低。消费持续保持北京经济增长第一拉动力地位。消费扶贫带动27万贫困户增收脱贫。

——对外贸易质量持续提升。货物进出口额提前一年达到“十三五”预期目标，在全国省区市排名始终保持前5位。“双自主”企业突破800家，“双自主”企业出口占比较“十二五”末提高9个百分点。服务贸易创新发展，知识密集型服务进出口占比有望达到44%，较“十二五”末提高约10个百分点。服务进出口额在全国省区市名列前茅。

——双向投资规模叠创新高。累计实际利用外资超过800亿美元，单一年度利用外资规模创历史新高，年均利用外资较“十二五”时期提高80%以上。累计境外直接投资超过400亿美元，较“十二五”时期提高50%以上，覆盖“一带一路”沿线42个国家。

——对外开放进入“两区”建设新阶段。北京市服务业扩大开放综合试点成效突出，服贸会成为国家三大对外开放展会平台之一。国家服务业扩大开放综合示范区和中国（北京）自由贸易试验区建设全面启动，北京市成为全国唯一的“两区”叠加城市。

——市场疏解和生活性服务业品质提升工作全面深化。累计疏解提升市场和区域性物流中心781个，动物园、大红门、天意等重点市场按时完成疏解任务。累计建设提升蔬菜零售等八大类基本便民商业网点6600多个，基本便民商业服务功能城市社区覆盖率达到98%。

——口岸经济体系更加完善。北京大兴国际机场航空口岸正式对外开放，北京大兴国际机场综合保税区获批，北京口岸海关监管年度进出口货物突破1.1亿吨，北京形成“双枢纽”空运口岸、1个铁路口岸、2个综合保税区、3个口岸功能物流园区的口岸经济功能区体系，

为首都城市战略定位特别是国际交往中心建设提供了有力支撑。

——重大活动服务保障及生活必需品供应保障能力持续提升。圆满完成党的十九大、新中国成立70周年庆祝活动、“一带一路”国际合作高峰论坛等重要会议和重大活动的供应服务保障。生活必需品供应保障历经实战考验，应急储备保障覆盖16个区、35家骨干企业、18种生活必需品。全市地方粮食储备规模达到6个月的市场供应量，储备粮宜存率和科保率均达到100%。

五年来，我们主要做了以下工作：

（一）大力激发商贸流通新动能

创新消费发展机制。主动顺应消费发展变化趋势，建立部门协同、市区联动、督查考核、统计监测、咨询顾问工作机制，涵盖商业、旅游、文化、体育、教育、养老、健康、信息等消费领域，在全国率先建立商品消费和服务消费并重的“1+X”总消费政策促进体系，正式实施总消费统计制度。

推动商业设施升级。编制实施《北京市商业服务业设施空间布局规划》，开展北京市商业服务业商圈改造提升三年行动。打造王府井“独具人文魅力的国际一流步行商业街区”。15家传统商场开展“一店一策”升级改造试点。连续三年开展物流标准化试点工作。统筹布局“物流基地+物流中心（配送中心）+末端配送网点”三级物流体系。

提高消费供给水平。开展促进新消费引领品质新生活行动，启动“北京消费季”促消费活动，创新发放电子消费券，实施节能减排促消费政策，大力发展首店经济、夜间经济，培育了一批“夜京城”消费新场景。支持线上线下一体化消费新模式，网络直播等新业态快速发展。

提升生活性服务业品质。推进生活性服务业“规范化、连锁化、便利化、品牌化、特色化、智能化”发展。深入落实优质粮食工程。在全国率先建立蔬菜零售等11个行业（业态）的标准规范体系。在连锁便利店推广搭载销售简餐、非处方药品、代收洗衣等综合便民服务项目。推广规范化社区蔬菜直通车397辆。

（二）努力开创对外开放新局面

推动服务业扩大开放综合试点走深走实。2015年以来，全面实施国务院批复的三轮方案570多项创新举措，累计形成120余项全国首创或效果最优的开放创新举措，向全国或自贸试验区推广六批25项创新经验或案例，为建设国家服务业扩大开放综合示范区奠定扎实基础。推动中国（北京）自贸试验区和中国（河北）自贸试验区大兴机场片区（北京区域）联动创新，探索形成“产业+园区”开放的独特开放模式。吸引全球三大评级机构、两大银行卡清算组织等一批代表性项目在京落地。

打造国际一流的服务贸易平台。中国国际服务贸易交易会不断提质升级，已成为全球服务贸易领域最大的综合性展会。成功举办2020年服贸会，是疫情以来我国举办的首场，也是全球最大的线上线下相结合的重大国际经贸活动，取得七大类共1418项成果，一年内拟执行的意向签约金额达165亿美元。

推动两类贸易转型创新。北京先后获批成为全国跨境电子商务综合试验区、跨境电商进口医药产品试点城市、全国首批跨境电商B2B出口监管试点城市。国家级外贸转型升级基地达到7个。中关村软件园获评首批国家数字服务出口基地。实施为期2年的深化服务贸易创新发展试点，97项措施均取得显著进展，启动开展新一轮为期3年的全面深化服务贸易创新发展试点。发布实施《北京市关于打造数字贸易试验区实施方案》。

创新双向投资管理服务模式。落实《外商投资法》及其配套规定，实施外资准入负面清单，制定《北京市外商投资企业投诉工作管理办法》，做好外商投资企业信息报告工作，落实重点外资企业“服务包”工作机制，打造外商投资全流程服务体系。创办北京双向投资论坛暨国别日系列活动，拓展境外服务中心网络，上线运行“京企走出去综合信息服务系统”，构建北京企业参与全球经贸合作的新通道。

优化商务营商环境。制定实施“新消费”和“新开放”行动方案，为培育壮大新业态新模式护航。以世界银行跨境贸易评价和国家营商环境评价为抓手，深入推进贸易投资便利化自由化改革。发布7个京津跨境贸易便利化联合公告，推出120余项改革举措。做好25家市级重点企业“服务包”工作。依托北京国际贸易“单一窗口”2.0版，上线运行“北京空港国际物流”和“京津冀通关便利化”区块链应用场景，作为首批区块链应用在全市示范推介。144小时过境免签政策落地京津冀，促进三地协同联动。首创外资企业设立商务备案和工商登记网上“一窗受理”改革。深化“放管服”改革，取消政务服务事项35项，下放区级事项6项，精简申报材料1340余份，压减办理时限2110余个工作日。市商务局政务服务事项全部实现“最多跑一次”，其中办事企业和群众通过“全程网办”实现“一次不用跑”的办理量占86%。全面启动商务行业安全生产专项整治三年行动。

（三）着力拓展商务发展新领域

推进商务服务业高质量发展。创新工作机制，统筹建立全市商务服务业促进体系，牵头制定促进商务咨询服务业健康发展的政策措施。启动数字化转型，重点支持商务服务业创新发展和智慧化商务服务平台建设。开展专业园区试点，中国北京人力资源服务产业园获批。服务我市高精尖产业的能力不断提升，全球50大咨询公司已有35家进入北京，全国律师事务所30强有21家来自北京。会计、法律等咨询服务营业收入占全行业比重比“十二五”末提高2.5个百分点。

夯实总部经济发展基础。健全促进总部经济发展的政策体系，修订跨国公司地区总部和总部企业支持政策，实施创新型总部经济优化提升三年行动计划。围绕通关便利化、知识产权保护运用等环节，优化总部企业发展环境，培育壮大与首都战略定位相匹配的总部经济，支持引导总部企业在京高质量发展。跨国公司地区总部累计达到186家，比“十二五”末增长20%。

推动会展业实现新发展。制定实施促进展览业创新、高质量发展的政策措施，鼓励展览与会议融合，提升会展品牌影响力，推动品牌展会提质升级。创新展会服务模式，推动结成北京线上展会发展联盟，促进展会线上线下融合发展。国际展览联盟（UFI）认证会员数量、组展机构数量居全国第一，城市展览业发展综合指数名列前茅。

2020年是“十三五”规划收官之年。面对外部挑战明显上升的复杂局面和新冠肺炎疫情的严重冲击，我们统筹疫情防控和商务发展“双线作战”，迎难而上，奋力拼搏，战疫情保供应，稳主体促发展，“两区”建设开局启航，较好地完成了全年各项任务。

我们全力以赴，坚决打赢疫情防控的“阻击战”。大力筹措保障民用防疫物资。在首都抗疫斗争中，调动大型商企、跨境电商平台、外贸企业资源，放眼全球拓展采购渠道，为疫情之初本市恢复防疫物资生产争取了宝贵时间。

坚决做好“四个服务”，调配2亿多只口罩及其他民用防疫物资，保中央单位，保弱势群体，保城市运行，保复工复产。全力做好生活必需品保供稳价。有效应对外来输入型疫情、新发地批发市场聚集性疫情等突发情况，搭建生活必需品供应保障平台，创新建立“点对点”监测补货、“结对子”“大手拉小手”等机制，组织大型连锁超市开展价格承诺，对接13个省市支援北京蔬菜供应，投放政府储备猪肉。加强农产品批发市场管理转型升级，推动主要批发市场“批零分开”。增加粮食储备，带头发声稳定市场预期。蔬菜零售价格连续6个月在一线城市中最低，守好疫情下的首都“菜篮子”“米袋子”。压紧压实商业服务业防疫责任。滚动修订餐饮、批发市场等14个行业防控指引，落实四方责任，通过“四不两直”检查、日常巡查、驻场督查等多种方式，落实测体温、戴口罩、一米线、限客流、通风消毒等措施，织密疫情防控大网。

我们落实“六稳”“六保”要求，全力打好商务发展的“攻坚战”。落实落细助企纾困。创新实施“共享员工”模式并在全国推广。聚焦中小微企业，对在疫情防控工作中保障市民基本生活的餐饮、菜店、便利店等网点，提高房屋租金支持比例上限到70%。支持60家商场延迟缴纳电费8000余万元。依托北京市生活性服务业及商贸流通企业担保平台，建立“助困抗疫绿色通道”，为215家生活性服务业企业新增5.4亿元资金支持。实施“餐饮业10条”精准帮扶政策，4000余家餐饮企业累计免税1.3亿元。组建外贸金融服务联盟，为235家“双自主”企业提供出口信用保险服务。狠抓消费促回暖。强化政策引领，制定落实《北京市促进新消费引领品质新生活行动方案》，发布首店政策2.0版，启动夜京城2.0行动计划。注重活动造势，以前所未有的力度开展“北京消费季”活动，周周有活动、月月有主题，举办首届北京网络直播大赛，组织开展促消费活动千余项。加强资金引导，政企联手面向在京消费者发放电子消费券。全市近8万家商户参与，财政补贴金额累计达9.15亿元，拉动杠杆14.8倍。引导绿色消费，统筹制定9个分场景的《制止餐饮浪费 践行光盘行动指引》及餐饮企业、便利店（超市）等生活垃圾分类指引。开展消费扶贫，实施消费扶贫“七进”活动，推动对口7省区90个县扶贫产品进京销售，全年消费扶贫销售额达228亿元。千方百计稳外贸。应对新冠肺炎疫情，着力促进防疫物资出口，百余家企业进入出口防疫产品白名单，举办“北京科技防疫物资交易线上展”。应对中美经贸摩擦，着力促进出口贸易多元化，对开拓新兴市场的资金支持比例由50%提高到70%。应对市场冲击，深化国内外产业链的融合发展，全力保障国际物流链畅通。建立订单跟踪体系，创新推出“订单易捷贷”企业融资平台。多措并举稳外资。建立市区两级稳外资专班，形成工作台账、定期协调调度、全周期服务和督查考核通报等机制，推动稳定外资各项政策措施有效落实。全面梳理新设和增资的合同外资大项目，分级分批跟进服务，努力实现项目与资金“双落地”。“两区”建设全面启航。快速搭建组织架构，形成统筹协调、条块结合、制度创新、项目落地、宣传推介等工作机制，展开高频高位调度，形成矩阵式推进格局。自贸试验区各组团实施方案和各区各部门工作方案制定完成，相关配套政策陆续出台，私募股权转让平台等90项措施已落地，首年任务实施率达到35.8%。

过去五年成绩的取得，归功于市委、市政府的坚强领导，以及各区、各相关部门的共同努力和大力支持，归功于全市广大商务企业、相关行业协会全体商务人的奋力拼搏和开拓创新。特别是在抗疫斗争的大考中，广大商务人无私奉献，逆行保供，用实际行动展现了商务人的责任和担当。在此，我谨代表北京市商务局，向各级领导、各单位和同志们表示衷心感谢！

二、“十四五”时期面临的形势和主要任务

（一）商务发展环境面临深刻复杂变化

当前和今后一个时期，我国发展仍然处于重要战略机遇期，机遇和挑战都有新的发展变化。我们面对的发展环境更趋复杂，困难叠加，挑战增多。从国际看，疫情变化和外部环境存在诸多不确定性，动荡源和风险点显著增多。世界经济陷入“二战”以来最严重衰退，经济全球化遭遇逆流，单边主义、保护主义加剧，一些国家滥用长臂管辖替代国际经贸规则，全球产业链呈现收缩和地区化。从国内看，我国经济恢复进程中新老问题交织，推动经济持续回升仍面临不少挑战，发展不平衡不充分问题仍然突出，应对外部风险挑战的能力存在短板。从北京看，制约发展的结构性、系统性、质量性矛盾仍然突出。消费、外贸、外资的恢复还滞后于全国。流通基础设施、社区居民服务、优质商品服务的供应仍存短板弱项，生活性服务业品质有待进一步提升。释放消费升级潜力面临多重制约，居民收入放缓削弱消费能力和意愿，消费恢复至正常增长仍需付出艰苦努力。

我国已经开启全面建设社会主义现代化新征程，北京要率先基本实现社会主义现代化，北京商务发展的机遇前所未有。从国家层面看，我国已转向高质量发展阶段，经济长期向好，市场空间广阔，发展韧性强劲，以国内大循环为主体、国内国际双循环相互促进的新发展格局加快构建，继续发展具有多方面优势和条件。从北京层面看，“四个中心”“四个服务”的能量进一步释放，为首都发展提供了强大支撑。数字经济领跑全国，系列政策为数字经济加快发展提供了有力的制度保障。中等收入群体占比超过五成，高端教育、医疗服务等优质公共服务需求旺盛，孕育消费升级新潜能。“两区”“三平台”建设有力驱动北京对外开放持续纵深推进。我们要胸怀两个大局，树立底线思维，准确把握首都新发展的新特征新要求，抓住机遇，应对挑战，在危机中育先机、于变局中开新局，以首善标准不断开创北京商务事业发展新局面。

（二）开启“十四五”商务发展新征程

“十四五”时期是我国全面建成小康社会、实现第一个百年奋斗目标之后，乘势而上开启全面建设社会主义现代化国家新征程、向第二个百年奋斗目标进军的第一个五年，也是北京落实首都城市战略定位、建设国际一流的和谐宜居之都的关键时期。北京要率先基本实现社会主义现代化，商务工作要努力走在前列。

“十四五”时期商务发展的总体思路是：坚持以习近平新时代中国特色社会主义思想为指导，深入贯彻党的十九大和十九届二中、三中、四中、五中全会精神，按照市委、市政府的部署，胸怀两个大局，立足新发展阶段，坚定不移贯彻创新、协调、绿色、开放、共享的新发展理念，坚持扩大内需这个战略基点，助力构建以国内大循环为主体、国内国际双循环相互促进的新发展格局，牢牢把握首都城市战略定位，深入实施京津冀协同发展战略，高水平建设“两区”“一平台”，加快建设国际消费中心城市，大力推动商务高质量发展，为率先基本实现社会主义现代化开好局、起好步，为建设国际一流的和谐宜居之都谱写商务新篇章。

锚定二〇三五年北京率先基本实现社会主义现代化的远景目标，“十四五”时期北京商

务发展主要目标是：总消费规模继续保持全国城市领先地位，新消费的引领作用进一步增强；贸易大市地位进一步巩固，初步建成贸易强市，服务贸易竞争力接近国际领先水平；“两区”建设取得重大进展，服贸会作为国家对外开放展会平台作用不断增强，双向投资实现质效更高、结构更优、领域更宽、方式多样，开放型经济体制机制处于全国领先水平；基本便民商业服务促进体系进一步完善；首都商务治理体系更加系统有效，商务服务保障水平持续提升。

“十四五”时期商务发展的主要任务：一是以建设国际消费中心城市为引领推动新消费。丰富新供给，更好满足多元化、个性化的新消费需求。布局新基建，高效链接新消费供需两端。打造新场景，为新消费需求提供解决方案。提质新服务，为新消费提供优质体验。优化新环境，强化新消费体制机制保障。二是以“两区”建设为引擎推进新开放。在科技创新、服务业开放、数字经济等方面深化改革扩大开放。畅通国际投资贸易交互“双行道”，深化“一带一路”经贸合作。立足北京“双枢纽”空港发展布局，优化口岸通关环境。三是以服贸会为载体提升开放发展新能级。提升服贸会国际化、专业化、市场化水平，打造全球最具影响力的服务贸易展会，使其成为配置要素资源、促进高质量发展的有效平台。加快推动新国展二三期项目、大兴国际机场临空经济区会展中心等大型会展场馆设施建设。大力培育品牌展会，提升会展业国际化水平。四是以数字化驱动商务新发展。加快发展数字贸易，带动服务贸易提质升级。支持数字商业街区建设。支持传统商业企业数字化转型。运用信息手段举办“云展览”。大力推动商务服务业数字化、智能化发展。

三、2021 年重点任务

今年是中国共产党成立一百周年，是“十四五”开局之年，做好商务各项工作意义重大。全市商务工作总的要求是：贯彻党的十九届五中全会及中央经济工作会议精神，按照全国商务工作电视电话会议和市委、市政府的部署，贯彻新发展理念，坚持以首都发展为统领，坚持系统观念，统筹安全和商务发展，在常态化疫情防控前提下，更加奋发有为地推动“两区”建设和国际消费中心城市建设，全力促消费、稳外贸、稳外资，高水平举办服贸会，积极探索构建新发展格局的有效路径，努力实现“十四五”商务发展良好开局，为全市经济高质量发展提供重要支撑，以优异成绩庆祝中国共产党成立 100 周年。

2021 年全市商务工作的主要预期目标是：市场总消费增长 7.5% 左右，其中社会消费品零售总额增长 5% 左右。餐饮业营业额增长 7% 左右。商务服务业营业收入力争增长 12% 左右。货物进出口实现“位次不减、结构优化”。服务进出口实现持平略增。实际利用外资稳中有增。对外投资合作平稳有序健康发展。

为实现上述目标，要从以下五个方面着力：

（一）着力推进“两区”和服贸会平台建设，打造改革开放的“北京样板”

高标准建设国家服务业扩大开放综合示范区和中国（北京）自由贸易试验区，是中央在构建新发展格局中赋予北京的重大任务。要抓住机遇，只争朝夕，坚持清单化管理、项目化推进，将“两区”政策红利转化为实实在在的发展动能。

差异化探索制度创新。聚焦科技创新、服务业开放、数字经济、区域协同开放“四大特色”集成改革。探索推进跨境服务贸易负面清单管理模式在京落地。推动“两区”立法。狠抓“两区”建设 251 项任务实施，推出制度创新清单，推动自贸试验区各组团实施方案、各区各部门工作方案落实。到2021年8月国务院批复一周年时“两区”建设形成巩固性成果，2021年底前基本完成本轮开放改革任务，推出一批国家战略需要、带动性强、自身禀赋好的创新制度。

示范性打造特色园区。坚持“产业+区域”并行突破，统筹推动指导各区聚焦重点产业、重点园区，打造一批开放特色产业和特色园区。协调推动各组团抓紧启动政务服务大厅和网上政务服务大厅升级改造。支持推动大兴机场综保区按期封关验收，探索“京冀共建、港区一体”发展模式。加快天竺综保区创新升级，推动产业结构转型。开展北京亦庄综合保税区申报工作。

系统性推进项目落地。以政策清单、空间资源清单和目标企业清单“三单”管理为抓手，瞄准全球龙头企业，加强项目挖掘储备，加大招商引资力度。巩固“一库四机制”，推出重点项目清单，引进落地一批符合城市战略定位的标志性、引领性、首创性项目。制定自贸试验区产业促进政策，重点支持自贸试验区和重点示范园区的产业项目。

创新性谋划开放政策。突出北京优势领域，系统梳理产业发展堵点痛点，探索全产业链创新。畅通人才、资金、土地、数据“四大要素”供给，通过跑流程、理节点、疏堵点，加强和改善服务，完善产业发展的要素支撑体系。探索打造地方经贸合作先行区，谋划争取一批外资关注度高的开放措施，在京进行压力测试。

高水平办好2021年服贸会。瞄准国际一流展会目标，擦亮开放发展的金字招牌。优化筹办组织架构和运行机制，完善招商招展和办会模式。提高境外企业和机构参与度，提升国际影响力和专业化水平。完善市场开发体系，加大市场化运营力度。拓展服贸会数字平台功能，提升线上服贸会吸引力。加快组建全球服务贸易联盟，力争在2021年服贸会前完成联盟组建。

（二）着力推动消费高品质发展，助力畅通国内大循环

深化消费领域供给侧结构性改革，引领和创造新需求，建设国际消费中心城市，是构建新发展格局的重要环节。要坚持扩大内需战略基点，以国际消费中心城市建设为引领，完善现代商贸流通体系，打通内循环堵点。

实施商业设施提质行动。制定实施“十四五”时期商业服务业发展规划和粮食行业高质量发展规划，优化商业设施、粮食产业空间布局，研究在京东北、京西北、京西、京南、京东地区规划区域消费中心，推进环六环粮食综合应急保障中心建设。有序推进昌平回龙观龙泽、通州环球影城等商圈建设，完成商圈改造提升三年行动计划确定的22个传统商圈改造任务，研究新一轮商圈改造提升计划；持续推进15家传统商场“一店一策”试点企业的升级改造，将购物中心、专业专卖店纳入“一店一策”改造范围；完成王府井步行街国家级示范步行街评估，启动前门大栅栏国家级改造提升步行街试点工作；制定实施“十四五”时期农产品流通体系发展规划，推进大型农产品批发市场建设，北京鲜活农产品流通中心建成开业，规范提升10个菜市场样板。进一步提升生活必需品及应急物资供应保障能力。完善多层次商贸物流节点网络，支持农产品冷链设施建设，推动商贸物流信息化、标准化、智慧化发展。

实施多元消费培育行动。支持品牌首店，开启品牌首店服务“绿色通道”，助力品牌首店落地选址和推广，打造全球品牌首发首秀展示平台，支持各类知名品牌首店、旗舰店落地，开展引进品牌首店首发综合评价。丰富“夜京

城”消费供给，以夜间经济发展规划为引领，打造活力地标消费圈、主题商业及便民休闲生活圈，持续举办“夜京城”主题系列活动，支持企业创建“深夜食堂”特色餐饮街区。推进电商快递进乡村，完善乡村便民商业服务设施，提高农产品供应链效率。发挥总消费促进工作机制作用，优化文化娱乐、旅游、体育、健康、养老、信息等服务消费供给质量。鼓励企业开发适应市场需求的多元化主食产品，建立差异化、特色化的主食产品体系。

实施消费品牌培育行动。孵化培育新消费品牌，探索孵化机制，加速培育消费新品牌、新模式。建立新消费品牌培育、发展、保护机制，打造新消费品牌孵化示范区，推动互联网平台为品牌赋能。擦亮“北京消费季”品牌，以“新时代 新消费”为主题，围绕信息、智能、网络、品牌、美食、银发、亲子、夜经济、文化旅游、体育健身等消费领域和多个促消费节点，各区按月轮流竞主场，市级部门集体注入资源，开展十大消费专项活动和商业服务业技能大赛。

实施数字赋能行动。倡导智能消费，拓展社交电商、网络直播卖货、云逛街等消费新体验。深入推进“互联网+流通”行动计划，鼓励推广新零售、无接触配送等新模式，带动更多商贸流通企业、老字号企业创新转型。鼓励连锁超市企业进入社区布设自提点。探索餐饮业数字化转型路径，推动餐饮商户开展经营管理、营销推广、供应链管理等方面的数字化改造。

实施国际化消费提升行动。优化市内免税店布局，加快推动口岸免税店在首都机场和大兴机场落地。推进北京跨境电商零售进口药品试点。扩大离境退税“即买即退”试点范围，持续优化离境退税服务流程。支持跨境电商保税仓、体验店建设，推动“网购保税+线下自提”模式发展。

（三）着力稳住外贸外资基本盘，为国内国际双循环相互促进创造良好条件

稳外贸、稳外资是构建新发展格局、落实“六稳”“六保”要求的重要内容。要充分利用国内国际两个市场两种资源，促进内需和外需、货物贸易和服务贸易、引进外资和对外投资协调发展，推动贸易与投资融合。

推进贸易创新发展。稳住底盘，探索组建促进出口联盟，重点关注大型央企和有产业基础的地方龙头企业，稳定外贸基本面。解决痛点，用好外经贸发展专项资金、外经贸发展引导基金、外贸促进高质量发展资金和外经贸发展担保服务平台“三金一平台”，形成“白名单”企业信用库，完善“订单易捷贷”融资服务功能，解决中小企业融资难题。挖掘增量，大力支持外贸综合服务、跨境电商等新模式新业态发展，培育一批外贸综合服务平台型企业。因地制宜推动内外贸融合发展，引导外贸企业与电商平台、商圈、连锁商业企业对接，搭建出口商品内销的线上线下平台。做强优势，全面深化服务贸易创新发展试点，推动数字贸易试验区建设。支持海淀区中关村软件园打造数字贸易港和数字经济新兴产业集群，支持朝阳区金盏国际合作服务区打造数字经济和贸易国际交往功能区，支持自贸试验区大兴机场片区打造数字贸易综合服务平台。积极争取跨境数据流动在北京试点。探索符合北京实际的数字贸易统计方法。

提升双向投资质量。健全外资促进体系。强化平台招商和精准对接，用好服贸会、进博会、京港洽谈会等展会平台，发挥自贸试验区各组团、综保区、重点功能区、产业园区示范导向作用，办好北京双向投资论坛暨国别日系

列活动，加强投资促进资源和信息的整合和共享，着力引入科技服务等高技术服务类、商务服务等高端服务类、智能装备等高精尖制造类外资。优化投资管理服务体系。发挥稳外资工作专班机制作用，滚动梳理合同外资大项目台账和重点在谈潜在项目台账，“区＋行业部门”协调推动潜在外资项目在京落地。用好商务部外贸外资协调机制，做好重点外资企业服务工作，协调解决企业在京经营遇到的问题。修订外商投资企业投诉工作办法，更好地维护企业合法权益。完善对外投资合作体系。推动我市企业积极参与“一带一路”经贸合作，央地企业携手、产业链上下游联动“抱团出海”。发展人民币海外投贷基金，促进对外投资健康稳定发展。促进我市企业境外经贸园区高质量发展，鼓励创立境内外双向合作园区平台。推动北京国际经贸合作网络信息服务平台建设，增强境外服务中心的覆盖面和服务功能。健全海外投资风险防范体系，完善“京企走出去综合信息服务系统”运行管理机制。

（四）着力提升服务和保障水平，为“四个服务”贡献商务力量

把扩大消费同改善人民生活品质结合起来，提升“四个服务”水平，是商务领域构建新发展格局的应有之义。要办好群众家门口的事，打造支撑高精尖经济结构的商务服务产业生态，提升商务为民解忧、助企发展、服务中央的水平。

加强便民商业体系建设。一是实施社区商业提升行动，落实进一步促进社区商业发展的若干措施，发布实施社区商业网点规划建设指南，对照街区商业生态配置标准，加强便民网点精准补建和提升。鼓励各区发展生活服务业特色小店，引导连锁超市在社区新建直营门店。二是鼓励发展社区便民商业新模式，探索设立移动餐饮售卖车、智能厢式便利设施等非固定网点。规范蔬菜直通车管理。推进家政服务“持码上岗”。实施早餐提升行动，启动系列“＋早餐”计划，利用更多便民商业设施和电商平台，增加和优化早餐服务。三是提升末端配送集约化水平，鼓励电商、快递企业与超市、便利店、社区商业综合体、商务楼宇等合作开展末端共同配送服务。实现每百万人口拥有连锁便利店（社区超市）300个左右，连锁化、品牌化、规范化的基本便民商业服务功能实现城市社区全覆盖。

构建优质商务服务业体系。一是统筹优化全市商务服务业促进体系。聚焦会计、法律、广告、会展、总部、人力资源、旅行社和安保服务等行业，持续创新工作机制，形成部门、市区合力，共促行业健康发展。二是提升商务服务业国际化水平。鼓励国际知名商务服务企业在京落地、提升管理能级。优化跨国公司地区总部认定标准，加快出台总部政策，提升总部企业在京高质量发展信心。三是打造商务服务业领军品牌。引导高端商务服务企业参加服贸会等在京举办的国际知名展会和国家级展会。推动专业服务企业与境外投资企业携手“走出去”，提升专业服务支撑能力。四是开发线上商务服务新模式。鼓励会计、法律等专业服务企业利用云计算、大数据等新兴信息技术对传统业务改造提升，拓展线上商务服务业务，加速数字化转型发展。

做好商务供应服务保障。紧紧围绕服务党和国家发展大局，强化重大国事活动服务保障的常态化机制。以最坚决的态度、最周密的筹划和最高的标准，进一步提升重要会议、重大活动的商务供应服务保障水平。认真做好冬奥会和冬残奥会食材食品供应保障、商业服务环境优化和质量提升等服务保障工作。

（五）着力增强商务工作效能，统筹好发展和安全

加强党对商务工作全面领导，坚持系统观念，是在构建新发展格局中应对风险挑战的重要原则。要从讲政治的高度做好商务工作，对中央和市委、市政府决策部署扭住不放、狠抓落地，防范化解各类风险隐患。

强化政治引领。增强“四个意识”，坚定“四个自信”，做到“两个维护”，不折不扣落实党中央要求和市委、市政府决策部署。加强党的建设，落实全面从严治党主体责任，落实意识形态工作责任制，把严的要求贯穿到机关党建全过程，将管党治党责任落细落小落到实处。严守政治纪律和政治规矩，从严从实抓好市委巡视等反馈问题整改。巩固深化“不忘初心、牢记使命”主题教育成果。强化政治监督，加强廉政建设，有效化解廉政风险。

统筹安全和商务发展。牢牢守住安全发展底线，继续抓好常态化疫情防控，围绕商业服务企业、促消费活动、群体性聚餐、我市境外企业人员等重点方面落实防控措施。加强生活必需品政府储备管理，提升应急供应保障能力。以头部企业产业链布局为核心，保持外贸产业链、供应链稳定畅通。加强贸易摩擦预警分析，探索符合本市产业特点的贸易调整援助制度。落实安全发展要求，进一步健全行业安全管理机制。推进北京市单用途预付卡管理条例立法工作。巩固区域性批发市场疏解成效，推动遗留问题妥善解决，为建设更高水平的平安北京贡献力量。

不断增强工作效能。高质量编制完成“十四五”时期商务发展的各项规划。持续优化商务营商环境，当好企业“服务管家”，做好为企业送“服务包”工作。优化提升市民服务热线反映问题“接诉即办”“未诉先办”工作，一案一策、一诉一策，解决好群众和企业身边的问题。严格依法行政，自觉接受人大依法监督和政协民主监督。持续强化队伍建设，激励干事创业的精气神，锻造忠诚干净担当的高素质商务队伍。切实提高新发展格局下做好商务工作的专业化能力，围绕“两区”“一平台”建设、国际消费中心城市建设、数字贸易发展等方面补课充电。

同志们，“十四五”时期商务发展的新征程已经开启。让我们在市委、市政府的坚强领导下，以孺子牛、拓荒牛、老黄牛精神引领开启新征程，适应新发展阶段，贯彻新发展理念，加速构建新发展格局，更加奋发有为地推动首都商务新发展，以优异成绩迎接中国共产党成立100周年。

第二部分

法规、文件选编

2020年国家制定修订的部分法律、法规目录

序　号	名　　称	发布日期	文　号
1	中华人民共和国固体废物污染环境防治法	2020年4月29日	主席令第43号
2	中华人民共和国民法典	2020年5月28日	主席令第45号
3	中华人民共和国人民武装警察法	2020年6月20日	主席令第48号
4	中华人民共和国档案法	2020年6月20日	主席令第47号
5	中华人民共和国公职人员政务处分法	2020年6月20日	主席令第46号
6	中华人民共和国香港特别行政区维护国家安全法	2020年6月30日	主席令第49号
7	中华人民共和国契税法	2020年8月11日	主席令第52号
8	中华人民共和国城市维护建设税法	2020年8月11日	主席令第51号
9	中华人民共和国未成年人保护法	2020年10月17日	主席令第57号
10	中华人民共和国出口管制法	2020年10月17日	主席令第58号
11	中华人民共和国生物安全法	2020年10月17日	主席令第56号
12	中华人民共和国专利法	2020年10月17日	主席令第55号
13	中华人民共和国国旗法	2020年10月17日	主席令第59号
14	中华人民共和国全国人民代表大会和地方各级人民代表大会选举法	2020年10月17日	主席令第61号
15	中华人民共和国国徽法	2020年10月17日	主席令第60号
16	中华人民共和国退役军人保障法	2020年11月11日	主席令第63号
17	中华人民共和国著作权法	2020年11月11日	主席令第62号
18	中华人民共和国预防未成年人犯罪法	2020年12月26日	主席令第64号
19	中华人民共和国长江保护法	2020年12月26日	主席令第65号
20	中华人民共和国国防法	2020年12月26日	主席令第67号
21	中华人民共和国刑法（2020修正）	2020年12月26日	主席令第66号
22	农作物病虫害防治条例	2020年3月26日	国务院令第725号
23	城市供水条例	2020年3月27日	国务院令第726号
24	中华人民共和国船员条例	2020年3月27日	国务院令第726号
25	兽药管理条例	2020年3月27日	国务院令第726号
26	人工影响天气管理条例	2020年3月27日	国务院令第726号
27	护士条例	2020年3月27日	国务院令第726号
28	化妆品监督管理条例	2020年6月16日	国务院令第727号
29	保障中小企业款项支付条例	2020年7月5日	国务院令第728号

（续）

序号	名称	发布日期	文号
30	中华人民共和国预算法实施条例	2020 年 8 月 3 日	国务院令第 729 号
31	行政执法机关移送涉嫌犯罪案件的规定	2020 年 8 月 7 日	国务院令第 730 号
32	国家科学技术奖励条例	2020 年 10 月 7 日	国务院令第 731 号
33	营业性演出管理条例	2020 年 11 月 29 日	国务院令第 732 号
34	旅馆业治安管理办法	2020 年 11 月 29 日	国务院令第 732 号
35	城市房地产开发经营管理条例	2020 年 11 月 29 日	国务院令第 732 号
36	中华人民共和国认证认可条例	2020 年 11 月 29 日	国务院令第 732 号
37	旅行社条例	2020 年 11 月 29 日	国务院令第 732 号
38	印刷业管理条例	2020 年 11 月 29 日	国务院令第 732 号
39	音像制品管理条例	2020 年 11 月 29 日	国务院令第 732 号
40	娱乐场所管理条例	2020 年 11 月 29 日	国务院令第 732 号
41	中华人民共和国技术进出口管理条例	2020 年 11 月 29 日	国务院令第 732 号
42	出版管理条例	2020 年 11 月 29 日	国务院令第 732 号
43	关于外商参与打捞中国沿海水域沉船沉物管理办法	2020 年 11 月 29 日	国务院令第 732 号
44	广播电视管理条例	2020 年 11 月 29 日	国务院令第 732 号
45	外债统计监测暂行规定	2020 年 11 月 29 日	国务院令第 732 号
46	中华人民共和国民用航空器国籍登记条例	2020 年 11 月 29 日	国务院令第 732 号
47	中华人民共和国国家金库条例	2020 年 11 月 29 日	国务院令第 732 号
48	中华人民共和国渔业法实施细则	2020 年 11 月 29 日	国务院令第 732 号
49	农业化学物质产品行政保护条例	2020 年 11 月 29 日	国务院令第 732 号
50	实施国际著作权条约的规定	2020 年 11 月 29 日	国务院令第 732 号
51	国有资产评估管理办法	2020 年 11 月 29 日	国务院令第 732 号
52	保安服务管理条例	2020 年 11 月 29 日	国务院令第 732 号
53	中华人民共和国城镇国有土地使用权出让和转让暂行条例	2020 年 11 月 29 日	国务院令第 732 号
54	中华人民共和国台湾同胞投资保护法实施细则	2020 年 11 月 29 日	国务院令第 732 号
55	政府督查工作条例	2020 年 12 月 26 日	国务院令第 733 号
56	企业名称登记管理规定	2020 年 12 月 28 日	国务院令第 734 号

（韩思超）

2020年商务部规章、部分公告目录

序　号	名　　称	文　号
1	海南自由贸易港外商投资准入特别管理措施（负面清单）（2020年版）［2020-12-31］	国家发展改革委、商务部令2020年第39号
2	鼓励外商投资产业目录（2020年版）［2020-12-27］	国家发展改革委、商务部令2020年第38号
3	外商投资安全审查办法［2020-12-19］	国家发展改革委、商务部令2020年第37号
4	不可靠实体清单规定［2020-09-19］	商务部令2020年第4号
5	外商投资企业投诉工作办法［2020-08-25］	商务部令2020年第3号
6	报废机动车回收管理办法实施细则［2020-07-18］	商务部令2020年第2号
7	商务部关于废止部分规章的决定［2020-07-01］	商务部令2020年第1号
8	网络安全审查办法［2020-4-13］	国家互联网信息办公室、国家发展和改革委员会、工业和信息化部、公安部、国家安全部、财政部、商务部、中国人民银行、国家市场监督管理总局、国家广播电视总局、国家保密局、国家密码管理局部令2020年第6号
9	自由贸易试验区外商投资准入特别管理措施（负面清单）（2020年版）［2020-06-23］	国家发展改革委、商务部令2020年第33号
10	外商投资准入特别管理措施（负面清单）（2020年版）［2020-06-23］	国家发展改革委、商务部令2020年第32号
11	两用物项和技术进出口许可证管理目录［2020-12-31］	商务部、海关总署公告2020年第75号
12	公布《禁止进口货物目录（第七批）》和《禁止出口货物目录（第六批）》［2020-12-30］	商务部、海关总署、生态环境部公告2020年第73号
13	公布《进口许可证管理货物目录（2021年）》［2020-12-30］	商务部、海关总署公告2020年第72号
14	公布《出口许可证管理货物目录（2021年）》［2020-12-30］	商务部、海关总署公告2020年第71号
15	公布两用物项和技术进出口许可证申领和通关无纸化有关事项［2020-12-29］	商务部、海关总署公告2020年第66号
16	公布《2021年进出口许可证件发证机构名录》［2020-12-24］	商务部公告2020年第69号
17	关于公布2021年度符合申领汽车、摩托车、非公路用两轮摩托车及全地形车出口许可证条件企业名单的公告［2020-12-17］	商务部、工业和信息化部、海关部署、国家市场监督管理总局公告2020年第65号
18	2021年成品油（燃料油）非国营贸易进口允许量　申领条件、分配原则及相关程序［2020-12-24］	商务部公告2020年第68号
19	2021年新西兰羊毛和毛条、澳大利亚羊毛进口国别关税配额管理实施细则［2020-12-25］	商务部、海关总署公告2020年第70号
20	关于对原产于美国、韩国和欧盟的进口三元乙丙橡胶反倾销调查最终裁定的公告［2020-12-18］	商务部公告2020年第60号

（续）

序 号	名 称	文 号
21	商务部关于废止《清洁行业企业资质评价体系》行业标准的公告 [2020-12-15]	商务部公告 2020 年第 64 号
22	公布《自动进口许可管理货物目录（2021 年）》[2020-12-10]	商务部、海关总署公告 2020 年第 67 号
23	关于对原产于澳大利亚的进口相关葡萄酒反补贴调查初步裁定的公告 [2020-12-10]	商务部公告 2020 年第 58 号
24	关于发布商用密码进口许可清单、出口管制清单和相关管理措施的公告 [2020-11-26]	商务部、国家密码管理局、海关总署公告 2020 年第 63 号
25	商务部关于原产于日本、美国、韩国和马来西亚的进口聚苯硫醚反倾销调查的最终裁定 [2020-11-30]	商务部公告 2020 年第 53 号
26	关于对原产于澳大利亚的进口相关葡萄酒反倾销调查初步裁定的公告 [2020-11-27]	商务部公告 2020 年第 59 号
27	关于 2021 年度甘草及甘草制品出口配额招标的公告 [2020-11-19]	商务部公告 2020 年第 56 号
28	关于发布《商务领域一次性塑料制品使用、回收报告办法（试行）》的公告 [2020-11-27]	商务部公告 2020 年第 61 号
29	2021 年蔺草及其制品出口配额公开招标公告 [2020-11-29]	商务部公告 2020 年第 62 号
30	商务部关于对印尼广青镍业有限公司生产的进口不锈钢产品所适用的反倾销措施发起期间复审调查的公告 [2020-11-20]	商务部公告 2020 年第 55 号
31	关于调整加工贸易禁止类商品目录的公告 [2020-11-05]	商务部、海关总署公告 2020 年第 54 号
32	关于原产于美国、欧盟和日本的进口间甲酚反倾销调查初步裁定的公告 [2020-11-03]	商务部公告 2020 年第 50 号
33	2021 年化肥进口关税配额总量、分配原则及相关程序 [2020-10-30]	商务部公告 2020 年第 52 号
34	2021 年原油非国营贸易进口允许量总量、申请条件和申请程序 [2020-10-30]	商务部公告 2020 年第 51 号
35	公布货物出口配额总量（2021 年）[2020-10-28]	商务部公告 2020 年第 49 号
36	关于对原产于美国、韩国和欧盟的进口三元乙丙橡胶反倾销调查初步裁定的公告 [2020-10-23]	商务部公告 2020 年第 48 号
37	关于原产于日本、美国、韩国和马来西亚的进口聚苯硫醚反倾销调查初步裁定的公告 [2020-10-16]	商务部公告 2020 年第 45 号
38	关于对原产于美国的进口聚氯乙烯进行反补贴立案调查的公告 [2020-10-14]	商务部公告 2020 年第 41 号
39	关于对原产于美国的进口聚氯乙烯进行反倾销立案调查的公告 [2020-09-25]	商务部公告 2020 年第 40 号
40	关于对原产于美国的进口聚酰胺 -6,6 切片反倾销措施发起期终复审调查的公告 [2020-10-12]	商务部公告 2020 年第 42 号
41	关于终止对原产于新加坡、马来西亚和日本的进口甲硫氨酸反倾销调查的公告 [2020-10-09]	商务部公告 2020 年第 43 号
42	2021 年食糖、羊毛、毛条进口关税配额实施细则 [2020-09-30]	商务部公告 2020 年第 44 号

（续）

序　号	名　　称	文　号
43	关于对原产于日本的进口光纤预制棒反倾销期间复审裁定的公告 [2020-09-25]	商务部公告 2020 年第 39 号
44	关于对原产于美国的进口相关乙二醇和丙二醇的单烷基醚进行反补贴立案调查的公告 [2020-09-14]	商务部公告 2020 年第 37 号
45	关于原产于美国的进口正丙醇反补贴调查的初步裁定 [2020-09-04]	商务部公告 2020 年第 33 号
46	关于对原产于美国的进口相关乙二醇和丙二醇的单烷基醚进行反倾销立案调查的公告 [2020-08-31]	商务部公告 2020 年第 36 号
47	关于对原产于澳大利亚的进口相关葡萄酒进行反补贴立案调查的公告 [2020-08-31]	商务部公告 2020 年第 35 号
48	关于调整发布《中国禁止出口限制出口技术目录》的公告 [2020-08-28]	商务部、科技部公告 2020 年第 38 号
49	关于对原产于澳大利亚的进口相关葡萄酒进行反倾销立案调查的公告 [2020-08-18]	商务部公告 2020 年第 34 号
50	2020 年农产品进口关税配额再分配公告 [2020-08-10]	国家发展和改革委员会　商务部公告 2020 年第 4 号
51	关于对原产于美国的进口聚苯醚进行反补贴立案调查的公告 [2020-08-14]	商务部公告 2020 年第 32 号
52	关于原产于印度的进口单模光纤反倾销措施期终复审裁定的公告 [2020-08-13]	商务部公告 2020 年第 29 号
53	关于对原产于美国的进口聚苯醚进行反倾销立案调查的公告 [2020-08-03]	商务部公告 2020 年第 31 号
54	商务部关于巴斯夫高性能聚酰胺韩国有限公司继承索尔维化学韩国有限公司在己二酸反倾销措施中所适用税率的公告 [2020-07-23]	商务部公告 2020 年第 28 号
55	关于原产于美国的进口正丙醇反补贴调查的延期公告 [2020-07-22]	商务部公告 2020 年第 27 号
56	关于原产于美国的进口正丙醇反倾销调查的延期公告 [2020-07-22]	商务部公告 2020 年第 26 号
57	关于对原产于美国、欧盟和日本的进口间甲酚反倾销调查的延期公告 [2020-07-20]	商务部公告 2020 年第 30 号
58	关于原产于美国的进口正丙醇反倾销调查的初步裁定 [2020-07-17]	商务部公告 2020 年第 25 号
59	关于帝斯曼工程材料公司继承帝斯曼工程塑料公司在锦纶 6 切片反倾销措施中所适用税率的公告 [2020-07-06]	商务部公告 2020 年第 24 号
60	关于调整《实行进口报告管理的大宗农产品目录》的公告 [2020-06-29]	商务部公告 2020 年第 23 号
61	关于对原产于美国、韩国和欧盟的进口三元乙丙橡胶反倾销调查的延期公告 [2020-06-18]	商务部公告 2020 年第 22 号

（续）

序　号	名　　称	文　号
62	关于原产于日本、新加坡、韩国和台湾地区的进口丙酮反倾销措施期终复审裁定的公告［2020-06-05］	商务部公告 2020 年第 13 号
63	关于原产于欧盟和美国的进口四氯乙烯反倾销措施期终复审裁定的公告［2020-05-30］	商务部公告 2020 年第 18 号
64	关于对原产于日本、美国、韩国和马来西亚的进口聚苯硫醚反倾销调查的延期公告［2020-05-29］	商务部公告 2020 年第 17 号
65	关于韩华思路信株式会社继承韩华化学株式会社在太阳能级多晶硅反倾销措施中所适用税率的公告［2020-05-29］	商务部公告 2020 年第 21 号
66	关于原产于澳大利亚的进口大麦反补贴调查最终裁定的公告［2020-05-18］	商务部公告 2020 年第 15 号
67	关于原产于澳大利亚的进口大麦反倾销调查最终裁定的公告［2020-05-18］	商务部公告 2020 年第 14 号
68	关于支持综合保税区内企业开展维修业务的公告［2020-05-13］	商务部、生态环境部、海关总署公告 2020 年第 16 号
69	关于原产于美国和欧盟的进口相关高温承压用合金钢无缝钢管反倾销措施期终复审裁定的公告［2020-05-09］	商务部公告 2020 年第 9 号
70	公布将低硫船用燃料油纳入出口许可证管理货物目录（2020年）［2020-04-23］	商务部、海关总署公告 2020 年第 11 号
71	关于进一步加强防疫物资出口质量监管的公告［2020-04-25］	商务部、海关总署、国家市场监督管理总局公告 2020 年第 12 号
72	国家数字服务出口基地名单［2020-04-02］	商务部、中央网信办、工业和信息化部公告 2020 年第 8 号
73	关于氢氧化钾生产企业申请氯化钾非国营贸易进口资格条件和申报程序的公告［2020-03-31］	商务部公告 2020 年第 7 号
74	关于终止对原产于日本和台湾地区的立式加工中心反倾销调查的公告［2020-04-13］	商务部公告 2020 年第 10 号
75	关于有序开展医疗物资出口的公告［2020-03-31］	商务部、海关总署、国家药品监督管理局公告 2020 年第 5 号
76	关于对原产于新加坡、马来西亚和日本的进口甲硫氨酸反倾销调查的延期公告［2020-04-02］	商务部公告 2020 年第 6 号
77	关于精对苯二甲酸反倾销案泰国企业更名的公告［2020-03-19］	商务部公告 2020 年第 4 号
78	公布货物进出口领域行政审批中介服务事项和行政委托事项清单［2020-01-22］	商务部公告 2020 年第 3 号
79	关于对原产于美国的进口太阳能级多晶硅反补贴措施期终复审裁定的公告［2020-01-19］	商务部公告 2020 年第 2 号
80	关于对原产于美国和韩国的进口太阳能级多晶硅反倾销措施期终复审裁定的公告［2020-01-19］	商务部公告 2020 年第 1 号
81	关于全面禁止进口固体废物有关事项的公告［2020-11-24］	生态环境部、商务部、国家发展和改革委员会、海关总署公告 2020 年第 53 号

（韩思超）

2020年其他有关部门规章目录

序　号	名　　称	发布日期	文　号
1	股权出质登记办法（2020修订）	2020年12月31日	国家市场监督管理总局令第34号
2	合同违法行为监督处理办法（2020修订）	2020年12月31日	国家市场监督管理总局令第34号
3	国家秘密载体印制资质管理办法	2020年12月22日	国家保密局、国家市场监督管理总局令2020年第2号
4	生物制品批签发管理办法	2020年12月11日	国家市场监督管理总局令第33号
5	关于批准发布《电子商务平台知识产权保护管理》等8项国家标准的公告	2020年11月9日	国家标准公告〔2020〕24号
6	规范促销行为暂行规定	2020年10月29日	国家市场监督管理总局令第32号
7	食品召回管理办法（2020修订）	2020年10月23日	国家市场监督管理总局令第31号
8	客运索道安全监督管理规定（2020修订）	2020年10月23日	国家市场监督管理总局令第31号
9	能源计量监督管理办法（2020修订）	2020年10月23日	国家市场监督管理总局令第31号
10	毛绒纤维质量监督管理办法（2020修订）	2020年10月23日	国家市场监督管理总局令第31号
11	网络餐饮服务食品安全监督管理办法（2020修订）	2020年10月23日	国家市场监督管理总局令第31号
12	商品量计量违法行为处罚规定（2020修订）	2020年10月23日	国家市场监督管理总局令第31号
13	眼镜制配计量监督管理办法（2020修订）	2020年10月23日	国家市场监督管理总局令第31号
14	零售商品称重计量监督管理办法（2020修订）	2020年10月23日	国家市场监督管理总局令第31号
15	农药广告审查发布规定（2020修订）	2020年10月23日	国家市场监督管理总局令第31号
16	茧丝质量监督管理办法（2020修订）	2020年10月23日	国家市场监督管理总局令第31号
17	兽药广告审查发布规定（2020修订）	2020年10月23日	国家市场监督管理总局令第31号
18	全国专业标准化技术委员会管理办法（2020修订）	2020年10月23日	国家市场监督管理总局令第31号
19	集贸市场计量监督管理办法（2020修订）	2020年10月23日	国家市场监督管理总局令第31号
20	关于在香港特别行政区知识产权署提出的首次申请的优先权的规定	2020年10月23日	国家市场监督管理总局令第31号
21	侵害消费者权益行为处罚办法（2020修订）	2020年10月23日	国家市场监督管理总局令第31号
22	缺陷汽车产品召回管理条例实施办法（2020修订）	2020年10月23日	国家市场监督管理总局令第31号
23	关于禁止滥用知识产权排除、限制竞争行为的规定（2020修订）	2020年10月23日	国家市场监督管理总局令第31号
24	计量标准考核办法（2020修改）	2020年10月23日	国家市场监督管理总局令第31号
25	计量基准管理办法（2020修订）	2020年10月23日	国家市场监督管理总局令第31号
26	网络购买商品七日无理由退货暂行办法（2020修订）	2020年10月23日	国家市场监督管理总局令第31号
27	加油站计量监督管理办法（2020修订）	2020年10月23日	国家市场监督管理总局令第31号

（续）

序 号	名 称	发布日期	文 号
28	中华人民共和国进口计量器具监督管理办法实施细则（2020修订）	2020年10月23日	国家市场监督管理总局令第31号
29	中华人民共和国企业法人登记管理条例施行细则（2020修订）	2020年10月23日	国家市场监督管理总局令第31号
30	外国（地区）企业在中国境内从事生产经营活动登记管理办法（2020修订）	2020年10月23日	国家市场监督管理总局令第31号
31	高耗能特种设备节能监督管理办法（2020修订）	2020年10月23日	国家市场监督管理总局令第31号
32	商标印制管理办法（2020修订）	2020年10月23日	国家市场监督管理总局令第31号
33	拍卖监督管理办法（2020修订）	2020年10月23日	国家市场监督管理总局令第31号
34	认证机构管理办法（2020修订）	2020年10月23日	国家市场监督管理总局令第31号
35	保健食品注册与备案管理办法（2020修订）	2020年10月23日	国家市场监督管理总局令第31号
36	经营者集中审查暂行规定	2020年10月23日	国家市场监督管理总局令第30号
37	药品生产监督管理办法	2020年1月22日	国家市场监督管理总局令第28号
38	药品注册管理办法	2020年1月22日	国家市场监督管理总局令第27号
39	地方标准管理办法	2020年1月16日	国家市场监督管理总局令第26号
40	强制性国家标准管理办法	2020年1月6日	国家市场监督管理总局令第25号
41	食品生产许可管理办法（2020）	2020年1月2日	国家市场监督管理总局令第24号
42	食盐质量安全监督管理办法	2020年1月2日	国家市场监督管理总局令第23号
43	政府定价的经营服务性收费目录清单（2020版）	2020年12月17日	国家发展和改革委员会公告2020年第7号
44	国家危险废物名录（2021年版）	2020年11月25日	生态环境部、国家发展和改革委员会、公安部、交通运输部、国家卫生健康委员会令第15号
45	2020年农产品进口关税配额再分配公告	2020年8月10日	国家发展和改革委员会、商务部公告2020年第4号
46	中央定价目录（2020修订）	2020年3月13日	国家发展和改革委员会令第31号
47	财政部关于修改《财政票据管理办法》的决定	2020年12月3日	财政部令第104号
48	政府购买服务管理办法	2020年1月3日	财政部令第102号
49	政府采购信息发布管理办法	2019年11月27日	财政部令第101号
50	高速铁路安全防护管理办法	2020年5月6日	交通运输部令2020年第8号
51	建设工程消防设计审查验收管理暂行规定	2020年4月1日	住房和城乡建设部令第51号
52	中华人民共和国海关统计工作管理规定（2020修订）	2020年12月23日	海关总署令第247号
53	中华人民共和国海关加工贸易货物监管办法（2020修订）	2020年12月23日	海关总署令第247号
54	关于公布《中华人民共和国海关行政许可管理办法》的令	2020年12月22日	海关总署令第246号
55	关于公布《中华人民共和国海关进出口货物减免税管理办法》的令	2020年12月21日	海关总署令第245号

（续）

序　号	名　　称	发布日期	文　号
56	关于进出口危险化学品及其包装检验监管有关问题的公告	2020 年 12 月 18 日	海关总署公告 2020 年第 129 号
57	关于扩大市场采购贸易方式试点的公告	2020 年 9 月 30 日	海关总署公告 2020 年第 114 号
58	关于调整进口原油检验监管方式的公告	2020 年 9 月 21 日	海关总署公告 2020 年第 110 号
59	关于公布 2020 年商品归类决定的公告	2020 年 9 月 15 日	海关总署公告 2020 年第 108 号
60	关于调整部分进出境货物监管要求的公告	2020 年 8 月 28 日	海关总署公告 2020 年第 99 号
61	关于扩大跨境电子商务企业对企业出口监管试点范围的公告	2020 年 8 月 13 日	海关总署公告 2020 年第 92 号

（韩思超）

2020年国务院、商务部等有关部委和北京市相关文件目录（部分）

序　号	名　　称	发布日期	文　号
1	国务院办公厅关于进一步优化地方政务服务便民热线的指导意见	2020年12月28日	国办发〔2020〕53号
2	国务院办公厅关于进一步完善失信约束制度构建诚信建设长效机制的指导意见	2020年12月7日	国办发〔2020〕49号
3	国务院办公厅关于印发《公共企事业单位信息公开规定制定办法》的通知	2020年12月7日	国办发〔2020〕50号
4	国务院办公厅关于印发全国深化“放管服”改革优化营商环境电视电话会议重点任务分工方案的通知	2020年11月1日	国办发〔2020〕43号
5	国务院办公厅关于全面推行证明事项和涉企经营许可事项告知承诺制的指导意见	2020年10月27日	国办发〔2020〕42号
6	国务院办公厅关于推进对外贸易创新发展的实施意见	2020年10月25日	国办发〔2020〕40号
7	国务院办公厅关于印发新能源汽车产业发展规划（2021—2035年）的通知	2020年10月20日	国办发〔2020〕39号
8	国务院办公厅关于加快推进政务服务“跨省通办”的指导意见	2020年9月24日	国办发〔2020〕35号
9	国务院办公厅关于以新业态新模式引领新型消费加快发展的意见	2020年9月16日	国办发〔2020〕32号
10	国务院办公厅关于深化商事制度改革进一步为企业松绑减负激发企业活力的通知	2020年9月1日	国办发〔2020〕29号
11	国务院办公厅关于进一步做好稳外贸稳外资工作的意见	2020年8月5日	国办发〔2020〕28号
12	国务院办公厅关于支持多渠道灵活就业的意见	2020年7月28日	国办发〔2020〕27号
13	国务院办公厅关于提升大众创业万众创新示范基地带动作用进一步促改革稳就业强动能的实施意见	2020年7月23日	国办发〔2020〕26号
14	国务院办公厅关于进一步优化营商环境更好服务市场主体的实施意见	2020年7月15日	国办发〔2020〕24号
15	国务院办公厅关于进一步规范行业协会商会收费的通知	2020年7月2日	国办发〔2020〕21号
16	国务院办公厅关于支持出口产品转内销的实施意见	2020年6月17日	国办发〔2020〕16号
17	国务院关于实施动产和权利担保统一登记的决定	2020年12月22日	国发〔2020〕18号
18	国务院关于深入开展爱国卫生运动的意见	2020年11月14日	国发〔2020〕15号
19	国务院关于取消和下放一批行政许可事项的决定	2020年9月13日	国发〔2020〕13号
20	国务院关于印发北京、湖南、安徽自由贸易试验区总体方案及浙江自由贸易试验区扩展区域方案的通知	2020年8月30日	国发〔2020〕10号

（续）

序　号	名　　称	发布日期	文　号
21	国务院关于促进国家高新技术产业开发区高质量发展的若干意见	2020 年 7 月 13 日	国发〔2020〕7 号
22	商务部办公厅关于印发《石油成品油流通行业管理工作指引》的通知	2020 年 12 月 31 日	商办消费函〔2020〕439 号
23	商务部办公厅关于促进社区消费、切实解决老年人运用智能技术困难的通知	2020 年 12 月 28 日	商办服贸函〔2020〕431 号
24	国家发展改革委、商务部关于印发《市场准入负面清单（2020 年版）》的通知	2020 年 12 月 10 日	发改体改规〔2020〕1880 号
25	商务部、国家卫生健康委员会、国家市场监督管理总局关于餐饮服务新冠肺炎疫情常态化防控工作的指导意见	2020 年 10 月 27 日	商服贸发〔2020〕224 号
26	人力资源和社会保障部、民政部、财政部、商务部、全国妇女联合会关于实施康养职业技能培训计划的通知	2020 年 10 月 9 日	人社部发〔2020〕73 号
27	商务部关于印发《进口许可证申请签发使用工作规范》的通知	2020 年 9 月 30 日	商配规发〔2020〕208 号
28	商务部关于印发《出口许可证申请签发使用工作规范》的通知	2020 年 9 月 30 日	商配规发〔2020〕209 号
29	关于推进纳税缴费便利化改革优化税收营商环境若干措施的通知	2020 年 9 月 28 日	税总发〔2020〕48 号
30	商务部关于 2020 年增补国家电子商务示范基地的通知	2020 年 9 月 1 日	商电函〔2020〕324 号
31	商务部办公厅关于进一步加强商务领域塑料污染治理工作的通知	2020 年 8 月 28 日	商办流通函〔2020〕306 号
32	关于印发《推动物流业制造业深度融合创新发展实施方案》的通知	2020 年 8 月 22 日	发改经贸〔2020〕1315 号
33	住房和城乡建设部等部门关于开展城市居住社区建设补短板行动的意见	2020 年 8 月 18 日	建科规〔2020〕7 号
34	商务部办公厅关于印发《商务部市场监管执法事项“双随机、一公开”事项清单》（第二版）的通知	2020 年 8 月 17 日	商办建函〔2020〕294 号
35	商务部关于印发全面深化服务贸易创新发展试点总体方案的通知	2020 年 8 月 12 日	商服贸发〔2020〕165 号
36	中国银保监会等 7 部门关于做好政府性融资担保机构监管工作的通知	2020 年 8 月 5 日	银保监发〔2020〕39 号
37	商务部办公厅关于开展便利店品牌化连锁化三年行动的通知	2020 年 7 月 31 日	商办流通函〔2020〕281 号
38	商务部办公厅、市场监管总局办公厅关于进一步完善外商投资信息报告制度、加强和完善事中事后监管工作的通知	2020 年 6 月 30 日	商办资函〔2020〕240 号
39	关于进一步优化发展环境促进生鲜农产品流通的实施意见	2020 年 5 月 24 日	发改经贸〔2020〕809 号
40	关于稳定和扩大汽车消费若干措施的通知	2020 年 4 月 28 日	发改产业〔2020〕684 号
41	商务部办公厅关于进一步完善重点零售企业联系制度的通知	2020 年 4 月 24 日	商办流通函〔2020〕149 号

（续）

序 号	名 称	发布日期	文 号
42	商务部办公厅关于加快推动品牌连锁便利店发展工作的通知	2020年4月24日	商办流通函〔2020〕147号
43	商务部办公厅关于推动步行街加快恢复正常营业秩序的通知	2020年3月26日	商办流通函〔2020〕111号
44	关于促进消费扩容提质加快形成强大国内市场的实施意见	2020年2月28日	发改就业〔2020〕293号
45	商务部关于应对新冠肺炎疫情做好稳外贸稳外资促消费工作的通知	2020年2月18日	商综发〔2020〕30号
46	商务部等8部门关于推动服务外包加快转型升级的指导意见	2020年1月6日	商服贸发〔2020〕12号
47	商务部办公厅关于推广疫情防控时期保障生活必需品供应典型做法的通知	2020年2月25日	
48	商务部办公厅关于积极指导帮助走出去企业做好新冠肺炎疫情应对工作的通知	2020年2月11日	商办合函〔2020〕50号
49	商务部、国家发展改革委、财政部、海关总署、税务总局、国家市场监管总局关于扩大跨境电商零售进口试点的通知	2020年1月17日	
50	人民银行、国家发展改革委、商务部、国资委、银保监会、外汇局联合发布《关于进一步优化跨境人民币政策支持稳外贸稳外资的通知》	2020年12月31日	银发〔2020〕330号
51	商务部办公厅关于请完善外商投资企业投诉相关工作制度的函	2020年9月30日	
52	商务部办公厅关于加强协作联动　推动加大金融支持稳外贸稳外资促消费力度的工作通知	2020年7月8日	商办财函〔2020〕170号
53	交通运输部、商务部、海关总署、国家铁路局、中国民用航空局、国家邮政局、中国国家铁路集团有限公司关于当前更好服务稳外贸工作的通知	2020年4月20日	交水明电〔2020〕139号
54	商务部关于应对疫情进一步改革开放做好稳外资工作的通知	2020年4月1日	
55	商务部办公厅关于完善商品交易市场重点联系机制的通知	2020年4月30日	商办流通函〔2020〕156号
56	商务部等8部门关于复制推广供应链创新与应用试点第一批典型经验做法的通知	2020年4月10日	商建函〔2020〕110号
57	商务部等8部门关于进一步做好供应链创新与应用试点工作的通知	2020年4月10日	商建函〔2020〕111号
58	商务部办公厅印发《关于做好重点城市生活物资保供工作的通知》	2020年2月10日	商办建函〔2020〕32号
59	商务部等13部门印发《关于推动品牌连锁便利店加快发展的指导意见》	2019年12月31日	商流通函〔2019〕696号
60	商务部等12部门印发《关于提振大宗消费重点消费促进释放农村消费潜力若干措施的通知》	2020年12月28日	

（续）

序　号	名　　称	发布日期	文　号
61	国家市场监管总局、国家发展改革委、科技部、工业和信息化部、生态环境部、住房城乡建设部、商务部、国家邮政局关于加强快递绿色包装标准化工作的指导意见	2020年7月28日	国市监标技〔2020〕126号
62	商务部办公厅、财政部办公厅、人力资源社会保障部办公厅、住房城乡建设部办公厅、税务总局办公厅、国家市场监管总局办公厅、银保监会办公厅关于开展小店经济推进行动的通知	2020年7月14日	商办流通函〔2020〕215号
63	关于支持新业态新模式健康发展　激活消费市场带动扩大就业的意见	2020年7月14日	发改高技〔2020〕1157号
64	工业和信息化部等部门关于健全支持中小企业发展制度的若干意见	2020年7月3日	工信部联企业〔2020〕108号
65	关于进一步促进服务型制造发展的指导意见	2020年6月30日	工信部联政法〔2020〕101号
66	国家市场监管总局等16部门关于印发《市场监管领域部门联合抽查事项清单（第一版）》的通知	2020年6月29日	国市监信〔2020〕111号
67	国家市场监管总局等4部门关于进一步推进公平竞争审查工作的通知	2020年5月9日	国市监反垄断〔2020〕73号
68	关于促进消费扩容提质加快形成强大国内市场的实施意见	2020年2月28日	发改就业〔2020〕293号
69	市场监管总局、国家发展改革委、财政部、人力资源社会保障部、商务部、人民银行关于应对疫情影响加大对个体工商户扶持力度的指导意见	2020年2月28日	国市监注〔2020〕38号
70	中国人民银行、国家发展和改革委员会、商务部、国务院国有资产监督管理委员会、中国银行保险监督管理委员会、国家外汇管理局关于进一步优化跨境人民币政策支持稳外贸稳外资的通知	2020年12月31日	银发〔2020〕330号
71	关于印发化学原料药等6项行业清洁生产评价指标体系的通知	2020年12月31日	发改环资规〔2020〕1983号
72	国家邮政局、国家发展和改革委员会、交通运输部、商务部、海关总署关于促进粤港澳大湾区邮政业发展的实施意见	2020年12月9日	国邮发〔2020〕78号
73	住房和城乡建设部等部门关于推动物业服务企业加快发展线上线下生活服务的意见	2020年12月4日	建房〔2020〕99号
74	商务部办公厅关于高质量推进步行街改造提升工作的通知	2020年11月27日	商办流通函〔2020〕395号
75	关于支持新业态新模式健康发展　激活消费市场带动扩大就业的意见	2020年7月14日	发改高技〔2020〕1157号
76	关于扎实推进塑料污染治理工作的通知	2020年7月10日	发改环资〔2020〕1146号
77	商务部办公厅关于加强协作联动　推动加大金融支持稳外贸稳外资促消费力度的工作通知	2020年7月8日	商办财函〔2020〕170号
78	工业和信息化部等部门关于健全支持中小企业发展制度的若干意见	2020年7月3日	工信部联企业〔2020〕108号

（续）

序　号	名　　称	发布日期	文　号
79	国家市场监督管理总局、生态环境部、住房和城乡建设部、水利部、农业农村部、国家卫生健康委员会、国家林业和草原局关于推动农村人居环境标准体系建设的指导意见	2020年12月31日	国市监标技〔2020〕207号
80	住房和城乡建设部等部门关于加强和改进住宅物业管理工作的通知	2020年12月25日	建房规〔2020〕10号
81	住房和城乡建设部、国家市场监督管理总局关于印发建设项目工程总承包合同（示范文本）的通知	2020年11月25日	建市〔2020〕96号
82	国家市场监督管理总局关于加强网络直播营销活动监管的指导意见	2020年11月5日	国市监广〔2020〕175号
83	国家体育总局、公安部、民政部、国家卫生健康委员会、国家市场监督管理总局关于加强搏击类项目赛事活动安全管理工作的若干意见	2020年10月15日	体规字〔2020〕3号
84	国家市场监督管理总局办公厅关于进一步做好企业注销清算组备案有关工作的通知	2020年9月29日	市监注〔2020〕107号
85	国家发展和改革委员会办公厅、国家市场监督管理总局办公厅关于进一步规范招标投标过程中企业经营资质资格审查工作的通知	2020年9月22日	发改办法规〔2020〕727号
86	国家市场监督管理总局办公厅关于印发《餐饮质量安全提升行动方案》的通知	2020年9月8日	市监食经〔2020〕97号
87	国家市场监督管理总局等6部门关于进一步优化企业开办服务的通知	2020年8月4日	国市监注〔2020〕129号
88	国家市场监督管理总局办公厅关于印发《餐饮服务食品安全操作规范宣传册》的通知	2020年6月11日	市监食经函〔2020〕925号
89	关于进一步优化发展环境促进生鲜农产品流通的实施意见	2020年5月24日	发改经贸〔2020〕809号
90	国家市场监督管理总局、国家邮政局关于开展快递包装绿色产品认证工作的实施意见	2020年3月24日	国市监认证〔2020〕43号
91	国家市场监督管理总局关于加强食品生产加工小作坊监管工作的指导意见	2020年2月6日	国市监食生〔2020〕25号
92	关于加快构建全国一体化大数据中心协同创新体系的指导意见	2020年12月23日	发改高技〔2020〕1922号
93	住房和城乡建设部等部门印发《关于进一步推进生活垃圾分类工作的若干意见》的通知	2020年11月27日	建城〔2020〕93号
94	住房和城乡建设部等部门关于推动物业服务企业发展居家社区养老服务的意见	2020年11月24日	建房〔2020〕92号
95	关于印发《近期扩内需促消费的工作方案》的通知	2020年10月14日	发改综合〔2020〕1565号
96	关于支持民营企业加快改革发展与转型升级的实施意见	2020年10月14日	发改体改〔2020〕1566号

（续）

序号	名称	发布日期	文号
97	关于扩大战略性新兴产业投资培育壮大新增长点增长极的指导意见	2020年9月8日	发改高技〔2020〕1409号
98	国家发展改革委、民航局关于促进航空货运设施发展的意见	2020年8月24日	发改基础〔2020〕1319号
99	中国银保监会等7部门关于做好政府性融资担保机构监管工作的通知	2020年8月5日	银保监发〔2020〕39号
100	国家发展改革委关于应对疫情进一步深化改革做好外资项目有关工作的通知	2020年3月9日	发改外资〔2020〕343号
101	国家发展改革委、生态环境部关于进一步加强塑料污染治理的意见	2020年1月16日	发改环资〔2020〕80号
102	财政部关于进一步做好地方政府债券发行工作的意见	2020年11月4日	财库〔2020〕36号
103	财政部关于印发《政府会计准则制度解释第3号》的通知	2020年10月20日	财会〔2020〕15号
104	财政部、住房和城乡建设部关于政府采购支持绿色建材促进建筑品质提升试点工作的通知	2020年10月13日	财库〔2020〕31号
105	财政部、海关总署、国家税务总局关于中国国际进口博览会展期内销售的进口展品税收优惠政策的通知	2020年10月12日	财关税〔2020〕38号
106	财政部关于进一步强化统筹协调指导 更好发挥监管局职能作用的意见	2020年7月24日	财预〔2020〕99号
107	财政部关于进一步加强地方政府主权外贷预算管理的通知	2020年5月29日	财国合〔2020〕19号
108	财政部关于加强行政事业单位固定资产管理的通知	2020年8月26日	财资〔2020〕97号
109	财政部关于加强非税收入退付管理的通知	2020年7月16日	财库〔2020〕23号
110	财政部关于修订2020年政府收支分类科目的通知	2020年6月18日	财预〔2020〕61号
111	财政部、人力资源社会保障部、中国人民银行关于进一步加大创业担保贷款贴息力度全力支持重点群体创业就业的通知	2020年4月15日	财金〔2020〕21号
112	财政部关于开展政府采购意向公开工作的通知	2020年3月2日	财库〔2020〕10号
113	财政部关于深入推进财政法治建设的指导意见	2020年1月23日	财法〔2020〕4号
114	财政部关于印发《项目支出绩效评价管理办法》的通知	2020年2月25日	财预〔2020〕10号
115	财政部关于修改《节能减排补助资金管理暂行办法》的通知	2020年1月22日	财建〔2020〕10号
116	财政部关于加强政府投资基金管理 提高财政出资效益的通知	2020年2月12日	财预〔2020〕7号
117	财政部关于印发《地方预算单位政府集中采购目录及标准指引（2020年版）》的通知	2019年12月31日	财库〔2019〕69号
118	住房和城乡建设部等部门印发《关于进一步推进生活垃圾分类工作的若干意见》的通知	2020年11月27日	建城〔2020〕93号

（韩思超）

2020年商务局规范性文件目录

序号	名称	发布日期	文号
1	北京市商务局　北京市邮政管理局关于印发《北京市关于开展末端配送创新试点进一步加强快递末端用车、外卖用车管理工作方案》的通知	2019年12月13日	京商电商字〔2019〕21号
2	北京市商务局　北京市发展和改革委员会关于印发《北京市促进家政服务业提质扩容实施方案》的通知	2020年1月8日	京商生活字〔2020〕1号
3	北京市商务局关于新型冠状病毒肺炎疫情防控情况下稳定商务发展有关措施的通知	2020年2月20日	京商综字〔2020〕1号
4	北京市商务局关于申报2020年度生活性服务业发展项目的通知	2020年3月2日	京商生活字〔2020〕7号
5	北京市商务局关于印发《关于促进商务咨询服务业健康发展的若干措施》的通知	2020年3月30日	京商商服字〔2020〕1号
6	北京市商务局关于申报2020年度外经贸发展资金项目的通知	2020年3月24日	京商财务字〔2020〕9号
7	北京市商务局关于申报2020年度商业流通发展资金项目的通知	2020年3月24日	京商财务字〔2020〕10号
8	北京市商务局关于外贸领域防疫情稳运行若干措施的通知	2020年3月20日	京商外运字〔2020〕6号
9	北京市商务局关于印发《北京市商务局关于取消和下放石油成品油经营资格审批权限有关工作的通知》的通知	2019月12月30日	京商调字〔2019〕47号
10	北京市商务局关于印发《北京市节能减排商品销售企业管理办法》的通知	2020年5月13日	京商消促字〔2020〕15号
11	北京市商务局关于印发《服务贸易领域防疫情稳运行若干措施》的通知	2020年3月16日	京商服贸字〔2020〕15号
12	北京市商务局关于印发《支持北京老字号疫情常态化下稳经营促发展的若干措施》的通知	2020年7月7日	京商流通字〔2020〕6号
13	北京市商务局关于2020年度服务贸易及服务外包专项资金申报工作的通知	2020年7月15日	京商服贸字〔2020〕28号
14	北京市商务局关于开展2020年度外经贸发展专项资金（进口贴息事项）申报工作的通知	2020年7月14日	京商外运字〔2020〕22号
15	北京市商务局　北京市财政局关于印发《北京市外经贸发展资金支持北京市对外投资合作实施方案》的通知	2020年8月11日	京商财务字〔2020〕21号
16	北京市商务局　北京市财政局关于印发《北京市外经贸发展资金支持北京市企业境外投资项目海外投资保险统保平台实施方案》的通知	2020年8月11日	京商财务字〔2020〕22号

（续）

序　号	名　　称	发布日期	文　号
17	北京市商务局　北京市市场监督管理局　北京市卫生健康委员会　北京海关　北京市农业农村局　北京市交通委员会关于新冠肺炎常态化防控下加强食品冷链物流管理的通知	2020年8月5日	京商物流字〔2020〕5号
18	北京市商务局关于做好2020年北京市对外投资合作专项资金项目申报工作的通知	2020年9月3日	京商经字〔2020〕19号
19	北京市商务局　北京市财政局关于做好2020年中国（北京）跨境电子商务综合试验区服务体系建设专项资金重点工作的通知	2020年9月11日	京商电商字〔2020〕10号
20	北京市商务局关于印发《关于鼓励发展商业品牌首店的若干措施》（2.0版）的通知	2020年9月18日	京商消促字〔2020〕39号
21	北京市商务局关于2020年度鼓励发展商业品牌首店项目申报指南的补充通知	2020年11月5日	京商消促字〔2020〕48号
22	北京市商务局　北京市财政局关于印发《外经贸发展专项资金支持北京市参加第三届中国国际进口博览会征集通知》的通知	2020年11月17日	京商贸发字〔2020〕13号
23	北京市商务局等9部门关于印发《关于进一步促进社区商业发展的若干措施》的通知	2020年11月12日	京商生活字〔2020〕46号
24	北京市商务局　北京市邮政管理局关于印发《认定北京市末端配送创新试点点位》的通知	2020年12月3日	京商电商字〔2020〕16号

（韩思超）

北京市商务局　北京市邮政管理局关于印发《北京市关于开展末端配送创新试点进一步加强快递末端用车、外卖用车管理工作方案》的通知

京商电商字〔2019〕21号

各区人民政府、市政府各有关部门：

《北京市关于开展末端配送创新试点进一步加强快递末端用车、外卖用车管理工作方案》已经市政府同意，现印发给你们，请结合实际认真贯彻执行。

特此通知。

北京市商务局

北京市邮政管理局

2019年12月13日

北京市关于开展末端配送创新试点进一步加强快递末端用车、外卖用车管理工作方案

一、指导思想

以习近平新时代中国特色社会主义思想为指导，深入贯彻落实习近平总书记对北京工作的一系列重要指示精神，牢牢把握首都城市战略定位，立足北京资源禀赋和承载能力，坚持首善标准，以提升城市发展水平和民生保障服务为主线，按照高质量发展要求，加强快递末端用车、外卖用车精细化管理，缓解交通拥堵、大气污染等“大城市病”，探索完善超大城市治理体系，进一步增强人民群众获得感，助力国际一流的和谐宜居之都建设。

二、工作目标

按照“模式创新、技术引领、规范有序、逐步优化”的工作思路，发挥市场主导作用，选取部分企业，在一定区域开展末端配送创新试点，通过2年左右的试点期，探索末端配送模式改革和新形态，并通过完善网点结构布局、优化要素资源配置、强化企业主体责任、规范行业和人员管理等措施，实现快递末端用车和外卖用车有序运营，发展适合首都城市环境和市场需求的末端配送“北京模式”，构建集约高效的末端配送服务体系，进一步提升城市精细化管理水平。

三、适用范围

本方案中快递末端用车是指在本市依法取得快递业务经营许可和分支机构备案的企业用于快递末端生产作业的，自有的电动三轮车及通过合法方式取得使用权的新能源微型轻型货车。外卖用车是指在本市开展经营行为的网络餐饮服务第三方平台和入网餐饮服务提供者自营及委托的送餐人员所使用的餐饮外卖电动自行车。

四、试点末端配送新模式

（一）选取试点区域有序推进。按照“区域试点、有序推进”原则，先期在朝阳、海淀、丰台、石景山和通州区分别选取 1 处资源条件好、基础配套完善、配送频次高的社区，开展末端配送新模式试点建设。

（二）组织试点企业先行先试。按照“示范引领、平稳运营”原则，根据企业末端配送服务范围，首批组织 2~3 家大型企业在试点区域探索末端配送服务新形态。

（三）鼓励发展末端共同配送。按照“完善配套、综合施策”原则，在试点区域，鼓励企业加快推进快递共同分拣配送中心建设，加大智能快件箱投放力度，利用大数据实现配送信息整合与资源共享，积极发展末端共同配送。支持企业与超市、便利店、社区物业等开展合作，提供集约化配送服务，完善末端配送网络，缩短配送半径，打造一刻钟社区配送服务圈。

（四）规范使用快递电动三轮车和探索使用新能源微型轻型货车相结合。在试点区域，使用符合“五统一”要求、并加装车辆定位系统的电动三轮车进行快递配送；在此基础上，逐步探索按一定比例，用新能源微型轻型货车替换快递电动三轮车。对替换后的新能源微型轻型货车，由归口成员单位向市新能源物流配送车辆优先通行专项工作协调小组申请核发车辆通行证。

（五）完善车辆充电、停放等配套服务。在试点区域，支持企业建设快递末端用车、外卖用车配套充电设施，鼓励社区统筹提供临时停车位，实现规范有序、安全管理。

五、规范行业用车管理

（六）严格执行车型管理有关规定。快递新能源微型轻型货车执行国家《新能源汽车推广应用工程推荐车型目录》和《免征车辆购置税的新能源汽车车型目录》。快递电动三轮车应符合国家有关标准和统一的技术要求。外卖用车执行《北京市电动自行车过渡期登记和通行管理办法》。

（七）加强车辆管理。快递末端用车按照邮政快递车辆规范管理的要求，结合企业实际统一外观。快递电动三轮车由快递行业主管部门实行统一编号和标识管理，做好总量控制。外卖用车和配送容器由网络餐饮服务第三方平台企业或自营外卖经营活动的企业自主配置、自主管理，所提供的食品容器应当无毒、清洁。快递末端用车和外卖用车禁止改变车辆动力、发动机（电动机）号、生产日期等技术指标。

（八）引导参与信息化管理。从事快递、外卖经营活动的企业要通过车辆定位设施、驾驶人智能终端、信息管理平台等信息化手段，实现车辆的定位和可追踪，加强运营车辆和驾驶人的动态管理，定期对车辆行驶状态和人员驾驶行为等信息进行检查和分析。

六、落实企业主体责任

（九）加强档案管理。从事快递、外卖经营活动的企业是快递末端用车和外卖用车安全管理的第一责任主体。企业要建立完善的快递末端用车和外卖用车及驾驶人档案，内容应包括：车辆号牌、车辆编号（通行证）信息，日常保养及检查维修信息，绑定的驾驶人身份信息和交通违法信息等。企业要按照行业主管部门要求为驾驶人制发记录其接受安全教育培训情况的交通安全活动卡，便于信息读取。

（十）落实人员安全保障措施。快递末端用车和外卖用车驾驶人上岗时要随车携带交通安全活动卡。企业要为车辆和驾驶人购买包括第三者责任险、意外伤害险、车辆和货物损失险在内的综合保险产品。企业要为外卖驾驶人统一配置印有明显标识的反光服饰和安全头盔等保护性装备。

（十一）加强人员安全培训和管理。企业应加强对快递末端用车、外卖用车和驾驶人交通安全工作，并遵守以下规定。

1. 宣传、贯彻并教育所属人员遵守道路交通安全法律、法规、规章，落实本市道路交通安全防范责任制。

2. 制定本企业交通安全管理目标和交通安全工作方案，建立培训考核评比和内部奖惩制度；确定本企业交通管理责任部门，设置专职或兼职交通安全管理人员。

3. 落实本企业从事配送行为的车辆及驾驶人员登记、审核制度，临时性配送车辆及驾驶人员也应当进行登记；对在两家以上企业注册从事配送活动的驾驶人，由各用人企业共同履行管理责任。

4. 对录用的驾驶人进行本市道路交通状况、道路通行条件、道路通行规定等知识的培训，考核掌握驾驶人的交通违法信息，对有交通违法行为的驾驶人进行专项教育、培训，落实相应内部奖惩制度。

5. 企业派单时应对接单人进行交通安全提示，并核实其使用车辆情况，不得向使用违反本市相关限行政策车辆的驾驶人派单。

七、完善服务配套设施

（十二）完善快递配送网点布局。加强规划支持，充分利用腾退空间、公共空间、市政配套设施等，在服务需求集中区域合理规划建设快递区域分拨中心和末端配送网点，完善网点布局。

（十三）完善智能配送服务设施。各区、各相关单位要积极协助快递企业与居民小区、商务楼宇、机关院校、公交场站等开展合作对接，加快建设布局智能快件箱，提供集约化配送、就近自提等便利化服务，提升配送服务效率。

八、部门联动加强监管

（十四）建立工作专班。建立本市末端配送创新试点工作专班，负责综合协调、统筹推进试点工作，并指导重点快递外卖企业成立行业自治联盟，制定行业规范和标准，加强自律、优化结构，引导行业规范有序发展。专班办公室设在市商务局，市邮政管理局等相关部门为成员单位，各部门指定专门联络员，加强市、区联动配合，形成分工明确、运行高效的工作机制，推动试点实施、政策配套等环节有序衔接。

（十五）加强信息共享。建立行业用车安全管理情况企业、主管部门间信息定期共享机制。每季度首月 10 日前，企业向行业主管部门提供车辆档案信息、驾驶人培训以及对违法驾驶人内部惩戒处理等情况。

（十六）实施联合惩戒。对未及时报备相关信息、落实安全管理制度不到位、伪造倒卖车辆编号（通行证）的企业，视情况采取通报整改、核减该企业车辆编号（通行证）数量等措施，给予严肃处理。

九、实施阶段

本方案自印发之日起实施。2020 年一季度前，结合实际遴选符合条件的企业和区域启动试点工作；2020 年底前，快递末端用车、外卖用车信息化和安全管理水平进一步提升，结合实际完善试点措施；2021 年底前，总结评估工作成效，根据评估情况研究确定下一步措施。

北京市商务局　北京市发展和改革委员会关于印发《北京市促进家政服务业提质扩容实施方案》的通知

京商生活字〔2020〕1号

各区人民政府、各有关单位：

经市政府同意，现将《北京市促进家政服务业提质扩容实施方案》印发给你们，请结合实际，认真贯彻落实。

特此通知。

联系人：

市商务局　胡滨，联系电话：55579419

市发展改革委　白旭飞，联系电话：55590175

北京市商务局

北京市发展和改革委员会

2020年1月8日

附件：

1. 北京市促进家政服务业提质扩容实施方案

2. 北京市促进家政服务业提质扩容工作分工细则

附件1

北京市促进家政服务业提质扩容实施方案

为全面贯彻落实《国务院办公厅关于促进家政服务业提质扩容的意见》（国办发〔2019〕30号），有效解决家政服务业供需矛盾突出、市场主体发育不充分、专业化程度较低、管理机制不健全等问题，促进家政服务业提质扩容，实现高质量发展，制定本实施方案。

一、总体要求

各有关单位要坚持以人民为中心的发展思想，以人民群众"便利性、宜居性、安全性、公正性、多样性"需求为导向，认真贯彻落实国务院关于促进家政服务业提质扩容的总体部署以及市政府有关工作安排，切实采取有效措施，完成各项分工任务，进一步提升本市家政服务质量、满足市民家政服务消费需求。

二、工作机制

坚持统筹推进，明确职责分工，强化协调配合，在全市形成上下一致、部门协作的良好局面，确保各项政策措施落实到位。

建立由市商务局和市发展改革委双牵头的北京市家政服务业提质扩容工作联席会议制度（以下简称联席会议），市商务局、市发展改革委、市教委、市经济和信息化局、市公安局、市民政局、市财政局、市税务局、市人力社保局、市住房城乡建设委、市卫生健康委、市市场监管局、市地方金融监管局、北京银保监局、市总工会、团市委、市妇联等单位为联席会议成员单位。联席会议办公室设在市商务局和市发展改革委，负责组织召开工作会议，及时协调解决家政服务业发展过程中的问题，督促各成员单位落实责任分工。

三、重点任务

（一）采取综合支持措施，提高家政从业人员素质

1. 支持院校增设一批家政服务相关专业

支持有条件的本科高校和5所职业院校（含技工院校，下同）开设家政服务相关专业或课程，扩大招生规模。落实“1+X”证书制度试点，支持家政服务相关专业学生在获得学历证书的同时，取得家政服务类职业技能等级证书。（市教委、市人力社保局、市商务局按职责分工负责）

2. 市场导向培育一批产教融合型家政企业

到2022年，培育5家以上产教融合型家政企业。各区人民政府要以较低成本向家政企业提供闲置厂房、社区用房等作为家政服务培训基地。向家政企业共享职业院校、社区教室等培训资源。（市发展改革委、市商务局、市教委、各区人民政府按职责分工负责）

3. 打造家政服务领域校企合作示范项目

将家政服务列为职业教育校企合作优先领域，打造1~2个校企合作示范项目。按照产教融合相关政策给予符合条件的家政类产教融合校企合作示范项目给予财政资金支持。（市教委、市发展改革委、市财政局、市商务局按职责分工负责）

4. 提高职业技能提升行动专项资金支持家政培训力度

将家政服务纳入职业技能提升行动工作范畴，把家政服务人员纳入培训补贴范围。所需资金按规定从职业技能提升行动专项资金中列支。（市人力社保局、市财政局、市商务局按职责分工负责）

5. 加大岗前培训和“回炉”培训工作力度

对新上岗家政服务人员开展岗前培训，在岗家政服务人员每人每年至少得到1次“回炉”培训。组织实施巾帼家政服务专项培训工程、家政服务从业人员岗位技能提升等工作，2020年底前累计培训7万人次。（市发展改革委、市财政局、市商务局、市民政局、市教委、市人力社保局、市总工会、市妇联按职责分工负责）

（二）适应转型升级要求，着力发展员工制家政企业

6. 落实员工制家政企业认定原则

大力发展员工制家政企业。研究落实国家对员工制家政企业的认定原则，定期开展北京市员工制家政企业的认定工作。（市人力社保局、市商务局按职责分工负责）

7. 灵活确定员工制家政服务人员工时

家政企业及用工家庭应当保障家政服务人员休息权利，具体休息或者补偿办法可在法律规定的前提下结合实际协商确定，在劳动合同或家政服务协议中予以明确。落实并推行员工制家政企业服务人员工时标准并监督执行。（市人力社保局、市商务局、市总工会按职责分工负责）

8. 对员工制家政企业实行失业保险费返还和培训补贴政策

按规定实施员工制家政企业失业保险费返还和培训补贴政策。（市人力社保局、市商务局、市财政局按职责分工负责）

9. 率先支持员工制家政企业发展

支持有条件的员工制家政企业提供职工集体宿舍。（市住房城乡建设委、市人力社保局按职责分工负责）

（三）强化财税金融支持，增加家政服务有效供给

10. 提高家政服务业增值税进项税额加计

抵减比例

贯彻落实增值税加计抵减政策，支持家政服务业发展。（市税务局、市财政局按职责分工负责）

11. 落实对符合条件的家政服务企业免征增值税优惠政策

对与家政服务员、消费者（客户）就提供家政服务行为签订三方协议，向家政服务员发放劳动报酬，对家政服务员进行培训管理，并通过建立业务管理系统对家政服务员进行登记管理的家政服务企业，比照员工制家政服务企业免征增值税。（市税务局、市财政局、市商务局按职责分工负责）

12. 开展家政服务“信易贷”试点

在建设完善家政服务企业信用体系、实现企业信息共享的基础上，引导和鼓励商业银行在市场化和商业自愿的前提下为信用状况良好且符合条件的家政企业提供无抵押、无担保的信用贷款。（北京银保监局、市地方金融监管局、市经济和信息化局、市发展改革委按职责分工负责）

13. 拓展家政服务业多元化融资渠道

运用投资、基金等组合工具，支持家政企业连锁发展和行业兼并重组。支持符合条件的家政企业发行社会领域专项债券。（市发展改革委、市地方金融监管局、市商务局按职责分工负责）

（四）完善公共服务政策，改善家政服务人员从业环境

14. 加强社保补贴等促进就业支持

对家政企业招用就业困难人员等重点群体且符合国家和本市规定条件的，按规定予以社保补贴等政策支持。（市人力社保局负责）

15. 支持发展家政商业保险

鼓励家政企业参保雇主责任保险，为员工投保意外伤害保险、职业责任保险。鼓励保险公司开发专门的家政服务方向保险产品并研究实施保费补贴政策。（市商务局、北京银保监局按职责分工负责）

16. 保障家政从业人员合法权益

最大限度把家政从业人员组织到工会中，探索适合家政从业人员特点的入会形式、建会方式和工作平台。完善家政从业人员维权服务机制，保障其合法权益，促进实现体面劳动。（市总工会负责）

17. 积极推动改善家政从业人员居住条件

将符合条件的家政从业人员纳入公租房保障范围。支持采取多种方式帮助解决家政从业人员改善居住条件的需求。（市住房城乡建设委、市财政局按职责分工负责）

18. 畅通家政从业人员职业发展路径

引导家政企业将员工学历、技能水平与工资收入、福利待遇、岗位晋升等挂钩。鼓励家政从业人员通过多种渠道提升学历层次。（市人力社保局、市教委、市商务局按职责分工负责）

19. 表彰激励优秀家政从业人员

对获得五一劳动奖章以及在世界技能大赛和国家级一类职业技能竞赛和全市性市级一类职业技能竞赛中获奖的家政从业人员，按有关规定在积分落户等方面给予支持。加大家政服务业典型案例宣传力度。（市发展改革委、市人力社保局、市总工会、市商务局按职责分工负责）

（五）规范体检服务体系，提升家政服务人员健康水平

20. 执行国家制定的家政服务人员体检项目和标准

引导家政服务人员到正规体检机构体检。严格执行国家制定的家政服务人员体检项目和标准，对体检机构加强监管。（市商务局、市卫生健康委按职责分工负责）

21. 规范家政服务人员体检服务

从事体检的医院或体检机构要明示收费标准，规范体检操作，细化工作流程，做好体检记录，严把体检质量。（市卫生健康委、市商务局按职责分工负责）

（六）推动家政进社区，促进居民就近享有便捷服务

22. 支持家政企业在社区设置服务网点

家政企业在社区设置服务网点，其租赁场地不受用房性质限制，如需办理营业执照，支持其利用经区政府或有关部门认定的地下空间、居住配套商业服务设施和其他腾退空间作为注册地址，水电等费用实行居民价格。支持依托政府投资建设的城乡社区综合服务设施（场地）设立家政服务网点，有条件的地区可减免租赁费用。（市商务局、市住房城乡建设委、市发展改革委、市民政局、市市场监管局、各区人民政府按职责分工负责）

23. 落实社区家庭服务税费减免政策

落实好支持养老、托幼、家政等社区家庭服务业发展的税费优惠政策。（市税务局、市财政局按职责分工负责）

（七）加强平台应用，健全家政服务领域信用体系

24. 充分应用家政服务信用信息平台系统

鼓励和督促家政服务企业及时将从业人员信息录入商务部家政服务信用信息平台系统。（市商务局、市发展改革委、市财政局按职责分工负责）

25. 优化家政服务信用信息服务

依托商务部家政服务信用信息平台系统，建立从业人员档案及信息数据库，记录从业人员基本信息、从业经历信息及服务评价信息，逐步实现从业人员信息全程可追溯。（市商务局、市经济和信息化局、市人力社保局、市民政局、市公安局按职责分工负责）

26. 加大守信联合激励和失信联合惩戒力度

基于《关于对家政服务领域相关失信责任主体实施联合惩戒的合作备忘录》（发改财金〔2018〕277号），建立联合奖惩系统，对在提供家政服务过程中存在违法违规和严重失信行为的家政服务企业及家政服务企业的法定代表人、主要负责人实行联合惩戒。开展家政服务企业公共信用综合评价及家政服务行业信用体系建设。（市商务局、市发展改革委按职责分工负责）

（八）加强家政供需对接，拓展贫困地区人员就业渠道

27. 建立与贫困县稳定对接机制

引导本市家政服务企业与贫困县建立稳定对接机制。鼓励有条件的家政服务企业在中西部人口大省、贫困县等建立培训基地。（市人力社保局、市商务局、市总工会、市妇联按职责分工负责）

28. 积极开展家政扶贫，对家政扶贫企业给予政策和资金支持

对十六周岁以上困难学生、失业人员、贫困劳动力等人群从事家政服务提供支持。为去产能失业人员、建档立卡贫困劳动力提供家政服务培训的企业优先给予政策和资金支持。（市商务局负责）

（九）推进服务标准化，提升家政服务规范化水平

29. 宣传贯彻家政服务国家标准体系

配合家政服务国家标准的制修订和宣传贯彻工作，完善家政服务行业标准体系。（市商务局、市市场监管局按职责分工负责）

30. 推广使用家政服务合同示范文本

指导家政服务企业使用合同示范文本，规范家政服务三方权利义务关系。家政企业应与消费者签订家政服务协议，公开服务项目和收

费标准，明确服务内容清单和服务要求。（市商务局、市人力社保局、市市场监管局按职责分工负责）

31. 加快建立家政服务人员持证上门制度

通过多种方式，逐步推进家政服务人员持证上门，实现对家政服务人员的诚信监管。（市商务局、市经济和信息化局按职责分工负责）

32. 开展家政服务质量第三方认证

开展家政服务质量监测。按照国家市场监管总局建立的服务认证制度，积极宣传并鼓励开展家政服务质量第三方认证。对家政企业开展考核评价并进行动态监管。（市商务局、市市场监管局按职责分工负责）

33. 建立家政服务纠纷常态化多元化调解机制

进一步畅通消费者诉求渠道，发挥家政行业协会、消费者权益保护组织等作用，探索建立家政服务纠纷常态化多元化调解机制。（市商务局、市市场监管局、市总工会按职责分工负责）

（十）发挥规范示范作用，促进家政服务业可持续发展

34. 建立健全家政服务配套法规

开展家政服务业立法研究。加强家政服务领域法规、规章、规范性文件和标准的宣传贯彻。（市商务局负责）

35. 促进家政服务业与相关产业融合发展

推动家政服务业与养老、育幼、物业、快递等服务业融合发展。大力发展家政电商、“互联网 + 家政”等新业态。培育以专业设备、专用工具、智能产品研发制造为支撑的家政服务产业集群。（市商务局、市民政局、市经济和信息化局按职责分工负责）

36. 培育家政服务品牌和龙头企业

实施家政服务业提质扩容“领跑者”行动，积极申报家政服务业提质扩容“领跑者”试点城市和示范企业。培育一批具有引领和示范效应的龙头企业。（市发展改革委、市商务局、市民政局、市人力社保局、市总工会、团市委、市妇联按职责分工负责）

四、保障措施

（一）狠抓督促落实。各成员单位要按照本方案职责分工要求，结合各自职能和任务分工，加大力度，确保各项工作落实到位。市商务局、市发展改革委要加强对工作任务的跟踪督促落实，及时向各成员单位通报情况。

（二）加大扶持力度。各成员单位要根据任务分工和职能，会同有关部门，研究制定扶持政策，在资金、人才、科技等方面加大扶持力度，对已经制定的扶持政策进行梳理，形成合力。

（三）广泛开展宣传。要通过各类新闻媒体广泛宣传，让全行业了解北京家政服务业提质扩容工作的各项政策措施，保证制定的各项政策措施接地气、有实效。

附件 2

北京市促进家政服务业提质扩容工作分工细则

序号	任务名称	具体内容	责任单位
一、采取综合支持措施，提高家政从业人员素质			
1	支持院校增设一批家政服务相关专业	支持有条件的本科高校和5所职业院校（含技工院校，下同）开设家政服务相关专业或课程，扩大招生规模。落实“1+X”证书制度试点，支持家政服务相关专业学生在获得学历证书的同时，取得家政服务类职业技能等级证书。	市教委、市人力社保局、市商务局按职责分工负责
2	市场导向培育一批产教融合型家政企业	到2022年，培育5家以上产教融合型家政企业。各区要以较低成本向家政企业提供闲置厂房、社区用房等作为家政服务培训基地。向家政企业共享职业院校、社区教室等培训资源。	市发展改革委、市商务局、市教委、各区人民政府按职责分工负责
3	打造家政服务领域校企合作示范项目	将家政服务列为职业教育校企合作优先领域，打造1~2个校企合作示范项目。按照产教融合相关政策给予符合条件的家政类产教融合校企合作示范项目给予财政资金支持。	市教委、市发展改革委、市财政局、市商务局按职责分工负责
4	提高职业技能提升行动专项资金支持家政培训的力度	将家政服务纳入职业技能提升行动工作范畴，并把家政服务人员纳入培训补贴范围。所需资金按规定从职业技能提升行动专项资金中列支。	市人力社保局、市财政局、市商务局按职责分工负责
5	加大岗前培训和“回炉”培训工作力度	对新上岗家政服务人员开展岗前培训，在岗家政服务人员每人每年至少得到1次“回炉”培训。组织实施巾帼家政服务专项培训工程、家政服务从业人员岗位技能提升等工作，2020年底前累计培训7万人次。	市发展改革委、市财政局、市商务局、市民政局、市教委、市人力社保局、市总工会、市妇联按职责分工负责
二、适应转型升级要求，着力发展员工制家政企业			
6	落实员工制家政企业认定原则	研究落实国家对员工制家政企业的认定原则，定期开展北京市员工制家政企业的认定工作。	市人力社保局、市商务局按职责分工负责
7	灵活确定员工制家政服务人员工时	落实并推行员工制家政企业服务人员工时标准并监督执行。	市人力社保局、市商务局、市总工会按职责分工负责
8	对员工制家政企业实行失业保险费返还和培训补贴政策	按规定实施员工制家政企业失业保险费返还和培训补贴政策。	市人力社保局、市商务局、市财政局按职责分工负责
9	率先支持员工制家政企业发展	支持有条件的员工制家政企业提供职工集体宿舍。	市住房城乡建设委、市人力社保局按职责分工负责
三、强化财税金融支持，增加家政有效供给			
10	提高家政服务业增值税进项税额加计抵减比例	贯彻落实增值税加计抵减政策，支持家政服务业发展。	市税务局、市财政局按职责分工负责

（续）

序号	任务名称	具体内容	责任单位
11	落实对符合条件的家政服务企业免征增值税优惠政策	对与家政服务员、消费者（客户）就提供家政服务行为签订三方协议，向家政服务员发放劳动报酬，对家政服务员进行培训管理，并通过建立业务管理系统对家政服务员进行登记管理的家政服务企业，比照员工制家政服务企业免征增值税。	市税务局、市财政局、市商务局按职责分工负责
12	开展家政服务“信易贷”试点	在建设完善家政服务企业信用体系、实现企业信息共享的基础上，引导和鼓励商业银行在市场化和商业自愿的前提下为信用状况良好且符合条件的家政企业提供无抵押、无担保的信用贷款。	北京银保监局、市地方金融监管局、市经济和信息化局、市发展改革委按职责分工负责
13	拓展家政服务业多元化融资渠道	运用投资、基金等组合工具，支持家政企业连锁发展和行业兼并重组。支持符合条件的家政企业发行社会领域专项债券。	市发展改革委、市地方金融监管局、市商务局按职责分工负责
四、完善公共服务政策，改善家政服务人员从业环境			
14	加强社保补贴等促进就业支持	对家政企业招用就业困难人员等重点群体且符合国家和本市规定条件的，按规定予以社保补贴等政策支持。	市人力社保局负责
15	支持发展家政商业保险	鼓励家政企业参保雇主责任保险，为员工投保意外伤害保险、职业责任保险。鼓励保险公司开发专门的家政服务方向保险产品并研究实施保费补贴政策。	市商务局、北京银保监局按职责分工负责
16	保障家政从业人员合法权益	最大限度把家政从业人员组织到工会中，探索适合家政从业人员特点的入会形式、建会方式和工作平台。完善家政从业人员维权服务机制，保障其合法权益，促进实现体面劳动。	市总工会负责
17	积极推动改善家政从业人员居住条件	将符合条件的家政从业人员纳入公租房保障范围。支持采取多种方式帮助解决家政从业人员改善居住条件的需求。	市住房城乡建设委、市财政局按职责分工负责
18	畅通家政从业人员职业发展路径	引导家政企业将员工学历、技能水平与工资收入、福利待遇、岗位晋升等挂钩。鼓励家政从业人员通过多种渠道提升学历层次。	市人力社保局、市教委、市商务局按职责分工负责
19	表彰激励优秀家政从业人员	对获得五一劳动奖章以及在世界技能大赛和国家级一类职业技能竞赛和全市性市级一类职业技能竞赛中获奖的家政从业人员，按有关规定在积分落户等方面给予支持。加大家政服务业典型案例宣传力度。	市发展改革委、市人力社保局、市总工会、市商务局按职责分工负责
五、规范体检服务体系，提升家政服务人员健康水平			
20	执行国家制定的家政服务人员体检项目和标准	引导家政服务人员到正规体检机构体检。严格执行国家制定的家政服务人员体检项目和标准，对体检机构加强监管。	市商务局、市卫生健康委按职责分工负责
21	规范家政服务人员体检服务	从事体检的医院或体检机构要明示收费标准，规范体检操作，细化工作流程，做好体检记录，严把体检质量。	市卫生健康委、市商务局按职责分工负责

（续）

序号	任务名称	具体内容	责任单位
六、推动家政进社区，促进居民就近享有便捷服务			
22	支持家政企业在社区设置服务网点	家政企业在社区设置服务网点，其租赁场地不受用房性质限制，如需办理营业执照，支持其利用经区政府或有关部门认定的地下空间、居住配套商业服务设施和其他腾退空间作为注册地址，水电等费用实行居民价格。支持依托政府投资建设的城乡社区综合服务设施（场地）设立家政服务网点，有条件的地区可减免租赁费用。	市商务局、市住房城乡建设委、市发展改革委、市民政局、市市场监管局、各区人民政府按职责分工负责
23	落实社区家庭服务税费减免政策	落实好支持养老、托幼、家政等社区家庭服务业发展的税费优惠政策。	市税务局、市财政局按职责分工负责
七、加强平台应用，健全家政服务领域信用体系			
24	充分应用家政服务信用信息平台系统	鼓励和督促家政服务企业及时将从业人员信息录入商务部家政服务信用信息平台系统。	市商务局、市发展改革委、市财政局按职责分工负责
25	优化家政服务信用信息服务	依托商务部家政服务信用信息平台系统，建立从业人员档案及信息数据库，记录从业人员基本信息、从业经历信息及服务评价信息，逐步实现从业人员信息全程可追溯。	市商务局、市经济和信息化局、市人力社保局、市民政局、市公安局按职责分工负责
26	加大守信联合激励和失信联合惩戒力度	基于《关于对家政服务领域相关失信责任主体实施联合惩戒的合作备忘录》（发改财金〔2018〕277 号），建立联合奖惩系统，对在提供家政服务过程中存在违法违规和严重失信行为的家政服务企业及家政服务企业的法定代表人、主要负责人实行联合惩戒。开展家政服务企业公共信用综合评价及家政服务行业信用体系建设。	市商务局、市发展改革委按职责分工负责
八、加强家政供需对接，拓展贫困地区人员就业渠道			
27	建立与贫困县稳定对接机制	引导本市家政服务企业与贫困县建立稳定对接机制。鼓励有条件的家政服务企业在中西部人口大省、贫困县等建立培训基地。	市人力社保局、市商务局、市总工会、市妇联按职责分工负责
28	积极开展家政扶贫，对家政扶贫企业给予政策和资金支持	对十六周岁以上困难学生、失业人员、贫困劳动力等人群从事家政服务提供支持。为去产能失业人员、建档立卡贫困劳动力提供家政服务培训的企业优先给予政策和资金支持。	市商务局负责
九、推进服务标准化、提升家政服务规范化水平			
29	宣传贯彻家政服务国家标准体系	配合家政服务国家标准的制修订和宣传贯彻工作，完善家政服务行业标准体系。	市商务局、市市场监管局按职责分工负责
30	推广使用家政服务合同示范文本	指导家政服务企业使用合同示范文本，规范家政服务三方权利义务关系。家政企业应与消费者签订家政服务协议，公开服务项目和收费标准，明确服务内容清单和服务要求。	市商务局、市人力社保局、市市场监管局按职责分工负责
31	加快建立家政服务人员持证上门制度	通过多种方式，逐步推进家政服务人员持证上门，实现对家政服务人员的诚信监管。	市商务局、市经济和信息化局按职责分工负责
32	开展家政服务质量第三方认证	开展家政服务质量监测。按照国家市场监管总局建立的服务认证制度，积极宣传并鼓励开展家政服务质量第三方认证。对家政企业开展考核评价并进行动态监管。	市商务局、市市场监管局按职责分工负责

（续）

序号	任务名称	具体内容	责任单位
33	建立家政服务纠纷常态化多元化调解机制	进一步畅通消费者诉求渠道，发挥行业协会、消费者权益保护组织等作用，探索建立家政服务纠纷常态化多元化调解机制。	市商务局、市市场监管局、市总工会按职责分工负责
十、发挥规范示范作用，促进家政服务业可持续发展			
34	建立健全家政服务配套法规	开展家政服务业立法研究。加强家政服务领域法规、规章、规范性文件和标准的宣传贯彻。	市商务局负责
35	促进家政服务业与相关产业融合发展	推动家政服务业与养老、育幼、物业、快递等服务业融合发展。大力发展家政电商、“互联网＋家政”等新业态。培育以专业设备、专用工具、智能产品研发制造为支撑的家政服务产业集群。	市商务局、市民政局、市经济和信息化局按职责分工负责
36	培育家政服务品牌和龙头企业	实施家政服务业提质扩容“领跑者”行动，积极申报家政服务业提质扩容“领跑者”试点城市和示范企业。培育一批具有引领和示范效应的龙头企业。	市发展改革委、市商务局、市民政局、市人力社保局、市总工会、团市委、市妇联按职责分工负责

北京市商务局关于新型冠状病毒肺炎疫情防控情况下稳定商务发展有关措施的通知

京商综字〔2020〕1号

各有关单位：

为深入贯彻落实市委、市政府关于新型冠状病毒肺炎疫情防控工作部署，全力做好商务领域疫情防控工作，帮助企业经营，服务市民生活，稳定经济运行，特制定如下措施：

一、全力保障生活必需品等重要物资市场供应

1. 实施两个“点对点”监测补货机制。市商务局统筹重点企业、一级批发市场及大型连锁企业，加大政府储备和货源组织，指导各区落实属地责任，加强零售终端和一、二级市场对接。各区商务局抓好二级市场和非连锁超市供应保障，完善区域生活必需品保供机制，建立预防断货响应机制，落实好补货网络体系。

2. 对疫情防控期间重点保障生活必需品的运输，积极协调有关部门优化通行保障，提供通行便利。

3. 增加蔬菜供给，稳定市场供应。提高仓储能力，增加政府储备，加大调运力度。延长春节蔬菜保供联合行动措施，推动减免入场交易费用，吸引商户进场交易。

4. 拓展进口渠道，积极增加防疫物资进口。对疫情期间急需进口的医疗器械等医药产品，推动简化进口通关流程。对企业在疫情期间进口防疫物资投保的进口预付款保险保费，按照80%比例给予支持。鼓励口岸运营主体为防疫物资通关免收机场服务费用、减免防疫物资仓储租金，鼓励口岸经营企业为防疫物资通关开设绿色通道、提供免费清关服务。与海关、边检、机场集团等密切协作，落实口岸防疫措施，完善信息通报、重点人员处置、口岸现场和交通工具等联防联控机制。

二、多渠道缓解企业经营压力

5. 对受疫情影响严重或在疫情防控工作中保障市民基本生活的重点连锁餐饮（早餐）、菜店（生鲜超市）、便利店等企业新建连锁直营网点设立项目，对其房屋租金、店面装修、设备购置等费用给予支持，支持比例上限由原50%提高至70%。鼓励网络餐饮服务平台设立产业扶持基金或降低服务费用标准。

6. 对于因疫情影响暂停举办的展会项目，如年内继续在京举办且参展中小微企业数量超过参展企业总数50%的，按照不超过实际缴纳场租费用50%的标准给予支持，补助金额不超过50万元。

7. 发挥外经贸发展专项资金作用，对年度计划获得批复但受疫情影响未能如期参加国际性展会的企业，对已付展位费、大型展品回运费给予50%的支持；同等条件下，对拓展新兴市场的支持比例可提高到70%。

8. 鼓励传统商场“一店一策”试点企业加快升级改造进度，争取早日完成。对传统商场的升级改造项目参照“绿色通道”审批制度执行。对传统商场升级改造过程中发生的投资进行贷款贴息支持。协调金融机构，帮助坚持营业的大型商场争取流动资金贷款。推动各区进行商圈改造，鼓励各商圈进行公共区域环境优化，支持商圈内的商业服务业企业改造升级。

9. 推动减免企业房租。鼓励大型商务楼宇、商场、特色消费街区、市场运营方等对实体经营的中小微承租企业适度减免疫情期间的租金。对采取减免租金措施的租赁企业，各区商务部门积极推动给予适度财政补贴。对符合条件的便民设施、超市等商贸流通企业，推送纳入国资系统房租减免范畴，相应免收2月份房租或给予2月份租金50%的减免。号召市属、区属国有企业参照对中小微承租企业减免房租的政策，对承租物业的大型商场免收2月份房租。

10. 搭建跨行业员工共享平台。市、区商务部门和相关协会搭建对接平台，鼓励组建企业“互助联盟”，引导、支持部分商超与餐饮等企业通过“共享员工”等方式稳定就业，解决用工难与复工难并存问题。

三、推动加大金融支持力度

11. 引导金融机构加大信贷支持力度。对在疫情防控工作中保障群众生活的连锁商超等企业以及受疫情影响较大的会展、餐饮等行业，协调对接金融机构提供差异化优惠的金融服务。对因疫情影响经营暂时出现困难但有发展前景的企业，协调金融机构不抽贷、不断贷、不压贷，对其中到期还款困难的予以展期或续贷。

12. 降低商业企业融资担保费率。发挥“北京市生活性服务业及商贸流通企业担保平台”引导作用，对疫情期间提供生活服务保障的商贸流通企业，担保费率降至1.5%以下。北京生活性服务业发展基金优先向具备条件的连锁超市、便利店、菜店等零售企业倾斜。

13. 优化外贸企业金融服务。拓展外经贸担保资金支持方式，探索推广订单融资模式；对企业利用出口信用保险保单质押项下的贸易融资和通过外经贸担保服务平台融资在限额范围内贴息50%，降低中小外贸企业融资成本。推动出口信用保险公司为外贸综合服务企业提供定制服务方案。

四、鼓励扩大优质消费供给

14. 挖掘网络零售发展潜力。研究制定促进“互联网+流通”和跨境电子商务发展的支持措施，鼓励企业拓展网络营销渠道，扩大网络消费服务规模。加快发展跨境电商体验消费新模式，扩大海外消费品供给。

15. 鼓励模式业态创新。鼓励电子商务、快递等企业与超市、便利店、社区商业中心、商务楼宇和小区物业等合作，开展末端共同配送服务新模式试点。加强部门协调，引导电子商务、快递、外卖等企业探索开展“无直接接触配送”服务，使用智能快件箱、指定设施空间等末端设施，推广定点收寄、预约送餐等模式。鼓励具备条件和资质的餐饮企业增加打包服务，与电子商务平台、外卖平台合作，提供网上订餐+线下送餐服务。鼓励大型连锁企业运用自助收银、刷脸支付等新技术，提升门店数字化水平。鼓励前置仓、无人超市（便利店）等新兴业态发展。

16. 统筹国内国际两个市场，丰富消费品市场供给。扩大消费品进口，提升消费品进口便利，拉动境外消费回流。推进跨境电商进口医药产品试点工作。推动在首都国际机场口岸开展汽车平行进口。鼓励出口企业利用电子商务平台开展内销。

五、积极营造良好发展环境

17. 加快制定推出促消费政策。制定推出2020年促进消费提档升级工作措施。研究制定北京冬奥会消费服务一揽子措施。制定进一步促进社区商业发展的政策措施。鼓励节能减排商品销售企业在疫情期间正常营业。配合有关部门抓紧制定高排放汽车提前淘汰更新鼓励政策。

18. 强化扩大对外开放政策支持。汇总企业有关“稳增长 促防疫”政策诉求，统筹协调有关部门积极争取政策突破，打通企业发展瓶颈。加快推进简化境外投资备案程序，推动数据共享，力争使“减少企业跑动次数”为“零跑动”。鼓励支持服务外包企业在境外设点，缓解企业海外交付等困难。指导符合条件的服务外包企业向属地人力资源社会保障部门申请实行特殊工时制度。

19. 完善外商投资服务体系。全面落实《外商投资法》及配套法规，优化投资促进、保护和管理服务。依托企业登记系统以及企业信用信息公示系统，实现外商投资信息自动推送共享，外资企业无须单独报送。落实外商投资企业投诉工作管理办法，加大投诉工作协调力度，维护外商投资合法权益。加强外资项目跟踪机制、协调机制和绿色通道等机制，做好外资大项目服务保障。加强与外资企业及商协会的联系服务，坚定外商投资者的预期和信心。

20. 优化总部经济发展环境。加快研究完善鼓励总部经济发展政策，统筹整合政策服务资源，针对国企、外企、民企等在京总部企业具体需求，加强精准支持。优化总部企业认定标准，研究制定总部企业研发中心认定办法，吸引符合首都城市战略定位的总部企业、研发中心落户。

21. 推动商务服务业高质量发展。统筹建立全市商务服务业促进体系，建立定期调度、重点联系企业等工作机制。制定实施促进商务咨询服务发展的措施，聚焦会计、法律、管理咨询、广告和人力资源服务等领域，进一步提升专业服务品质。制定导向性政策，优化资金支持方向，引进优质商务服务业增量。

六、强化企业服务保障

22. 深化“不见面”审批服务。在北京国际贸易“单一窗口”平台开通海外物资捐赠系统，捐赠物资免费清关、便捷通关。鼓励企业在线申领更新进出口许可证电子钥匙，商务部门接件即办，并提供邮寄服务。简化进出口许可证无纸化申领材料。推动有关进出口商会为企业出具不可抗力事实性证明。技术进出口企业、服务外包企业可通过线上申报、网上传输材料等形式完成相关合同备案登记。

23. 提升口岸通关便利化。推进北京“双枢纽”航空货运保障体系建设，完善基础设施建设，培育特色航空物流，增强口岸保障能力。围绕简单证、优流程、提时效、降费用，持续提升口岸监管和服务水平，打造阳光价格、阳光服务、阳光效率“三阳”模式，营造更加公开透明、更加稳定、更具便利的跨境贸易营商环境。

24. 做好企业“服务管家”。密切联系和服务企业，协调解决企业在疫情防控期间遇到的困难和问题。为疫情期间参与生活必需品等重要物资保障供应的企业做好服务。加强对商务领域人力资源密集型企业的疫情防控指导。结合服务贸易企业特点，在企业用工、租房等方面给予支持。加强服务业扩大开放试点项目调度和服务，统筹协调共性问题集中的项目。

25. 鼓励行业协会主动服务企业。号召行业企业和从业人员切实做好疫情防控工作，向企业一线员工普及传播防控知识，减缓企业员工和消费者心理压力。了解掌握企业现状及诉求，搭建政府与企业的沟通桥梁。倡导行业间互援互助，引导跨行业按需对接，帮助企业携手共渡难关。挖掘行业先进典型，宣传疫情防控期间表现突出的企业和个人。

国家、北京市的其他相关支持政策措施，遵照执行。

特此通知。

北京市商务局关于申报2020年度生活性服务业发展项目的通知

京商生活字〔2020〕7号

各区商务局、经开区商务金融局、市属国有企业集团、总部企业、有关单位：

为贯彻落实《北京市人民政府办公厅关于应对新型冠状病毒感染的肺炎疫情影响促进中小微企业持续健康发展的若干措施》，坚决打赢疫情防控阻击战，大力支持生活性服务业企业复工复产、稳定经营，提高社区商业发展水平和生活必需品保障能力，提升居民生活性服务业品质，现将申报2020年度生活性服务业发展项目有关事项通知如下：

一、支持方向

资金主要支持建设提升基本便民商业网点（设施）、促进餐饮业发展、生活性服务业示范街区创建项目（详见附件1、附件2、附件3）。

二、申报条件

（一）在北京地区注册且具有独立法人资格，从事商贸流通业经营、服务、管理的企业、机构、经济组织等单位；

（二）项目申报单位经营状况良好，财务管理制度健全；

（三）申报项目能够按计划实施；

（四）已获得或将获得其他部门资金支持的不得重复申报。

三、申报材料要求

（一）项目申报书；（见附表1）

（二）项目已发生费用明细表；（见附表2）

（三）项目申报单位承诺书；（见附表3）

（四）2020年生活性服务业发展项目申报表；（见附表4）

（五）项目单位法人营业执照、统一社会信用代码证书、法定代表人身份证复印件；

（六）项目单位近两年财务报表（资产负债表、损益表、现金流量表）；

（七）其他与项目相关的材料。

除上述材料外，各申报指南中有明确材料要求的还应一并提供。项目申报材料一式两份，按顺序装订成册，并加盖单位公章。项目申报材料不予退回。

四、申报流程

（一）申报餐饮（早餐）、菜店（生鲜超市、社区菜市场）、便利店项目的申报单位，采取直接报送方式，自通知发布之日起，由项目申报单位将项目申报材料提交市商务局进行审核。电子版材料发送至wbw@sw.beijing.gov.cn；纸质材料邮寄至：市商务局生活服务业处（通州区运河东大街57号院5号楼122室），联系电话：55579329。

（二）申报其他项目的单位按照隶属关系将申报材料报区商务局、经开区商务金融局、市属国有企业集团和总部企业进行项目初审；通过初审的项目汇总后报市商务局进行复审。

五、申报时限

凡符合申报条件的企业可全年申报项目，市商务局将根据申报项目内容择优予以支持。为提高项目申报、审核效率，请各区商务局、经开区商务金融局、市属国有企业集团和总部企业于2020年4月30日前汇总上报第一批项目。

六、工作要求

（一）各项目申报单位对申报材料的真实性、准确性、完整性负责，保证项目各项建设手续合规、按时间进度推进。

（二）对于伪造、提供虚假材料的项目申报单位，按《北京市商务领域不良信用记录名单管理办法（试行）》规定进行处理。

（三）获得资金支持的项目申报单位应积极配合相关监督检查、审计等工作。

（四）各初审单位应积极组织指导项目申报，按照规定程序严格审核把关。对已支持项目加强后续指导和跟踪监管，确保项目实施效果，充分发挥财政资金使用效益。

（五）项目单位收到财政资金后，应按照《企业会计准则第16号——政府补助》相关规定进行账务办理，相关法律法规另有规定的从其规定。

相关附件：

附件1：建设提升基本便民商业网点（设施）项目申报指南

附件2：促进餐饮业发展项目申报指南

附件3：生活性服务业示范街区创建项目申报指南

附表1：项目申报书（4张表）

附表2：项目已发生费用明细表

附表3：项目单位承诺书

附表4：2020年生活性服务业发展项目申报表

附件1

建设提升基本便民商业网点（设施）项目申报指南

建设提升1000个基本便民商业网点已纳入2020年市政府民生实事任务，为加快推动任务落实，更好满足市民便利化多样化生活需求，特制定此指南。

一、支持方向

对营业执照取得日期[①]在2019年1月1日（含）以后的蔬菜零售（社区菜店、生鲜超市）、便民早餐、便利店（社区超市）、末端配送网点（智能快件箱、快递分拣中心）、家政服务、洗染、理发、便民维修、摄影等新建连锁直营便民商业网点（设施），以及在2019年1月1日（含）以后新建（以取得营业执照时间为准）和改造提升的社区菜市场、服务社区的蔬菜直通车给予支持。

建设提升基本便民商业网点（设施）符合相关规范标准。

二、支持内容

对新建连锁直营便民商业网点（设施）的店面装修、硬件设备购置、房屋租金等费用给予支持；蔬菜直通车等移动便民设施、摄影网点、新建和改造提升的社区菜市场只支持店面装修和硬件设备购置费用。

---

① 本文所指营业执照取得日期：对于初次领取营业执照的网点，以其营业执照上成立日期为准；对于在现有营业执照经营范围上增加基本便民商业服务项目的网点，以该营业执照经营范围增项的初次换证日期为准。

三、支持条件

申报主体原则上为品牌连锁经营企业，实行"统一品牌、统一管理、统一标准、统一服务、统一核算"，在本市行政区域内至少开设3家直营门店（含新建网点）；社区菜市场不受门店数量限制。同一品牌连锁企业可采取母子公司（子公司应由母公司绝对控股）、总分公司联合方式申报项目。

四、支持标准

（一）对符合支持条件的项目，店面装修、硬件设备购置、房屋租金等费用，均按照不超过各项投入审定实际投资额50%的标准给予支持。对受新型冠状病毒感染的肺炎疫情影响严重或在疫情防控工作中保障市民基本生活的重点连锁蔬菜零售（社区菜店、生鲜超市）、便民早餐、便利店（社区超市）等网点项目，各项投入支持比例上限提高至70%。

（二）房屋租金费用补助不超过6元/㎡/日。

（三）各业态具体支持标准见附件1-1。每个品牌连锁企业总支持金额不超过500万元。

五、最低经营期限

申报主体应承诺获得财政资金支持的项目自获得补助资金之日起持续经营时间不得少于1年；对获得财政资金支持的项目1年内有拆迁、停止营业、被吊销营业执照等情形的，应在原址附近补建或退回相应补助资金，所补建项目不得再重复申报下一年度资金补助。

六、其他

（一）除统一要求提交的申报材料外，新建基本便民商业网点项目还需提交房屋租赁合同、租金银行转账凭证及发票（其中房屋产权自有的网点项目需提交房屋产权证、房屋购买合同等相关材料）的复印件，原件待查；蔬菜直通车等移动便民设施项目还需提交设施明细表、服务社区明细表及与有关部门备案、签订的服务协议等相关材料的复印件，原件待查。

（二）对同时搭载两种及以上符合支持方向的基本便民服务功能的新建连锁直营网点，申报主体应自行选择其中一种主要服务功能作为主营业务进行项目申报。

附件：

1-1.2020年建设提升基本便民商业网点（设施）项目补助标准

1-2.便民早餐网点建设指引

（联系人：生活服务业处　王葆玮；联系电话：55579329）

附件1-1

2020年建设提升基本便民商业网点（设施）项目补助标准

序号	类别	经营要求	租金支持面积	支持标准
1	蔬菜零售网点	1.社区菜店：面积不低于30平方米。 2.生鲜超市、社区菜市场：面积不低于500平方米。	1.社区菜店：单个网点支持面积不超过500平方米。 2.生鲜超市：单个网点支持面积不超过1000平方米。	1.社区菜店：单个网点补助金额最高不超过70万元，其中租金补助不超过30万元。 2.生鲜超市：单个网点补助金额最高不超过150万元，其中租金补助不超过50万元。 3.社区菜市场：单个网点补助金额最高不超过150万元。

（续）

序号	类别	经营要求	租金支持面积	支持标准
2	便民早餐网点	面积不低于60平方米。营业执照经营范围含餐饮，经营早餐品种不少于10种。	单个网点支持面积不超过500平方米。	单个网点补助金额最高不超过50万元，其中租金补助不超过30万元。
3	便利店、社区超市网点	面积不低于30平方米。社区超市参照便利店经营标准规范。	单个网点支持面积不超过300平方米。	单个网点补助金额最高不超过30万元，其中租金补助不超过10万元。
4	智能快件箱、快递分拣中心	1. 智能快件箱应符合邮政行业规范标准。 2. 快递分拣中心：面积不低于100平方米，应在邮政管理局备案。	快递分拣中心：单个网点支持面积不超过300平方米。	1. 智能快件箱：每组补助金额最高不超过1万元。 2. 快递分拣中心：单个网点补助金额最高不超过30万元，其中租金补助不超过20万元。
5	家政服务网点	面积不低于50平方米。	单个网点支持面积不超过500平方米。	单个网点补助金额最高不超过20万元，其中租金补助不超过10万元。
6	洗染门店、洗衣代收网点	面积不低于15平方米。	单个网点支持面积不超过300平方米。	1. 洗染门店：单个网点补助金额最高不超过20万元，其中租金补助不超过10万元。 2. 洗衣代收网点：单个网点补助金额最高不超过10万元，其中租金补助不超过5万元。
7	理发网点	面积不低于60平方米。	单个网点支持面积不超过400平方米。	单个网点补助金额最高不超过30万元，其中租金补助不超过15万元。
8	便民维修网点	面积不低于10平方米。	单个网点支持面积不超过200平方米。	单个网点补助金额最高不超过20万元，其中租金补助不超过10万元。
9	摄影网点	面积不低于100平方米（其中摄影室面积不低于20平方米）。		单个网点补助金额最高不超过20万元。
10	蔬菜直通车	符合《社区蔬菜（肉类）直通车设置和管理规范》。		1. 已在市商务局备案公示的规范化社区蔬菜直通车，2019年以来每服务1个社区满1年给予所属企业1.5万元的奖励。每个企业补助金额最高不超过150万元。 2. 2019年以来，按要求对规范化蔬菜直通车进行统一标识喷涂，按每辆车喷涂实际发生费用给予奖励，最高不超过2000元。

备注：上述网点年租金和其他实际投资需经第三方评审机构审定。网点面积低于经营要求限定标准的不予支持，高于租金支持面积的按同比口径核减租金。

附件 1-2

便民早餐网点建设指引

1. 有固定营业场所，现场加工制售早餐食品，食品、卫生、防疫、环保等符合国家有关标准，面积不低于 60 平方米。

2. 证照齐全，经营规范，依法办理营业执照、食品经营许可证等，营业执照经营范围含餐饮服务，食品经营许可证经营项目含热食类食品制售、预包装食品销售等。

3. 加工食品的工具、器具等设备设施齐全，供应符合市民饮食习惯的早餐食品，经营早餐品种不少于 10 种。

4. 每日开业时间不晚于早上 7 点，供应早餐时间不少于 2 小时。

5. 明示服务项目、收费标准及其他特殊规定，严格按明码标价销售食品，并提供就餐场所、餐饮用具等消费设施。

6. 有专用的清洗、消毒设备，有防蝇、防鼠、防虫、防潮及垃圾处理等设施和措施。

附件 2

促进餐饮业发展项目申报指南

一、支持方向及内容

支持餐饮企业品牌连锁发展，鼓励新建连锁直营餐厅，建设中央厨房（主食加工配送中心）；支持建设“深夜食堂”特色餐饮街区，鼓励餐厅夜间延时经营；支持开展“厕所革命”，提升餐饮业卫生环境设施和服务管理水平；支持开展“绿色餐饮”，鼓励企业升级改造高效油烟净化装置。

支持内容包括项目工程建设费用和硬件设备购置费用。

二、支持条件

（一）申报主体原则上为品牌连锁经营企业，实行“统一品牌、统一管理、统一标准、统一服务、统一核算”，在本市行政区域内至少开设 5 家直营门店（含新建网点）。同一品牌连锁企业可采取母子公司（子公司应由母公司绝对控股）、总分公司联合方式申报项目。

（二）新建连锁直营餐厅营业执照取得日期和中央厨房（主食加工配送中心）项目建设时间应在 2019 年 1 月 1 日以后。

营业执照取得日期是指：对于初次领取营业执照的网点，以其营业执照上成立日期为准；对于在现有营业执照经营范围上增加基本便民商业服务项目的网点，以该营业执照经营范围增项的初次换证日期为准。

（三）“深夜食堂”“绿色餐饮”“厕所革命”项目建设时间应在 2020 年 1 月 1 日以后。

三、项目建设及运营标准

餐饮业发展项目建设应符合食品安全、生产安全等各项法律法规有关规定，同时运营管理符合相关标准和规范。

（一）新建连锁直营餐厅项目：实行连锁

直营。

（二）中央厨房（主食加工配送中心）项目：符合《中央厨房（主食加工配送中心）建设指引》。

（三）“深夜食堂”项目：符合《“深夜食堂”特色餐饮项目建设指引》。

（四）“绿色餐饮”项目：符合《餐饮业大气污染物排放标准》（DB11/1488—2018）。

（五）“厕所革命”项目：符合《餐厅卫生间建设指引》。

四、支持标准

项目支持根据年度资金预算、项目申报数量统筹考虑确定，每个项目资金支持比例不超过该项目审定实际投资额的50%，对受新型冠状病毒感染的肺炎疫情影响严重或在疫情防控工作中保障市民基本生活的重点连锁餐饮网点项目，支持比例上限提高至70%。每个品牌连锁企业总支持金额不超过500万元。其中：

（一）每个新建连锁直营餐厅最高支持40万元。

（二）每个“深夜食堂”特色餐饮街区最高支持200万元，“深夜食堂”特色餐饮街区内新建的“深夜食堂”门店每个最高支持50万元。

（三）每个中央厨房（主食加工配送中心）最高支持300万元。

（四）每个餐厅“绿色餐饮”项目最高支持10万元。

（五）每个餐厅“厕所革命”项目最高支持5万元。

附件：

2-1：中央厨房（主食加工配送中心）建设指引

2-2：“深夜食堂”特色餐饮项目建设指引

2-3：餐厅卫生间建设指引

（联系人：生活服务业处 王会俊，联系电话：55579417；王葆玮，联系电话：55579329）

附件 2-1

中央厨房（主食加工配送中心）建设指引

1. 选址。符合或有利于执行国家有关标准和卫生规范要求。

2. 区域布局。遵循“洁净区非洁净区分开、粗精加工分开、生熟分开、荤蔬分开、生进熟出、人物分流、经济适用、布局合理、功能齐全”原则，工作区划分仓储区、加工区、配送区和办公区等。

3. 建筑面积：以加工面积为主，不小于2000㎡，并辅以适度比例的仓储、洗消、包装、分发、配送等面积。

4. 产能。日均产能不少于5万个（件、份）。

5. 资质。具备合法经营的资质要求，证照齐全，手续完备。主要包括营业执照、生产许可、环保许可、食品安全认证等，通过ISO22000质量管理体系或ISO9000系列、HACCP一种认证。

6. 仓储。具有与库存物资相适应的各类仓库及设备设施和工具，保管人员对采购物资进行验货、分类、码放、标注、盘点、出货、销毁、记账，负责在库存期间的存储与管理。

7. 设施设备。具有与生产品种和规模相适应的加工设备及消防设施，具有仓储区相关的清洁、照明、通风、制冷、制热等相关设备，具有对原料、辅料、产成品、半成品进行理化、微生物、农药残留化验、检测、评价、留样的仪器与设备，配送车辆具有全程冷链及相应清洗消毒设施。

8. 安全。具有专业安全保障，包括人员、物料、水质、气流、流程安全等，具有生产运行记录和突发公共卫生与食品安全事件应对措施，健全完善食品安全管理相关制度。各类产品应明确标注生产日期和保质期，及时销毁超过保质期或不合格的产成品、半成品。

附件 2-2

“深夜食堂”特色餐饮项目建设指引

一、基本要求

1. 项目符合城市功能定位和城市规划，特色元素较为显著，具有良好的社会效益和经济效益。

2. 项目营业时间一般应到 24:00 时（含 24 小时经营店，夏秋季可适当延长），符合相关经营规范。

二、“深夜食堂”特色餐饮街区建设及运营标准

1. 具备“业态丰富、特色鲜明、消费便利、市场繁荣”特征，在本市餐饮消费市场享有较高的知名度。

2. 餐饮街区长度一般不小于 100 米，餐饮企业数量一般不少于 20 家。

3. 街区夜间景观建设特色、美观，管理规范。

4. 街区内餐饮企业符合本市餐饮行业经营规范，营业时间到 24:00 时及以后的餐饮企业不低于 30%。

5. 具有较好的公共配套设施和经营环境。

三、“深夜食堂”门店延时经营标准

1. 应为品牌连锁餐饮企业，经营品种丰富，特色鲜明。

2. 符合阳光餐饮要求。

3. 符合相关厕所建设和管理标准，厕所干净、卫生、无异味。

4. 符合餐饮油烟排放标准。

5. 餐厅管理规范。

附件 2-3

餐厅卫生间建设指引

1. 符合《城市公共厕所设计标准》(CJJ14—2016）等标准规范。

2. 具备明确指示标识，原则上应向社会公众开放。

3. 应采用节水、节电、除臭等有利于节约资源、保护环境的技术和设备；适当增加女厕数量，优化女厕蹲位；有条件的可设置母婴、老年人、残疾人专用厕位或专用卫生间等无障碍设施，方便特殊人群使用。

4. 地面一般应防滑，室内具备照明、通风设备以及防蚊蝇、防老鼠等设施。

5. 小便厕位可设置隔断板，大便厕位应设置隔断板和门，具备挂衣钩、手纸架、废纸容器等设施，门锁应能显示有（无）人上厕。

6. 具备温度调节装置（空调或其他供暖供冷设备）、自动洗手设备、干手设备（烘手器或提供纸巾）、洗手液、面镜和除臭设备等设施。

7. 悬挂或粘贴“禁止室内吸烟”等公益标识，有条件的可悬挂或粘贴艺术装饰画，并摆放相关艺术品、绿植和花卉，开放时间内播放背景音乐。

8. 有条件的企业可在公共卫生间内部增设LED显示屏，实时显示厕所使用情况，提供无线网络、路线查询、活动宣传等服务，延伸公共卫生间功能。

9. 应安排专职或兼职清洁人员加强维护管理，具有清洁工作记录簿并按要求登记，达到“四净、三无、两通、一明”（地面净、墙壁净、厕位净、周边净；无溢流、无蚊蝇、无异味；水通、电通；电明）。

10. 符合国家和本市其他法律法规、规章制度和标准规范。

附件 3

生活性服务业示范街区创建项目申报指南

一、支持方向

生活性服务业示范街区创建项目。

二、支持内容

对示范街区前期规划、停车、标志、标识、街景美化、开放空间等为街区提供公共服务的设施改造，为街区提供公共服务管理信息系统的建设与改造，公共区域的经营配套服务、功能区布局和经营环境改造等方面支出的费用给予支持。

三、支持条件

北京市商务局已经同意申报项目进行“北京市生活性服务业示范街区”创建，申报项目具有明确的市场投资主体。

四、支持标准

参照《北京市商务委员会关于开展生活性服务业示范街区征集培育工作的通知》（京商务交字〔2016〕104号）执行。

五、其他

对以连锁经营等方式入驻的基本便民商业服务网点（设施），主要包括蔬菜零售、便利店（社区超市）、餐饮（早餐）、洗染、美容美发、家政服务、末端配送等，参照《建设提升基本便民商业网点（设施）项目申报指南》给予支持。

（联系人：生活服务业处 王喜艳；联系电话：55579415）

附表 1

项目申报书（4 张表）

项目申报表

项目名称	
项目单位	
企业注册地	
申报日期	

项目信息表

<table>
<tr><td>项目名称</td><td colspan="3"></td></tr>
<tr><td>项目负责人</td><td colspan="2"></td><td>手机电话</td><td></td></tr>
<tr><td>单位地址</td><td colspan="2"></td><td>邮政编码</td><td></td></tr>
<tr><td>注册资本</td><td colspan="2"></td><td>办公电话</td><td></td></tr>
<tr><td>上年收入</td><td colspan="2"></td><td>企业规模</td><td></td></tr>
<tr><td>项目申请理由及项目主要内容</td><td colspan="4"></td></tr>
<tr><td>项目经济效益</td><td colspan="4"></td></tr>
<tr><td>项目社会效益</td><td colspan="4"></td></tr>
<tr><td rowspan="4">阶段性目标</td><td>实施阶段</td><td>目标内容</td><td colspan="2">起止时间（年月）</td></tr>
<tr><td>第一阶段</td><td></td><td colspan="2"></td></tr>
<tr><td>第二阶段</td><td></td><td colspan="2"></td></tr>
<tr><td>第三阶段</td><td></td><td colspan="2"></td></tr>
<tr><td>项目组织实施条件</td><td colspan="4"></td></tr>
</table>

项目支出预算明细表

<table>
<tr><td rowspan="26">项目支出预算及测算依据</td><td rowspan="8">项目资金来源</td><td>来源项目</td><td>申报额（万元）</td></tr>
<tr><td>项目总投资</td><td></td></tr>
<tr><td>其中：自筹资金</td><td></td></tr>
<tr><td>银行贷款</td><td></td></tr>
<tr><td></td><td></td></tr>
<tr><td></td><td></td></tr>
<tr><td></td><td></td></tr>
<tr><td></td><td></td></tr>
<tr><td rowspan="17">项目支出明细预算</td><td>支出明细项目</td><td>金额（万元）</td></tr>
<tr><td>合计</td><td></td></tr>
<tr><td></td><td></td></tr>
<tr><td></td><td></td></tr>
<tr><td></td><td></td></tr>
<tr><td></td><td></td></tr>
<tr><td></td><td></td></tr>
<tr><td></td><td></td></tr>
<tr><td></td><td></td></tr>
<tr><td></td><td></td></tr>
<tr><td></td><td></td></tr>
<tr><td></td><td></td></tr>
<tr><td></td><td></td></tr>
<tr><td></td><td></td></tr>
<tr><td></td><td></td></tr>
<tr><td></td><td></td></tr>
<tr><td></td><td></td></tr>
<tr><td>预算依据及说明</td><td colspan="2"></td></tr>
</table>

项目可行性执行报告

一、基本状况
二、必要性与可行性
三、实施条件

附表 2

项目已发生费用明细表

填报单位 :(公章)

序号	记账时间	会计凭证号	发票号码	费用名称	金额（元）
	合计				

注：项目已发生费用明细按时间先后顺序填写。

附表 3

项目申报单位承诺书

北京市商务局：

我单位将严格按照《北京市商业流通发展资金管理暂行办法》《关于申报 2020 年度生活性服务业发展项目的通知》及相关配套管理办法的有关规定组织实施____________项目，保证向市商务局及有关部门提供的资料真实、有效，项目建设各项手续齐全、合规，项目建设资金落实到位，项目按计划实施，确保项目建设效果。

我单位承诺申报的项目未获得其他部门资金支持，保证不出现任何项目建设违法违规行为，如出现上述问题我单位将承担一切责任。

项目单位法人代表（签字）：____________

单位公章

年　月　日

附表 4

2020 年生活性服务业发展项目申报表

填报单位：（盖章）　　　　　　　　　　　　　　　　　　　　单位：万元

序号	项目单位	项目名称	申报方向	计划投资			企业性质	企业注册资金	项目已投资	项目进度		项目负责人	办公电话	手机	项目主要内容	项目主要支出预算
				总额	自筹资金	银行贷款				开工时间	完工时间					

填报人：　　　　　　　　　　　审核人：

备注：此表由项目申报单位填写。申报餐饮（早餐）、菜店（生鲜超市、社区菜市场）、便利店项目的申报单位，直接报送市商务局；申报其他项目的申报单位，按照隶属关系由区商务局、经开区商务金融局、市属商业企业集团、总部企业汇总上报。

北京市商务局关于印发《关于促进商务咨询服务业健康发展的若干措施》的通知

京商商服字〔2020〕1号

各相关单位：

为贯彻落实市委、市政府关于新型冠状病毒肺炎疫情防控相关工作部署，稳定商务咨询服务业发展，进一步提升专业服务品质，增强首都城市服务能级和核心竞争力，特制定《关于促进商务咨询服务业健康发展的若干措施》，请结合工作实际认真落实。

特此通知。

北京市商务局

2020年3月30日

（联系人：曾青、付彧；联系电话：55579309、55579305）

关于促进商务咨询服务业健康发展的若干措施

本文中商务咨询服务业主要包括会计税务、法律、广告业、会议展览、企业总部管理、人力资源、旅行社和安全保护服务等行业，是首都“高精尖”产业结构的重要组成部分和打造“北京服务”品牌的主要载体。为应对新冠肺炎疫情影响，稳定商务咨询服务行业发展，进一步提升专业服务品质，增强首都城市服务能级和核心竞争力，制定如下措施。

一、抗疫情、稳经营

1. 缓解税费压力。受疫情影响纳税申报困难的中小微商务咨询服务企业，可依法办理延期缴纳税款，最长不超过3个月。（责任单位：北京市税务局、各区政府）减收2020年注册会计师和资产评估行业会费；减免重大突发公共卫生事件一级响应期间律师个人会员2020年度部分会费。（责任单位：市财政局、市司法局）

2. 给予信贷支持。对因受疫情影响经营暂时出现困难但有发展前景的商务咨询服务企业不抽贷、不断贷、不压贷，对受疫情影响严重的中小微企业到期还款困难的，可予以展期或续贷。（责任单位：人行营业管理部、北京银保监局、市金融监管局）

3. 加大政府采购支持力度。全市预算单位在满足机构自身运转和提供公共服务基本需求的前提下，进一步提高面向中小微商务咨询服务企业采购的金额和比例。（责任单位：市财政局、各有关部门）

4. 帮扶受疫情影响严重行业。按照有关规定对符合条件的旅行社暂退部分旅游服务质量保证金，接受暂退旅游服务质量保证金的各旅行社应在2022年2月5日前将本次暂退的旅游服务质量保证金如数交还。（责任单位：市文化和旅游局）2020年，对于因疫情影响暂停举办的展会项目，如年内继续在京举办且参展中小微企业数量超过参展企业总数的50%，给予一定的场租费用补贴。（责任单位：市商务局）

5. 实施援企稳岗和促进就业政策。对受疫情影响较大，面临暂时性生产经营困难且恢复有望、坚持不裁员或少裁员的中小微商务咨询服务参保企业，可按6个月的上年度本市月人均失业保险金标准和参保职工人数，返还失业保险费。对于享受返还失业保险费政策的企业，根据岗位需要组织职工（含待岗人员）参加符合规定的职业技能培训，可按每人1000元的标准享受一次性技能提升培训补贴。（责任单位：市人力资源社会保障局、市财政局、各区政府）

6. 提升服务便利度。疫情防控期间，办理广告发布登记、申请保健食品和特殊医学用途配方食品广告审查等事项可进行网上申请。凡广告发布登记事项发生变化，不能及时办理变更登记的，申请人可于疫情解除后30日内及时办理广告发布登记事项变更。保健食品、特殊医学用途配方食品广告审查文件有效期到期的，有效期自动延长至疫情解除后30日。对三年以内未发生广告违法行为的企业申请保健食品广告审查的，试点告知承诺制，进一步简化审批程序。（责任单位：市市场监管局）

二、补短板、提品质

7. 大力引进国际领先企业、知名品牌和优质项目。发挥专业服务机构有效链接全球优质资源优势，强化招商引资。分行业、分区域强化精准对接，积极引进商务咨询服务全球领先企业，强化市场化机制，促进以商招商，吸引一批优质国际机构、品牌和项目在京落地。（责任单位：市投资促进服务中心会同各相关部门；各区政府、北京经济技术开发区管委会）

8. 提高会计服务国际竞争力。鼓励会计师事务所在境外以自有品牌设立分支机构（含并购吸收所在国家和地区的会计师事务所成为其成员所），提升国际声誉；会计师事务所在境外以自有品牌设立2家以上分支机构，并以自有品牌参与权威国际会计公司网络排名，对进入全球前30名的分档给予奖励。（责任单位：市财政局、市商务局）

9. 打造律师业务智能平台。推进市律师协会律师智能工作平台建设，加快与法院数据互通、律师网上立案、律师协同办案等功能运用，满足律师进行诉讼案件及非诉项目中全流程管理、协同办公、任务管理等需求，帮助律师快捷高效办理业务。加快平台在中小型律师事务所在线部署，提高律师事务所信息化水平和远程办公能力。（责任单位：市司法局）

10. 构建商务咨询服务国际网络。加强自主品牌培育，协助咨询行业兼并重组进行优势互补，提高自主品牌认知度。鼓励咨询企业提升能级，在北京地区注册并具备独立法人资格。支持咨询等行业设立境外分支机构并加入境外北京国际经贸发展服务中心网络，鼓励境外北京国际经贸发展服务中心拓展咨询业务，到2020年底力争建成45家境外北京国际经贸发展服务中心。（责任单位：市商务局）

11. 提升广告业传播力。对标国际顶尖广告节，加大对北京国际广告节的资金支持力度，培育成为优秀广告创意设计、广告企业形象传播、广告设备展览展示的窗口和业界高水平对话平台。优化审批服务，对大型广告企业实施兼并、重组、股权激励办理登记注册时提供绿色通道。创新监管方式，强化信用监管，将行政指导和行政执法有机结合，促进广告市场健康有序发展。（责任单位：市市场监管局）

12. 增强会展业影响力。探索建立对标国际标准的会展业政策支持和服务体系；协调推动新国展二、三期项目加快进入建设周期，整体建成后有效展览面积达到30万平方米；积极推动会展业相关单位结成北京线上展会发展联盟，整合行业要素资源，拓宽办展办会渠道，提升北京会展业综合竞争力。提升2020年中国国际服务贸易交易会专业化、国际化水平，力争参展参会国家和地区总数不少于100个，国际展商数量同比增长3~5个百分点。（责任单位：市商务局）

13. 提高旅行社服务质量。着力推进旅游行业质量提升，运用信息化手段加强对旅行社和旅游团队管理，加强对导游等从业人员的教育培训，办好“第10届北京市导游技能大赛”，树立行业榜样，推进导游队伍整体素质提升，在宣传国家形象、传播历史文化、讲好中国故事、展现北京风采中发挥作用。（责任单位：市文化和旅游局）

14. 鼓励总部企业高质量发展。支持总部企业在京开展实体化经营和国际化经营，鼓励跨国公司研发中心在京落地，不断提升科技创新和文化创意发展能力，推进产业转型升级。以服务业扩大开放为引领，优化跨国公司地区总部认定标准，鼓励与首都城市战略定位相匹配的跨国公司地区总部、投资性公司、研发中心等优质企业和机构在京落户，深化“服务包”机制，支持总部企业在京高质量发展。（责任单位：市商务局）

15. 促进安全保护模式多元化。对在京中央和国家机关、企事业单位、社会团体，北京市党政机关、企事业单位公告的预算总额不低于300万元／年的，或保安服务人数不低于60人的保安（安检、辅警）服务招标项目，执行保安服务公司招投标信息备案制。鼓励安保服务企业立足智慧城市、平安城市建设，结合物联网与智能识别等技术探索智能化服务模式，推进安保服务现代化管理，由劳务型向科技型方向转变。（责任单位：市公安局）

16. 引进培养行业领军人才。落实新时代推动首都高质量发展人才支撑五年行动计划，聚焦会计、法律、管理咨询、广告业和会议展览等领域，2020年引进培养15名国际化创新创业领军人才。（责任单位：市商务局会同各相关部门；各区政府、北京经济技术开发区管委会）进一步发挥猎头机构引才融智作用，猎头机构依照有关人才选聘项目清单为用人单位选聘人才后，给予资金奖励，奖励金额为猎头服务费的50%，单笔奖励资金不超过50万元人民币。（责任单位：市人力资源社会保障局）

三、抓统筹、建机制

17. 创新工作机制。统筹建立全市商务咨询服务促进体系，强化部门联动，形成市区合力，建立定期调度、重点联系企业、监测信息共享和定期更新纳统等工作机制，及时掌握工作进展情况，会商推进中遇到的问题，细化工作安排，督促任务落实。（责任单位：市商务局会同各相关部门；各区政府、北京经济技术开发区管委会）

18. 优化人才环境。为本市商务咨询服务发展急需或创新创业潜力较大的人才在人才引进、子女教育和医疗等方面开辟服务通道。面向海外高层次人才，加快建设首都国际人才社区。[责任单位：市委组织部（市人才工作局）、市人力资源社会保障局牵头，市发展改革委、市公安局等部门和相关区政府配合]

19. 加大支持力度。调整优化财政资金支出结构，着眼引进增量和产业聚集，制定导向性政策，重点支持引进优质商务服务业增量，促进商务服务产业升级。支持打好新冠肺炎疫情防控阻击战，对具有发展潜力的中小微商务服务企业强化资金支持。（责任单位：市商务局、市财政局会同各相关部门）

[注：根据工业和信息化部、国家统计局、国家发展改革委、财政部联合发布的《中小企业划型标准规定》（工信部联企业〔2011〕300

号），“租赁和商务服务业”从业人员300人以下或资产总额120000万元以下的为中小微型企业。其中：从业人员100人及以上，且资产总额8000万元及以上的为中型企业；从业人员10人及以上，且资产总额100万元及以上的为小型企业；从业人员10人以下或资产总额100万元以下的为微型企业。]

以上政策措施自印发之日起实施，有效期至2020年底（文中具体措施有明确期限规定的从其规定）。

北京市商务局关于申报2020年度外经贸发展资金项目的通知

京商财务字〔2020〕9号

各区商务局、经济技术开发区商务金融局，相关企业：

为做好2020年度外经贸发展资金项目申报工作，依据《北京市商务委员会 北京市财政局关于印发〈北京市外经贸发展资金管理实施细则〉（修订稿）的通知》（京商务财务字〔2018〕23号）《北京市商务局关于新型冠状病毒肺炎疫情防控情况下稳定商务发展有关措施的通知》（京商综字〔2020〕1号）等文件，现将2020年度外经贸发展资金项目申报工作的有关事项通知如下：

一、支持方向和重点

外经贸发展资金主要支持北京市外贸企业提升国际化经营能力，跨境电子商务发展，应对新型冠状病毒感染的肺炎疫情防控情况下稳定商务发展系列措施等，对符合标准和要求的项目采取补助、以奖代补等形式给予支持。

二、申报流程

（一）自通知发布之日起，项目申报原则上按照属地管理，由区商务局、北京经济技术开发区商务金融局初审后上报市商务局。

（二）经市商务局复审通过的项目，委托中介机构进行项目评审或资金审核。

三、申报要求

（一）各项目申报单位应确保申报材料真实、准确、完整，并向市商务局做出书面承诺。

（二）对于伪造相关材料，提供虚假发票和虚假材料的项目申报单位，取消其当年申报资格，且三年内不得申报专项资金支持。

（三）获得专项资金支持的项目申报单位应积极配合相关监督检查、审计等工作。

（四）各初审单位应积极组织项目申报，切实做好指导与审核，严格把关，按照规定程序做好相关工作。

（五）各初审单位应加强对已支持项目的后续指导和跟踪监管，确保项目实施效果，充分发挥财政资金使用效益。

（六）项目单位收到财政资金后，应按照《企业会计准则第16号——政府补助》相关规定进行账务办理，相关法律法规另有规定的从其规定。

（七）项目申报所需资料，按照各支持方向申报指南要求执行。

四、有下列情形的不予支持

（一）申报企业被列入《北京市新增产业的禁止和限制目录》禁止类和限制类范围的；

（二）申报企业被纳入北京市商务领域不良信用记录名单应受到“不予支持”信用惩戒或全市联合惩戒“黑名单”的；

（三）项目已获得中央财政资金支持或其他市级财政资金支持的；

（四）申报企业近三年在外经贸业务管理、财务管理、税收管理、外汇管理、海关管理、统计管理等方面存在严重违法违规行为，拖欠应缴还财政性资金的；

（五）经审议其他不予支持的。

五、其他事项

（一）各支持方向具体支持内容、申报条

件、申报材料要求、项目申报流程、申报时限及咨询电话详见附件1—附件4；

（二）市商务局对本通知负责解释。

（联系人：张景云；联系电话：55579337）

附件：

1.2020年支持北京市外贸企业提升国际化经营能力申报指南

2.2020年支持跨境电子商务发展项目申报指南

3.2020年度进口预付款保险保费支持项目申报指南

4.北京市商务局关于应对新型冠状病毒感染的肺炎疫情影响促进展会发展项目的申报通知

附件1

2020年支持北京市外贸企业提升国际化经营能力项目申报指南

一、支持对象和申报条件

外贸企业独立开展提升国际化经营能力的项目为企业项目；事业单位或社会团体（以下简称“项目组织单位”）组织外贸企业参加培训的项目为团体项目。

（一）申请企业项目的外贸企业应符合以下条件

1.在北京市办理工商注册，依法取得进出口经营资格或依法办理对外贸易经营者备案登记的企业法人。

2.拥有从事国际市场开拓的专业人员，对开拓国际市场有明确的工作安排和市场开拓计划。

3.企业分类：

（1）中小外贸企业

除满足第1、第2条规定的外贸企业条件外，上年度海关统计进出口额应低于6500万美元。

（2）“双自主”企业

除满足第1、第2条规定的外贸企业条件外，还应符合下列条件之一：

①拥有境内及出口市场（含港、澳、台地区，下同）注册商标；

②拥有境内及出口市场专利（包括发明专利、实用新型专利和外观设计专利，下同）；

③拥有出口市场注册商标及出口市场专利；

商标及专利持有者原则上应为申请支持资金的企业（以下简称“该企业”）。

以下情形视同该企业持有商标及专利：

一是持有者为全资控股该企业的境内母公司；

二是持有者为该企业全资控股的境内子公司；

三是持有者为该企业全资控股的境内子公司在境内独立投资设立的子公司。

④获得商务部认定的“中华老字号”企业。

（3）外贸综合服务企业

外贸综合服务企业是指具备对外贸易经营者资质，接受国内外客户委托，为客户提供报关报检、物流、退税、结算、融资、信用保险、保理、供应链管理等综合服务的企业。

除满足第1、第2条规定的外贸企业条件外，还应当为已经纳入商务部外贸综合服务试点企业或北京市认定的外贸综合服务示范企业。

（二）申请团体项目的项目组织单位应符合

下列条件

1. 在北京市注册，具有培训资格；

2. 培训内容应以支持企业提升国际化经营能力为目的；

3. 未拖欠应缴还的财政性资金。

二、资金支持方向

（一）企业项目

支持方向包括：国际性展会、管理体系认证、产品认证、境外专利申请、商标注册、境外广告、国际市场宣传推介、外贸软件云服务等信息化建设、国际市场考察（国际性展会参展人员费）、境外投（议）标、提高经营管理信息化水平、提高经营管理科学决策水平和改善融资服务等13类项目。各类企业可申报项目详见企业支持方向表。

企业项目支持方向表

（标注√为可申报项目）

	中小外贸企业	“双自主”企业 外贸综合服务企业
（一）国际性展会	√	√
（二）管理体系认证	√	√
（三）产品认证	√	√
（四）境外专利申请	√	√
（五）商标注册	√	√
（六）境外广告	√	√
（七）国际市场宣传推介	√	√
（八）外贸软件云服务等信息化建设		√
（九）国际市场考察（国际性展会参展人员费）		√
（十）境外投（议）标		√
（十一）提高经营管理信息化水平	√	√
（十二）提高经营管理科学决策水平	√	√
（十三）改善融资服务	√	√

（二）团体项目

支持方向为企业培训。

三、资金支持内容及标准

（一）对于符合支持内容且支出金额大于1万元（含1万元）的项目予以支持；

（二）支持比例一般为支持内容所需金额的50%，拓展面向拉美、非洲、中东、东欧、东南亚和中亚等新兴国际市场的支持比例可提高到70%；

（三）每个企业项目支持金额最高不超过30万元（改善融资服务项目除外）；

（四）每个企业当年累计获得市场开拓资金支持最多不超过100万元（“双自主”企业及外贸综合服务企业除外）；

（五）连续五年（从2018年开始计算）获得支持资金的外贸企业（“双自主”企业及外贸综合服务企业除外），从第六年起不再享受此支持政策。

支持北京市外贸企业提升国际化经营能力支持内容及标准

金额单位：元

<table>
<tr><th>序号</th><th colspan="2">支持方向及内容</th><th>最高支持比例（%）</th><th>每个项目最高支持限额（人民币元）</th><th>备注</th></tr>
<tr><td rowspan="2">一</td><td rowspan="2">国际性展会</td><td>展位费</td><td>50 或 70</td><td>30000/每个展位（9 平方米），企业可申请多个展位，支持不超过 30 万元。</td><td>只支持展位费，不支持企业注册费和展位搭建费。对年度计划获得批复但受疫情影响未能如期参加国际性展会的企业，对已付展位费、大型展品回运费给予 50% 的支持；同等条件下，对拓展新兴市场的支持比例可提高到 70%。</td></tr>
<tr><td>其他费用（大型展品回运费）</td><td>50 或 70</td><td>100000</td><td>大型展品回运费只支持单个展品达到体积 1 立方米且重量 1 吨以上的大型展品回运费用。</td></tr>
<tr><td>二</td><td>管理体系认证</td><td>ISO9000 系列质量管理体系标准认证、ISO14000 系列环境管理体系标准认证、职业安全管理体系认证、卫生管理体系认证等管理体系认证</td><td>50</td><td>50000</td><td>1. 认证机构应经中国认证认可监督管理委员会批准。
2. 企业须在认证结束并取得相应认证证书的当年提交资金拨付申请。
3. 支持企业初次认证费及再认证，不支持年度审核费、咨询费、培训费。</td></tr>
<tr><td rowspan="2">三</td><td rowspan="2">产品认证</td><td>开发能力成熟度模型集成（CMMI）认证、开发能力成熟度模型（CMM）认证、人力资源成熟度模型（PCMM）认证、信息安全管理认证、IT 服务管理认证、服务提供商环境安全性认证</td><td>50</td><td>300000</td><td rowspan="2">1. 支持根据产品进口国的有关法规或合同要求进行的产品认证（国内认证不支持）。
2. 产品认证机构应具有产品认证资格。
3. 产品认证须在认证结束并取得相应资质证书的年度申请资金支持。只支持认证费、认证过程中的检测费。</td></tr>
<tr><td>其他产品认证</td><td>50</td><td>300000</td></tr>
<tr><td rowspan="3">四</td><td rowspan="3">境外专利申请</td><td>发明专利</td><td>50 或 70</td><td>50000</td><td rowspan="3">1. 专利申请项目是指中小企业通过巴黎公约或 PCT 专利合作条约（PATENT COOPERATION TREATY）成员国提出的专利申请。
2. 专利申请须在申请获得通过并取得专利证书的当年申请资金支持。
3. 只支持注册费，不支持支付境内中介机构的代理费。不同类别的专利项目应分别申请。每个专利最多支持在 5 个国家的申请。</td></tr>
<tr><td>实用新型专利</td><td>50 或 70</td><td>50000</td></tr>
<tr><td>外观设计专利</td><td>50 或 70</td><td>50000</td></tr>
</table>

（续）

<table>
<tr><th>序号</th><th colspan="2">支持方向及内容</th><th>最高支持比例（%）</th><th>每个项目最高支持限额（人民币元）</th><th>备注</th></tr>
<tr><td>五</td><td>商标注册</td><td>境外商标注册</td><td>50 或 70</td><td>50000</td><td>每个企业每种产品在一个国别（地区）只支持一次商标注册费用，应在取得注册证书的当年申请资金支持。</td></tr>
<tr><td rowspan="2">六</td><td rowspan="2">国际市场宣传推介</td><td>宣传材料制作</td><td rowspan="2">50</td><td>15000</td><td rowspan="2">1. 宣传材料和宣传视频至少具有一种外国文字或语音。
2. 宣传材料不少于 2000 份，宣传视频不少于 5 分钟。
3. 不支持产品外包装的制作费。
4. 宣传材料和宣传视频应分别申请。</td></tr>
<tr><td>宣传视频制作</td><td>20000</td></tr>
<tr><td rowspan="3">七</td><td rowspan="3">外贸软件云服务等信息化建设</td><td>创建中小企业网站</td><td>50</td><td>50000</td><td rowspan="3">1. 信息化建设项目的实施，应有助于企业开拓国际市场。
2. 企业网站应具有较丰富的内容，至少有一种外国文字或语言。
3. 企业网络营销活动是指企业在国内、国际有影响的互联网网站进行广告宣传、商品营销等活动。
4. 企业信息管理系统是指开发外贸业务单证管理、客户供应商管理、产品管理等外贸业务流程一体化的信息化管理项目。
5. 为企业提供信息化建设活动的服务商，应是依法注册、具有相应资质的法人企业。
6. 创建企业网站和开发信息管理系统只支持一次性的建设开发费用，不支持后期维护、改版、升级等费用。
7. 此项目依据评审结果给予资金支持，不超过政策规定最高限额。</td></tr>
<tr><td>企业网络营销活动</td><td>50</td><td>50000</td></tr>
<tr><td>企业信息管理系统</td><td>50</td><td>50000</td></tr>
<tr><td>八</td><td>境外广告</td><td>境外广告</td><td>50 或 70</td><td>50000</td><td>1. 境外广告只支持面向境外客户的报纸、杂志广告。
2. 报纸、杂志广告需在样品中注明广告位置及相应中文翻译。</td></tr>
<tr><td rowspan="2">九</td><td rowspan="2">国际市场考察（国际性展会参展人员费）</td><td>交通费</td><td>50 或 70</td><td></td><td rowspan="2">1. 企业参加境外展览会支持出访国家（地区）为 1 个、支持人数不超过 2 人。参展天数为会期加上布展和撤展各一天，总天数不超过 6 天。
2. 交通费只支持国际航班的往返经济舱费用。生活补贴（包括住宿费和伙食费）按国家规定的访问国补助标准核算。</td></tr>
<tr><td>生活补助</td><td>50 或 70</td><td></td></tr>
</table>

（续）

序号	支持方向及内容		最高支持比例（%）	每个项目最高支持限额（人民币元）	备注
十	境外投（议）标	标书购置费	50 或 70	30000	1. 只支持未中标企业开展的境外投（议）标活动。 2. 境外投（议）标项目包括：成套设备和大型单机境外投（议）标、对外工程承包投（议）标和大宗商品采购投（议）标等。 3. 标书购置费指企业从项目发标方直接购买标书所支出的费用；项目设计费指企业委托专门设计研究机构进行设计所支出的费用。 4. 考察交通费与国际市场考察项目中的交通费核算方法相同。 5. 境外投（议）标项目应在投（议）标工作结束的当年申请，同一个项目只能申请一次。
		项目设计费	50 或 70	50000	
		境外市场考察交通费	50 或 70		
十一	提高经营管理信息化水平	系统对接改造费用	50	1. 外贸综合服务企业 20 万元； 2. “双自主”企业 10 万元； 3. 中小外贸企业 5 万元。	支持外贸企业外贸软件（ERP）云服务平台与中国出口信用保险公司“信保通”系统实现电子数据交换，系统对接过程发生的系统改造费用。
十二	提高经营管理科学决策水平	资信产品购买费用	50	1. 外贸综合服务企业 30 万元； 2. “双自主”企业 15 万元； 3. 中小外贸企业 10 万元。	支持外贸企业购买获得财政部批准开展信用保险业务保险公司的海外企业标准资信报告、海外目标国家指定产品进口采购分析报告、海外采购商（供应商）名录报告、重点行业研究报告及重点国别风险分析报告所发生的费用。 此项目依据评审结果给予资金支持，不超过政策规定最高限额。
十三	改善融资服务	融资贷款贴息	50	1. 外贸综合服务企业 500 万元； 2. “双自主”企业 100 万元； 3. 中小外贸企业 20 万元。	支持外贸企业利用出口信用保险保单质押项下的贸易融资，以及在外经贸担保服务平台和“政保贷”融资服务平台项下的融资。对于贷款利息给予一定比例支持。
十四	企业培训	培训会务费	50	22000 （50~99 家企业）	1. 企业培训项目只支持为提高北京地区中小企业国际竞争力，在本市组织的免费培训，参加的中小企业不少于 50 家。 2. 企业培训项目按照实际费用给予支持，主要包括培训资料费、场地租赁费等，人均标准一般不超过 200 元，资料费不得超过会务费的 10%。 3. 依据实际费用按比例给予支持，不超过政策规定最高限额。
				50000 （100 家企业以上）	

备注：“双自主”企业须在“企业信息管理系统”（北京市商务局门户网站—外贸稳增长）上注册并取得资格。

四、申报方式及要求

2020年分两次申报。符合申报条件的单位可登录“商务部业务系统统一平台外贸发展专项资金（中小）网络管理应用”网站（zxkt.mofcom.gov.cn）按照相关要求进行注册申报。申请2020年已经实施完成的项目，无须另行提交书面材料。

第一次申报时间为2020年7月1日至7月31日，申请2020年1月至7月份实施完成的项目；第二次申请2020年8月至12月份实施完成的项目，申报要求及申报时间另行通知。

如项目申报时间有变化，将在“商务部业务系统统一平台—外经贸发展专项资金（中小）网络管理应用”网站首页的“重要通知”栏目中告知。

如在申报过程中遇到问题，请与北京市商务局外贸运行处联系。

联系电话：55579519　55579511

附件2

2020年支持跨境电子商务发展项目申报指南

一、支持对象

（一）跨境电子商务企业。包括自建跨境电子商务销售平台的进出口企业、利用第三方跨境电子商务平台开展进出口业务的企业和第三方跨境电子商务平台企业。

（二）跨境电子商务服务企业。包括为跨境电子商务企业提供交易、支付、通关、仓储、物流等相关服务的企业（含跨境电子商务产业园运营主体）。

（三）在市内开设跨境电子商务体验店（含线下自提店），采取线上下单、线下展示销售等方式，开展跨境电子商务销售的企业。

二、支持方向及内容

（一）支持企业通过自建跨境电子商务平台（含移动应用程序、微信小程序等）及相关信息系统，对接第三方跨境电子商务平台（含本市跨境电子商务公共服务平台）等拓宽跨境电子商务线上业务渠道。支持内容包括软件开发及配套硬件设施建设等。

（二）支持用于跨境电子商务进出口通关服务的项目建设。支持内容包括安检设备、查验设备、机检线、监控系统等设施设备购置和管理信息系统开发等。

（三）支持海外仓、保税仓（含跨境电商医药产品专用仓）、智能口岸仓、出口集货仓等跨境电子商务仓储设施建设。支持内容包括货架（货柜）、仓储搬运设备、分拣机、监控系统、温湿度检测及调节系统等设施设备购置，仓储管理信息系统开发等。

（四）对2019年1月1日以来在本市新建的跨境电子商务体验店（含线下自提店）给予支持。支持内容包括连续12个月房租、店面装修、货架、收银设备、体验等候区配套服务设施、监控系统、线下自提业务清关状态显示屏等设施设备购置，线上销售平台建设等。

三、支持条件

（一）项目申报主体需在北京市注册，具有独立法人资格，《工商营业执照》等法律必备证照齐全有效。

（二）项目申报单位经营状况良好，财务管理制度健全。

（三）跨境电子商务体验店面积不少于100平方米，店内现场展示商品的SKU数量不少于1000种，通过线上售卖的商品SKU数量不少于2000种，单店年度销售额（含线上线下）不少于500万元（或月均不少于40万元）。

（四）投入运营的自建海外仓（海外仓储物流等综合服务设施）总面积不低于5000平方米，配套完善的仓储管理信息化系统和线上信息平台（如ERP、WMS系统等），服务企业数量不低于100家，对当地跨境电商B2B业务有较强带动作用。能够为企业开拓市场提供国际仓储和物流配送服务的同时，还能提供如下所列明2项以上（含）内容的服务，包括：国际货运代理、通关服务、营销推广、金融保险服务对接、售后维修服务、退换货服务。其他非自建海外仓总面积不低于1000平方米，由项目申报单位（或其境外子公司）自主运营，配套完善的仓储管理信息化系统和线上信息平台（如ERP、WMS系统等），具有跨境电子商务经营实绩。

（五）项目已投资额不低于计划总投资额的70%，申报项目能够按申报计划组织实施。

四、支持标准

（一）对新建跨境电子商务体验店（含线下自提店）支持标准：

对体验店（含线下自提店）租金按照实际租赁面积进行补助，补助金额不超过体验店实际年租金的30%。补助标准：东西城区1.8元/m²/日、朝海丰石城区及通州副中心155平方公里以内区域1.35元/m²/日、其他区域0.75元/m²/日。单店年度租金支持金额不超过200万元。

对除租金外其他投资，按照不超过审定实际投资50%的标准给予资金支持。

（二）对其他项目支持标准：依据审定实际投资给予不超过50%的资金支持。

（三）单个项目最高支持额度不超过500万元。

五、申报材料

（一）项目申报书（含项目可行性报告）；

（二）项目已发生费用明细表；

（三）项目申报情况表；

（四）项目申报单位承诺书；

（五）项目单位法人证明文件复印件（营业执照、组织机构代码证书、法定代表人身份证明等）；

（六）项目单位近两年财务报表（资产负债表、损益表、现金流量表）；

（七）申报跨境电子商务体验店（含线下自提店）租金的企业，需提供年度房屋租赁合同、租金银行转账凭证及发票复印件等；

（八）其他与项目相关的证明材料。项目申报材料统一使用A4纸，一式两份，按顺序装订成册，并加盖单位公章。项目申报材料不予退回。

六、申报流程

（一）项目申报单位将申报材料上报各区（北京经济技术开发区）商务主管部门，各区（北京经济技术开发区）商务主管部门初审合格后，提交市商务局。

（二）市商务局按照项目资金管理相关办法，组织开展项目评审、公示及资金拨付等工作。

附件：2-1. 项目申报书

2-2. 项目已发生费用明细表

2-3. 2020年外经贸发展项目申报情况汇总表

2-4. 项目申报单位承诺书

（联系人：宫运晓；联系电话：55579731）

附件 2-1

项目申报书

项目名称	
项目单位	
企业注册地	
申报日期	

项目信息表

<table>
<tr><td>项目名称</td><td colspan="2"></td><td>申报方向</td><td></td></tr>
<tr><td>项目负责人</td><td colspan="2"></td><td>手机电话</td><td></td></tr>
<tr><td>单位地址</td><td colspan="2"></td><td>邮政编码</td><td></td></tr>
<tr><td>注册资本</td><td colspan="2"></td><td>办公电话</td><td></td></tr>
<tr><td>上年收入</td><td colspan="2"></td><td>企业规模</td><td></td></tr>
<tr><td>项目申请理由及项目主要内容</td><td colspan="4"></td></tr>
<tr><td>项目经济效益</td><td colspan="4"></td></tr>
<tr><td>项目社会效益</td><td colspan="4"></td></tr>
<tr><td rowspan="5">阶段性目标</td><td>实施阶段</td><td colspan="2">目标内容</td><td>起止时间（年月）</td></tr>
<tr><td>第一阶段</td><td colspan="2"></td><td></td></tr>
<tr><td>第二阶段</td><td colspan="2"></td><td></td></tr>
<tr><td>第三阶段</td><td colspan="2"></td><td></td></tr>
<tr><td>...</td><td colspan="2"></td><td></td></tr>
<tr><td>项目组织实施条件</td><td colspan="4"></td></tr>
</table>

项目支出预算明细表

<table>
<tr><td rowspan="27">项目支出预算及测算依据</td><td rowspan="8">项目资金来源</td><td>来源项目</td><td>申报额（万元）</td></tr>
<tr><td>项目总投资</td><td></td></tr>
<tr><td>其中：自筹资金</td><td></td></tr>
<tr><td>银行贷款</td><td></td></tr>
<tr><td></td><td></td></tr>
<tr><td></td><td></td></tr>
<tr><td></td><td></td></tr>
<tr><td></td><td></td></tr>
<tr><td rowspan="18">项目支出明细预算</td><td>支出明细项目</td><td>金额（万元）</td></tr>
<tr><td>合计</td><td></td></tr>
<tr><td></td><td></td></tr>
<tr><td></td><td></td></tr>
<tr><td></td><td></td></tr>
<tr><td></td><td></td></tr>
<tr><td></td><td></td></tr>
<tr><td></td><td></td></tr>
<tr><td></td><td></td></tr>
<tr><td></td><td></td></tr>
<tr><td></td><td></td></tr>
<tr><td></td><td></td></tr>
<tr><td></td><td></td></tr>
<tr><td></td><td></td></tr>
<tr><td></td><td></td></tr>
<tr><td></td><td></td></tr>
<tr><td></td><td></td></tr>
<tr><td></td><td></td></tr>
<tr><td>预算依据及说明</td><td colspan="2"></td></tr>
</table>

项目可行性执行报告

一、基本状况
二、必要性与可行性
三、实施条件

附件 2-2

项目已发生费用明细表

填报单位：(公章)

序号	记账时间	会计凭证号	发票号码	费用名称	金额（元）
1					
2					
3					
4					
5					
6					
7					
8					
9					
10					
11					
12					
13					
14					
15					
16					
17					
18					
19					
20					
	合计				

注：项目已发生费用明细按时间先后顺序填写。

附件 2-3

2020 年外经贸发展项目申报情况汇总表

填报单位：（盖章） 单位：万元

序号	项目单位	项目名称	申报方向	计划投资			企业性质	企业注册资金	项目已投资	项目进度		项目负责人	办公电话	手机	项目主要内容	项目主要支出预算
				总额	自筹资金	银行贷款				开工时间	完工时间					
总计																

填报人： 审核人：

备注：此表由项目申报单位填写，由区商务局、北京经济技术开发区商务管理部门汇总。

附件 2-4

项目申报单位承诺书

北京市商务局：

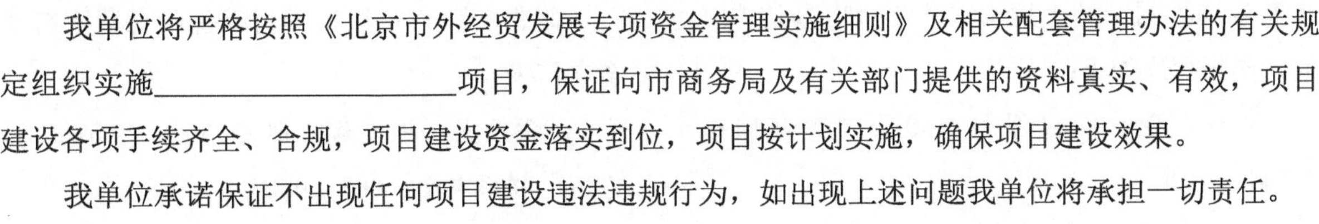

我单位将严格按照《北京市外经贸发展专项资金管理实施细则》及相关配套管理办法的有关规定组织实施____________________项目，保证向市商务局及有关部门提供的资料真实、有效，项目建设各项手续齐全、合规，项目建设资金落实到位，项目按计划实施，确保项目建设效果。

我单位承诺保证不出现任何项目建设违法违规行为，如出现上述问题我单位将承担一切责任。

项目单位法人代表（签字）：________

单位公章

年　月　日

附件 3

2020 年度进口预付款保险保费支持项目申报指南

一、支持对象和申报条件

（一）在北京市行政区域内依法办理工商注册登记，具有独立法人资格和进出口经营权；

（二）近三年在外经贸业务、财务、税收、外汇管理、海关监管等方面无违法、违规记录；

（三）企业在 2020 年度新型冠状病毒感染的肺炎疫情期间（自 2020 年 1 月 1 日至国家有关部门公布疫情结束日），由于进口防疫物资（包括消毒物品，防护用品，救护车、防疫车、消毒用车、应急指挥车、试剂等）需要，向获得财政部批准开展信用保险业务的保险公司（中国信保、人保财险、平安财险、太平洋财险及大地财险）投保进口预付款保险并缴纳保费。

二、支持方式和比例

按实际缴纳保费的 80% 予以支持。单个企业累计支持金额不超过 120 万元。

三、申报材料

（一）北京市进口预付款保险保费支持资金申请表（见附件）；

（二）进口预付款保险保险单明细表复印件；

（三）保险公司开具的进口预付款保险保费发票复印件；

（四）与已投保进口预付款保险相对应的有效货物进口合同复印件；

（五）与已投保进口预付款保险相对应的进口防疫物资报关单（报关时间在疫情期间）复印件；

（六）企业基本信息情况表（登录北京市商务局网站 http://sw.beijing.gov.cn，进入右下角商务专题中“北京市外贸稳增长”专栏，点击“外贸企业库”进行注册并打印）；

（六）银行开户许可证复印件。

以上材料一式两份，应加盖企业公章，《北京市进口预付款保险保费支持资金申请表》须经企业法人代表签字并加盖企业公章。

四、项目申报程序

该项目申报于疫情结束后启动，企业可在市商务局外网网站上查询关注项目申报具体时间。申报程序如下：

（一）企业向投保的保险公司提交申报材料；

（二）由保险公司汇总企业申报材料后，报市商务局审核；

（三）初审结束后，由第三方会计师事务所进行复核原始票据，并出具审核意见；

（四）依据第三方审核意见，予以资金拨付。

附件：北京市进口预付款保险保费支持资金申请表

（联系人：杜雨潇　联系电话：55579521；方芳　联系电话：66580952）

附件

北京市进口预付款保险保费支持资金申请表

<table>
<tr><td>企业名称</td><td></td><td></td><td></td></tr>
<tr><td>海关编码</td><td></td><td></td><td></td></tr>
<tr><td>联系人</td><td></td><td>联系电话</td><td></td></tr>
<tr><td colspan="4">企业开户银行名称：</td></tr>
<tr><td colspan="4">企业开户银行账号：</td></tr>
<tr><td colspan="4">______年______月至______年______月我公司为进口防疫物资，共在________________保险公司投保进口预付款保险______笔，保险金额__________美元，总计支付保险费__________元人民币。
申请本期进口预付款保险保费支持资金__________元人民币。
兹声明以上申报真实合法有效并愿承担相应法律责任。

企业负责人（签名）：　　　　年　月　日
（公章）</td></tr>
<tr><td colspan="4">商务主管部门审核意见
进口预付款保险保费支持资金__________元人民币。
年　月　日
（公章）</td></tr>
</table>

附件 4

应对新型冠状病毒感染的肺炎疫情影响促进展会发展项目申报指南

一、支持范围

受疫情影响暂停举办且年内继续在京举办，参展中小微企业数量超过参展企业总数 50% 的商业展会项目。

二、支持标准

对于符合申报条件的展会项目，按照不超过实际缴纳场租费用 50% 的标准给予支持，补助金额不超过 50 万元。

三、申报条件

（一）申报项目因疫情影响暂停举办且在本年度（2020 年）内继续举办并执行完毕；

（二）申报项目的参展中小微企业数量占参展企业总数 50%（含）以上；

（三）申报主体须为承担申报项目展会场租费用，且在北京市登记注册、具有独立法人资格的企业或单位；

（四）申报主体未涉及《北京市外经贸发展资金管理实施细则》（京商务财务字〔2018〕23 号）第十条规定的不予支持情形。

四、申报材料

（一）基本材料

1. 申报单位的营业执照或法人登记证书（统一社会信用代码证书）、开户许可证（复印件）；

2. 展会项目延期举办情况表（详见附件 4-1）；

3. 如承担申报展会项目场租费用为多家的（含主办、承办单位等），须授权其中一家提交申报材料，并提供授权委托书；

4. 资金申请承诺书（详见附件 4-2）。

（二）项目材料

1. 暂停举办展会项目的原场馆租赁合同、解约说明（复印件）；

2. 延期展会项目再次举办的场馆租赁合同、付款凭证及发票（复印件）；

3. 参展企业明细表（详见附件 4-3）；

4. 参展的中小微企业有关材料［包括中小微企业声明函（详见附件 4-4）、营业执照、上年年审报告或近六个月的社保缴纳凭证］；

5. 参展的中小微企业展位确认书及项目组织方收款凭证（复印件）；

6. 其他申请资金支持需提供的材料。

注：以上所有材料均须加盖申报主体公章（材料为多页的加盖骑缝章）。申报材料需按上述顺序装订成册，一式两份。

五、资金申报及审核

（一）资金申报

资金申报分两次申报，第一次申报，请于 2020 年 10 月 10 日前，提交 9 月 30 日前执行完毕的项目申报材料；第二次申报，请于 2021 年 1 月 8 日前，提交 2020 年 10 月 1 日至 12 月 31 日期间执行完毕的项目申报材料。

（二）资金审核

市商务局对申报主体提交的申报材料依据本通知相关规定进行初审后，交由第三方机构对申报材料进行审核。同时，第三方机构进行资金审核需查验相关票据及支付凭证原件，请各单位留存备查。审核通过的展会项目，将在市商务局网站进行公示，公示期为 7 天。公示期满无异议后按国库管理制度相关规定办理资金拨付手续。

六、其他要求

（一）申报主体应在规定时间内将申报材料提交至北京市丰台区方庄芳星园三区16、17号楼二层东区（市商务局方庄办公区，联系人：董晓华，电话：87211316）；

（二）申报主体应保证申报材料真实、准确、完整。对提供假发票、假资质文件等虚假材料的单位，经查属实的，根据《财政违法行为处罚处分条例》（国务院令第427号）予以处理；

（三）中小微企业按照工业和信息化部、国家统计局、国家发展改革委、财政部联合发布的《中小企业划型标准规定》（工信部联企业〔2011〕300号）的划分标准界定。

附件：

4-1. 展会项目延期举办情况表

4-2. 资金申请承诺书

4-3. 参展企业明细表

4-4. 中小微企业声明函

（联系人：李倩　联系电话：55579490）

附件 4-1

展会项目延期举办情况表

主办单位 （项目组织方为多家的均需列明）	
承办单位名称	
展会名称	
原展出日期	
原展会地点及面积	
调整后展出日期	
调整后展会地点及面积	
调整后参展企业总数	
其中：中小微企业数量	
联系人	
联系人电话	
法定代表人（本人）签字：	
申请时间：　年　月　日	

附件 4-2

资金申请承诺书

北京市商务局：

我单位已认真阅读《北京市商务局关于应对新型冠状病毒感染的肺炎疫情影响促进展会项目的申报通知》，经自查认为符合该通知规定的所有申请条件，并承诺全部申请资料真实、合规、有效，并对申请材料真实性负责，如有虚假，将依法承担相应责任。

申请单位法定代表人（本人签字）：

法定代表人手机号：

单位名称：

（加盖公章）

年　月　日

附件 4-3

参展企业明细表

展会项目名称：

申报单位（盖章）：

序号	参展单位名称	统一社会信用代码	联系人	手机	是否中小微企业

附件 4-4

中小微企业声明函

本公司参加____________________单位组织举办的展会____________________（填写展会名称）。

现郑重申明，根据工业和信息化部、国家统计局、国家发展改革委、财政部联合发布的《中小企业划型标准规定》（工信部联企业〔2011〕300 号）规定的划分标准，本公司为____________企业（请填写：中型、小型、微型）企业。

本公司对上述声明的真实性负责。如有虚假，将依法承担相应责任。

企业名称（盖章）：

日期：

北京市商务局关于申报2020年度商业流通发展资金项目的通知

京商财务字〔2020〕10号

各区商务局、经济技术开发区商务金融局、市属国有企业集团、总部企业、有关单位：

为进一步增强消费动力，提升开放水平，改善民生品质，聚焦创新发展，优化营商环境，全面推动北京商务高质量发展。根据《北京市商务局 北京市财政局关于印发〈北京市商业流通发展资金管理暂行办法〉的通知》（京商务财务字〔2017〕47号）及《关于〈北京市商业流通发展资金管理暂行办法〉的补充通知》（京商财务字〔2019〕7号），现将申报2020年度商业流通发展资金项目的有关事项通知如下：

一、支持方向和重点

资金主要支持11个方向，重点支持商务发展领域内符合首都城市战略定位的促消费、稳增长、保民生项目；促进生活性服务业品质提升，推动商业便民利民发展的项目等。优先支持符合政策的公共平台建设和典型示范类项目。对符合标准和要求的项目采取项目补助、以奖代补等形式给予支持。

二、申报条件

（一）在北京地区注册且具有独立法人资格，从事商贸流通业经营、服务、管理的企业、机构、经济组织等单位；

（二）项目单位的申报材料应准确、真实；

（三）项目申报单位经营状况良好，财务管理制度健全；

（四）申报项目能够按计划实施；

（五）项目已获得或将获得其他部门资金支持的不得重复申报；

（六）有下列情形的不予支持：列入《北京市新增产业的禁止和限制目录》禁止类和限制类范围的；纳入全市联合惩戒“黑名单”的；纳入北京市商务领域不良信用记录名单，应受到“不予支持”信用惩戒的；经审议其他不予支持的。

三、申报材料要求

（一）项目申报书（见附表1）；

（二）项目已发生费用明细表（见附表2）；

（三）项目申报单位承诺书（见附表3）；

（四）2020年商业流通发展资金项目申报情况汇总表（见附表4）；

（五）项目单位法人证明文件复印件（营业执照副本、统一社会信用代码证书、法定代表人身份证明等）；

（六）项目单位近三年财务报表（资产负债表、损益表、现金流量表）；

（七）升级改造类项目应提供改造前后的对比资料；

（八）其他与项目相关的材料。

除上述材料外，各申报指南中有明确材料要求的还应一并提供。项目申请材料一式两份，应按顺序装订成册，并加盖单位公章。项目申报材料不予退回。

四、申报流程

（一）项目申报。自通知发布之日起，项目申报单位根据隶属关系将申报材料报各区商务局、经济技术开发区商务金融局、市属国有企业集团或总部企业。

（二）项目审核。按照隶属关系，由各区商务局、经济技术开发区商务金融局、市属国有企业集团和总部企业对申报项目进行初审；通过初审的项目汇总后报市商务局进行复审。

五、申报时限

凡符合申报条件的企业可全年申报项目，我局将根据申报项目内容择优予以支持。为提高项目申报、审核效率，各区商务局、经济技术开发区商务金融局、市属国有企业集团和总部企业于2020年4月20日前汇总上报第一批项目（传统商场“一店一策”升级改造项目按申报指南要求上报）。

六、工作要求

（一）各项目申报单位应确保申报材料真实、准确、完整，保证项目各项建设手续合规、按时间进度推进。

（二）对于伪造、提供虚假材料的项目申报单位，按《北京市商务领域不良信用记录名单管理办法（试行）》规定进行处理。

（三）获得专项资金支持的项目申报单位应积极配合相关监督检查、审计等工作。

（四）各初审单位应积极组织指导项目申报，按照规定程序严格审核把关。对已支持项目的后续指导和跟踪监管，确保项目实施效果，充分发挥财政资金使用效益。

（五）项目单位收到财政资金后，应按照《企业会计准则第16号——政府补助》相关规定进行账务办理，相关法律法规另有规定的从其规定。

（六）对于截留、挪用、骗取财政资金等违法行为，依照《财政违法行为处罚处分条例》（国务院令第427号）等有关规定进行处理处罚。构成犯罪的，依法移交司法机关追究其刑事责任。

七、其他事项

（一）具体支持内容及咨询电话：详见附件1至附件11。

（二）市商务局对本通知负责解释。

（联系人：财务处 邵婷；联系电话：55579333）

附件1：推进连锁经营及规范化发展项目申报指南

附件2：老字号传承发展项目申报指南

附件3：“互联网＋流通”及创新示范项目申报指南

附件4：促进现代商贸物流发展项目申报指南

附件5：总部经济公共服务平台建设项目申报指南

附件6：肉菜流通追溯项目申报指南

附件7：鼓励发展商业品牌首店示范项目申报指南

附件8：传统商场“一店一策”升级改造项目申报指南

附件9：商业流通发展领域无障碍设施改造项目申报指南

附件10：商业流通发展领域节能降耗项目申报指南

附件11：农产品批发市场建设项目申报指南

附表1：项目申报书

附表2：项目已发生费用明细表

附表3：项目申报单位承诺书

附表4：2020年商业流通发展资金项目申报情况汇总表

附件 1

推进连锁经营及规范化发展项目申报指南

一、支持方向和内容

（一）推进连锁经营发展项目

1. 鼓励连锁超市和专业专卖店新建直营门店，支持装修、软硬件设备购置等。

2. 鼓励连锁超市新建或改造配送中心，支持装修，软硬件设备购置等。

3. 鼓励连锁超市开展农超对接，支持服务于农产品直采直供的分拣加工设备购置，以及销售直采农产品门店的生鲜区域改造和设备购置等。

4. 鼓励连锁零售企业创新转型，支持采用电子价签、智能货架、自助收银、刷脸支付等数字化手段改造升级卖场，支持软硬件设备购置等。

5. 鼓励连锁企业通过直营、加盟等方式新建或规范提升乡村便民店，支持装修、设备购置等。

6. 鼓励连锁超市企业进入社区布设自提点，线上下单，线下提货。

（二）推进规范化发展项目

1. 新能源汽车销售企业经营场所升级改造。

2. 报废汽车回收拆解企业购置现代拆解设备，进行软硬件升级改造、提升信息化水平。

3. 二手车交易市场、二手车经营主体新建或提升二手车交易服务管理信息系统，改善服务环境。

二、支持条件

（一）推进连锁经营发展项目

1. 申报项目的连锁企业应具有良好的品牌影响力，并在本市行政区域内至少拥有 5 家直营门店；申报新建或改造配送中心方向的企业，应在本市行政区域内至少拥有 10 家直营门店。

2. 新建直营门店项目的证照应为 2019 年 1 月 1 日（含）以后颁发。

3. 申报农超对接方向的企业，果蔬生鲜商品年直采量不低于 2000 万元（应提供对应的直采清单），其中扶贫地区产品采购量同比增加 15% 以上。

4. 申报在乡村地区新建或规范提升便民店的连锁企业，应统一门店品牌、形象，实行集中采购、统一配送管理。

5. 在应对新型冠状病毒感染的肺炎疫情期间保障市民基本生活，或积极采购京郊滞销农产品的超市企业予以优先支持。

6. 在应对新型冠状病毒感染的肺炎疫情期间进入社区布设自提点，为居民无接触安心购物提供便利的超市企业，原则上应提供与社区（物业）签订相关协议或证明材料。

（二）推进规范化发展项目

新能源汽车销售企业、报废汽车回收拆解企业、二手车交易市场和二手车经营主体应在我市商务部门备案且项目建设相关手续合规。

三、支持标准

1. 推进连锁经营发展项目，资金支持比例不超过项目审定实际投资额的 50%，最高不超过 500 万元。

2. 推进规范化发展项目，资金支持比例不超过项目审定实际投资额的 50%，最高不超过 200 万元。

（连锁经营发展项目联系人：流通发展处　魏新宇，联系电话：55579589；

规范化发展项目联系人：流通发展处　曹民，联系电话：55579418）

附件 2

老字号传承发展项目申报指南

一、支持方向及内容

（一）支持传统技艺传承，内容包括传承人工作室的装修改造、软硬件设备购置。

（二）支持博物馆、史料馆、品牌展览馆、非遗展厅等建设，鼓励挖掘、宣传、展示老字号文化、技艺，内容包括装修改造、软硬件设备购置。

（三）支持原料基地、配送中心建设，加强源头管控、保证成品质量，内容包括装修改造、软硬件设备购置。

（四）支持商标、域名注册等品牌建设，内容包括注册、续展、认证等相关费用。

（五）支持新建或改造老字号门店，鼓励恢复原店原貌，改善消费环境，内容包括装修改造和软硬件设备购置。

（六）支持创新经营方式和营销模式，内容包括线上线下融合发展、积极对接新零售、开设快闪店等。

（七）支持创新产品和服务、开展跨界合作，内容包括新产品、文创产品研发，产品包装改良和创新设计，企业整体形象升级等。

二、支持条件

（一）老字号传承发展项目申报主体应为经商务部认定的中华老字号或北京市老字号协会认定的北京老字号。

（二）对在应对新型冠状病毒感染的肺炎疫情期间保障市民基本生活的餐饮、食品加工等老字号，予以优先支持。

三、支持标准

资金支持比例不超过项目审定实际投资额的 50%，最高不超过 300 万元。

（联系人：流通发展处　王翰阳；联系电话：55579591）

附件 3

“互联网 + 流通”及创新示范项目申报指南

一、支持方向

（一）鼓励发展智慧流通新业态、新模式

支持商贸流通企业应用大数据、云计算、人工智能、5G 等新技术、新装备创新服务模式，拓展营销渠道，提升供应链效率，鼓励发展新零售、智能消费体验中心等新模式、新业态，打造线上线下融合的沉浸式、体验式消费场景。

（二）支持智慧流通服务平台建设

1. 支持面向商品消费、服务消费相关领域的商务运营服务平台建设，为商户、消费者、行业机构等提供消费大数据分析、线上线下消费指引、消费评价、营销培训等专业服务。

2. 鼓励发展“互联网 + 生活性服务业”，支持集在线交易、信息查询、服务推荐等功能于一体的生活服务类平台建设，支持蔬菜零售、家政、洗染、维修、末端配送等行业自建平台或对接第三方线上服务平台。

（三）鼓励农村电子商务创新发展

1. 支持农村电子商务消费帮扶，鼓励商贸流通企业搭建农产品线上交易平台，提升农产品产销对接、在线交易、营销推广、物流配送等综合服务能力，拓展京郊、本市对口帮扶地区优质特色农产品线上销售渠道。

2. 鼓励电商企业、快递企业等在本市乡村新建、改造便民商业网点，支持网点信息化软硬件设备购置，依托“互联网+”提升乡村流通现代化水平，优化乡村消费服务供给。

（四）鼓励发展绿色流通

1. 支持商贸流通、生活性服务业领域企业自建平台或对接第三方电子发票综合服务平台，推广应用电子发票。鼓励企业开展电子发票电子化入账报销。

2. 支持电商、快递等企业研发使用绿色包装物、循环包装容器、可回收装备等，加快发展包装物回收再利用新模式。

（五）鼓励发展末端配送新模式

1. 鼓励电商、快递企业与超市、便利店、社区商业综合体、社区物业、商务楼宇等合作开展末端共同配送服务，支持共同配送网点或分拨中心信息化配套设施建设，提升末端配送集约化水平。

2. 鼓励末端配送公共服务平台建设，为电商、快递、外卖等企业提供数据共享、订单匹配、路径优化、定位追踪等服务，支持相关企业自建平台或对接公共服务平台。

二、支持内容

对建设项目的系统平台研发、软硬件设备购置、线下服务网点信息化配套设施建设等相关费用给予支持。

三、支持条件

相关项目申报应具备以下相应条件：

（一）农村电商消费帮扶示范项目，线上平台年均（项目建设期内自然年）交易额不低于500万元。

（二）企业应用电子发票年均（项目建设期内自然年）开具量不低于企业开具总量的50%。

四、支持标准

资金支持比例不超过项目审定实际投资额的50%，最高不超过500万元。

（联系人：电子商务处　刘扬阳；联系电话：55579370）

附件4

促进现代商贸物流发展项目申报指南

一、支持方向

符合首都城市战略定位，促进本市商贸物流降本增效、提升商贸物流服务保障的能力和水平、加快城市商贸物流的转型升级，推动首都城市商贸物流智慧、高效、绿色发展的现代商贸物流项目。

（一）支持流通领域供应链创新与发展示范项目。支持商贸物流信息化、智能化、标准化建设和改造，提高物流技术及设备应用水平，促进提升物流标准化水平，提高供应链运作效率。

（二）支持城市运行保障的商贸物流新模式示范项目。推进商贸物流企业转型升级，鼓励共同配送、统一配送、集中配送等先进模式的发展，提高配送效率。支持绿色物流技术和模式创新应用。

（三）支持冷链物流发展。支持冷链物流装备与技术升级，发展上下游高效衔接的全程冷链物流服务，鼓励冷链配送模式多元化创新发展。

（四）支持商贸物流领域公共信息平台建设。推动商贸物流信息高效交换和共享，推进信息平台建设，推动共享物流发展，有效降低空载率。

二、支持内容

支持本市商贸物流企业的设施设备、信息化、智能化建设及升级改造，供应链体系建设投资，信息平台建设投资等。

具体支持内容包括：分拨配送中心基础设施升级改造；物流智能化、信息化、标准化软件开发及硬件采购；自动分拣设备采购；货架、叉车、手持终端设备、托盘及周转筐等标准载具、GS1 信息采集和处理设备、物流作业监控等物流设备采购；物流环保节能技术应用及改造投入；冷链物流设备与技术升级改造投入。

三、申报要求

（一）项目建设应符合北京首都城市战略定位及《北京市“十三五”时期物流业发展规划》。

（二）项目建设应取得所需的相关政府部门许可文件。

（三）申报的物流建设项目应已建设完成，投资期间为 2019 年至 2020 年，并已投入使用。

四、支持标准

资金支持比例不超过项目审定实际投资额的 50%，最高不超过 500 万元。

（联系人：物流发展处 张松原；联系电话：55579408）

附件 5

总部经济公共服务平台建设项目申报指南

一、支持方向

支持符合条件的园区公共服务设施改造升级、公共信息系统建设等相关项目，提升园区综合服务能力与服务品质，为跨国公司地区总部、总部企业开展实体化经营、战略提升、模式创新等提供基础条件，培育一批创新力强、成长性好、潜力大的企业。

重点支持“三城一区”、城市副中心、国际人才社区等市委市政府重点发展区域所在区的项目。

（一）公共服务信息系统建设项目

完成园区信息化系统、智能化办公系统的建设与改造，为园区实现平台服务及其各项应用提供基础保障，为园区总部企业、总部经济中介机构、非企业经济组织提供基于移动互联网的综合企业服务。

（二）公共服务设施改造升级项目

包括新建或改建展示厅、会议室等服务设施。项目实施后为园区总部企业、总部经济中介机构、非企业经济组织提供良好的服务设施。

二、支持条件

（一）申报项目所在园区为总部经济集聚区（或总部经济发展新区）、经市人才局认定的国际人才社区、科技创新型、文化创意类总部企业相对集中的园区。

（二）项目建成后为10家以上市总部企业名录中企业提供公共服务，积极吸引或培育跨国公司地区总部或总部企业入驻园区，园区企业满意度明显提升。

（三）园区经济效益（税收或营业收入）比上一年度有所提高。

三、支持标准

资金支持比例不超过项目审定实际投资额的50%，最高不超过300万元。

［联系人：商务环境协调推进处（总部经济发展处）杜大琳；联系电话：55579300］

附件6

肉菜流通追溯项目申报指南

一、支持方向

结合本市肉菜流通特点，针对猪肉、蔬菜产品及本市老字号企业生产的涉及猪肉与蔬菜的产品，鼓励生产企业、流通企业、电商平台、第三方追溯平台等企业采用先进追溯技术手段自行建设、改造并维护统一数据传输格式和接口规范的追溯系统，并对接至本市重要产品追溯统一平台，为公众提供相应追溯服务；同时鼓励企业宣传推广本市肉菜流通追溯体系建设。

二、支持内容

（一）支持企业自建及升级改造猪肉蔬菜追溯体系，实现从产地到零售终端的全链条追溯，并对接至本市重要产品追溯统一平台。

（二）支持涉及猪肉及蔬菜产品的老字号企业建设从原材料采购到终端销售的全过程追溯体系，并对接至本市重要产品追溯统一平台。

（三）支持第三方追溯平台建设，实现猪肉、蔬菜及涉及猪肉与蔬菜的本市老字号产品的全链条追溯，并将追溯数据对接至本市重要产品追溯统一平台。

（四）支持为本市肉菜流通追溯体系进行宣传推广，扩大追溯体系影响力与知晓率。

三、申报要求

（一）建设内容应符合北京市人民政府办公厅印发《关于北京市加快推进重要产品追溯体系建设实施方案的通知》（京政办字〔2016〕60号）有关要求。对接本市重要产品追溯统一平台后，应保持稳定的数据传输，保证消费者通过平台或移动终端进行追溯查询。

（二）第三方追溯平台建设项目应有应用企业运行数据。

（三）宣传推广项目，除按要求提交项目申报资料外，还应提交提高影响力及知晓率的实际效果的相关材料，如满意度或知晓率调查表、宣传结束后在北京E追溯关注增长量等。

（四）项目实施日期应在2019年1月1日（含）以后并已投入使用。

四、支持标准

资金支持比例不超过项目审定实际投资额的50%，最高不超过500万元。

（联系人：储备调控处　侯学群；联系电话：55579558）

附件 7

鼓励发展商业品牌首店示范项目申报指南

一、支持方向及内容

支持国际品牌①（不含港澳台）企业和本土自主品牌②（含港澳台）企业及授权代理商在本市开设亚洲首店③、中国（内地）首店④、北京首店⑤、旗舰店⑥。

（一）支持店面装修产生的相关费用。

（二）支持 2019 年 1 月 1 日（含）以后投资新建的首店（旗舰店）连续 12 个月房租。

（三）支持国际品牌的授权代理商海外版权代理费。

二、支持条件

（一）《法人营业执照》时间应为 2019 年 1 月 1 日（含）以后注册登记。

（二）自注册登记起连续经营 12 个月以上。

（三）申报首店营业面积应大于 100 ㎡；申报旗舰店营业面积应大于 500 ㎡。

（四）国际品牌企业在本市开设首店（旗舰店）实际产生的连续 12 个月房租或店面装修应超过 100 万元；本土品牌企业在本市开设首店（旗舰店）实际产生的连续 12 个月房租或店面装修应超过 50 万元；国际品牌授权代理商的海外版权代理费应超过 100 万元。

（五）鼓励对象入驻北京后，运营稳定，业绩良好，具有一定影响力和示范效应。

三、支持标准

序号	申报主体	申报类别	最高限额（人民币）
1	国际品牌企业	亚洲首店	500 万元
2		中国（内地）首店	200 万元
3		北京首店	50 万元
4		旗舰店	50 万元
5	本土自主品牌企业	中国（内地）首店	200 万元
6		北京首店	50 万元
7		旗舰店	50 万元
8	国际品牌授权代理商	亚洲首店	500 万元
9		中国（内地）首店	200 万元
10		北京首店	50 万元
11		旗舰店	50 万元

（一）对符合条件的项目按不同支持比例、不超过最高限额给予资金支持，如果申报主体同时符合多个支持类别，只能选择一个类别进行申报。

（二）对租金按照实际租赁面积进行补助，补助金额不超过审定实际投资额的 30%。

（三）对店面装修建设等投资，国际品牌和本土自主品牌企业分别按照不超过审定实际投

① 在中国行政区域（不含香港、澳门、台湾）范围内进行登记注册的外资零售企业旗下品牌。

② 在中国行政区域（含香港、澳门、台湾）范围内进行登记注册的内资零售企业旗下品牌。

③ 国际品牌、本土品牌在亚洲开设的首家实体门店。

④ 国际品牌、本土品牌在中国（内地）开设的首家实体门店。

⑤ 国际品牌、本土品牌在北京行政区域内开设的首家实体门店。

⑥ 面积在 500 平方米以上（含）且超过北京市本品牌其他实体店，商品类别涵盖该品牌一级目录下所有类别的实体门店。

资额的50%和20%给予资金支持。

（四）对国际品牌的授权代理商海外版权代理费按照不超过审定实际投资额的50%给予资金支持。

四、其他

（一）除统一要求提交的申报材料外，申报鼓励发展商业品牌首店示范项目的企业，还应在项目申报书中明确申报类别（亚洲首店、中国首店、北京首店、旗舰店）并提供相关支撑材料。

（联系人：消费促进处　葛西来；联系电话：55579555）

附件8

传统商场“一店一策”升级改造项目申报指南

一、支持方向及内容

支持传统商场（指本市具有一定规模的购物中心、百货店等经营场所）外立面改造、店内装修更新、设备购置及水电气热等配套设施建设等。

二、支持条件

（一）申报主体的营业面积应大于5000平方米。

（二）申报主体实际产生升级改造投资在2000万元以上。

（三）升级改造后，经营稳定，业绩良好，日均客流量、销售额等主要经营业绩高于升级改造前。

三、支持标准

对传统商场改造升级项目进行一次性贴息支持，企业使用银行贷款及自有资金进行投资的，以审定投资总额为基数。资金支持比例不超过4.35%，单个企业支持总额不超过500万元。

四、其他

（一）除统一要求提交的申报材料外，应提交贷款相应凭证（如有），开户行许可证、房屋所有权证、租赁合同、租金银行转账凭证及发票等材料复印件。

（二）申报截止日为2020年6月30日，凡符合申报条件的企业应在申报指南发布之日起至截止日间申报，为提高项目申报、审核效率，各区商务局第一批项目请于2020年5月30日前汇总上报。第二批项目请于2020年6月30日前汇总上报。

（联系人：规划建设处　张钦霖；联系电话：55579572）

附件 9

商业流通发展领域无障碍设施改造项目申报指南

一、支持方向及内容

支持全市规模以上的商场、超市、餐厅（建筑面积3000平方米以上的商场、建筑面积1000平方米以上的连锁超市、建筑面积500平方米以上的餐厅）的无障碍出入口、低位服务设施、无障碍电梯、无障碍卫生间（无障碍厕位）、无障碍标识的升级改造。

二、支持条件

项目应按照《无障碍设计规范》（GB 50763—2012）、《北京无障碍环境建设标准化图示图集》等无障碍标准规范执行。

三、支持标准

资金支持比例不超过项目审定实际投资额的50%。

（一）每个无障碍垂直电梯最高不超过10000元。

（二）每个无障碍卫生间最高不超过8000元。

（三）每个无障碍坡道最高不超过5000元。

（四）每个低位服务台、收款台最高不超过3000元。

（五）增加设置无障碍标志牌，最高不超过2000元。

（联系人：规划建设处 孙健；联系电话：55579393）

附件 10

商业流通发展领域节能降耗项目申报指南

一、支持方向及内容

（一）鼓励企业开展节能改造项目。支持企业开展动力、照明、供暖制冷、通风空调、冷冻冷藏、电梯、厨房设备等能耗设施设备的节能改造。

（二）鼓励企业合理利用新能源、分布式能源，提倡推广LED、热泵、蓄冷蓄热、变频、变流量等新产品、新设备、新技术应用。

（三）鼓励企业采用信息化、自动化等先进技术和手段，提高设备能源利用效率，提高企业节能低碳管理水平。

（四）支持企业开展“绿色商场”创建活动。

二、支持条件

（一）节能改造项目综合节能率不小于15%。

（二）新产品、新能源、新技术应用项目覆盖率达80%以上。

（三）能源管理项目主门店二级计量器具配备率达95%以上，实现在线监测率达90%以上。

（四）“绿色商场”项目符合行业标准（SB/T 11135—2015）相关要求。

三、支持标准

（一）资金支持比例不超过项目审定实际投资额的50%，最高不超过100万元。

（二）单个“绿色商场”项目奖励资金不超过 10 万元。

（联系人：服务质量促进处　孙景东；联系电话：55579320）

附件 11

农产品批发市场建设项目申报指南

一、支持方向及内容

支持符合《北京市“十三五”时期农产品流通体系发展规划》的本市农产品批发市场，进一步优化空间布局，升级改造，转变经营方式和交易模式，不断增强农产品日常供应保障能力，持续提升满足市民多样化需求的供给水平。支持完善标准化交易专区、集配中心、冷藏冷冻、电子结算、信息化、电子商务平台、检验检测、废弃物循环利用与处理、安全监控等设施设备建设。

二、支持条件

（一）农产品批发市场应符合《北京市“十三五”时期农产品流通体系发展规划》，市场具有较好的社会效益和经济效益。

（二）农产品批发市场升级改造应符合《农产品批发市场管理技术规范》（GB/T 19575—2004）。

三、支持标准

对 2019 年以来升级改造的农产品批发市场项目，资金支持比例不超过项目审定实际投资额的 50%，最高不超过 250 万元。

（联系人：储备调控处　殷惠龙；联系电话：55579561）

附表 1

项目申报书（4 张表）

项目申报表

项目名称	
项目单位	
企业注册地	
申报日期	

项目信息表

<table>
<tr><td>项目名称</td><td colspan="2"></td><td>申报方向</td><td></td></tr>
<tr><td>项目负责人</td><td colspan="2"></td><td>手机电话</td><td></td></tr>
<tr><td>单位地址</td><td colspan="2"></td><td>邮政编码</td><td></td></tr>
<tr><td>注册资本</td><td colspan="2"></td><td>办公电话</td><td></td></tr>
<tr><td>上年收入</td><td colspan="2"></td><td>企业规模</td><td></td></tr>
<tr><td>项目申请理由及
项目主要内容</td><td colspan="4"></td></tr>
<tr><td>项目经济效益</td><td colspan="4"></td></tr>
<tr><td>项目社会效益</td><td colspan="4"></td></tr>
<tr><td rowspan="5">阶段性目标</td><td>实施阶段</td><td colspan="2">目标内容</td><td>起止时间（年月）</td></tr>
<tr><td>第一阶段</td><td colspan="2"></td><td></td></tr>
<tr><td>第二阶段</td><td colspan="2"></td><td></td></tr>
<tr><td>第三阶段</td><td colspan="2"></td><td></td></tr>
<tr><td>...</td><td colspan="2"></td><td></td></tr>
<tr><td>项目组织实施条件</td><td colspan="4"></td></tr>
</table>

项目支出预算明细表

<table>
<tr><td rowspan="26">项目支出预算及测算依据</td><td rowspan="8">项目资金来源</td><td>来源项目</td><td>申报额（万元）</td></tr>
<tr><td>项目总投资</td><td></td></tr>
<tr><td>其中：自筹资金</td><td></td></tr>
<tr><td>银行贷款</td><td></td></tr>
<tr><td></td><td></td></tr>
<tr><td></td><td></td></tr>
<tr><td></td><td></td></tr>
<tr><td></td><td></td></tr>
<tr><td rowspan="17">项目支出明细预算</td><td>支出明细项目</td><td>金额（万元）</td></tr>
<tr><td>合计</td><td></td></tr>
<tr><td></td><td></td></tr>
<tr><td></td><td></td></tr>
<tr><td></td><td></td></tr>
<tr><td></td><td></td></tr>
<tr><td></td><td></td></tr>
<tr><td></td><td></td></tr>
<tr><td></td><td></td></tr>
<tr><td></td><td></td></tr>
<tr><td></td><td></td></tr>
<tr><td></td><td></td></tr>
<tr><td></td><td></td></tr>
<tr><td></td><td></td></tr>
<tr><td></td><td></td></tr>
<tr><td></td><td></td></tr>
<tr><td></td><td></td></tr>
<tr><td>预算依据及说明</td><td colspan="2"></td></tr>
</table>

项目可行性执行报告

一、基本状况
二、必要性与可行性
三、实施条件

附表 2

项目已发生费用明细表

填报单位 :(公章)

序号	记账时间	会计凭证号	发票号码	费用名称	金额（元）
1					
2					
3					
4					
5					
6					
7					
8					
9					
10					
11					
12					
13					
14					
15					
16					
17					
18					
19					
20					
	合计				

注：项目已发生费用明细按时间先后顺序填写。

附表 3

项目申报单位承诺书

北京市商务局：

我单位将严格按照《北京市商业流通发展资金管理暂行办法》《关于申报 2020 年度商业流通发展资金项目的通知》及相关配套管理办法的有关规定组织实施____________项目，保证向市商务局及有关部门提供的资料真实、有效，项目建设各项手续齐全、合规，项目建设资金落实到位，项目按计划实施，确保项目建设效果。

我单位承诺申报项目未获得其他部门资金支持，保证不出现任何项目建设违法违规行为，如出现上述问题我单位将承担一切责任。

项目单位法人代表（签字）：____________

单位公章

年 月 日

附表 4

2020 年商业流通发展资金项目申报情况汇总表

填报单位：（盖章）　　　　单位：万元

序号	项目单位	项目名称	申报方向	计划投资			企业性质	企业注册资金	项目已投资	项目进度		项目负责人	办公电话	手机	项目主要内容	项目主要支出预算
				总额	自筹资金	银行贷款				开工时间	完工时间					
总　计																

填报人：　　　　审核人：

备注：此表由项目申报单位填写，由区商务局、经济技术开发区商务金融局、市属商业企业集团、总部企业汇总。

北京市商务局关于外贸领域防疫情稳运行若干措施的通知

京商外运字〔2020〕6号

各区商务局，北京经济技术开发区金融商务局，各有关企业：

为深入贯彻市委、市政府关于防控新型冠状病毒感染的肺炎疫情的工作部署，加强外贸领域疫情防控，有效缓解疫情对外贸企业的不利影响，全面促进我市外贸稳定运行，制定有关措施并通知如下：

一、严格落实防控工作要求

（一）主管部门加强督导。各区商务主管部门对外贸企业疫情防控工作加强督导，协助各行业主管部门督促进出口企业严格落实市、区两级新型冠状病毒感染肺炎疫情防控领导小组统一部署，明确疫情防控工作措施及应急预案。

（二）发挥行业协会作用。进出口企业协会、国际货运代理企业协会、各有关商会等行业协会要进一步发挥监督、自治作用，对会员企业做好疫情防控指导和政策宣传。为生产型企业提供疫情防控物资对接的必要协助，引导贸易型企业实行弹性工作制，通过信息化手段开拓业务。及时报告会员企业发病病例情况。

（三）落实企业主体责任。各进出口企业严格落实疫情防控主体责任，建立健全防控工作责任制和管理制度，做好防疫情相关知识的培训和普及，提高企业员工对新型冠状病毒的认知能力和防范意识，做好员工每日健康监测，对办公场所实施清洁消毒。

二、有序推动企业复工复产

（四）强化企业跟踪服务机制。各区商务主管部门要进一步发挥外贸企业管家作用，全面摸底企业开复工情况、受疫情影响情况和诉求建议，及时汇总报告。为进出口企业提供必要的疫情防控物资保障协助。

（五）加大开拓国际市场支持力度。发挥外经贸发展专项资金作用，引导并鼓励企业通过境外的主流电商平台和搜索类网站等推广方式开展“云营销”活动，单个推广项目费用按照50%比例予以支持，支持上限为5万元。对资金支持项目计划获得批复但受疫情影响未能如期参加国际性展会的企业，对已付展位费、大型展品回运费给予50%的支持；同等条件下，对拓展新兴市场的支持比例可提高到70%。

（六）提供外贸全流程“非接触式”政务服务。全面推行自动进口货物许可证、出口许可证无纸化。疫情期间，暂停收取线上方式办理电子钥匙申领和更新需提交的纸质材料，并为企业提供邮寄服务。推广通关全流程无纸化，实现许可证件、单证票据等网上申报、网上办理、联网核查、自助打印；疫情期间，进出口货物收发货人可选择通过委托到场查验、不到场查验等方式，在免于到场情况下协助海关完成查验。推进出口退税“无纸化”，通过电子税务局、“单一窗口”等平台实现出口退税100%线上申报。实施进、出口单位名录登记、变更及注销登记，进、出口收、付汇事前审核等经常项目业务网上办理。

（七）加速提升贸易便利化水平。推广进出口“两步申报”“提前申报”，完善容错机制，企业可通过关企合作平台线上办理“提前申报”报关差错复核业务，提升进出口货物通关效率。启动疫情期间出口退税“容缺办理”评估机制，提升审核效率，进一步缩短出口退税平均时间。简化进出口货物许可证网上办理需上传的证明材料，可仅上传含有许可证必要信息的合同关键页。适度扩大货物贸易外汇收支便利化试点范围。

（八）进一步减轻企业负担。调整优化促进外贸高质量发展资金政策，延续支持企业促外贸稳增长、优结构。降低企业进口货物关税资金占押成本，将可享受免担保放行高级认证企业扩大到70家左右。受疫情影响，出口企业无法在退税申报截止期前申报退税的，可逾期申报。

三、加大外贸企业金融保障

（九）利用信用保险工具降低企业运营风险。积极推动扩大出口信用保险覆盖面，扩展短期出口信用保险承保责任，覆盖货物出运前风险，加大企业风险补偿。优化出口信用保险投保服务，广泛应用“信保通”、微信公众号、国际贸易单一窗口等线上平台，办理企业投保、理赔等业务，开通小微企业7×24小时咨询响应和绿色理赔通道。对受疫情影响导致报损单证不齐的案件，凭企业承诺书进行定损核赔。支持企业因采购防疫物资投保进口预付款保险，对保费按照80%比例给予支持。

（十）加大外贸企业融资保障。充分发挥外经贸担保服务平台作用，为进出口企业增信，积极对接银行信贷，提供融资保障。拓展多元化融资担保模式，推广“出口信用保险保单+担保”“出口退税资金账户+担保”“出口订单+担保”等担保模式，进一步降低企业融资门槛、提高融资规模。全面推行外经贸担保服务平台线上申报、快速审批，做好对因疫情影响经营暂时出现困难但有发展前景外贸企业的续担保服务。对2020年度2月1日至年底前通过外经贸担保服务平台融资的企业综合担保费率降至1.5%以下。对企业利用出口信用保险保单质押项下的贸易融资和通过外经贸担保服务平台融资在限额范围内贴息50%，降低中小外贸企业融资成本。

四、支持外贸新模式新业态发展

（十一）促进货物贸易和数字贸易融合发展。打造外贸数字化新生态，加快推广人工智能、物联网、区块链等新一代信息技术在外贸领域的应用。鼓励企业开展SaaS系统、云服务等信息化建设，为广大中小外贸企业提供模块式管理解决方案。引导文化产品等特定品类商品进出口载体向数字化转变，缩短贸易环节，促进发展提速。

（十二）支持外贸综合服务企业发展。打造“示范引领+广泛创新”的培育模式，建立外贸新模式新业态企业库。指导传统外贸企业拓展综合服务供给，提升综合性服务品质。完善本市外贸综合服务企业及示范企业认定管理制度，明确示范企业标准，支持外贸综合服务企业做大做强。宣传鼓励中小企业通过外贸综合服务平台拓展出口业务。

（十三）加强国际营销服务体系建设。鼓励企业在境外通过设立分支机构、售后服务中心、零售和批发中心、海外仓等形式搭建国际营销服务公共平台，为我市同行业、同类型企业提供境外专业服务。引导企业参与北京市境外国际经贸发展服务中心建设，完善贸易促进平台。

五、提升外贸监测预警能力

（十四）深化外贸运行监测机制。完善外贸企业信息库，密切关注重点联系企业运行情况。按月跟踪企业在手订单动态，做好疫情影响分析预判。及时了解外贸企业产业链、供应链受损情况，发布外贸企业风险预警信息，助力企业共克时艰。

特此通知。

北京市商务局

2020年3月20日

（联系人：外贸运行处　张竞天；联系电话：55579510）

北京市商务局关于印发《北京市商务局关于取消和下放石油成品油经营资格审批权限有关工作的通知》的通知

京商调字〔2019〕47 号

各区人民政府：

我局拟制的《北京市商务局关于取消和下放石油成品油经营资格审批权限有关工作的通知》已经市政府同意，现印发你们，请认真贯彻执行。

特此通知。

北京市商务局关于取消和下放石油成品油经营资格审批权限有关工作的通知

为贯彻落实《国务院办公厅关于加快发展流通促进商业消费的意见》（国办发〔2019〕42号）和《商务部关于做好石油成品油流通管理“放管服”改革工作的通知》（商运函〔2019〕659 号），进一步深化我市石油成品油“放管服”改革、优化营商环境，现将我市取消石油成品油批发仓储经营资格审批、将成品油零售经营资格审批权限下放至各区人民政府有关工作通知如下：

一、取消石油成品油经营资格审批事项

（一）取消原油销售、原油仓储、成品油批发和成品油仓储经营资格审核与审批。

1. 从通知印发之日起，市、区商务部门不再受理原油销售、原油仓储、成品油批发和成品油仓储经营资格申请，不再受理上述经营资格证书的变更、换证和注销申请业务，现有证书在有效期满后自动失效，不再收回。

2. 审批取消后，从事石油成品油批发、仓储经营活动的市场主体，应当符合企业登记注册、国土资源、规划建设、油品质量、安全、环保、消防、税务、交通、气象、计量等方面法律法规，达到相关标准，取得相关资质或通过相关验收后，依法依规开展相关经营活动。

（二）取消原油销售、原油仓储、成品油批发和成品油仓储经营企业经营资格年度检查工作。从通知印发之日起，市区商务部门不再受理原油销售、原油仓储、成品油批发和成品油仓储经营企业经营资格年度检查业务。

二、下放成品油零售经营资格审批事项

（一）将成品油零售经营资格审批及管理工作下放至各区人民政府确定的负责成品油零售经营资格审批的部门（商务主管部门或各区人民政府确定的其他部门，下同）。

（二）将成品油零售经营企业经营资格年度检查工作下放至各区人民政府确定的负责成品油零售经营资格审批的部门。

（三）将成品油零售经营企业网点规划确认下放至各区人民政府确定的负责成品油零售经

营资格审批的部门。

三、成品油零售经营资格的申请及变更、受理与审查程序

（一）申请与受理

1. 申请从事成品油零售经营资格的企业，应当向所在区人民政府审批部门提出申请，区人民政府审批部门对企业申报材料审核后，决定是否给予成品油零售经营许可。

2. 成品油零售经营企业申请变更《成品油零售经营批准证书》事项的，应当向所在区人民政府审批部门提出申请，区人民政府审批部门对企业申报材料审核后，对符合审批条件的，给予变更，并换发《成品油零售经营批准证书》。

（二）审查程序与期限

各区人民政府审批部门收到成品油零售经营资格申请或成品油零售经营企业申请变更《成品油零售经营批准证书》后，应当在5个工作日内决定是否受理，不予受理的书面通知申请人不予受理的理由；认为申请材料不齐全或者不符合规定条件的，应当告知申请人所需补正的全部内容；符合审批条件受理后，应当在20个工作日（或承诺时限）内完成审核，对符合《成品油市场管理办法》第八条规定条件的，应当给予成品油零售经营许可，并颁发《成品油零售经营批准证书》；对不符合条件的，将不予许可的决定及理由书面通知申请人。

四、成品油零售经营批准证书的颁发

《成品油零售经营批准证书》由商务部统一印制，目前仍通过市商务局向商务部申领，由各区人民政府审批部门颁发。

五、成品油零售经营企业经营资格年度检查

各区人民政府审批部门应当每年对从事成品油零售经营的企业进行成品油经营资格年度检查。检查的主要内容包括企业经营、安全等情况，或上级部门关于年度检查工作有关要求，并将年度检查合格的企业名单向社会公布。

对于年度检查合格的企业，在其成品油零售经营批准证书副本上加盖“年检合格专用章”；对于年度检查中不合格的成品油零售企业，应责令其进行整改，经整改不合格的企业，按照有关规定予以处理。

六、成品油零售经营企业网点规划确认

按照《成品油市场管理办法》（商务部令2006年第23号），各区新建加油站（点），需符合城乡规划及成品油零售网点布局要求（与周边加油站的间距要求等），列入当地成品油零售体系发展规划。申请从事新建加油站（点）成品油零售经营的企业，应当到区人民政府审批部门申请办理确认文件，并在申请成品油零售经营资格时，提交区人民政府审批部门核发加油站（点）规划确认文件。

七、其他事宜

按照《国务院办公厅关于加快发展流通促进商业消费的意见》（国办发〔2019〕42号），对于乡镇以下具备条件的地区使用存量集体建设用地建设的加油站，申请成品油零售经营资格审批，土地规划方面的手续按规划自然资源部门有关政策执行。

八、工作要求

（一）做好审批承接工作。成品油零售经营资格审批下放后，各区人民政府要周密部署安排，尽快确定审批部门，对下放事项建立承接机制，建立健全审批队伍，确保审批工作的连续性，在确定审批部门前，由各区现负责成品油零售经营资格初审工作的商务部门负责审批业务。承接衔接阶段，市商务局将指导各区审批部门做好审批工作。

（二）严格依法依规审批。各区审批部门要严格按照《行政许可法》《成品油市场管理办法》及相关法律法规和有关规定要求，依法依规开展审批工作。要按照法定程序和时限，认真履行申请受理、现场核查、资料审核、审批决定等职责，不得擅自增加受理限制条件、增设办理环节等。

（三）建立完善管理制度。各区人民政府审批部门要完善审批管理制度，公开成品油零售经营资格审批依据、审批程序、审批条件、审批期限及需提交的材料目录和申请书规范文本等内容，按照“多规合一”要求编制成品油分销体系发展规划，建立健全“互联网+监管”、定期检查和不定期抽查、年度检查、公示公告等制度，确保本区内成品油经营秩序正规有序。

（四）加强事中事后监管。成品油零售经营审批权限下放后，各区人民政府有关部门要依法加强对成品油市场管理，规范成品油零售企业经营秩序，并按时开展经营资格年度检查工作。

（五）全面提升行政能力。各区要加强行政审批队伍建设，加强对成品油审批相关法律、法规和政策、规定的学习，提高审批人员业务素质。市商务局将适时组织开展成品油审批工作培训，指导各区审批工作，帮助提升业务能力。

本通知未尽事宜，按《成品油市场管理办法》执行。自2020年1月1日起，市商务局不再受理成品油零售经营资格审批相关事项。

特此通知。

北京市商务局关于印发《北京市节能减排商品销售企业管理办法》的通知

京商消促字〔2020〕15号

各区商务局，相关企业：

为规范节能减排商品销售企业经营行为，加强对销售企业的动态管理，提高服务质量，结合政策执行实际，我们对《北京市节能减排商品销售企业管理办法》进行了修订，现印发给你们，请遵照执行。

特此通知。

（联系人：消费促进处　杨凌；联系电话：55579595）

北京市节能减排商品销售企业管理办法

第一章　总　则

第一条　为落实《关于实施节能减排促消费政策的通知》（京商消促字〔2019〕3号）（以下简称《通知》）有关规定，规范销售企业经营行为，制定本办法。

第二条　本办法所称节能减排商品销售企业（以下简称销售企业）是指通过公开征集选定的销售节能减排商品的企业。

第三条　符合《通知》条件的消费者在销售企业购买符合政策的节能减排商品可享受政策补贴。

第二章　销售企业的选定

第四条　销售企业由市商务局通过公开征集的方式选定。在北京市登记注册、具有独立法人资格，并统一收银符合条件的实体商业零售企业和电子商务企业可提出申请。

第五条　我市于2019年2月1日正式实施新一轮节能减排促消费政策，在上一轮政策实施中符合条件、实施效果较好的骨干企业率先启动。率先启动的节能减排企业也将参加公开征集和遴选程序。

第六条　市商务局会同相关部门组织专家评审后，将确定的销售企业名录向社会公布。

第七条　销售企业每年征集一次，资格有效期一年。

第三章　销售企业的义务

第八条　销售企业应安装节能减排促消费政策信息管理系统客户端，设专人负责，并熟练操作。

第九条　销售企业应向市商务局提交承诺书。承诺书应包括但不限于以下内容：

（一）严格遵守《通知》和本管理办法的要求。

（二）诚信经营，杜绝假冒伪劣、价格欺诈行为。

（三）接受市商务局、市财政局、市发展改革委、市水务局的业务指导。

第十条 销售企业应履行向符合补贴条件的消费者在购买环节先行垫付补贴资金的义务。

第十一条 销售企业应严格执行《通知》要求，保证票据完整性和真实性，每季度初10日前将上一季度的资料进行整理报市商务局。

第十二条 销售企业应对生产企业提供的空气净化器、自行车类节能减排商品检测报告的真实性进行严格审核。

第十三条 销售企业应利用自身资源在店内或媒体广泛宣传政策内容，向消费者耐心解释政策内容，为消费者免费提供咨询服务，答疑解惑。

第十四条 实体销售企业应在店铺显著位置张贴宣传海报，销售的节能减排商品应标明补贴比例。电子商务企业应在公司官方网站显著位置设置宣传页面，在节能补贴办理页面注明补贴比例。

第十五条 实体销售企业应设置节能减排促消费政策服务台，为消费者购买节能减排商品提供便利服务。电子商务企业应设置节能减排商品专栏。

第四章 节能减排商品销售

第十六条 消费者购买节能减排商品时，销售企业对消费者补贴资格进行审核。

（一）对符合补贴条件的消费者，交易完成后，当即录入消费者身份信息和商品信息，开具发票。现场确认联系方式的真实性，并留存消费者联系方式。

（二）对不符合补贴条件的消费者，应现场告知，做好解释工作。

第十七条 在节能减排促消费政策信息管理系统打印《北京市节能减排商品补贴确认书》，消费者签字确认；如有代购商品情况，须提供本人和代购人的有效身份证件（原件）并由代购人签字确认。将经消费者或者代购人签字确认的《北京市节能减排商品补贴确认书》复印两份，销售企业和消费者各留存一份复印件，将原件交市商务局。

第十八条 将消费者的身份证件（原件）和节能减排商品的销售发票复印在《北京市节能减排商品补贴确认书》背面；如有代购商品情况，将代购人、消费者本人的身份证件（原件）和节能减排商品的销售发票复印在《北京市节能减排商品补贴确认书》背面；电子商务企业可分别复印。

第十九条 销售企业为符合补贴条件的消费者直接垫付补贴资金。

第五章 节能减排商品价格管理

第二十条 节能减排商品销售价格采取报备制。企业应将其执行节能减排促消费政策前三个月内的平均价格报市商务局，报备价格即为节能减排商品的最高售价。

第二十一条 节能减排商品的销售时间低于三个月的，按实际销售天数计算平均价格。

第二十二条 节能减排商品的报备价格应经销售企业的法定代表人或企业授权代表审核并签字确认。

第二十三条 原则上，销售企业销售的所有节能减排商品均应参与补贴政策。因故不能参加的，销售企业应向市商务局说明情况。

第二十四条 销售企业在资格有效期内不得超过报备价格销售节能减排商品。若遇节能减排商品市场价格普遍上涨，经销售企业申请，市商务局将视情况调整最高限价。

第二十五条 销售企业申报节能减排商品报备价格时，空调类节能减排商品应报备两个限价，淡季采取淡季限价，旺季采取旺季限价。其中旺季为每年的5－8月，其余月份为淡季。

第二十六条　销售企业销售未在市商务局进行价格报备的节能减排商品不得享受补贴政策。如销售企业增加符合《通知》要求的节能减排商品品类和型号，应向市商务局提出书面申请并将价格进行报备，审核通过后方能享受补贴政策。

第二十七条　节能减排商品目录发生调整时，销售企业应将新增的节能减排商品价格向市商务局报备。新增节能减排商品报备价格应不高于该商品的市场平均价。

第二十八条　若遇消费者所购节能减排商品开展打折促销活动，销售企业应按打折促销后的销售价格计算补贴资金。

第六章　节能减排商品退货

第二十九条　购买节能减排商品的消费者有退货需求时，在符合国家有关规定的情况下，销售企业应按照正常的流程为消费者办理退货手续。

第三十条　若销售企业向市商务局递交补贴资金申请前发生退货的，销售企业应办理正常退货手续，核销垫付给消费者的补贴资金，并在信息管理系统做退货处理；市商务局按《通知》规定清算流程，在季度评审清算时予以核减补贴资金。

第三十一条　若销售企业向市商务局递交补贴资金申请后办理退货的，销售企业应办理正常退货手续，在信息管理系统做退货处理，并在下一个季度申报补贴资金时如实向市商务局申报，市商务局按《通知》规定清算流程，在季度评审清算时从应拨付给销售企业的资金中予以核减补贴资金。销售企业不再具有本办法规定的销售企业资格后10个工作日内将所有应退的资金全部退回市商务局。

第七章　监督检查

第三十二条　销售企业应主动接受市商务局、市财政局、市发展改革委、市水务局等政府部门和社会的监督。

第三十三条　市商务局和委托的第三方机构对销售企业进行不定期抽查。

第三十四条　市商务局每年委托第三方机构对销售企业进行考评，对考核结果为优秀的销售企业，下一年度征集销售企业时优先纳入。

第三十五条　加强对销售企业的动态管理。销售企业出现下列第（一）项至第（六）项情形之一的，市商务局将责令销售企业在限期内改正；在限期内没有改正的，市商务局将约谈销售企业，并暂停其销售企业资格，待改正验收合格后予以恢复。

销售企业出现下列第（一）项至第（六）项情形之一且达到单项或多项累计达到三次的，或出现下列第（七）至第（十一）项情形之一的，取消其销售企业资格，并向社会公示。

（一）没有按规定宣传政策；

（二）未及时向消费者垫付补贴资金；

（三）未及时录入消费者身份信息和节能减排商品信息；

（四）未核实生产企业资质证明材料的真实性；

（五）未设立节能减排政策服务台或专栏；

（六）没有正当理由未报备节能减排商品价格；

（七）节能减排商品打折促销时，未按打折促销后的价格计算补贴资金；

（八）虚报节能减排商品报备价格；

（九）未使用有效身份证件（原件）办理节能补贴；

（十）违反节能减排商品限价规定；

（十一）消费者实际退货后，销售企业未及时在信息管理系统作退货处理。

销售企业违规行为构成犯罪的，移交司法机关处理。

第三十六条 销售企业应保持零售额（以统计数据为准）稳定增长。年内连续两个月下降的，企业说明情况；连续三个月下降的，从下一个月开始暂停新增节能商品型号；连续六个月下降的，暂停其销售企业资格；全年累计下降的，下一年度不再列入节能减排商品定点销售企业。

遇突发公共卫生事件等不可抗力因素，年内连续两个月低于全市社零额增速的，企业说明情况；连续三个月低于全市社零额增速的，从下一个月开始暂停新增节能商品型号；连续六个月低于全市社零额增速的，暂停其销售企业资格；全年累计低于当年全市社零额增速的，下一年度不再列入节能减排商品定点销售企业。

本条中“零售额连续两个月、三个月、六个月、全年”均指与上一年同期零售额同比。

第三十七条 对本办法第三十六条中规定应取消下一年度销售资格的企业，如发生突发公共卫生事件等不可抗力因素，为支持企业稳定经营，可在本市解除突发公共卫生事件一级响应或宣布不可抗力因素消除之日起60天后，取消其节能减排商品销售企业资格。

第八章 退出机制

第三十八条 如销售企业违反本管理办法规定或《通知》的，清算垫付的补贴资金后，市商务局将取消其销售企业资格，并向社会公示。

第三十九条 如销售企业主动退出，应向市商务局提出书面申请，清算垫付的补贴资金后，市商务局将终止其销售企业资格，并向社会公示。

第四十条 按《通知》规定实施期结束后，销售企业正常办理退货手续，并在信息管理系统做退货处理，市商务局适时组织评审清算。

第九章 附 则

第四十一条 本办法由北京市商务局负责解释。自颁布之日起施行，根据实施情况适时修订。

北京市商务局关于印发《服务贸易领域防疫情稳运行若干措施》的通知

京商服贸字〔2020〕15号

各区商务局、各相关单位：

为全力做好服务贸易领域疫情防控工作，把疫情影响降到最低，帮助服务贸易企业扶危济困，积极推动复工复产，促进服务贸易长期平稳运行，特制定《服务贸易领域防疫情稳运行若干措施》，现印发给你们，请遵照执行。

北京市商务局

2020年3月16日

（联系人：万薇薇；联系电话：13811631077）

服务贸易领域防疫情稳运行若干措施

为深入贯彻落实市委、市政府关于新型冠状病毒肺炎疫情防控工作部署，全力做好服务贸易领域疫情防控工作，帮助服务贸易企业扶危济困，把疫情影响降到最低，促进服务贸易运行平稳，制定如下措施：

一、强化落实防控工作要求

1. 强化主管部门和行业协会督导职责。各区商务局要按照市、区两级新型冠状病毒感染肺炎疫情防控工作领导小组统一部署，在区政府领导下组织指导属地服务贸易企业做好疫情期间的相关工作。服务贸易各行业协会要加大疫情防控的宣传力度，号召服务贸易会员企业积极行动、主动应对，努力保障疫情防控和生产运营两不误；协助企业做好从业人员的管理工作，主动了解企业运营现状及诉求，为企业搭建平台、做好服务。

2. 强化企业主体责任。各服务贸易企业应自觉接受辖区政府和街道、社区、楼宇的防控管理与服务，配合做好流调工作，安排专人做好沟通对接；应加强对销售、技术支持、后勤等接触面广人员的健康管理，制定本单位疫情防控工作方案和应急预案，对目前滞留在湖北等疫情高发地区的人员，要逐一联系，明确未经允许暂不返京的要求。

3. 强化从业人员防控意识。服务贸易企业从业人员应自觉遵守疫情防控期间各项防控措施，实行“两点一线”上下班模式，减少外出和聚会，避免到人员密集公共场所活动。如出现不适情况应第一时间主动向单位报告，并立即离岗就医。

二、多措并举积极推动复工复产

4. 发挥出口信用保险作用。为有需求的服务外包企业开展融资担保，加速信用评级和审批速度，考虑项目实际情况适度下调担保费率；鼓励服务贸易企业利用出口信用保险开拓海外市场、化解收汇风险；推动信用保险公司创新服务模式，为服务贸易企业量身定制保险方案，提高企业抗风险能力。

5. 开展“非接触式”政务服务。疫情期间在“服务外包及软件出口信息管理应用”系统申报的企业，暂不要求提供书面合同。企业可采用网络传输合同扫描件进行申报，待疫情解除后视情况补核书面合同。

6. 提供复工复产“服务包”。协调解决企业员工用餐难问题和生活必需品购买需求，向园区、企业提供集配供餐企业名录、食材供应商名录、蔬菜直通车配送企业名录，供园区、企业等选择；梳理整合国家及地方应对疫情支持性政策，按行业分类编纂并向有需求的企业提供。对符合条件的服务外包企业疫情期间在境外设点的每个境外分支机构或办事机构给予不超过30万元的资金支持。对2019年6月30日至2020年7月1日期间离岸外包业务额达到1500万美元（含）以上且同比增长的服务外包企业，按照不超过300万元的标准予以房租补贴。对服务外包企业疫情期间通过自主研发取得的专利技术、注册商标、软件著作权等给予注册费实际支出额不超过50%的资金支持。

7. 提供服务贸易纠纷相关法律服务。对于受疫情影响导致无法如期履行或不能履行国际贸易合同的服务贸易企业，因其申请开具因疫情导致未能按时履约的不可抗力事实性证明。协调法律服务机构为存量订单面临违约风险的服务贸易企业提供法律咨询；为疫情期间意向签立新订单的服务贸易企业提供咨询服务，减少贸易风险点。

三、发挥服务贸易优势实现长期平稳运行

8. 鼓励重点领域“化危为机”创新发展。鼓励服务贸易企业“云参展”“云营销”，积极通过线上展会、主流电商平台和搜索类网站等获取有关产品和服务的需求信息，搭建供需对接的桥梁。支持数字贸易企业集中力量研究5G、AI、大数据、区块链等关键技术攻关，探索利用数字传输、跨境数据安全流动等技术进行项目远程调试或交付。鼓励知识密集型服务贸易企业在药物研发、检测技术和医疗设备等方向探索产学研贸多渠道合作，开展科技与贸易协同攻关。鼓励医疗类服务贸易企业探索开发远程医疗保健体验或培训服务、医疗科研外包服务、建设综合性海外中医药研发中心等服务贸易模式。鼓励文化、旅游等服务贸易特色行业有针对性地进行业务开发。

9. 发挥产业园区作用。服务贸易企业集中的产业园区要密切联系园区内企业，针对园区内重点企业产业特征、进出口规模、订单紧急程度、本地用工、集中办公、合同履行等综合情况建立并不断更新清单，随时掌握园区内企业详实情况；为企业开设政策展示和讲解平台，协助企业及时享受政策红利。

10. 发挥服贸会平台优势。鼓励各区、行业协会积极向国内外服务贸易企业宣传推介服贸会，积极组织我市受疫情影响较大的企业参会，借服贸会推广企业新技术、新产品、新成果，拓宽交易渠道，着力降低疫情对企业经营的影响；推动组建全球服务贸易联盟，深化国际服务贸易合作，引领服务业和服务贸易在疫情后仍向高质量稳健发展。

北京市商务局关于印发《支持北京老字号疫情常态化下稳经营促发展的若干措施》的通知

京商流通字〔2020〕6号

各区商务局、各相关单位：

为在常态化疫情防控背景下，加快推进老字号复工复产、复商复市，保持其平稳发展，特制定《支持北京老字号疫情常态化下稳经营促发展的若干措施》，请结合工作实际认真落实。

（咨询电话：流通发展处，55579590，55579591）

支持北京老字号疫情常态化下稳经营促发展的若干措施

为在常态化疫情防控中，高质量推进北京老字号复工达产，保持其平稳发展，促进特色消费，特制定本措施。

一、树牢常态化疫情防控意识

1. 打造安全、放心消费环境。在常态化疫情防控背景下，加快推进老字号复工复产复商复市。按照公布的疫情防控要求和行业防控指引，持之以恒把工作抓实抓细。引导老字号企业扎实落实主体责任，形成和固化防控意识，因时因势调整、优化防控举措，打造安全、放心消费环境。

二、优化发展环境

2. 鼓励开展餐超跨界合作。搭建对接合作平台，老字号餐饮企业可通过与连锁超市签订联营合同开设店中店，依托超市主食厨房现制现售各类成品；在重要节日开展“名厨进店”活动，名厨大师现场制作招牌菜品，带动相关产品销售增长。

3. 强化知识产权保护。实施老字号知识产权保护百日专项行动，加大执法力度，打击侵犯老字号知识产权和损害商业信誉、声誉的各类违法违规行为。组织商标注册、使用，专利申请、转让及知识产权纠纷应对等培训，为企业提供顾问服务。

4. 推进服务质量提升。鼓励老字号参与第三届北京市政府质量管理奖评选，开展先进质量管理方法培训和重点诊断。引导老字号餐饮企业进一步提升管理水平和服务品质，创建品质餐饮示范店。组织老字号参加商业服务业技能大赛，以竞赛、技能练兵引领老字号打造“有温度的北京服务”。

三、加强传承保护

5. 培养传承人才。继续认定第二批20名北京老字号工匠，支持符合条件的老字号传承人参加“享受北京市政府特殊津贴人员”评选，鼓励授徒传艺，弘扬工匠精神。持续推进老字号企业与职业院校共建技术技能大师工作室，校企联合培养传承人才。

6. 保留传统牌匾。允许老字号除设置店铺招牌外，可增设体现历史文化的传统匾额和楹联；有条件的可在适当位置设置1处介绍老字号起源、历史和企业特色的铭牌。

四、搭建宣传平台

7. 发力线上促消费。聚焦传统节日，组织老字号在京东、淘宝、快手等平台开展专场直播、网上促销活动，通过传承人解说、网红带货、达人探店等多种方式，提高老字号线上影响力，营造良好的消费氛围。

8. 借力展会强品牌。举办中国中华老字号博览会，依托中国国际服务贸易交易会平台宣传老字号。组织参加中国国际进口博览会“非物质文化遗产暨中华老字号”展，推荐老字号作为进博会联名款衍生品设计生产单位。组织北京老字号参加2020年云上中国品牌日活动，展示老字号品牌形象。

五、强化政策支持

9. 拓宽资金支持范围。将老字号纳入政府固定资产投资补助商业项目支持范围，对符合条件的老字号项目最高可给予评审核定总投资的30%固定资产投资补助。

10. 聚焦重点支持领域。统筹利用商业流通发展资金、传统工艺美术保护发展资金、北京旅游商品扶持资金等，支持老字号博物馆、传承人工作室、原料基地等建设，保护传统工艺，支持老字号应用大数据、云计算、人工智能等新技术，引导老字号不断创新产品和营销模式。

11. 加大金融支撑力度。落实各项信贷支持政策，对因受疫情影响经营暂时出现困难但有发展前景的老字号不抽贷、不断贷、不压贷，对受疫情影响严重的中小老字号到期还款困难的，予以展期或续贷。畅通老字号融资渠道，协调银行业金融机构推出老字号专属优惠贷款。

12. 落实减税降费政策。支持老字号申请阶段性减免、缓缴社会保险费，延期缴纳税款，房租减免、人员培训和稳岗补贴等惠企政策，简化申办程序，切实减轻企业负担。

北京市商务局关于2020年度服务贸易及服务外包专项资金申报工作的通知

京商服贸字〔2020〕28号

各区、经济开发区商务主管部门、相关企业：

根据《财政部　商务部关于2020年度外经贸发专项资金重点工作的通知》（财建〔2020〕109号）要求，依据《北京市商务委员会、北京市财政局关于印发〈北京市外经贸发展专项资金管理实施细则〉（修订稿）的通知》（京商务财务字〔2018〕23号）规定，现将2020年度我市服务贸易及服务外包专项资金申报工作有关事项通知如下：

一、支持内容：

（一）促进服务外包发展。重点对国际资质认证、新录用人员补助、培训机构培训后补助、服务外包业务贴息、创新研发和在职人员专业资格认证等11项内容予以支持。

（二）支持试点地区及示范城市服务贸易创新发展。对服务外包公共服务平台、服务贸易公共服务平台、基地相关公共服务（国家文化出口基地、数字出口基地、中医药服务出口基地）和鼓励重点服务进口等4项内容予以支持。

（三）支持服务贸易境外拓展。对服务贸易出口贴息、鼓励会计师事务所参与国际竞争等2项内容予以支持。

二、申报材料：

（一）申请“支持内容（一）”的单位，请参照《2020年度促进服务外包发展资金申报指南》（附件1）执行。

（二）申请“支持内容（二）”的单位，请参照《2020年度支持试点地区及示范城市服务贸易创新发展资金申报指南》（附件2）执行。

（三）申请“支持内容（三）”的单位，请参照《2020年度支持服务贸易境外拓展资金申报指南》（附件3）执行。

（四）相关附件及附表请从北京市商务局官方网站通知公告栏下载。

三、申报要求：

（一）有下列情形之一的不予支持：申报企业被列入《北京市新增产业的禁止和限制目录》禁止类和限制类范围的；申报企业被纳入北京市商务领域不良信用记录名单应受到“不予支持”信用惩戒或全市联合惩戒“黑名单”的；项目已获得中央财政资金支持或其他市级财政资金支持的；申报企业近三年在外经贸业务管理、财务管理、税收管理、外汇管理、海关管理、统计管理等方面存在严重违法违规行为，拖欠应缴还财政性资金的；经审议其他不予支持的。

（二）各项目申报单位应确保申报材料真实、准确、完整。对于伪造相关材料，提供虚假发票和虚假材料的项目申报单位，取消其当年申报资格，且三年内不得申报专项资金支持。

（三）各区、经济技术开发区商务主管部门应积极组织项目申报，切实做好指导与审核，严格把关，按照规定做好相关工作。

（四）各项目申报单位于2020年8月21日前将申报材料（含电子版）一式两份报辖区商务主管部门；各辖区商务主管部门对申报材料

完成初审后，请于9月10日前将初审汇总情况、企业申报材料各1份（含电子版）报市商务局；市商务局委托中介机构进行项目审核，对审核通过的项目，在市商务局官方网站上予以公示，公示期为7天，公示期满无异议后按规定办理资金拨付手续。

附件：

1.2020年度促进服务外包发展专项资金申报指南

2.2020年度支持试点地区及示范城市服务贸易创新发展资金申报指南

3.2020年度支持服务贸易境外拓展资金申报指南

附件1

2020年度促进服务外包发展专项资金申报指南

一、支持内容

支持在2019年7月1日至2020年6月30日期间（以下简称“规定期间”）发生的服务外包业务，主要包括：

（一）国际资质认证项目

（二）新录用人员补助项目

（三）培训机构培训后补助项目

（四）服务外包业务贴息项目

（五）创新研发项目

（六）在职人员专业资格认证项目

（七）境外设点项目

（八）实习生经济补贴项目

（九）北京服务外包行业整体促进项目

（十）办公用房租赁补贴项目

（十一）离岸业务奖励项目

二、申请条件

1. 申请企业应当符合《资金办法》所规定的基本条件及本通知的有关要求，同时还应满足以下条件：

（1）在我市行政区域内依法登记注册、具有独立法人资格。

（2）企业通过商务部业务系统统一平台“服务外包信息管理应用”如实填报《服务外包统计报表制度》规定的报表。

（3）以“服务外包信息管理应用”核准的实际执行额为依据，2019年7月1日至2020年6月30日期间的国际服务外包执行额不低于50万美元。

2. 申请培训机构应具有符合条件的场地、设施、专业教材和师资力量。

3. 申请“支持内容”第9项的企业，符合《中华人民共和国政府采购法》《北京市财政局关于推进和完善服务项目政府采购有关问题的通知》（京财采购〔2014〕1152号）等有关法规要求。

三、支持方式

对在2019年7月1日至2020年6月30日期间发生，并在“商务部服务贸易统计监测管理信息系统（服务外包信息管理应用）”中核准的实际执行额进行支持。对每个符合条件的申请企业资金支持不超过500万元，其中对每个符合条件的申请培训机构资金支持不超过100

万元。具体支持方式如下：

（一）国际资质认证项目。对服务外包企业取得的以下认证及认证的系列维护、升级给予支持，额度不超过认证费用支出的50%，每个企业支持项目不超过5个，每个项目补助不超过50万元。包括：软件能力成熟度模型认证（CMM）、软件能力成熟度模型集成认证［CMM（I）］、人力资本成熟度模型（PCMM）、信息安全管理认证（ISO27001/BS7799）、信息技术服务管理体系认证（ISO20000）、服务提供商环境安全性认证（SAS70）、国际实验动物饲养评估认证（AAALAC）、药物非临床研究质量管理规范（GLP）、信息技术基础架构库规范（ITIL）、客户服务提供商标准（COPC）、环球同业银行金融电讯协会认证（SWIFT）、国际质量管理体系标准（ISO9001）、业务连续性管理标准（ISO22301）、环境管理体系认证（ISO14001）、能源管理体系标准（ISO50001）、职业健康安全管理体系认证（OHSAS18001）、客户中心能力成熟度模型认证（CC-CMM）、支付卡行业数据安全标准（PCI DSS）等。

（二）新录用人员补助项目。对服务外包企业在规定期间内新录用大学本科以上学历的员工（2018—2020年毕业），在职满1年或申报审核期间在职的，按照每人不超过7000元的标准给予企业补助。申请人数按企业在规定期间内离岸外包业务收入测算出的人数进行核定。测算人数＝规定期间内离岸外包业务额（万美元）÷4（万美元／人）。如企业实际申请人数小于测算人数，则受补助人数不大于企业实际申请人数；如企业实际申请人数大于测算人数，则受补助人数不大于测算人数。

（三）培训机构培训后补助项目。对培训机构新培训从事服务外包业务、大学本科以上学历人员，通过服务外包业务专业知识和技能培训考核的，按照每人不超过500元的标准给予培训机构培训后补助。

（四）服务外包业务贴息项目。以规定期间内在商务部“服务外包信息管理应用”核准通过实际发生的服务外包业务收汇金额（人民币金额）作为计算贴息的本金，按照不超过中国人民银行公布的2020年6月30日前最近一期人民币一年期贷款市场报价利率（LPR）给予贴息支持（实际贴息金额按支持资金总体规模、实际业务核准额及申报企业数量综合确定）。

（五）创新研发项目。对在规定期间内通过自主研发取得的专利、注册商标、软件著作权等给予注册费和代理服务费的实际支出额不超过50%的资金支持。其中，给予每个企业发明专利不超过20万元、国际专利不超过20万元、实用新型专利不超过5万元、外观设计专利不超过5万元、注册商标不超过5万元、软件著作权不超过5万元。

（六）在职人员专业资格认证项目。对服务外包企业在规定期间连续任职3年以上（含3年）员工进行在职能力培训，并取得以下认证的，给予不高于考试认证费用50%的补助，每个企业当年支持金额不超过100万元。包括：国家计算机技术与软件专业技术中、高级专业资格（水平）、项目管理专业人士资格（PMP）、网络高级工程师、网络安全专家、解决方案开发专家、执业药师等相关认证。

（七）境外设点项目。每个境外分支机构或办事机构支持30万元。采取分期拨付方式，首次申请拨付支持总额的50%，2020年7月1日至2021年6月30日上报运行情况报告，如经营正常拨付后续50%。原则上一家企业申请境外分支机构或办事机构累计不超过三个。一家企业在同一国别或地区申请境外分支机构或办事机构累计不超过两个。

（八）实习生经济补贴项目。与京内高校签订共建北京服务外包实习实训基地协议的服务外包企业可申请该项目。对在实习实训基地内实习的在京高校学生，实习期在3个月以上，且由企业提供生活或实习补助的，给予企业每人每月不超过500元的实习补贴，补贴期不超过6个月。

（九）北京服务外包行业整体促进项目。对促进我市服务外包业务整体发展的项目按照相关规定予以资金支持。

（十）办公用房租赁补贴项目。以规定期间内在商务部“服务外包信息管理应用”核准通过实际发生的离岸服务外包业务额达到1500万美元（含）以上，且同比有增长的服务外包企业，可以申请该项目。办公用房租赁补贴面积按企业离岸业务年收入测算出的有效面积核定。有效面积测算基准为每人每年4万美元产值、每人办公用建筑面积10平方米［测算面积（m²）=规定期间内离岸外包业务额（万美元）÷4（万美元）×10 m²］。如测算面积大于企业在京实际办公用房租赁建筑面积，以在京实际办公用房租赁建筑面积为补贴面积。补贴标准为不超过20元/每平方米/月标准，且企业租房费用应大于享受补贴费用，每家企业年补贴金额不超过300万元。

（十一）离岸业务奖励项目。以规定期间内在商务部“服务外包信息管理应用”核准通过实际发生的离岸外包业务额达到1000万美元（含）以上，且同比有增长的企业可以申请该项目。离岸外包业务额较2018年7月1日至2019年6月30日增长超过300万美元的企业，奖励金额不超过50万元；增长超过500万美元的企业，奖励金额不超过100万元；增长超过1000万美元的企业，奖励金额不超过200万元。

四、申报材料

（一）基本材料

1. 由企业法定代表人签字的《承接国际服务外包业务资金补助申请报告》，内容包括：企业基本情况，开展服务外包业务情况，申请项目执行或完成情况，近三年无严重违法违规行为、无拖欠应缴还的财政性资金、同一项目未申请或享受其他财政资金等；

2. 企业法律地位文件复印件；

3. 经会计师事务所审计的2019年度财务会计报告复印件；

4. 规定期间内服务外包业务专项审计报告原件；

5. 规定期间内服务外包合同或协议的复印件；

6. 规定期间内离岸服务外包业务年度收入明细表；

7. 结汇凭证及涉外收入申报单复印件（承接跨国公司的离岸服务外包业务，而由跨国公司境内机构代为支付的服务外包业务收入，须提供相关业务凭证复印件）；

8. 由企业法定代表人签字的《北京市服务外包业务专项资金申请承诺书》。

（二）项目申请材料

1. 申请国际资质认证项目时还需提供：

（1）北京市服务外包企业国际资质认证补助申请表；

（2）国际资质认证证书复印件；

（3）与相关国际认证评估顾问公司签订的合同协议复印件；

（4）缴纳认证费用凭证的复印件，包括认证费用发票和相对应的银行出具的支付凭证。

2. 申请新录用人员补助项目时还需提供：

（1）北京市服务外包企业新录用人员补助申请表；

（2）新录用人员若属于分公司，需提供分公司营业执照复印件；

（3）新录用人员身份证复印件、大学本科以上学历证明，以及签订1年以上的《劳动合同》的复印件；

（4）企业为新录用人员缴纳的社会保险证明或个税证明（时间由入职至申报当月）的复印件。

3. 申请培训机构培训后补助项目时还需提供：

（1）北京市服务外包培训机构培训后补助申请表；

（2）培训人员身份证复印件、大学以上学历证明；

（3）培训机构颁发被培训人员专业知识和技能培训考核合格证书，以及被培训人员缴费凭证的复印件。培训机构为学校的需提供《全国普通高等学校毕业生就业协议书》（协议三方为：培训学校、服务外包企业、毕业学生）复印件；其他培训机构需提供培训人员缴费证明、与在我市“服务外包业务管理和统计系统”中登记的服务外包企业签订1年以上的《劳动合同》的复印件（或培训人员为近三年在京大学毕业的，提供毕业证书复印件）。

4. 申请服务外包业务贴息项目时还需提供：

（1）北京市服务外包企业服务外包业务贴息申请表；

（2）企业规定期间内在商务部“服务外包信息管理应用”核准通过的实际离岸服务外包业务额情况清单及相关凭证。

5. 申请创新研发项目还需提供：

（1）北京市服务外包企业创新研发补助申请表；

（2）企业所获得的专利证书、商标注册证书、软件著作权证书复印件；

（3）专利、商标、软件著作权等申请过程中的注册费用凭证复印件。

6. 申请在职人员专业资格认证项目时还需提供：

（1）北京市服务外包企业在职人员专业资格认证补助申请表；

（2）申请人员身份证复印件，在企业连续任职满3年以上的任职证明（包括个人简历、任职情况等）、劳动合同，企业为申请人员在任职期间连续缴纳社会保险满3年（含3年）以上的证明复印件；

（3）参加相关专业资格考试的准考证、通过考试获得的证书复印件；

（4）企业报销报名考试费用相关凭证或企业银行付款凭证复印件。

7. 申请境外设点项目时还需提供：

（1）北京市服务外包企业境外设点补助申请表；

（2）商务主管部门颁发的《企业境外投资证书》《企业境外机构证书》复印件；

（3）境外注册文件、境外企业房产证明或租房协议；

（4）外派人员护照、签证；

（5）境外设点专项审计报告（复印件、翻译件）；

（6）境外设点运行情况报告。

8. 申请实习生经济补贴项目时还需提供：

（1）北京市服务外包企业实习生经济补贴申请表；

（2）校企合作协议；

（3）企业和实习生的实习协议书；

（4）实习登记表；

（5）实习学生学历证明或在学证明；

（6）实习学生名单（含身份证号）；

（7）实习生津贴发放凭证。

9. 申请北京服务外包行业整体促进项目还需：

根据《中华人民共和国政府采购法》《北京市财政局关于推进和完善服务项目政府采购有关问题的通知》（京财采购〔2014〕1152号）等有关法规执行。

10. 申请办公用房租赁补贴项目时还需提供：

（1）北京市服务外包企业办公用房租赁补贴申请表；

（2）企业在商务部“服务外包信息管理应用”核准通过的2019年7月1日至2020年6月30日和2018年7月1日至2019年6月30日实际离岸服务外包业务执行情况清单及收入凭证；

（3）办公用房租赁协议、房租支付凭证及房屋产权证明；

（4）企业租赁办公用房情况的专项审计报告。

11. 申请离岸业务奖励项目时还需提供：

（1）北京市服务外包企业离岸业务奖励申请表；

（2）企业在商务部“服务外包信息管理应用”核准通过的2019年7月1日至2020年6月30日和2018年7月1日至2019年6月30日期间实际离岸服务外包业务执行情况清单及收入凭证。

五、申报工作要求：

（一）8月21日前，请各项目申报单位将申报材料一式两份（含电子版）报辖区商务主管部门。

（二）9月10日前，各辖区商务主管部门将初审汇总情况、企业申报材料各1份（含电子版）报市商务局。服务外包整体促进项目按政府采购网公示时间为准执行。

（三）市商务局委托中介机构进行项目审核，对审核通过的项目，在市商务局官方网站上予以公示，公示期为7天，公示期满无异议后按规定进行资金拨付。

联系人：许鑫、于新成；

电　话：55579495/9491；

邮　箱：xx@sw.beijing.gov.cn

附件 1-1

促进服务外包发展专项资金申请承诺书

____________公司郑重承诺：

我单位申请 2020 年度促进服务外包发展专项资金所提供的申报材料均真实、准确、合法。如有不实之处，愿负相应法律责任，并承担由此产生的一切后果。

特此承诺。

申请人：（法人代表签字并加盖公章）

申请日期：　　年　　月　　日

注：1. 法人代表签字必须手签，盖名章无效；

2. 如代签，需附法人代表授权委托书原件。

促进服务外包发展专项资金使用承诺书

____________公司郑重承诺：

为确保 2020 年度促进服务外包发展专项资金安全、高效使用，保证做到：

一、自觉接受市商务局、市财政局对服务外包业务专项资金使用情况进行的监督、检查，并接受同级及上级审计部门的审计检查。

二、积极配合专项资金绩效考评工作，按要求及时向市、区商务及财政主管部门提供专项资金使用绩效报告。

三、如在专项审计与监督检查中存在严重问题，除按要求退还所得资金外，自发现之日起三年内不得申报政府专项资金支持。

特此承诺。

（法人代表签字并加盖公章）

年　　月　　日

企业银行账户账号信息

开户银行名称：	联系人：
开户银行地址：	联系电话与传真：
银行账户户名：	手机号码：
银行账户账号：	电子邮箱：

附件 1-2

北京市服务外包企业国际资质认证补助申请表

（申报年度）

申报单位（盖章）： 页码 / 总页

序号	国际认证名称	证书号	获得日期（年 / 月 / 日）	认证、维护费（万元）	备注

联系人： 联系电话：

附件 1-3

北京市服务外包企业新录用人员补助申请表

（申报年度）

申报单位（盖章）：　　　　　　　　　　页码 / 总页

序号	姓名	性别	身份证号	毕业院校	所学专业	学历	毕业日期（年月日）	劳动合同签订日期（年月日—年月日）	缴纳社保日期（年月日—年月日）	备注

联系人：　　　　　　　　　　联系电话：

附件 1-4

北京市服务外包培训机构培训后补助申请表

（申报年度）

申报单位（盖章）： 页码 / 总页

序号	姓名	性别	身份证号	毕业院校、接收服务外包企业	培训内容	学历	培训日期（年月日—年月日）	培训费用（万元）	备注

联系人： 联系电话：

附件 1-5

北京市服务外包企业服务外包业务贴息申请表

（申报年度）

序号	企业名称	离岸业务额（人民币）	贷款市场报价利率（LPR）	拟补贴金额（万元）
	合　　计			

联系人：　　　　　　　　　　　　　　　联系电话：

附件 1-6

北京市服务外包企业创新研发补助申请表

（申报年度）

申报单位（盖章）： 页码 / 总页

序号	专利证书、商标注册证书、软件著作权登记证书名称	证书号	专利号、登记号	获得日期（年/月/日）	费用（万元）	备注
	合　　计					

联系人： 联系电话：

附件 1-7

北京市服务外包企业在职人员专业资格认证补助申请表

（申报年度）

申报单位（盖章）：　　　　　　　　　　　　页码 / 总页

序号	姓名	性别	身份证号	学历	职务	任职日期（年月日—年月日）	培训院校（机构）	培训内容	培训日期（年月日—年月日）	获得证书名称	培训费用（万元）	备注

联系人：　　　　　　　　　　联系电话：

附件 1-8

北京市服务外包企业境外设点补助申请表

（申报年度）

申报单位（盖章）：

序号	企业（投资主体）名称	境外机构国别或地区	境外机构名称	设立时间	批准证书号及批准时间	申请金额（万元）	拟拨付金额（万元）
	合　计						

联系人：　　　　　　　　　　　　　　　　　联系电话：

附件 1-9

北京市服务外包企业实习生经济补贴申请表

（申报年度）

申报单位（盖章）：　　　页码 / 总页

序号	企业名称	实习生人数	资金补贴期数（月）	申请补贴金额	拟补贴金额
			1		
			2		
			3		
			4		
			5		
			6		
			1		
			2		
			3		
			4		
			5		
			6		
	合　计				

联系人：　　　联系电话：

附件 1-10

北京市服务外包企业办公用房租赁补贴申请表

（申报年度）

申报单位（盖章）：

序号	企业名称	去年离岸业务额（万美元）	前年离岸业务额（万美元）	增长率（%）	折算补贴面积（平方米）	实际用房面积（平方米）	补贴面积（平方米）	拟补贴金额（万元）
	合计							

联系人： 联系电话：

附件 1-11

北京市服务外包企业离岸业务奖励申请表

（申报年度）

申报单位（盖章）：

序号	企业名称	去年离岸业务额（万美元）	前年离岸业务额（万美元）	去年相对前年增长量（万美元）	奖励基准	拟奖励金额（万元）
	合　计					

联系人：　　　　　　　　　　　　　　　　　　联系电话：

附件 1-12

20XX 年 XXXX 公司离岸服务外包业务收入明细表

<table>
<tr><th>序号</th><th>合同号</th><th>合同名称</th><th>发包商</th><th>发包商国别</th><th>实际发包商</th><th>实际发包商国别</th><th>合同金额（万美元）</th><th>实际收入金额（万美元）</th></tr>
<tr><td>1</td><td></td><td></td><td></td><td></td><td></td><td></td><td></td><td></td></tr>
<tr><td>2</td><td></td><td></td><td></td><td></td><td></td><td></td><td></td><td></td></tr>
<tr><td>3</td><td></td><td></td><td></td><td></td><td></td><td></td><td></td><td></td></tr>
<tr><td>4</td><td></td><td></td><td></td><td></td><td></td><td></td><td></td><td></td></tr>
<tr><td>…</td><td></td><td></td><td></td><td></td><td></td><td></td><td></td><td></td></tr>
<tr><td>…</td><td></td><td></td><td></td><td></td><td></td><td></td><td></td><td></td></tr>
<tr><td>…</td><td></td><td></td><td></td><td></td><td></td><td></td><td></td><td></td></tr>
<tr><td>…</td><td></td><td></td><td></td><td></td><td></td><td></td><td></td><td></td></tr>
<tr><td>…</td><td></td><td></td><td></td><td></td><td></td><td></td><td></td><td></td></tr>
<tr><td>…</td><td></td><td></td><td></td><td></td><td></td><td></td><td></td><td></td></tr>
<tr><td>…</td><td></td><td></td><td></td><td></td><td></td><td></td><td></td><td></td></tr>
<tr><td colspan="7">离岸服务外包业务额合计</td><td></td><td></td></tr>
<tr><td colspan="2">外包企业
声明</td><td colspan="7">郑重声明：
1. 上述内容准确、真实、完整和有效；
2. 对应资料已完整存档，随时备查；
3. 承诺接受有关审核部门为审核本申请而进行的必要核查和相关法律责任。
法人签字　　　　盖章</td></tr>
</table>

附件 2

2020 年度支持试点地区及示范城市服务贸易创新发展资金申报指南

一、提升公共服务能力项目

（一）支持对象

1. 服务贸易公共服务平台。

2. 服务外包公共服务平台。

3. 国家文化出口基地、数字服务出口基地、中医药服务出口基地完善相关公共服务。

（二）支持方式

综合考虑我市服务贸易和服务外包产业发展需要，对 2019 年 7 月 1 日至 2020 年 6 月 30 日期间（以下简称“规定期间”）完善和建设公共服务平台给予支持。资金用于公共服务平台所需设备购置、运营及维护，信息系统，信息安全及知识产权保护体系建设，为服务贸易企业提供共性技术支撑、云服务、检验检测、统计监测、信息共享、品牌建设推广、人才培养和引进、贸易促进、知识产权等公共服务。

综合考虑各类特色服务出口基地特点和发展需要，对每个基地给予支持。资金用于：

（1）国家文化出口基地建设公共服务平台，开展基地重点品牌培育、共性技术支撑、宣传推广、人才培养和引进、知识产权、贸易促进等服务。

（2）数字服务出口基地探索建立网络安全监管平台、数字化制造外包平台、云服务平台、技术支撑共享平台、统计监测平台等公共服务平台、开展数字贸易规则研究。

（3）中医药服务出口基地建设“互联网 + 中医药服务”跨境医疗、教育服务平台，开展品牌培育，国际营销推广，贸易促进等。

提升公共服务能力在建项目支持资金不超过平台项目建设所需设备购置、软件购置（或委托开发）费用的 50%，支持金额不超过 200 万元；已完成项目，支持资金不超过平台项目建设所需设备购置、软件购置（或委托开发）费用的 40%，支持金额不超过 200 万元；运营及维护项目费用，按照年度实际发生费用的 50% 给予支持，支持金额不超过 50 万元，原则上运营及维护费用支持年限不超过三年。

（三）申请条件

项目申报单位须符合以下条件：

1. 在京注册，具有独立的企业法人资格，且为公共服务平台项目的实际投资运营单位；

2. 服务的对象包括承接国际服务贸易（服务外包）业务的企业及培训机构；

3. 具有一定数量与业务相适应的专业人员、管理人员，具备满足公共服务平台运营必要的场地、设备；

4. 公共服务平台建设和运营的所有相关工作符合国家有关法律法规的要求。

（四）申报材料

项目申报单位应提供如下材料：

1. 在建公共服务平台项目

（1）《提升公共服务能力事项申报说明》《提升公共服务能力事项申请表》；

（2）项目申请报告及项目申请承诺书，由法定代表人签字并加盖公章；

（3）项目可行性研究报告，包含项目设立背景和基本情况、国内外相关产业发展与市场情况说明、项目申报单位基本情况和已有工作基础、项目具体实施方案、预期达到的技术经济指标及效果、承担项目的可行性分析、项目进度安排与考核指标、经费预算和使用方案等。可行性研究报告需经法定代表人签字、加盖公章，并将作为后续专家评审及项目验收的主要依据；

（4）项目申报单位法律地位文件复印件以及2019年度审计报告（加盖公章）；

（5）公共服务平台设备购置、系统和软件购置（或委托开发）清单，已实施部分需提供付款凭证。

2. 已完成的公共服务平台项目

（1）《提升公共服务能力事项申报说明》《提升公共服务能力事项申报表》；

（2）项目申请报告及项目申请承诺书，由法定代表人签字并加盖公章；

（3）项目完成验收报告，公共服务平台项目目前运行情况与服务企业情况等；

（4）项目申报单位法律地位文件复印件以及2019年度审计报告（加盖公章）；

（5）完成项目的专项报告［含平台设备购置、系统和软件购置（或委托开发）清单及付款凭证］。

3. 平台运营维护项目

（1）《提升公共服务能力事项申报说明》《提升公共服务能力事项申请表》；

（2）项目申请报告及项目申请承诺书，由法定代表人签字并加盖公章；

（3）项目运行情况报告，包含项目申报单位基本情况、项目基本情况及运营情况、运营和维护费用明细、申请资金补助的金额、项目规定期间运营及维护费用支出审计报告等，项目运行情况报告需由法定代表人签字并加盖公章；

（4）规定期间项目运营及维护费用支出凭证复印件；

（5）项目申报单位法律地位文件复印件以及2019年度审计报告（加盖公章）。

（五）申报流程

1. 9月10日前，项目申报单位将申报材料（一式两份）提交至市商务局。

2. 市商务局对申报材料进行审核，并将审核结果公示后拨付资金。市商务局和市财政局可视情况聘请中介机构开展专项审核工作。

3. 在建项目，预拨补助金额的70%，项目完成并通过市商务局组织的验收后，拨付剩余资金；已建成公共服务平台项目、运营及维护费项目，根据审定的补助金额予以拨付。

二、鼓励重点服务进口项目

（一）申请条件

1. 申请企业应当在京注册，具有独立法人资格、正常经营；

2. 进口的服务应列入商务部、国家发展改革委、财政部、生态环境部、国家知识产权局发布的《鼓励进口服务目录》（2019版）；

3. 进口服务应当在2019年7月1日至2020年6月30日期间执行合同，并取得银行出具的进口服务付汇凭证，且付汇金额不低于50万美元。

（二）支持方式

对申请企业在2019年7月1日至2020年6月30日期间取得付汇凭证的服务进口业务，以服务进口的付汇金额（人民币金额）作为计算贴息的本金，按照不超过中国人民银行公布的2020年6月30日前最近一期人民币一年期贷款市场报价利率（LPR）给予贴息支持（实际贴息金额按支持资金总体规模、实际业务核准额及申报企业数量综合确定）。每户企业贴息金额不超过500万元人民币。

（三）申报材料

1. 企业法定代表人签字的申请文件，包括：

企业基本情况、进口用途、预计可产生的效益等，企业更名的应说明相关情况并附证明材料；

2.《服务进口贴息事项申报说明》《服务进口贴息事项申报表》及项目申请承诺书；

3. 企业营业执照（复印件）、进口服务合同（复印件）及付汇凭证（复印件）。

以上材料均需加盖企业公章。

（四）申报工作要求

1. 8月21日前，请各项目申报单位将申报材料一式两份（含电子版）报辖区商务主管部门。

2. 9月10日前，各辖区商务主管部门将初审汇总情况、企业申报材料各1份（含电子版）报市商务局。

3. 市商务局委托中介机构进行项目审核，对审核通过的项目，在市商务局官方网站上予以公示，公示期为7天，公示期满无异议后按规定进行资金拨付。

联系人：王娅婷　郑勇；

电　话：55579492/9489；

邮　箱：wangyating@sw.beijing.gov.cn

附件 2-1

提升公共服务能力项目申请承诺书

（　　年度）

根据2020年度支持试点地区及示范城市服务贸易创新发展资金申报指南有关要求，我单位（单位名称　　　　）拟申请提升公共服务能力。

并做出以下承诺：

1. 已认真阅读和全面了解专项资金申报规定及资金使用管理办法，承诺严格符合申报条件和要求，并将严格按照专项资金管理办法组织项目的实施；

2. 保证提供的所有申报文件和资料真实有效，并承担相应的法律责任；

3. 接受有关部门及市商务局、市财政局组织的验收及指派的审计机构和评估机构的监督、评估；

4. 如违反专项资金管理制度或有违法违纪行为，将承担一切责任，并在规定的时限内如数退还资金。

5. 保证配合相关部门工作要求，按期提供申报项目相关信息和统计数据。

申请人：（法人签字并加盖公章）

申请日期：　　　年　　月　　日

（说明：法人必须手签字，盖名章无效；如授权签字需付授权委托书原件）

附件 2-2

提升公共服务能力事项申报说明

（　　年度）

<table>
<tr><td>申请企业名称</td><td colspan="3"></td></tr>
<tr><td>法定代表人姓名</td><td></td><td>企业注册地址</td><td></td></tr>
<tr><td>企业性质</td><td></td><td></td><td></td></tr>
<tr><td>通信地址</td><td></td><td>邮政编码</td><td></td></tr>
<tr><td colspan="4">申请人郑重声明如下：
1. 申请人共上报申报文件资料________页；
2. 申请人依法注册，具有独立法人资格，并合法经营；
3. 申请人申报的所有文件、单证和资料是准确、真实、完整和有效的；
4. 申请人申报的所有复印件均与原件核对，完全一致；
5. 申请人承诺接受有关主管部门为审核本申请而进行的必要核查。

申请企业法定代表人或授权人：（签名）

申请企业盖章：
日期：　　年　　月　　日</td></tr>
<tr><td>开户银行账户账号</td><td></td><td>开户银行账户户名</td><td></td></tr>
<tr><td>开户银行名称</td><td></td><td>开户行地址</td><td></td></tr>
<tr><td>企业联系人</td><td></td><td>联系电话</td><td></td></tr>
<tr><td>电子邮件</td><td></td><td>移动电话</td><td></td></tr>
<tr><td>联系传真</td><td></td><td></td><td></td></tr>
</table>

说明：1. 申请企业法定代表人或授权人签名栏必须手签，使用名章无效；

2. 若由授权人签署，需提交由法定代表人手签并加盖公司印章的授权书原件；

3. 银行账户信息必须为公司账户，用于拨付贴息资金，务必正确填写；

4. 企业性质：国有、集体、民营、三资、研究院所、高校、其他。

附件 2-3

提升公共服务能力事项申报表

（　　年度）

<table>
<tr><td colspan="10">一、申报单位基本情况</td></tr>
<tr><td>名称</td><td colspan="9"></td></tr>
<tr><td>企业代码</td><td colspan="2"></td><td colspan="3">信用等级</td><td colspan="4"></td></tr>
<tr><td>单位负责人</td><td colspan="2"></td><td colspan="3">联系电话（手机）</td><td colspan="4"></td></tr>
<tr><td>主管部门</td><td colspan="9"></td></tr>
<tr><td>注册登记类型</td><td colspan="9">1. 国有企业　2. 集体企业　3. 股份合作企业　4. 联营企业　5. 有限责任公司
6. 股份有限公司　7. 私营企业　8. 外商投资企业　9. 其他（请注明：　　　　　　）</td></tr>
<tr><td>注册资金</td><td colspan="2">万元</td><td colspan="5">其中外资（含港澳台）比例</td><td colspan="2">%</td></tr>
<tr><td>职工总数</td><td>人</td><td>其中本科以上</td><td colspan="2">人</td><td colspan="4">其中研究开发人员</td><td>人</td></tr>
<tr><td colspan="2">上年度企业总收入</td><td>万元</td><td colspan="5">上年度企业净利润</td><td colspan="2">万元</td></tr>
<tr><td colspan="2">上年末企业总资产</td><td>万元</td><td colspan="5">上年度企业交税总额</td><td colspan="2">万元</td></tr>
<tr><td colspan="2">获得的相关企业认证：</td><td colspan="2"></td><td colspan="3">获得的专利：</td><td colspan="3"></td></tr>
<tr><td colspan="2">通过的相关产品认证：</td><td colspan="2"></td><td colspan="3">企业拥有的品牌：</td><td colspan="3"></td></tr>
<tr><td colspan="10">申报单位简介（限 500 字以内）：</td></tr>
</table>

<table>
<tr><td colspan="4">二、项目基本情况</td></tr>
<tr><td>项目名称</td><td colspan="3"></td></tr>
<tr><td>合作单位名称</td><td colspan="3"></td></tr>
<tr><td>项目起始时间</td><td>年　　月</td><td>项目计划完成时间</td><td>年　　月</td></tr>
<tr><td>项目负责人</td><td></td><td>联系电话（手机）</td><td></td></tr>
<tr><td>项目现处阶段</td><td colspan="3">1. 新建阶段，已做的相关准备：____________________
2. 在建（或已建成）阶段，已开展的服务内容：____________________</td></tr>
</table>

<table>
<tr><td>项目主要
建设内容</td><td colspan="5">（限500字以内）</td></tr>
<tr><td>项目实施场地</td><td colspan="5"></td></tr>
<tr><td>现有服务设施</td><td colspan="5"></td></tr>
<tr><td>技术来源</td><td colspan="5">□ 1. 自有技术 □ 2. 产学研合作开发技术 □ 3. 国内其他单位技术 □ 4. 引进技术本企业消化创新 □ 5. 国外技术</td></tr>
<tr><td>项目主要优势</td><td colspan="5">□ 1. 市场发展前景很好 □ 2. 产品或工艺创新性突出 □ 3. 经济效益显著 □ 4. 社会效益显著 □ 5. 其他（请注明： ）</td></tr>
<tr><td>项目完成后
验收指标</td><td colspan="5">1.
2.
3.</td></tr>
<tr><td>项目完成后
计划实现指标</td><td colspan="5"></td></tr>
<tr><td colspan="6">三、项目资金情况</td></tr>
<tr><td colspan="2" rowspan="3">项目计划总投资金额</td><td colspan="2">合 计</td><td colspan="2">万元</td></tr>
<tr><td colspan="2">固定资产投资</td><td colspan="2">万元</td></tr>
<tr><td colspan="2">流动资金投资</td><td colspan="2">万元</td></tr>
<tr><td rowspan="4">已投资金额</td><td>企业自筹</td><td colspan="4">万元</td></tr>
<tr><td>银行贷款</td><td colspan="4">万元</td></tr>
<tr><td>财政拨款</td><td colspan="4">万元</td></tr>
<tr><td>其他</td><td colspan="4">万元</td></tr>
<tr><td rowspan="5">计划新增
投资来源</td><td>企业自筹</td><td colspan="4">万元</td></tr>
<tr><td>银行贷款</td><td colspan="4">万元</td></tr>
<tr><td rowspan="2">财政拨款</td><td rowspan="2">万元</td><td colspan="2">其中专项资金资助</td><td>万元</td></tr>
<tr><td colspan="2">其中地方政府配套</td><td>万元</td></tr>
<tr><td>其他</td><td colspan="4">万元</td></tr>
<tr><td colspan="3">本次计划申请专项资金资助金额</td><td colspan="3">万元</td></tr>
<tr><td>申请专项资金
用途</td><td colspan="5">（请选择并另附费用计划使用明细）
1. 固定资产购置费用 2. 运营维护费用 3. 与项目相关的其他支出</td></tr>
</table>

附件 2-4

重点服务进口项目申请承诺书

（　　年度）

根据 2020 年度支持试点地区及示范城市服务贸易创新发展资金申报指南有关要求，我单位（单位名称　　　）拟申请重点服务进口项目。

并做出以下承诺：

1. 已认真阅读和全面了解专项资金申报规定及资金使用管理办法，承诺严格符合申报条件和要求，并将严格按照专项资金管理办法组织项目的实施；

2. 保证提供的所有申报文件和资料真实有效，并承担相应的法律责任；

3. 接受有关部门及市商务局、市财政局组织的验收及指派的审计机构和评估机构的监督、评估；

4. 如违反专项资金管理制度或有违法违纪行为，将承担一切责任，并在规定的时限内如数退还资金。

5. 保证配合相关部门工作要求，按期提供申报项目相关信息和统计数据。

申请人：（法人签字并加盖公章）

申请日期：　　年　　月　　日

（说明：法人必须手签字，盖名章无效；如授权签字需付授权委托书原件）

附件 2-5

2020 年服务进口贴息事项申报说明

（　　年度）

申请企业名称			
法定代表人姓名		企业注册地址	省　　市
企业性质			
通信地址		邮政编码	

申请人郑重声明如下：

1. 申请人共上报申报文件资料________页；
2. 申请人依法注册，具有独立法人资格，并合法经营；
3. 申请人申报的所有文件、单证和资料是准确、真实、完整和有效的；
4. 申请人申报的所有复印件均与原件核对，完全一致；
5. 申请人承诺接受有关主管部门为审核本申请而进行的必要核查。

申请企业法定代表人或授权人：（签名）

申请企业盖章：

日期：　　年　　月　　日

开户银行账户账号		开户银行账户户名	
开户银行名称		开户行地址	
企业联系人		联系电话	
电子邮件		移动电话	
联系传真			

说明：1. 申请企业法定代表人或授权人签名栏必须手签，使用名章无效；

2. 若由授权人签署，需提交由法定代表人手签并加盖公司印章的授权书原件；

3. 银行账户信息必须为公司账户，用于拨付贴息资金，务必正确填写；

4. 企业性质：国有、集体、民营、三资、研究院所、高校、其他。

附件 2-6

2020 年服务进口贴息事项申请表

（　　年度）

上报单位

序 号	服务进口合同号	服务代码及名称	服务描述	实际服务进口额（人民币）	进口服务国别地区
总 计					

联系人：　　　　　　　　　　　　　　联系电话：

附件 3

2020 年度支持服务贸易境外拓展资金申报指南

一、支持范围

支持内容以商务部 2016 年第 58 号公告提出的《服务出口重点领域指导目录》为基础，重点支持北京市服务业扩大开放综合试点的六个领域：科学技术服务领域、互联网和信息服务领域、文化教育服务领域、商务及旅游服务领域、健康医疗服务领域的服务贸易出口，以及北京加快培育的金融、科技、信息、文化创意、商务服务等现代服务业领域的相关服务贸易出口。

二、申请条件

1. 依法在北京登记注册，具有独立法人资格；

2. 按照有关规定已取得开展相关业务资格或已进行核准或备案；

3. 通过商务部业务系统统一平台中的“技术贸易管理信息应用”或“服务贸易统计监测管理业务应用”如实填报有关统计资料。

三、支持项目

（一）服务贸易出口贴息项目

1. 支持内容

对上述所列支持范围中的服务贸易出口给予贴息支持，优先支持其中的技术出口项目。技术出口，是指我国境内企业通过贸易、投资或经济技术合作方式向境外实施的专利权转让、专利申请权转让、专利实施许可、专有技术转让或许可等技术转移，以及技术转让或许可合同项下提供的技术服务。不包括《中国禁止出口限制出口技术目录》（商务部、科技部令 2008 年第 12 号）所列的出口技术。重点支持具有国际竞争力、成熟的产业化技术出口及技术服务出口。

2. 申报单位除满足基本条件外还应满足以下条件：

（1）技术出口业务应根据《中华人民共和国技术进出口管理条例》（中华人民共和国国务院令第 331 号），已在商务部“服务贸易统计监测管理信息系统（技术贸易管理信息应用）”中登记 2019 年 7 月 1 日至 2020 年 6 月 30 日（以下简称“规定期间”）的实际出口额。其他服务贸易业务，应在商务部“服务贸易统计监测管理信息系统”中登记规定期间的实际出口额；

（2）相关业务应当在规定期间取得银行出具的收汇凭证，实际出口额应达到 50 万美元（含）以上。

3. 支持标准和方式

对申报单位在规定期间取得收汇凭证的服务贸易出口业务，以审定的出口收汇金额（人民币金额）作为计算贴息的本金，按照不超过中国人民银行公布的 2020 年 6 月 30 日前最近一期一年贷款市场报价利率（LPR）给予贴息支持（实际贴息金额按支持资金总体规模、实际业务核准额及申报企业数量综合确定）。对同一申报单位的贴息总额最高不超过 500 万元人民币。

4. 申报材料

（1）由法定代表人签字的项目申请报告，内容包括：申报单位基本情况、出口概要、本申报单位近三年无严重违法违规行为，是否拖欠政府性资金、同一项目是否已申请或享受其他财政资金等，以及申报说明；

（2）《服务贸易境外拓展资金项目申请表》；

（3）由法定代表人签字的《服务贸易境外拓展资金项目申请承诺书》；

（4）营业执照复印件；

（5）服务贸易出口合同复印件；

（6）银行出具的收汇凭证复印件（收汇凭证以非人民币作为计价币种的，应将出口额换算成人民币）；

（7）相关涉外收入申报单复印件；

（8）涉及专利权转让的单位需提供著录项目变更手续合格通知书复印件；

（9）经会计师事务所审计的2019年度财务会计报告复印件；

（10）技术出口项目还要提供《技术出口合同登记证书》和《技术出口合同数据表》及《技术出口数据变更记录表》复印件；

以上材料均须加盖申报单位公章。

（二）鼓励会计师事务所参与国际竞争项目

1. 支持对象

（1）会计师事务所应在北京市注册登记，并具有经北京市财政局行政许可的会计师事务所执业证书；

（2）会计师事务所近三年以来无严重违法违规行为。

2. 支持标准和方式

（1）鼓励会计师事务所在境外以自有品牌设立分支机构（含并购吸收所在国家和地区的会计师事务所成为其成员所）。规定期间内，每在境外自主设立一家分支机构（含并购吸收所在国家和地区的会计师事务所成为其成员所），实现品牌统一，正常开展业务，经申请审核，给予15万元奖励，每年每家会计师事务所奖励最高限额为100万元。

（2）鼓励会计师事务所以自有品牌参与权威国际会计公司网络排名。规定期间内，会计师事务所在境外以自有品牌设立分支机构两家以上，并以自有品牌参与权威国际会计公司网络排名，分三档进行奖励：进入全球前30名，一次性给予30万元奖励；进入全球前20名，一次性给予40万元奖励；进入全球前10名，一次性给予50万元奖励。国际排名名次以会计师事务所2019年度参与权威国际会计公司网络排名较为靠前的名次为准，符合条件的会计师事务所不重复享受奖励。

3. 申报材料

（1）由法定代表人签字的《服务贸易海外拓展资金项目申请表》，内容包括：企业基本情况、出口概要、本企业近三年无严重违法违规行为，是否拖欠政府性资金、同一项目是否已申请或享受其他财政资金等，以及申报说明；

（2）营业执照复印件；

（3）由法定代表人签字的《服务贸易海外拓展资金项目申请承诺书》；

（4）经会计师事务所审计的2019年度财务会计报告复印件；

（5）以自主品牌参与权威国际会计公司网络排名所获得较高名次的证明材料（中英文）；

（6）事务所自主品牌情况说明；

以上材料均须加盖企业公章。

四、申报工作要求：

（一）8月21日前，请各项目申报单位将申报材料一式两份（含电子版）报辖区商务主管部门。

（二）9月10日前，各辖区商务主管部门将初审汇总情况、企业申报材料各1份（含电子版）报市商务局。

（三）市商务局委托中介机构进行项目审核，对审核通过的项目，在市商务局官方网站上予以公示，公示期为7天，公示期满无异议后按规定进行资金拨付。

联系人：王娅婷、郑勇；

电　话：55579492/9489；

邮　箱：wangyating@sw.beijing.gov.cn

附件 3-1

服务贸易境外拓展资金项目申报说明

（　　年度）

<table>
<tr><td>申请企业名称</td><td colspan="3"></td></tr>
<tr><td>企业注册地址</td><td></td><td>法定代表人姓名</td><td></td></tr>
<tr><td>办 公 地 址</td><td></td><td>邮政编码</td><td></td></tr>
<tr><td colspan="4">申请人郑重声明如下：
1. 申请人共上报申报文件资料________页；
2. 申请人依法注册，具有独立法人资格，并合法经营；
3. 申请人申报的所有文件、单证和资料是准确、真实、完整和有效的；
4. 申请人申报的所有复印件均与原件核对，完全一致；
5. 申请人承诺接受有关主管部门为审核本申请而进行的必要核查。

申请企业法定代表人或授权人：（签名）
申请企业盖章：
日　　期：　　年　　月　　日</td></tr>
<tr><td>申请项目
（请在申请的项目前的方框内画√）</td><td colspan="3">□服务贸易出口贴息项目
其中：□技术出口贴息项目
□其他服务出口贴息项目
□鼓励会计师事务所参与国际竞争项目</td></tr>
<tr><td>银行账户账号</td><td></td><td>银行账户户名</td><td></td></tr>
<tr><td>开户银行名称</td><td></td><td>开户行地址</td><td></td></tr>
<tr><td>企业联系人</td><td></td><td>联系电话</td><td></td></tr>
<tr><td>电子邮件</td><td></td><td>移动电话</td><td></td></tr>
<tr><td>联系传真</td><td></td><td></td><td></td></tr>
</table>

备注：1. 申请企业法定代表人或授权人签名栏必须手签，使用名章无效；

2. 若由授权人签署，需提交由法定代表人手签并加盖公司印章的授权书原件；

3. 银行账户信息必须为公司账户，用于拨付贴息资金，务必正确填写。

附件 3-2

服务贸易境外拓展资金项目申请承诺书

（ 年度）

根据20____年度北京市外经贸发展资金支持北京市服务贸易境外拓展实施方案的有关要求，我单位（单位名称 ）拟申请□服务贸易出口贴息项目或□鼓励会计师事务所参与国际竞争项目专项资金项目（请在申请的项目前的方框内画√）。

并做出以下承诺：

1. 已认真阅读和全面了解专项资金申报规定及资金使用管理办法，承诺严格符合申报条件和要求，并将严格按照专项资金管理办法组织项目的实施；

2. 保证提供的所有申报文件和资料真实有效，并承担相应的法律责任；

3. 接受有关部门及市商务局、市财政局组织的验收及指派的审计机构和评估机构的监督、评估；

4. 如违反专项资金管理制度或有违法违纪行为，将承担一切责任，并在规定的时限内如数退还资金。

5. 保证配合相关部门工作要求，按期提供申报项目相关信息和统计数据。

申请人：（法人签字并加盖公章）

申请日期： 年 月 日

（说明：法人必须手签字，盖名章无效；如授权签字需付授权委托书原件）

附件 3-3

服务贸易境外拓展资金申请表（服务贸易出口贴息项目）

（ 年度）

申请企业（加盖单位公章）： 企业注册地

序号	合同登记证书号（技术出口企业填此项）	合同号	合同名称	合同金额（原币）	涉外收入申报单号	××××年实际出口额（原币）	××××年实际出口额（人民币）	备注
合计								

企业联系人： 联系电话：

附件 3-4

服务贸易境外拓展资金申请汇总表（服务贸易出口贴息项目）

（　　年度）

区（开发区）：

序号	企业名称	合同数量	实际出口总额（人民币）	备注
1				
2				
3				
4				
5				
6				
7				
8				
9				
10				
11				
12				
13				
14				
15				
16				
17				
18				
19				
20				
21				
22				
23				
24				
25				
26				
27				
28				
总计				

商务部门联系人：　　　　　　　　　　　　　　　联系电话：

北京市商务局关于开展2020年度外经贸发展专项资金（进口贴息事项）申报工作的通知

京商外运字〔2020〕22号

各区商务局，开发区商务金融局，各有关单位：

根据《财政部、商务部关于印发〈外经贸发展专项资金管理办法〉的通知》（财企〔2014〕36号，以下简称《资金办法》）、《财政部　商务部关于2020年度外经贸发展专项资金重点工作的通知》（财行〔2020〕109号）及《北京市外经贸发展资金管理实施细则》（修订稿）（京商务财务字〔2018〕23号，以下简称《实施细则》）的有关规定，为做好2020年度进口贴息项目申报工作，现将有关事项通知如下：

一、基本情况

进口贴息实行目录管理，本次进口贴息申报依据国家发展改革委、财政部、商务部发布的《鼓励进口技术和产品目录（2016年版）》。该目录包括鼓励引进的先进技术、鼓励进口的重要装备和鼓励发展的重点行业三部分内容。我局服务贸易处负责鼓励引进的先进技术部分，外贸运行处负责鼓励进口的重要装备和鼓励发展的重点行业部分。

二、企业申请条件

（一）符合《资金办法》第十一条及《实施细则》第十条所规定的基本条件。

（二）以一般贸易方式、边境贸易方式进口列入国家发展改革委、财政部、商务部发布的《鼓励进口技术和产品目录（2016年版）》（以下简称《目录》），或自非关联企业引进列入《目录》中的技术。

（三）进口产品的申请企业应当是《进口货物报关单》上的消费使用单位；进口技术的申请企业应当是《技术进口合同登记证书》上的技术使用单位。

（四）进口产品应当在2019年7月1日至2020年6月30日期间完成进口报关（以海关结关日期为准）；进口技术应当在2019年7月1日至2020年6月30日期间执行合同，并取得银行出具的付汇凭证。

（五）技术进口合同中不含违反《中华人民共和国技术进出口管理条例》（国务院令第331号）规定的条款。

（六）进口《目录》中“鼓励发展的重点行业”项下的设备，未列入《国内投资项目不予免税的进口商品目录（2012年调整）》（财政部、国家发展改革委、海关总署、国家税务总局公告2012年第83号）。

（七）符合以上条件的进口产品及技术总额不低于50万美元。

三、申报材料

（一）企业法定代表人签字的申请文件（附件1），包括：企业基本情况、进口用途、预计可产生的效益、项目绩效目标（工作和目标完成情况）等。

（二）《2020年进口贴息事项申报说明》（附件2）及电子数据。

（三）企业营业执照（复印件）。

（四）《2020年进口贴息事项申请表》（附件3）及电子数据。

（五）进口产品订货合同或技术进口合同（复印件，非中文合同需提供中文版翻译件）。

（六）进口产品的，需提供《中华人民共和国海关进口货物报关单》企业留存联（复印件或打印件）。

（七）进口技术的，需提供《技术进口合同登记证书》《技术进口合同数据表》及银行出具的注明技术进口合同号的付汇凭证（复印件），技术使用单位与付汇单位不一致的，需提供双方的代理合同。技术进口额是指通过转让、许可、委托开发、合作开发、技术咨询等方式自非关联企业引进《目录》内技术所支付的技术费金额（不含设备、培训、调试、差旅等费用，不含以年度销售额、利润等为基数按比例支付的技术引进费）。付汇凭证上请注明技术引进合同号、技术名称和符合贴息条件的付汇金额。

（八）进口“鼓励发展的重点行业”项下的设备，需提供《国家鼓励发展的内外资项目确认书》（或海关出具的《适用鼓励类产业政策条目确认通知单》，含进口设备清单，复印件）、《进出口货物征免税证明》（复印件）及《进口货物报关单》（复印件）。如因关税为零无法获得免税证明，可不提交免税证明，但应在申请报告中说明有关情况；属于《目录》第三部分“鼓励发展的重点行业”中的“国家级工程（技术）研究中心、国家工程实验室、国家认定的企业技术中心、重点实验室、高新技术创业服务中心、新产品开发设计中心、科研中试基地、实验基地建设”的，申报时不需提交《国家鼓励发展的内外资项目确认书》，但需提交科技部、国家发展改革委等部门关于国家级研究中心的认定文件。

（九）重要装备有技术参数要求的，需提供列明商品技术参数的进口合同或产品说明书等相关证明材料。

（十）引进技术的应说明是否从关联企业引进，企业更名的应说明相关情况并附证明材料。

以上材料均需加盖企业公章。

四、工作进度和申报时间

（一）2020 年 7 月 16 日 9:30—11:00 项目申报培训。视频线上会议（腾讯会议号：950 727 546，操作指南见附件 4，报名二维码件附件 5）

（二）2020 年 7 月 22 日至 7 月 28 日提交书面材料（一式一份）。

（三）2020 年 8 月 3 日至 8 月 5 日核对原件，同时提交装订好的纸质材料（带页码）一式三份及电子数据（以 U 盘方式报送）。

五、递交材料地点及方式

地点：申报材料交至北京市丰台区芳星园 3 区 16—17 号楼 2 层东区。

方式：为全力做好新型冠状病毒感染和肺炎疫情预防控制工作，避免因人群聚集可能带来的传染风险，本年度进口贴息报送材料采取预约制，请于 2020 年 7 月 20 日—7 月 21 日拨打预约电话预约，每天上、下午最多各预约 10 家企业，当天不超过 20 家企业，每单位最多派 1 人到现场进行材料申报，预约请留人员姓名及手机号。

递交材料预约电话：17610520360

业务咨询电话（产品）：55579511

业务咨询电话（技术）：55579489

特此通知。

附件：

1. 申请文件（模板）
2. 2020 年进口贴息事项申报说明
3. 2020 年进口贴息事项申请表
4. 腾讯会议操作指南
5. 培训报名二维码

附件 1

申请文件（模板）

一、企业基本情况

企业简介及所属行业、职工人数、技术人员占比、年纳税额、产品名称、上一年及当年进出口情况、是否被市商务委认定为双自主企业（即拥有自主品牌和自主知识产权）；近五年有无严重违法违规行为；有无拖欠应交还的财政性资金等情况。

二、项目基本情况

1. 项目实施情况，包括但不限于项目批复、备案情况，资金来源、采购方式、进度等情况。引进技术的应说明是否从关联企业引进。企业更名的应说明相关情况并附证明材料。

2. 进口产品主要用途，包括但不限于自用、销售、研发、填补国内空白、消化吸收再创新及其他。

三、项目绩效情况

（一）项目实施预计可产生的效益，包括社会效益和经济效益（务必结合项目本身实际情况进行量化的分析，便于后期考核）。

（二）项目实施的主要效果，包括但不限于：支持企业引进消化吸收再创新、促进产业结构优化升级、优化进口产品结构、提高企业国际竞争力扩大出口、促进节能减排等方面，需使用具体数据和案例进行详细说明。

附件2

2020年进口贴息事项申报说明

<table>
<tr><td>申请企业名称</td><td colspan="2"></td></tr>
<tr><td>法定代表人姓名</td><td>企业注册地</td><td>省　　市</td></tr>
<tr><td>企业性质</td><td></td><td></td></tr>
<tr><td>通信地址</td><td>邮政编码</td><td></td></tr>
<tr><td colspan="3">申请人郑重声明如下：
1. 申请人共上报申报文件资料________页；
2. 申请人依法注册，具有独立法人资格，并合法经营；
3. 申请人申报的所有文件、单证和资料是准确、真实、完整和有效的；
4. 申请人申报的所有复印件均与原件核对，完全一致；
5. 申请人承诺接受有关主管部门为审核本申请而进行的必要核查。

申请企业法定代表人或授权人：（签名）

申请企业盖章：

日期：　　年　　月　　日</td></tr>
<tr><td>开户银行账户账号</td><td>开户银行账户户名</td><td></td></tr>
<tr><td>开户银行名称</td><td>开户行地址</td><td></td></tr>
<tr><td>企业联系人</td><td>联系电话</td><td></td></tr>
<tr><td>电子邮件</td><td>移动电话</td><td></td></tr>
<tr><td>联系传真</td><td></td><td></td></tr>
</table>

备注：1. 申请企业法定代表人或授权人签名栏必须手签，使用名章无效；

2. 若由授权人签署，需提交由法定代表人手签并加盖公司印章的授权书原件；

3. 银行账户信息必须为公司账户，用于拨付贴息资金，务必正确填写；

4. 企业性质：国有、集体、民营、三资、研究院所、高校、其他。

附件 3

2020 年进口贴息事项申请表

申请企业：

序号	海关报关单号（技术进口填合同号）	商品税号（技术进口不填）	商品名称 / 技术名称	商品技术参数（技术进口不填）	实际进口额（美元）	原产地	商品 / 技术在目录中的序号
总计							

中央部门（机构），省、自治区、直辖市、计划单列市商务厅（委、局）意见： （盖章） 年　月　日	省、自治区、直辖市、计划单列市财政厅（局）意见： （盖章） 年　月　日

填表要求：

1. 本表应按海关报关单列明的项目逐项填报，不得将相同商品合计填报。申报进口产品的，应在“海关报关单号”栏中准确填写 18 位海关报关单号。
2. 对进口产品有技术参数要求的，应在本表“商品技术参数”栏内，填写该产品对应的实际参数，并注明参数在所附材料中的页码。
3. 《进口货物报关单》或《付汇凭证》以非美元作为计价币种的，应将进口额折算成美元。折算率按照国家外汇管理局 2020 年 6 月底公布的《各种货币对美元折算率表》（国家外汇管理局网址：http://www.safe.gov.cn ）计算。

企业联系人：　　　　　　　　　　　　联系电话：

附件 4

腾讯会议操作指南

会议主题：2020 年进口贴息培训会

会议时间：2020/7/16 09:30-11:00

点击链接入会，或添加至会议列表：

https://meeting.tencent.com/s/q3NVp5WIolqd

会议 ID：950 727 546

手机一键拨号入会

+8675536550000,,950727546#（中国大陆）

+85230018898,,,2,950727546#（中国香港）

根据您的位置拨号

+8675536550000（中国大陆）

+85230018898（中国香港）

附件 5

培训报名二维码

北京市商务局　北京市财政局关于印发《北京市外经贸发展资金支持北京市对外投资合作实施方案》的通知

京商财务字〔2020〕21号

各有关单位：

根据《北京市商务委员会　北京市财政局关于印发〈北京市外经贸发展资金管理实施细则〉（修订稿）的通知》（京商务财务字〔2018〕23号），为支持我市对外投资合作，市商务局和市财政局结合北京市实际情况，联合制定了《北京市外经贸发展资金支持北京市对外投资合作实施方案》，现将该方案印发给你们，请遵照执行。

特此通知。

（联系人：市商务局　张景云；联系电话：55579337）

北京市外经贸发展资金支持北京市对外投资合作实施方案

根据《北京市商务委员会　北京市财政局关于印发〈北京市外经贸发展资金管理实施细则〉（修订稿）的通知》（京商务财务字〔2018〕23号），为支持我市对外投资合作，特制定以下实施方案：

一、申请的基本条件

（一）申请企业应具备的基本条件

1. 在我市依法注册，具有独立企业法人资格，已经取得市商务局或由市商务局报经商务部批准（核准或备案）开展对外投资合作业务的本市地方企业（对于境外渔业合作的企业根据国家有关规定在口岸城市或港口城市注册的，可不受注册地必须为我市的相关限制）；

2. 按照商务部、国家统计局《对外直接投资统计制度》《对外承包工程业务统计制度》和《对外劳务合作业务统计制度》的规定，按时向北京市商务局报送业务统计资料和项目进展情况；

3. 当年未获得相同性质的其他同级专项资金的支持；

4. 其他按规定应满足的条件。

（二）申请项目应具备的基本条件

1. 经有关部门批准、登记或备案；

2. 在项目所在国（地区）依法注册、登记或备案，项目依法生效；

（1）境外投资，在“一带一路”沿线国家新设或并购企业；涉及装备制造和国际产能合作的；涉及境外主要矿产资源开发的；能够带动北京市企业技术转型升级，填补我市企业在技术方面的空白并购的；在境外设立研发中心、实验室及科技企业孵化器的；能够带动中华传统文化走出去，有利于传播优秀传统文化的境外投资的；在境外开展农业种植、畜禽养殖、奶业生产加工，农产品生产加工，参与海外农业技术示范项目和农业科技合作示范园区建设的等境外投资项目。

（2）对外承包工程，在基础设施、基础产业及有利于改善当地民生等领域开展的附加值高、影响力大，具有品牌和技术标准优势的工程项目，以及设计、咨询类等工程项目。

（3）对外劳务合作，按照《对外劳务合作管理条例》和《商务部 外交部 公安部 工商总局关于印送对外劳务合作服务平台建设试运行办法的函》（商合函〔2010〕484号）的规定，支持对外劳务合作公共服务平台建设，强化信息咨询、素质培训、权益保障、规范引导等服务功能，扩大服务辐射面；按规定开展对外劳务人员适应性培训的企业，支持重点：一是外派劳务人员户籍所在地为“京津冀”协同发展区域内或全国范围内“国家级贫困县”的，二是符合打造对外劳务合作“北京服务”品牌的高端劳务，如医护、厨师、航空、IT、施工项目管理等技术型劳务。

（4）境外渔业合作，通过购买捕捞许可、派出渔船方式，在境外从事的渔业捕捞活动，渔业产品60%以上供应首都市场的。

（5）支持建设省级境外企业和对外投资联络服务分平台，我市企业为接入分平台支出的各项实际费用按照不超过50%比例予以补助。

3. 项目金额标准：

境外投资：境外投资项目中方直接投资额不低于500万美元或等值货币；在“一带一路”沿线国家及年度重点投资方向和领域新设或并购企业，境内投资者拥有该境外企业30%（含）以上权益的境外投资，中方投资总额超过300万美元的；涉及装备制造和国际产能合作（钢铁企业、水泥企业，平板玻璃生产企业，火力发电厂、水力发电厂、核能发电厂、风力发电厂、太阳能光伏电站、汽车生产）的境外投资，中方占有该境外企业10%以上权益，中方投资总额超过300万美元的；涉及境外主要矿产资源开发（能源类矿产、金属矿产、非金属矿产）的境外投资，中方占有该境外企业10%以上权益，中方投资总额超过300万美元的；能够带动北京市企业技术转型升级，填补我市企业在技术方面的空白的并购项目，中方占有该境外企业30%以上权益，中方投资总额超过300万美元的；在境外设立研发中心、实验室及科技企业孵化器，中方占有该境外企业50%以上权益，中方投资总额超过100万美元的；能够带动“中华传统文化”走出去，有利于传播优秀传统文化的境外投资，中方投资总额超过50万美元的；在境外开展农业种植、畜禽养殖、奶业生产加工，农产品生产加工，参与海外农业技术示范项目和农业科技合作示范园区建设的境外投资，中方占有该境外企业50%以上权益，中方投资总额超过50万美元的。

对外承包工程：对外承包工程项目合同额不低于500万美元或等值货币（设计、咨询类项目除外）。

4. 项目适用时间：

（1）申请贷款贴息的项目，项目合同和贷款合同须在资金支持年度内正在执行并按合同支付利息的；

（2）申请一次性直接补助的境外投资项目，新设（并购）境外企业须在资金支持年度内备案并设立；

（3）申请对外承包工程直接补助的，项目须在资金支持年度内正在执行并形成营业额；

（4）申请外派劳务人员直接补助的，项目须在资金支持年度内实际派出劳务人员；

（5）申请海外投资保险保费直接补助的，项目须为资金支持年度内执行的投保协议并支付保费；

（6）申请资源回运保费的直接补助，其项目合同（协议）在资金支持年度内正在执行，并在此期间内运回权益内资源产品（以海关报关单为准）；

（7）申请对外承包工程项目投标、履约保函费用的直接补助，项目须为资金支持年度内正在执行的项目开具的保函并支付费用的；

（8）申请外派中方人员安全保险费用补助的，相关人员须在规定时间内实际派出并已支付相关费用。

5. 其他按规定应满足的条件。

二、支持方式和标准及限额

（一）贷款贴息

申请贴息贷款为一年以上（含一年）中长期境内非政策性贷款，贷款可从境内银行取得，也可由我国企业在境外设立的控股企业从我国银行在境外的分支机构取得；特许经营类对外承包工程项目的贷款可由境外项目公司从境内银行取得，也可从我国银行在境外的分支机构取得；贷款用于对外投资合作项目的建设及运营；规定项目贷款额不超过《企业境外投资证书》备案的贷款额度和对外承包工程项目合同额，人民币贷款贴息率不超过中国人民银行公布执行的基准利率，实际利率低于基准利率的，不超过实际利率；外币贷款年贴息率不超过3%，实际利率低于3%的，不超过实际利率。

补助标准：用于支持对外投资合作项目的贷款贴息，不超过贷款实际支付利息的50%；每个项目可获得累计不超过3年的贷款贴息支持，每年度不超过500万元人民币。

（二）境外投资的直接补助

我市企业申请境外投资项目直接补助的须是经市商务局或经市商务局报经商务部备案或核准取得《企业境外投资证书》，已在项目所在国（地区）依法注册，已履行完境内外全部手续。

补助标准：境外投资项目在规定年度内直接投资额超过500万美元的投资，给予额度不超过100万元人民币的一次性补助；如达不到上述标准要求，符合支持重点且在规定年度内累计中方直接投资完成中方投资总额60%以上的，一般给予额度不超过50万元人民币的一次性直接补助。

（三）对外承包工程的直接补助

1. 我市企业开展对外承包工程业务，申请营业额补助的应为申请企业直接中标项目，不含从其他对外承包工程企业获得的工程分包项目；项目合同总额大于500万美元（设计、咨询类项目除外）；以联营体形式承包工程的，企业承担项目情况按合同比例计算工程合同额。

补助标准：用于支持企业取得对外承包工程项目的补助，按照不超过项目申报期内已完成营业额的0.5%进行补助。一个项目当年补助额最高不超过100万元。

2. 用于支持企业对外承包工程项目投标、履约保函费用的补助，不超过实际支付费用的50%，一个项目当年补助额最高不超过100万元人民币。

（四）外派劳务人员的直接补助

对按商务部、北京市规定开展对外劳务人员适应性培训，重点对外派劳务人员户籍所在地为“京津冀”协同发展区域内或全国范围内“国家级贫困县”的企业、符合打造对外劳务合作“北京服务”品牌高端劳务的企业进行直接补助（申报京津冀或国家级贫困县人员补助需提供所派出人员的“身份证复印件”，国家级贫困县以商务部提供的国家级贫困县名单为准）。

支持标准：培训补助每人不超过500元人民币，其中，对派出人员户籍所在地为“京津冀”协同发展区域内或全国范围内“国家级贫困县”的，每人补助不超过1000元人民币。

（五）资源回运运保费的直接补助

我市企业开展境外能源资源开发，将其所获合作权益以内的产品运回国内，对从境外起运至国内口岸间的运保费给予补助。计算运保费的资源产品进口数量以海关统计数据为准。企业实施对外承包工程项目换回的，不超过与外方签署的开发投资合作协议合同总金额的资源产品运回国内，对从境外起运地至国内口岸间的运保费给予补助；享受补助的回运资源种类比照上述境外资源、能源开发合作项目执行。

补助标准：企业规定资源回运运保费支持金额不超过实际支付费用的50%，一个项目当年补助额最高不超过500万元人民币。

（六）海外投资保险保费的直接补助

对企业开展对外投资合作业务投保海外投资保险的保费进行补助。

补助标准：给予不超过申请企业实际支付保险费用50%的补助，一个项目当年补助额最高不超过500万元人民币。

（七）外派中方人员安全保险费用补助

鼓励我市对外投资合作企业为外派中方人员购买在国外工作期间人身意外伤害险、绑架与赎金综合保障险、传染病及医疗保险，海外救援服务等保障外派中方人员人身安全的产品，按每人实际发生保费用的50%，给予不超过1000元人民币的补助，一个申报企业当年补助额最高不超过100万元人民币。

（八）企业（单位）建设支持本市企业“走出去”的公共服务平台，具体支持方式标准以确认考核和年度考核标准为准。

（九）对受主管部门委托的企业（单位）为促进我市企业开展对外投资合作业务而组织的促进活动，按组织开展促进活动实际发生的费用进行补助。

（十）同一申报企业当年获得本专项资金支持总金额不超过1000万元。

三、申请审核和拨付

对外投资合作资金的申请详见当年申报通知，需提供以下基本材料：

（一）申请贷款贴息提供如下材料：

1. 北京市使用对外投资合作专项资金申请表；

2. 申请报告，包括项目基本情况、项目贷款、项目预期收益情况分析和发展前景等；

3. 申请企业营业执照复印件；

4. 企业持有的有效的《企业境外投资证书》《对外劳务合作经营资格证书》《对外承包工程项目投（议）标许可》或《对外承包工程项目备案表》等证书复印件；

5. 境外企业或机构注册文件复印件或合作项目合同副本；

6. 申报单位承诺书；

7. 与承贷金融机构签订的贷款合同及合同项下的借据及利息结算清单复印件；

8. 申请企业近两年的年度审计报告；

9. 要求报送的其他材料。

（二）申请直接补助提供如下材料：

企业除提供上述（一）款中1至6项所列材料外，还需提供如下材料：

1. 以对外承包工程项目提出申请的，需提供项目有效中标的证明文件［中标通知书、正式签订的合同、使馆经商参处意见、对外承包工程项目投（议）标备案（核准）表等材料复印件］，规定期内完成营业额的情况说明材料，申请投标、履约保函费用补助的还需提供保函复印件及费用支付票据。

2. 以对外投资项目提出申请的，需外汇核准文件和资金汇出证明（在当地或第三国融资、企业内部从第三国调动资金等方式的，可不提供外汇核准文件和资金汇出证明，但须提供相关证明）、项目所在国有关机构的验资证明、以设备等实物投资的须提供海关报关单复印件等证明项目已经实施的材料；

3. 以保费补助项目提出申请的，需提供投保保单、保费发票、合同等材料；

4. 受主管部门委托的企业（单位）为促进我市企业开展对外投资合作业务，组织开展的促进工作为由提出申请的，需提供促进活动已经开展的证明材料（开展促进活动文件、机票、合同及发票等）；

5. 以对外劳务人员适应性培训提出申请的，需提供培训的相关证明材料及外派劳务人员的户籍证明材料。

6. 要求报送的其他材料。

申报单位报送的材料凡与申请有关的外文资料，须同时报送中文译本，复印件须加盖单位公章，一式两份，按上述所列文件顺序列出规定文件目录并装订成册。

本实施方案自印发之日起实施。《北京市商务委员会 北京市财政局关于印发〈北京市外经贸发展资金支持北京市对外投资合作实施方案〉的通知》（京商务财务字〔2018〕29号）同时废止。

北京市商务局　北京市财政局关于印发《北京市外经贸发展资金支持北京市企业境外投资项目海外投资保险统保平台实施方案》的通知

京商财务字〔2020〕22号

各有关单位：

根据《北京市商务委员会　北京市财政局关于印发〈北京市外经贸发展资金管理实施细则〉（修订稿）的通知》（京商务财务字〔2018〕23号），为支持我市对外投资合作，市商务局和市财政局结合北京实际情况，联合制定了《北京市外经贸发展资金支持北京市企业境外投资项目海外投资保险统保平台实施方案》，现将该方案印发给你们，请遵照执行。

特此通知。

（联系人：市商务局　张景云；联系电话：55579337）

北京市外经贸发展资金支持北京市企业境外投资项目海外投资保险统保平台实施方案

根据《北京市商务委员会　北京市财政局关于印发〈北京市外经贸发展资金管理实施细则〉（修订稿）的通知》（京商务财务字〔2018〕23号），为支持我市对外投资合作，特制定以下实施方案：

一、申请投保企业条件

（一）在本市依法登记注册，具有独立法人资格的企业（不含以金融股权投资为主营业务的企业）；

（二）依法开展对外投资合作业务，财务制度健全，近三年无违法违规行为，未拖欠应缴还的财政性资金。

二、申请投保项目条件

境外投资项目需同时满足以下条件：

（一）符合现行国家和北京市鼓励的境外投资方向；

（二）经国家有关部门批准或备案，取得企业境外投资证书和备案的海外投资项目；

（三）在项目所在国依法注册、登记或备案；

（四）投资方式为新设或并购；

（五）项目所在国为“一带一路”已签约国；

（六）投资项目未享受过北京市其他海外投资保险保费的扶持。

三、保险标的

保险标的为北京市企业在符合下列要求的海外投资项目中的股权投资部分（最终持有的所有者权益，具体金额通过保费扶持年度1月1日项目公司的资产负债表确定）：

（一）保费扶持年度的前三个年度内在北京市商务局备案；

（二）符合上述第二条要求；

（三）上述股权投资部分投资额不超过 3 亿美元。

四、承保风险（具体内容见保单条款）

（一）战争及政治暴乱；

（二）汇兑限制；

（三）征收。

五、财政资金补助标准

对纳入统保平台，且保险方案通过相关政府部门及承保保险公司审批的项目给予 100% 保费扶持。

六、资金安排

统保平台补助资金由外经贸发展专项资金列支，承保保险公司应在第一、第二、第三季度末向市商务局报告每季度审批通过的统保平台项目，并申请支付保费，保费在下季度第一个月支付到账；承保保险公司应在 12 月 10 日前向市商务局报告第四季度审批通过的统保平台项目，并申请支付保费，保费应在 12 月 20 日前支付到账。保费到账后承保保险公司向市商务局开具发票。

本实施方案自 2021 年 1 月 1 日起实施。《北京市商务委员会 北京市财政局关于印发〈北京市外经贸发展资金支持北京市企业高风险国别投资项目海外投资保险统保平台实施方案〉的通知》（京商务财务字〔2018〕30 号）同时废止。

北京市商务局　北京市市场监督管理局　北京市卫生健康委员会　北京海关　北京市农业农村局　北京市交通委员会关于新冠肺炎常态化防控下加强食品冷链物流管理的通知

京商物流字〔2020〕5号

各有关企业、各有关部门：

为加强新冠肺炎常态化防控下食品冷链物流全流程规范化服务，补齐短板，消除风险隐患，确保冷链物流规范化操作，对运输、储存、销售等各环节操作提供指引，特制订本通知。

一、加强食品冷链物流关键环节的规范化操作

（一）作业人员

利用“北京健康宝”等手段，加强对冷链物流各环节作业人员健康检测。若出现发热、干咳等症状，不得带病上班，并参照相关防控指引要求就医。作业人员在岗时应当根据岗位需要正确佩戴口罩、手套等，必要时佩戴护目镜，手不应直接接触冷链食品。作业人员之间保持合理距离，做好个人防护。对使用过的个人防护用品应分类、规范处置，作业后做好手部清洁与消毒。加强对作业服装的日常清洁、消毒，在冷库内穿着的服装要定期消杀和更换。企业应为外出运输、配送人员配备消毒剂、纸巾、消毒湿巾等防护用品，以供其在没有洗手设施情况下清洁双手，外出作业完成后，作业人员应及时做好自身清洁。各环节应尽量实现人员无接触作业。

（二）货物

加强冷链食品源头管理。对于进口冷链食品，进口商或货主应配合相关部门对食品及其包装进行采样检测。对于外埠进京食品，经销商应主动向供应商索取相关食品安全和防疫需求检测信息。对于本地肉类屠宰、加工、经营企业，应严格执行冷链食品的相关质量管理规范和操作规范，加强环境卫生管理。进口商或货主如委托第三方物流公司提供运输、仓储等服务，在将货物交付第三方物流公司时，应主动将相关食品安全和防疫需求的检测信息提供给第三方物流公司。

在冷链物流过程中，物流包装内如需加装支撑物或衬垫，应符合相关食品安全卫生要求。物流包装上应注明冷链食品储运的温度条件。加强对货物装卸搬运等操作管理，不能使货物直接接触地面，不能随意打开冷链食品包装。应保障在运输、储存、分拣等过程中冷链食品的温度始终处于允许波动范围内。做好各交接货环节的时间、温度等信息记录并留存。

（三）运输车辆

加强对车辆的卫生管理，重点是车辆厢体部分，应确保厢体内部清洁、无毒、无害、无异味、无污染，定期进行预防性消毒。具备条件的企业应在车辆厢体内配置具有异常报警功能的温度自动记录设备，对运输过程中厢体内的温度进行实时监测和记录，温度超出允许的波动范围应报警。车辆制冷系统、测温设备应定期检查、保养及校验，发现异常及时维修。

运输过程中不应擅自打开车辆厢门。运输中冷链食品不应与非食品货物混装。不同温度要求的冷链食品不应混装。具有强烈气味、容易吸收异味或需单独存放的敏感冷链食品不应与其他食品混装。完成卸货后，应及时对车辆厢体、随车器具等进行清洗、消毒、通风。

（四）储存

仓库装卸货区宜配备封闭式月台，并配有与冷藏运输车辆对接的密封装置。加强入库检验，除查验冷链食品的外观、数量外，还应查验冷链食品的中心温度。加强库内存放管理，冷链食品堆码应按规定置于托盘或货架上。冷链食品应按照特性分库或分库位码放，对温湿度要求差异大、容易交叉污染的冷链食品不应混放。应定期检测库内的温度和湿度，库内温度和湿度应满足冷链食品的储存要求并保持稳定。库房内不应存放有毒、有害、腐烂变质货物，应定期检查货物质量，及时清理变质和过期食品。定期对仓库内部环境、货架、作业工具等进行清洁、消杀。

（五）销售

集中交易市场（农产品批发市场、农贸市场、社区菜市场）的食品经营者、超市、便利店、餐饮、自营电商等食品销售企业应当具备相应的冷藏冷冻设施，定期检查温度控制、运行和维护等情况，保持设备有效使用，并做好设施的日常卫生管理和预防性消毒。加强冷链食品安全抽检，食品经营者要及时清理过期和变质食品，主动防控风险。

二、保障措施

（一）落实相关冷链标准和防控要求

企业在冷链运输、储存、销售等环节应积极执行《冷藏、冷冻食品物流包装、标志、运输和储存》《易腐食品控温运输技术要求》等相关国家冷链标准和地方冷链标准，加强全流程规范化操作；要根据疫情防控情况和市委市政府相关要求，认真落实各类防控措施。

（二）鼓励冷链物流技术和模式创新应用

推广标准化周转箱（筐）、标准化托盘等标准化器具在冷链物流过程中的应用，通过集装化器具使用，减少货物倒装次数，减少装卸搬运作业人工，提高物流操作效率。加强大数据、物联网、人工智能等高新技术在冷链物流领域的应用，提高冷链物流过程可视、可控、可溯水平。鼓励带板运输及“免验货”信任交接，优化物流配送线路，提高流通效率和服务水平，减少人员接触。积极发展线上交易，推动从“线下交易 + 自有配送”转变为“线上下单（撮合）+ 专业配送”的方式，减少中间环节，逐步推动商流、物流分离。

（三）加强部门监督检查

各有关部门按照职责加强监督管理。

市场监督管理部门依据食品安全法等法律法规规定加强对冷藏冷冻食品监管，将冷藏冷冻食品作为重点产品纳入监督抽检范围，对冷藏冷冻食品经营场所开展现场检查，重点检查食品经营者是否具备与其经营的冷藏冷冻食品储存条件相适应的设备设施并正常运转，及其落实冷藏冷冻设备运转定期监测及记录的情况。

市卫生健康委加强对冷链食品生产经营、仓储物流等企业单位的技术支持，指导其落实疫情防控主体责任，开展对冷链食品生产、运输、存储等重点部位的环境样本采集并送检测机构进行定期检测，一旦发现可疑污染物，及时采取防控措施。

市农业农村局严格加强公路动物防疫监督检查站输入肉类的监督检查。

北京海关对于进口冷链食品要严加检验检疫，对食品外包装、食品表面以及根据不同食品特性采集本体样本进行相关检测。

市交通委督促指导承运冷藏冷冻产品的道路货运企业按照防疫部门和托运单位要求，做好冷链货运车辆、驾驶人员的管理工作。

市商务局指导农产品批发市场、社区菜市场（农贸市场）、大型连锁超市、便利店、餐饮、自营电商等食品销售企业落实好冷藏冷冻食品相关要求。

北京市商务局关于做好2020年北京市对外投资合作专项资金项目申报工作的通知

京商经字〔2020〕19号

各有关单位：

为充分发挥外经贸发展专项资金的引导作用，进一步支持我市企业积极开展对外投资合作业务，根据《北京市商务委员会　北京市财政局关于印发〈北京市外经贸发展专项资金管理实施细则〉（修订稿）的通知》（京商务财务字〔2018〕23号）和《北京市商务局　北京市财政局关于印发〈北京市外经贸发展专项资金支持北京市对外投资合作实施方案〉的通知》（京商务财务字〔2020〕21号）以及《财政部　商务部关于2020年度外经贸发展专项资金重点工作的通知》（财建〔2020〕109号）的有关规定，现将2020年北京市对外投资合作专项资金项目申报工作通知如下：

一、资金支持重点、内容、方式及标准

以推进“一带一路”国际合作为重点，根据国家有关重点规划和北京市“四个中心”建设，鼓励相关领域重点项目建设，支持重要农产品等对外投资项目。支持开展交通运输、电力、通信设施、化工、冶金、建材等领域的对外承包工程项目，鼓励企业以建设运营一体化、投资建设运营一体化方式实施项目。支持设计、咨询企业开展国际化经营，推动中国技术和标准“走出去”。支持开展品牌、营销网络等领域的境外并购，打造国际品牌。建设省级境外企业和对外投资联络服务平台。

按照《商务部　财政部　国务院扶贫办　共青团中央关于印发〈进一步加大对外劳务扶贫力度工作方案〉的通知》（商合函〔2017〕967号）和《商务部　外交部　公安部　工商总局关于印送对外劳务合作服务平台建设试行办法的函》（商合函〔2010〕484号）规定，支持对外劳务扶贫和公共服务平台提升服务质量，强化信息咨询、素质培训、权益保障、规范引导等服务功能，实现跨区域提供服务，对提升贫困县外派劳务人员报名、培训、输送等公共服务能力建设给予重点支持。

2020年北京市对外投资合作专项资金支持的内容、方式及标准见此通知的附件1，同一申报企业当年获得本专项资金支持总金额不超过1000万元人民币。

二、申请企业和项目的基本条件

（一）申请企业必须具备以下条件

1. 在我市依法注册，具有独立企业法人资格，已经市商务局或由市商务局报经商务部批准（核准或备案）开展对外投资合作业务的本市地方企业（对于境外渔业合作的企业根据国家有关规定在口岸城市或港口城市注册的，可不受注册地必须为我市的相关限制）；

2. 按照商务部、国家统计局《对外直接投资统计制度》《对外承包工程业务统计制度》和《对外劳务合作业务统计制度》的规定，按时向北京市商务局报送业务统计资料和项目进展情况。

3. 当年未获得相同性质的其他同级专项资金的支持；

4. 其他按规定应满足的条件。

（二）申请项目应具备以下条件

1. 经有关部门批准、登记或备案；

2. 在项目所在国（地区）依法注册、登记或备案，项目依法生效；

3. 项目金额标准：

境外投资：境外投资项目中方直接投资额不低于500万美元或等值货币。

重点支持方向金额标准：在“一带一路”沿线国家及年度重点投资方向和领域新设或并购企业，境内投资者拥有该境外企业30%（含）以上权益的境外投资，中方投资总额超过300万美元的；涉及装备制造和国际产能合作（钢铁企业、水泥企业、平板玻璃生产企业、火力发电厂、水力发电厂、核能发电厂、风力发电厂、太阳能光伏电站、汽车生产）的境外投资，中方占有该境外企业10%以上权益，中方投资总额超过300万美元的；涉及境外主要矿产资源开发（能源类矿产、金属矿产、非金属矿产）的境外投资，中方占有该境外企业10%以上权益，中方投资总额超过300万美元的；能够带动北京市企业技术转型升级，填补我市企业在技术方面的空白的并购项目，中方占有该境外企业30%以上权益，中方投资总额超过300万美元的；在境外设立研发中心、实验室及科技企业孵化器，中方占有该境外企业50%以上权益，中方投资总额超过100万美元的；能够带动“中华传统文化”走出去，有利于传播优秀传统文化的境外投资，中方投资总额超过50万美元的；在境外开展农业种植、畜禽养殖、奶业生产加工，农产品生产加工，参与海外农业技术示范项目和农业科技合作示范园区建设的境外投资，中方占有该境外企业50%以上权益，中方投资总额超过50万美元的。

对外承包工程：对外承包工程项目合同额不低于500万美元或等值货币（设计、咨询类项目除外）。

对外劳务合作：对按商务部、北京市规定开展对外劳务人员适应性培训的企业，根据实际派出人数进行补助。

4. 项目适用时间：

（1）申请贷款贴息的项目，项目合同和贷款合同须为在资金支持年度内正在执行并按合同支付利息的；

（2）申请一次性直接补助的境外投资项目，新设（并购）境外企业须在资金支持年度内备案并设立；

（3）申请对外承包工程营业额直接补助的，项目须在资金支持年度内正在执行项目所形成的营业额；

（4）申请外派劳务人员直接补助的，项目须在资金支持年度内实际派出劳务人员；

（5）申请海外投资保险保费直接补助的，项目须为资金支持年度执行的投保协议并支付保费的；

（6）申请资源回运保费的直接补助，其项目合同（协议）在资金支持年度内正在执行，并在此期间内运回权益内资源产品（以海关报关单为准）；

（7）申请对外承包工程项目投标、履约保函费用的直接补助，项目须为资金支持年度内正在执行的项目开具的保函并支付费用的；

（8）申请外派中方人员安全保险费用补助的，相关人员须在资金支持年度内实际派出，其项目须为资金支持年度执行的投保协议并支付相关费用的；

（以上项目适用时间：2019年1月1日至2019年12月31日）

（9）2020年度受主管部门委托的企业（单位）为促进我市企业开展对外投资合作业务而组织的促进活动，按组织开展促进活动实际发生的费用进行补助。

三、项目申报、审核和拨付程序

（一）项目申报

符合条件的企业，根据申报通知提供书面申报材料（一式两份，申报材料及样表见此通知的附件2）并在“商务部外经贸发展专项资金管理系统”上进行项目申报；同一单位申报境外投资、对外承包工程、对外劳务合作业务资金的材料必须分别装订；项目申报材料中须报送“项目申报书”和提供我驻项目所在国使馆“经商参处（室）意见”，如有外文须附加中文译本；申报材料中的具体数据要按资料要求的币种及单位填写，汇率按2019年12月31日汇率计算，并保留两位小数；复印件须加盖单位公章。

（二）项目审核

市商务局负责业务初审并委托中介机构进行项目评审，在评审基础上确定予以支持的项目。

（三）资金拨付

市商务局根据审核结果（涉密及不宜公示事项除外）和年度资金预算规模，由市商务局在官方网站上予以公示，公示期为7天，公示期满无异议后按国库管理制度相关规定办理资金拨付手续。项目单位收到资金后，需按国家相关规定进行账务处理，并接受市财政局、市商务局对资金使用的后期监管和绩效管理。

四、工作进度及时间安排

（一）2020年9月4日14:00—16：30项目申报培训，本年度培训会采用线上方式，请参会人员自行下载会议软件（腾讯会议号：359864642；操作指南见附件3；报名二维码见附件4）。

（二）2020年9月21日至9月25日项目集中申报，逾期不予受理。报送地点：北京西城区广莲路1号建工大厦1201室；联系电话：13426110825，13811218417。各申报企业报送申请材料前请将《北京市使用对外投资合作资金申请表》《对外投资合作资金项目申报书》《申报项目明细表》的电子版发送到外经处邮箱（wjc@sw.beijing.gov.cn）。

联系人：薛俊芳（外经处）、张景云（财务处）

联系电话：55579386，55579337

附件：

1.2020年北京市对外投资合作专项资金的支持方式、内容、标准明细表

2.2020年对外投资合作专项资金申报材料及样表

3.腾讯会议操作指南

附件 1

2020 年北京市对外投资合作专项资金的支持方式、内容、标准明细表

<table>
<tr><th>序号</th><th>支持方式</th><th>支持内容</th><th>支持标准</th></tr>
<tr><td rowspan="6">1</td><td rowspan="6">贷款贴息</td><td>为一年以上（含一年）中长期境内非政策性贷款，贷款可从境内银行取得，也可由我国企业在境外设立的控股企业从我国银行在境外的分支机构取得</td><td rowspan="6">用于支持对外投资合作项目的贷款贴息，不超过贷款实际支付利息的 50%；每个项目可获得累计不超过 3 年的贷款贴息支持，每年度不超过 500 万元人民币</td></tr>
<tr><td>特许经营类对外承包工程项目的贷款可由境外项目公司从境内银行取得，也可从我国银行在境外的分支机构取得</td></tr>
<tr><td>贷款用于对外投资合作项目的建设及运营</td></tr>
<tr><td>申报项目贷款额不超过《企业境外投资证书》备案的贷款额度和对外承包工程项目合同额</td></tr>
<tr><td>人民币贷款贴息率不超过中国人民银行公布执行的基准利率，实际利率低于基准利率的，不超过实际利率</td></tr>
<tr><td>外币贷款年贴息率不超过 3%，实际利率低于 3% 的，不超过实际利率</td></tr>
<tr><td rowspan="2">2</td><td rowspan="2">境外投资的直接补助</td><td>申请境外投资项目直接补助的须是经市商务委或经市商务委报经商务部备案或核准取得《企业境外投资证书》，已在项目所在国（地区）依法注册，已履行完境内外全部手续</td><td rowspan="2">境外投资项目在申报年度内直接投资额超过 500 万美元的投资，给予额度不超过 100 万元人民币的一次性补助；
符合支持重点且在申报年度内累计中方直接投资完成中方投资额 60% 以上的，一般给予额度不超过 50 万元人民币的一次性直接补助</td></tr>
<tr><td>在“一带一路”沿线国家新设或并购企业，境内投资者拥有该境外企业 30%（含）以上权益的境外投资，中方投资总额超过 300 万美元的；涉及装备制造和国际产能合作（钢铁企业、水泥企业，平板玻璃生产企业，火力发电厂、水力发电厂、核能发电厂、风力发电厂、太阳能光伏电站、汽车生产）的境外投资，中方占有该境外企业 10% 以上权益，中方投资总额超过 300 万美元的；涉及境外主要矿产资源开发（能源类矿产、金属矿产、非金属矿产）的境外投资，中方占有该境外企业 10% 以上权益，中方投资总额超过 300 万美元的；能够带动北京市企业技术转型升级，填补我市企业在技术方面的空白的并购项目，中方占有该境外企业 30% 以上权益，中方投资总额超过 300 万美元的；在境外设立研发中心、实验室及科技企业孵化器，中方占有该境外企业 50% 以上权益，中方投资总额超过 100 万美元的；能够带动“中华传统文化”走出去，有利于传播优秀传统文化的境外投资，中方投资总额超过 50 万美元的；在境外开展农业种植、畜禽养殖、奶业生产加工，农产品生产加工，参与海外农业技术示范项目和农业科技合作示范园区建设的境外投资，中方占有该境外企业 50% 以上权益，中方投资总额超过 50 万美元的</td></tr>
</table>

（续）

序号	支持方式	支持内容	支持标准
3	对外承包工程的直接补助	对企业取得对外承包工程项目发生的投标、履约保函费用及形成营业额进行直接补助	对外承包工程项目营业额补助，按照不超过项目申报期内已完成营业额的0.5%进行补助，一个项目当年补助额最高不超过100万元人民币。 用于支持企业对外承包工程项目投标、履约保函费用的补助，不超过实际支付费用的50%，一个项目当年补助额最高不超过100万元人民币
		申请对外承包工程直接补助的应为企业直接中标项目，合同总额大于500万美元（设计、咨询类项目除外）	
		以联营体形式承包工程的，企业承担项目情况按合同比例计算工程合同额	
4	外派劳务人员的直接补助	对按商务部和北京市规定开展对外劳务人员适应性培训的企业进行直接补助	适应性培训每人补助不超过500元人民币
		对外派劳务人员户籍所在地为“京津冀”协同发展区域内或全国范围内“国家级贫困县”的企业、符合打造对外劳务合作“北京服务”品牌高端劳务的企业进行直接补助	对派出人员户籍所在地为“京津冀”协同发展区域内或全国范围内“国家级贫困县”的，每人补助不超过1000元人民币
5	资源回运运保费的直接补助	我市企业开展境外能源资源开发，将其所获合作权益以内的产品运回国内，对从境外起运至国内口岸间的运保费给予补助	企业申报资源回运运保费支持金额不超过实际支付费用的50%，一个项目当年补助额最高不超过500万元人民币
		计算运保费的资源产品进口数量以海关统计数据为准	
		企业实施对外承包工程项目换回的，不超过与外方签署的开发投资合作协议合同总金额的资源产品运回国内，对从境外起运地至国内口岸间的运保费给予补助；享受补助的回运资源种类比照上述境外资源、能源开发合作项目执行	
6	海外投资保险保费的直接补助	对企业开展对外投资合作业务投保海外投资保险的保费进行补助	给予不超过申请企业实际支付保险费用50%的补助，一个项目当年补助额最高不超过500万元人民币
7	对外投资合作业务促进活动的直接补助	对受主管部门委托的企业（单位）为促进我市企业开展对外投资合作业务而组织的促进活动，按组织开展促进活动实际发生的费用进行补助	按实际发生的费用予以补助
8	外派中方人员安全保险费用补助	对企业为外派中方人员购买在国外工作期间人身意外伤害险、绑架与赎金综合保障险、传染病及医疗保险，海外救援服务等保障外派中方人员人身安全的产品的费用给与补助	按每人实际发生保费的50%，给予不超过1000元人民币的补助，一个申报企业当年补助额最高不超过100万元人民币
9	企业补助上限	同一申报企业当年获得本专项资金支持总金额不超过1000万元	

附件 2

2020 年对外投资合作专项资金申报材料及样表

一、2020 年对外投资合作资金项目申报材料

（一）申请贷款贴息提供如下材料

1. 北京市使用对外投资合作专项资金申请表；

2. 申请报告，包括项目基本情况、项目贷款、项目预期收益情况分析和发展前景等；

3. 申请企业营业执照复印件；

4. 企业持有的有效的《企业境外投资证书》《对外劳务合作经营资格证书》《对外承包工程项目投（议）标许可》或《对外承包工程项目备案表》等证书复印件；

5. 境外企业或机构注册文件复印件或合作项目合同副本；

6. 申报单位承诺书；

7. 与承贷金融机构签订的贷款合同及合同项下的借据及利息结算清单复印件；

8. 申请企业近两年的年度审计报告；

9. 要求报送的其他材料。

（二）申请直接补助提供如下材料：

企业除提供上述（一）款中 1 至 6 项所列材料外，还需提供如下材料：

1. 以对外承包工程项目提出申请的，需提供项目有效中标的证明文件（中标通知书、正式签订的合同、使馆经商参处意见、对外承包工程项目投（议）标备案（核准）表等材料复印件），规定期内完成营业额的情况说明材料，申请投标、履约保函费用补助的还需提供保函复印件及费用支付票据；

2. 以对外投资项目提出申请的，需外汇核准文件和资金汇出证明（在当地或第三国融资、企业内部从第三国调动资金等方式的，可不提供外汇核准文件和资金汇出证明，但须提供相关证明）、项目所在国有关机构的验资证明、以设备等实物投资的须提供海关报关单复印件等证明项目已经实施的材料；

3. 以保费补助项目提出申请的，需提供投保保单、保费发票、合同等材料；

4. 受主管部门委托的企业（单位）为促进我市企业开展对外投资合作业务，组织开展的促进工作为由提出申请的，需提供促进活动已经开展的证明材料（开展促进活动文件、机票、合同及发票等）；

5. 以对外劳务人员适应性培训提出申请的，需提供培训的相关证明材料及外派劳务人员的户籍证明材料；

6. 第三方评审公司要求报送的其他材料。

申报单位报送的材料凡与申请有关的外文资料，须同时报送中文译本，复印件须加盖单位公章，一式两份，按上述所列文件顺序列出规定文件目录并装订成册。

二、2020 年对外投资合作资金项目申报材料样表

表 1

项目申报书

一、基本情况

（一）项目单位情况

（二）项目基本情况

1. 项目投资情况

2. 项目建设具体情况（项目建设完成数量、项目实施进度、项目完成质量情况）

二、项目组织情况

三、项目实施效果

（一）项目实施背景（企业实施该项目受益情况分析、企业对该项目需求分析等）

（二）项目实施的社会效益（务必结合项目本身实际情况进行量化的分析，便于后期考核）

（三）项目实施的经济效益（务必结合项目本身实际情况进行量化的分析，便于后期考核，切勿夸大数据）

表 2

申报单位承诺书应包含的主要内容

一、了解合作资金管理制度并严格按照资金管理制度组织实施；

二、本次申报中提供的所有申报文件和资料真实有效，并承担相应法律责任；

三、接受有关部门及市商务局审计联席工作小组指派的审计机构和评估机构的监督、评估；

四、如违反资金管理制度或有违法违纪行为，将承担一切责任并如数退还资金；

五、法定代表人或负责人签字及单位公章。

表 3

北京市使用对外投资合作资金申请表

1. 申请单位名称		2. 法定代表人姓名	
3. 联系人		4. 联系电话	
5. 开户银行名称		6. 银行账号	
7. 账户名称			

8. 申请资金支持的境外企业（机构），对外承包劳务项目	名称	批准证书、资格证书号或批准文件

9. 贷款贴息申请

贷款金融机构	贷款期限	贷款金额	贷款用途	本次申请贴息起止时间	支付利息额	资金贴息次数

10. 资金补助申请

项目名称、合同额、申报期完成营业额（万美元）	申请补助的类型[①]	申请补助金额	资金补助次数

11. 本次申请共计：

申请贴息项目__________个，申请贴息______________万元人民币；

申请资金补助项目______个，申请补助金额____________万元人民币。

备注：

法定代表人（签字）： 单位盖章：

申报日期： 年 月 日

填表须知：1. 申报单位按此表样制作、填写并打印报送；2. 申报单位银行账户信息若有变动，请及时报告；3. 资金单位为万元（人民币或外币）；4. 项目较多时，可将表中 8、9、10 栏按表中栏目式样另纸制表并加盖公章，作为本表附件，并在本表备注栏说明。本表相应栏目不再填写。

注释①：按《实施细则》第七条（二）至（六）项划分。填写时，分别对应以下简称：对外承包工程类、对外投资类、对外劳务类、保险费用类、促进工作类。

表 4

驻外经济商务参赞处（室）意见

申报企业名称（盖章）：		
项目名称：		
项目所在国家、城市：		
项目是否正常运营：		
合作项目合同起止日期：		
是否为进入经确认的境外经贸合作区项目：		
经济商务参赞处（室）意见：		
参赞：	（签字）	经商处（室）盖章：
日期：	年　月　日	
经商处（室）联系人：		
电话：	传真：	电子邮件：

表 5-1

外派劳务人员适应性培训审查明细表

申报单位名称：

序号	姓名	外派劳务人员（研修生）培训合格证编号	护照号	护照复印件	项目审查表	项目或雇主名称	出境期间	工作准证复印件	省级审核情况
上述内容审核完毕，共计________名人员符合条件。 主管负责人签字：（公章）									

注：1. 表内所列资料另行报送商务主管部门，无须装订入册。

2. 内地输港澳劳务人员持往来港澳通行证代替护照。

3. 外派海员持海员证代替护照，以出境记录代替“工作准证”。

4. 对台渔渔船船员持《大陆居民往来台湾通行证》或《对台劳务人员登轮作业证》代替护照；持台湾“渔业署”颁发的《大陆地区渔船船员来台履行海峡两岸渔船船员劳务合作协议许可证》代替“工作准证”。

表 5-2

外派劳务人员补助审查明细表
（京津冀区域和国家级贫困县）

申报单位名称：

<table>
<tr><th>序号</th><th>姓名</th><th>外派劳务人员户籍所在地（省 / 市 / 县）</th><th>（研修生）培训合格证编号</th><th>护照号</th><th>身份证号</th><th>身份证复印件</th><th>护照复印件</th><th>项目审查表</th><th>项目或雇主名称</th><th>出境期间</th><th>工作准证复印件</th><th>省级审核情况</th></tr>
<tr><td></td><td></td><td></td><td></td><td></td><td></td><td></td><td></td><td></td><td></td><td></td><td></td><td></td></tr>
<tr><td></td><td></td><td></td><td></td><td></td><td></td><td></td><td></td><td></td><td></td><td></td><td></td><td></td></tr>
<tr><td colspan="13">上述内容审核完毕，共计______名人员符合条件。

主管负责人签字：　　　　　　　　（公章）</td></tr>
</table>

注：1. 表内所列资料另行报送商务主管部门，无须装订入册。

2. 内地输港澳劳务人员持往来港澳通行证代替护照。

3. 外派海员持海员证代替护照，以出境记录代替“工作准证”。

4. 对台渔渔船船员持《大陆居民往来台湾通行证》或《对台劳务人员登轮作业证》代替护照；持台湾“渔业署”颁发的《大陆地区渔船船员来台履行海峡两岸渔船船员劳务合作协议许可证》代替“工作准证”。

表 6

申请贴息项目基本情况及 2019 年度银行贷款付息一览表

<table>
<tr><td colspan="2">申请企业名称</td><td colspan="4"></td></tr>
<tr><td colspan="2">借款企业名称</td><td colspan="4">（公章）</td></tr>
<tr><td colspan="2">项目名称</td><td colspan="2"></td><td>申报补贴类型</td><td></td></tr>
<tr><td colspan="2">项目总金额（万美元）</td><td colspan="2"></td><td>贷款银行</td><td></td></tr>
<tr><td colspan="2">中方投资金额（万美元）</td><td colspan="2"></td><td>贷款合同号</td><td></td></tr>
<tr><td colspan="2">境外企业名称</td><td colspan="2"></td><td>贷款金额（万元）</td><td></td></tr>
<tr><td colspan="2">境外企业注册登记时间</td><td colspan="2"></td><td>贷款起止时间</td><td></td></tr>
<tr><td colspan="2">项目有效期</td><td colspan="2"></td><td>贷款利率</td><td></td></tr>
<tr><td colspan="6">本项目已获得贷款贴息的年度：20__年、20__年、20__年</td></tr>
<tr><td rowspan="3">提款情况</td><td></td><td>提款时间</td><td>提款金额
（万元）</td><td>提款凭证（借款借据）
复印件页码</td><td>备注</td></tr>
<tr><td>第一次</td><td></td><td></td><td></td><td></td></tr>
<tr><td>…</td><td></td><td></td><td></td><td></td></tr>
<tr><td rowspan="3">还款情况</td><td></td><td>还款时间</td><td>还款金额
（万元）</td><td>还款凭证复印件页码</td><td>备注</td></tr>
<tr><td>第一次</td><td></td><td></td><td></td><td></td></tr>
<tr><td>…</td><td></td><td></td><td></td><td></td></tr>
<tr><td colspan="6">20____年付息情况</td></tr>
<tr><td>付息时间</td><td>利息所属
期间</td><td>付息金额
（人民币元）</td><td colspan="2">付息凭证复印件页码</td><td>备注</td></tr>
<tr><td></td><td></td><td></td><td colspan="2"></td><td></td></tr>
<tr><td></td><td></td><td></td><td colspan="2"></td><td></td></tr>
<tr><td colspan="2">合计</td><td></td><td colspan="2"></td><td></td></tr>
</table>

备注：1. 提款、还款情况和年度付息情况行数不够及多笔贷款情况可复印本表，但须加盖公司印章。

2. 境外企业投资额以境外企业批准证书上相应金额填，其他类项目以项目合同签订金额填列。

表 7

银行贷款收息结算情况表

申请企业名称：　　　　　　　　　　　　　　　　　　　　　　　　　　金额单位：

利息清单序号	放贷银行	贷款合同号	贷款本金	贷款利率	贷款期间	申请贴息期间	贴息天数	本次贴息期间应支付利息	本次贴息期间已支付利息

备注：贴息期为 2019 年 1 月 1 日至 12 月 31 日；贴息天数为贷款期与贴息期的重合期间。

企业不存在欠息情况

放贷银行签章：　　　　　　　　日期：　　　　　　　银行经办人签名：

企业存在欠息情况（请注明欠息金额及欠款所属期间）

放贷银行签章：　　　　　　　　日期：　　　　　　　银行经办人签名：

本表由放贷银行填报，仅证明企业银行贷款及付息情况的真实性。

表8

（本表由放贷银行填报，仅证明企业银行贷款及付息情况的真实性）

直接补助项目基本情况及费用支出情况明细表

申请企业名称：　　　　项目名称：　　　　项目总金额：　　万美元

境外企业名称：　　　　境外公司注册登记时间：　　　　中方投资额：　　万美元

序号	费用名称	费用金额人民币元	支付凭证				费用合同				费用发票				备注
			金额			页码	金额			页码	金额			页码	
			原币（× 币种）	期末汇率	折合人民币		原币（× 币种）	期末汇率	折合人民币		原币（× 币种）	期末汇率	折合人民币		
合计		—	—		—		—		—		—		—		

注：1. 支付凭证要求提供费用支付的银行单据，如果存在代付转付情况，需附各环节银行支付单据及相关说明。

2. 境外企业投资额以境外企业批准证书上相应金额填列，其他类项目以项目合同签订金额填列。

3. 原币（× 币种）由申请企业填写。

4. 支付凭证、费用合同、费用发票金额不一致时，取最小值填入费用金额列。

表 9

资源回运费用单据明细表——陆运项目

项目名称：　　　　　　　　　　　　编制单位：

项目期间：　　　　　权益数量：　　　　　编制人：　　　　　日期：

序号	海关报关单		购货发票			提单项目			保险发票			保险单			运费发票		实际支付运费		实际支付保险费用	
	编号	数量（×）	数量（×）	单价（× 币种）	总计（× 币种）	号码	数量（×）	湿重（×）	数量（×）	单价（× 币种）	金额（× 币种）	运费（× 币种）	保险总额（× 币种）	保险费（× 币种）	数量（×）	运费发票（× 币种）	原币（× 币种）	折合人民币	原币（× 币种）	折合人民币
合计																				

备注：1. 实际以外币支付的运费及保险费按照年末汇率中间价折合成人民币金额，在合计栏中填列。如果是人民币支付直接填人民币金额。

2. 购货发票、提单项目、运费发票、保险费用发票中的数量单位未标注，由申请企业自行填写数量单位。一般木材回运数量单位填写立方米，渔业和矿业数量单位填写吨。由企业自行填列。

表 10

资源回运费用单据明细表——海运项目

项目名称： 编制单位：

项目期间： 权益产量： 编制人： 日期：

序号	海关报关单项目				购货发票项目			提单项目			运费发票				保险费用发票			实际支付运费		实际支付保险费用	
	编号	毛重（kg）	净重（kg）	数量（kg）	湿重（×）	干重（×）	总计金额（×币种）	号码	数量（×）	湿重（×）	提单号码	数量（×）	单价	运费（×币种）	提单号码	数量（×）	保费（×币种）	原币（×币种）	折合人民币	原币（×币种）	折合人民币
合计																					

备注：1. 实际以外币支付的运费及保险费按照年末汇率中间价折合成人民币金额，在合计栏中填列。如果是人民币支付直接填人民币金额。

2. 购货发票、提单项目、运费发票、保险费用发票中的数量单位未标注，由申请企业自行填写数量单位。一般木材回运数量单位填写立方米，渔业和矿业数量单位填写吨。由企业自行填列。

表 11

资源回运费用单据明细表——渔业项目

项目名称： 编制单位：

项目期间： 权益产量： 编制人： 日期：

序号	海关报关单项目				运费发票			提单项目		实际支付运费	
	编号	毛重（kg）	净重（kg）	数量（kg）	提单号码	数量（吨）	运费（× 币种）	号码	毛重（kg）	原币（× 币种）	折合人民币
合计		—	—	—		—	—		—	—	—

备注：实际以外币支付的运费按照年末汇率中间价折合成人民币金额，在合计栏中填列。如果是人民币支付直接填人民币金额。

表 12

对外投资合作资金到账确认函

北京市商务局：

我单位已收到贵局拨付的2020年对外投资合作资金 ××× 万元。我公司承诺将严格按照资金使用管理相关规定使用，不出现任何违法违规行为。具体信息确认如下：

<table>
<tr><td>申请企业名称</td><td colspan="2"></td><td>备注</td></tr>
<tr><td>申请项目名称</td><td colspan="2"></td><td></td></tr>
<tr><td>资金到账金额</td><td colspan="2"></td><td></td></tr>
<tr><td>到账日期</td><td colspan="2"></td><td></td></tr>
<tr><td>企业联系人</td><td colspan="2"></td><td></td></tr>
<tr><td>联系电话 / 手机</td><td colspan="2"></td><td></td></tr>
<tr><td>申请企业法人或授权人签字</td><td></td><td>申请企业盖章</td><td></td></tr>
</table>

表 13

2020 年对外投资合作资金申报项目明细表

<table>
<tr><th>序号</th><th>申请企业名称</th><th>注册地所在区</th><th>项目名称</th><th>项目国别（地区）</th><th>项目业务类型</th><th>申请支持方式</th><th>境外投资中方投资额（万美元）</th><th>对外承包工程项目合同总金额（万美元）</th><th>对外投资合作资金申报金额</th><th>往年享受对外投资合作资金支持年度贴息起止时间</th><th>是否已享受其他资金情况</th><th>项目的社会经济效益</th></tr>
<tr><td>1</td><td rowspan="5">××××××公司</td><td rowspan="5"></td><td></td><td></td><td></td><td></td><td></td><td></td><td></td><td></td><td></td><td></td></tr>
<tr><td>2</td><td></td><td></td><td></td><td></td><td></td><td></td><td></td><td></td><td></td><td></td></tr>
<tr><td>3</td><td></td><td></td><td></td><td></td><td></td><td></td><td></td><td></td><td></td><td></td></tr>
<tr><td>4</td><td></td><td></td><td></td><td></td><td></td><td></td><td></td><td></td><td></td><td></td></tr>
<tr><td>5</td><td></td><td></td><td></td><td></td><td></td><td></td><td></td><td></td><td></td><td></td></tr>
<tr><td colspan="2">说明</td><td colspan="11">1. 项目业务类型包括：对外投资、对外承包工程、对外劳务合作；
2. 项目支持方式包括：直接补助、贷款贴息；
3. 往年享受对外投资合作资金支持年度：请注明往年该项目享受对外投资合作资金支持的年度；
4. 项目的社会经济效益请注明该项目是否获取世界领先技术或重要资源，以及该项目是否形成重大国际影响等。</td></tr>
</table>

附件 3

腾讯会议操作指南

会议主题：对外投资合作专项资金项目申报培训会

会议时间：2020/9/4 14:00—17:00

点击链接入会，或添加至会议列表：

https://meeting.tencent.com/s/0SOlkHxCHb0T

会议 ID：359 864 642

手机一键拨号入会

+8675536550000,,359864642#（中国大陆）

+85230018898,,,2,359864642#（中国香港）

根据您的位置拨号

+8675536550000（中国大陆）

+85230018898（中国香港）

北京市商务局　北京市财政局关于做好2020年中国（北京）跨境电子商务综合试验区服务体系建设专项资金重点工作的通知

京商电商字〔2020〕10号

各区商务局、北京经济技术开发区商务金融局、相关企业：

根据《财政部 商务部关于2020年度外经贸发展专项资金重点工作的通知》（财建〔2020〕109号）、《北京市商务委员会 北京市财政局关于印发〈北京市外经贸发展资金管理实施细则〉（修订稿）的通知》（京商务财务字〔2018〕23号）、《北京市商务委员会 北京市财政局关于印发〈北京市外经贸发展资金支持北京市跨境电子商务发展实施方案〉的通知》（京商务财务字〔2018〕25号）等文件要求，为充分发挥财政资金支持引导作用，完善中国（北京）跨境电子商务综合试验区服务体系，促进跨境电子商务持续健康发展，助力防疫保供，现将2020年中国（北京）跨境电子商务综合试验区服务体系建设专项资金重点工作通知如下：

一、支持方向和标准

（一）支持企业拓展跨境电子商务业务

1. 支持企业开展跨境电子商务B2C通关申报业务。对企业2019年在北京口岸开展跨境电子商务B2C通关申报业务所发生的仓储物流、报关查验等综合成本给予支持。支持范围：2019年在京纳统B2C清单总量实现同比增长的企业；支持标准：依据企业2019年在京纳统B2C清单总量，给予每单0.35元的支持。每家企业支持资金不超过500万元。

2. 支持跨境电子商务产业园建设发展。对于经北京市推进跨境电子商务发展工作小组认定的跨境电子商务产业园，2019年，每新增服务1家企业开展跨境电子商务业务，给予园区运营主体5万元的一次性资金支持；每新增入驻1家有经营实绩的跨境电子商务企业，给予园区运营主体10万元的一次性资金支持。每个园区支持资金不超过500万元。（已按照《关于做好2019年中国（北京）跨境电子商务综合试验区服务体系建设专项资金重点工作的通知》（京商电商字〔2019〕13号）申报并获得支持的入驻或服务企业，不再重复计算和支持）

3. 支持企业拓宽融资渠道。对企业2019年开展跨境电子商务相关业务取得银行贷款给予贴息支持，其中：人民币贷款贴息率按照不超过资金申报截止日期前中国人民银行公布的最近一期人民币1年期贷款基准利率计算，外币贷款贴息率按照不超过3%计算，上述贴息率均不超过项目实际贷款利率。每家企业支持资金不超过500万元。

（二）对疫情期间企业开展跨境电子商务相关业务给予支持

4. 支持企业通过海外仓开展跨境电子商务业务。对2020年上半年，企业使用海外仓所发生的场地租金，依据审定实际发生金额给予不超过50%的资金支持。每家企业支持资金不超过500万元。

5. 支持企业2020年以来在京开展跨境电子商务B2C通关申报业务。依据企业2020年上半年在京纳统B2C清单总量给予资金支持。支持标准同方向1，每家企业支持资金不超过500万元。

（三）支持跨境电子商务新模式发展

6. 支持企业开展跨境电子商务B2B通关申报业务。对企业2020年7月以来在北京口岸开展跨境电子商务B2B（海关监管代码9710、9810）通关申报业务的仓储物流、报关查验等综合成本给予支持，支持标准为每公斤货物支持1元。每家企业支持资金不超过500万元。

二、项目申报条件

项目申报主体需具备以下条件：

1. 在本市依法注册登记，具有独立法人资格；

2. 按照有关规定已取得开展相关业务资格或已进行核准或备案；

3. 经营状况良好，财务管理制度健全；

4. 三年内无严重违法违规行为，未拖欠应缴还的财政性资金，未被纳入北京市商务领域不良信用记录名单；

5. 其他按规定应满足的条件。

三、项目申报材料

1. 中国（北京）跨境电子商务综合试验区建设专项资金申请表；

2. 项目申报书（包含企业基本情况、主营业务、申请支持条款及资金金额、项目基本情况、运营情况、发展规划等内容）；

3. 营业执照、对外贸易经营者备案登记表、行业资质等相关证明材料复印件；

4. 项目单位近两年财务报表、纳税申报表；

5. 项目已发生费用明细表；

6. 项目申报单位承诺书；

7. 其他相关证明材料。

项目申报材料统一使用A4纸，一式两份，按顺序装订成册，在首页、末页加盖公章及骑缝章。

四、项目资金申请、审批及拨付程序

1. 2020年10月10日前，项目申报主体将申报材料上报各区（北京经济技术开发区）商务主管部门。各区（北京经济技术开发区）商务主管部门初审合格后，于10月16日前提交市商务局。

2. 市商务局按照项目资金管理相关办法，组织开展项目申报、审核、公示及资金拨付等工作。同一申报主体申报多个支持方向的，合计最高支持资金不超过1000万元。

3. 同一项目已享受国家和市级其他财政资金支持的，不再重复享受本支持政策。

本通知自发布之日起施行，由市商务局、市财政局负责解释。

（联系人：市商务局电子商务处　宫运晓；联系电话：55579731

市财政局经济建设处　刘研；联系电话：55592986）

附件：

1. 2020年中国（北京）跨境电子商务综合试验区服务体系建设专项资金申请表

2. 项目已发生费用明细表

3. 项目申报单位承诺书

4. 2020年中国（北京）跨境电子商务综合试验区服务体系建设专项资金申报情况汇总表

附件 1

2020 年中国（北京）跨境电子商务综合试验区服务体系建设专项资金申请表

一、申报主体基本信息						
单位名称		所在区		单位详细地址		
企业海关编码		注册资本		法人代表		
申报负责人		联系电话		传真		
二、申报支持内容						
申报支持方向序号		申报支持金额合计（人民币大写）			申报支持金额合计（万元）	
支持方向一：	2019 年在京纳统 B2C 清单总量				申报支持金额（万元）	
支持方向二：	园区 2019 年新增服务跨境电商企业数量（家）		园区 2019 年新增入驻有经营实绩的跨境电商企业数量（家）		申报支持金额（万元）	
支持方向三：	2019 年开展跨境电商业务发生的银行贷款利息（万元）				申报支持金额（万元）	
支持方向四：	2020 年上半年使用海外仓发生的场地租金（万元）				申报支持金额（万元）	
支持方向五：	2020 年上半年在京纳统 B2C 清单总量				申报支持金额（万元）	
支持方向六：	2020 年 7 月以来在京纳统 B2B 申报重量（公斤）				申报支持金额（万元）	
项目申报单位法定代表人签字： 申报单位印章 年　月　日						
区级商务主管部门意见： 单位印章 年　月　日						

附件 2

项目已发生费用明细表

填报单位 :(公章)

序号	记账时间	会计凭证号	发票号码	费用名称	金额（元）
1					
2					
3					
4					
5					
6					
7					
8					
9					
10					
11					
12					
13					
14					
15					
16					
17					
18					
19					
20					
	合计				

注：项目已发生费用明细按时间先后顺序填写。

附件3

项目申报单位承诺书

北京市商务局：

我单位严格按照《关于做好2020年中国（北京）跨境电子商务综合试验区服务体系建设专项资金重点工作的通知》及相关规定组织申报____________项目，保证向市商务局及有关部门提供的材料满足项目申报条件，所申报项目内容符合相关支持方向和标准。

我单位所填报的各项申请材料，均真实无误，如误报或漏报材料，以欺诈手段取得本项目资金，均属违法违规行为，我单位将承担一切责任。

项目单位法人代表（签字）：__________

单位公章

年　　月　　日

附件 4

2020 年中国（北京）跨境电子商务综合试验区服务体系建设专项资金申报情况汇总表

填报单位：（盖章）

序号	申报单位	项目名称	企业性质	企业注册资本	申报方向	申报主要内容及相关数据	申报支持金额合计	申报时间	申报负责人	联系方式	
										办公电话	手机
总计											

填报人：　　　　联系电话：　　　　审核人：

备注：此表由项目申报单位填写，由区商务局、北京经济技术开发区商务主管部门汇总。

北京市商务局关于印发《关于鼓励发展商业品牌首店的若干措施》（2.0版）的通知

京商消促字〔2020〕39号

各有关单位：

为贯彻落实国家发展改革委、商务部、财政部等23个部门印发《关于促进消费扩容提质　加快形成强大国内市场的实施意见》（发改就业〔2020〕293号），做强首店经济和首发经济，推动国际消费中心城市建设，经充分征求意见，我局对《关于鼓励发展商业品牌首店的若干措施》进行修订，现将《关于鼓励发展商业品牌首店的若干措施》（2.0版）印发你们，自发布之日起生效，2019年3月印发的《北京市商务局关于鼓励发展商业品牌首店的若干措施》同日废止。

特此通知。

附件：《关于鼓励发展商业品牌首店的若干措施》（2.0版）

附件

关于鼓励发展商业品牌首店的若干措施（2.0版）

为推动首都消费市场国际化、品质化发展，着力将北京打造成国际品牌[①]集聚地和本土品牌[②]孵化地，激发时尚消费、品牌消费，大力发展首店首发经济，持续推进国际消费中心城市建设进程，制定如下措施。

一、开启品牌首店服务“绿色通道”

（一）由商务部门会同相关部门建立联席会议机制，对品牌首店入驻和开业进程中所涉及的规划、建设、通关、消防、质量检测、食品经营、市政市容等事项进行会商，靠前服务，帮助品牌首店解决落地经营的难点问题。

二、助力品牌首店落地选址和推广

（二）对有选址需求的亚洲首店、中国（内地）首店、北京首店国际品牌（不含港澳台）所属企业或授权代理商，由商务部门进行选址指导或对接商业设施产权人。对品牌首店入驻回（龙观）天（通苑）、城市副中心、新首钢地区等地商圈给予优先支持。

（三）支持本市首店品牌参加中国国际服务贸易交易会、中国进出口商品交易会（广交

① 在中国行政区域（不含香港、澳门、台湾）范围内进行登记注册的外资零售企业旗下品牌。

② 在中国行政区域（不含香港、澳门、台湾）范围内进行登记注册的内资零售企业旗下品牌。

会）、中国国际进口商品博览会等，对符合条件的品牌所属企业或授权代理商参会交通、住宿等给予资金支持。

（四）对在京设立跨国公司地区总部、营销总部的首店品牌所属企业或授权代理商，符合条件的优先享受本市总部经济政策。

三、提升国际品牌高端人才服务保障水平

（五）对具备国际影响力、符合首都城市战略定位且为首都经济增长做出突出贡献的国际品牌，为其所属企业符合条件的高管人员落户北京、办理工作居住证及子女在京入学等提供协调和保障。

四、打造全球品牌首发首秀展示平台

（六）对品牌首店、本土知名品牌、商业综合体、商业运营机构等在京开展的具有国际国内影响力的大型新品发布活动的场租、搭建总费用的50%、最高给予100万元支持。

五、支持各类知名品牌首店、旗舰店落地

（七）对在京开设亚洲首店①、中国（内地）首店②、北京首店③、旗舰店④的国际品牌（不含港澳台）授权代理商，对其海外版权代理费超过100万元的，按照项目核定实际投资总额的最高50%、最高500万元金额给予支持。

（八）对在京开设亚洲首店、中国（内地）首店、北京首店、旗舰店的国际品牌（不含港澳台）企业，对其开设示范首店的租金和装修（含设备购置及配套硬件设施建设）成本超过100万元的，按照项目核定实际投资总额的最高50%、最高500万元金额给予支持。

（九）对在京开设中国（内地）首店、北京首店、旗舰店的本土品牌（含港澳台）企业，对其开设示范首店的租金和装修（含设备购置及配套硬件设施建设）成本超过50万元的，按照项目核定实际投资总额的最高20%、最高200万元金额给予支持。

（十）对成功引进具有一定影响力和示范效应的亚洲首店、中国（内地）首店、北京首店、旗舰店并签订2年以上入驻协议的引进企业⑤，按照每新增引进1个示范首店、旗舰店最高给予10万元奖励的标准，给予资金支持。

（十一）建立在京开设亚洲首店、中国（内地）首店、北京首店、旗舰店的在谈项目库，对于纳入首店在谈项目库并最终落地经营示范首店、旗舰店的引进企业，在原奖励标准基础上，每新增引进1个示范首店、旗舰店，额外奖励引进企业最高2万元。

六、开展引进品牌首店首发综合评价

（十二）会同第三方机构建立全市消费升级评价体系，定期对各区、重点商圈引进品牌首店首发等情况进行评价，为推进我市新消费发展和商圈改造升级等政策实施提供依据和参考。

---

①国际品牌、本土品牌在亚洲开设的首家实体门店。

②国际品牌、本土品牌在中国行政区域（不含香港、澳门、台湾）内开设的首家实体门店。

③国际品牌、本土品牌在北京行政区域内开设的首家实体门店。

④面积在500平方米以上（含）且超过北京市本品牌其他实体店，商品类别涵盖该品牌一级目录下所有类别的实体门店。

⑤包括但不限于中介服务机构、商业场所业主或实际经营单位、将线上品牌引入线下开设实体首店的互联网平台企业。

北京市商务局关于 2020 年度鼓励发展商业品牌首店项目申报指南的补充通知

京商消促字〔2020〕48 号

各区商务局、经济技术开发区商务金融局、市属国有企业集团、总部企业、有关单位：

为了贯彻落实《关于鼓励发展商业品牌首店的若干措施（2.0 版）》（京商消促字〔2020〕39 号），我局在 2020 年度鼓励发展商业品牌首店项目申报指南中，补充支持方向、支持条件、支持标准、工作要求等相关内容，为进一步做好 2020 年度示范首店、旗舰店项目申报工作，现将有关事宜通知如下：

一、支持方向及内容

（一）支持国际品牌（见注释 1）（不含港澳台）企业和本土自主品牌（见注释 2）（含港澳台）企业及授权代理商在本市开设示范亚洲首店（见注释 3）、中国（内地）首店（见注释 4）、北京首店（见注释 5）、旗舰店（见注释 6）。

1. 支持店面装修（含设备购置及配套硬件设施建设）费用以及 12 个月房租。

2. 支持国际品牌的授权代理商海外版权代理费。

（二）支持中介服务机构、商业场所业主或实际经营单位、互联网平台企业等，2019 年 1 月 1 日（含）以后引进线下实体示范亚洲首店、中国（内地）首店、北京首店、旗舰店。

（三）支持品牌首店、本土知名品牌、商业综合体、商业运营机构等 2020 年 1 月 1 日（含）以后在京开展具有国际国内影响力的大型新品发布活动场租、搭建费用。

二、支持条件

（一）项目申报单位应符合以下条件：

1. 项目申报单位在北京地区注册且具有独立法人资格，从事商贸流通业经营、服务、管理的企业、机构、经济组织等单位，且项目申报单位应为项目实际投资单位；

2. 项目单位的申报材料应准确、真实；

3. 项目申报单位经营状况良好，财务管理制度健全；

4. 申报项目能够按计划实施；

5. 项目已获得或将获得中央及其他市级部门财政资金支持的不得重复申报；

6. 有下列情形的不予支持：列入《北京市新增产业的禁止和限制目录》禁止类和限制类范围的；纳入全市联合惩戒“黑名单”的；纳入北京市商务领域不良信用记录名单，应受到“不予支持”信用惩戒的；经审议其他不予支持的。

（二）申报示范首店、旗舰店的鼓励对象，还应符合以下条件：

1. 支持的示范首店、旗舰店应在北京注册登记，在 2019 年 1 月 1 日（含）以后新设（见注释 7），并连续经营 12 个月以上。

2. 国际品牌企业在本市开设首店（旗舰店）实际产生的连续 12 个月房租和店面装修应超过 100 万元；本土品牌企业在本市开设首店（旗舰店）实际产生的连续 12 个月房租和店面装修应

超过 50 万元；国际品牌授权代理商的海外版权代理费应超过 100 万元。

3. 鼓励对象入驻北京后，运营稳定，业绩良好，具有一定影响力和示范效应。

（三）申报引进线下实体示范亚洲首店、中国（内地）首店、北京首店、旗舰店的，还应符合以下条件：

1. 新引进的国际品牌示范首店、旗舰店实际产生的连续 12 个月房租和店面装修应超过 100 万元；本土品牌企业在本市开设首店、旗舰店实际产生的连续 12 个月房租和店面装修应超过 50 万元。

2. 新引进的示范首店、旗舰店自注册登记起连续经营 12 个月以上，并签订 2 年以上入驻协议。

三、支持标准

（一）申报示范首店、旗舰店支持资金

1. 对符合条件的项目按不同支持比例、不超过最高限额给予资金支持，如果申报主体同时符合多个支持类别，只能选择一个类别进行申报。

序号	申报主体	申报类别	最高限额（人民币）
1	国际品牌企业	亚洲首店	500 万元
2		中国（内地）首店	200 万元
3		北京首店	50 万元
4		旗舰店	50 万元
5	本土自主品牌企业	中国（内地）首店	200 万元
6		北京首店	50 万元
7		旗舰店	50 万元
8	国际品牌授权代理商	亚洲首店	500 万元
9		中国（内地）首店	200 万元
10		北京首店	50 万元
11		旗舰店	50 万元

2. 对店面装修建设、租金等总体投资，国际品牌和本土自主品牌企业分别按照不超过审定实际投资额的 50% 和 20%、最高 500 万元和 200 万元给予资金支持。

3. 对国际品牌的授权代理商海外版权代理费按照不超过审定实际投资额的 50%、最高 500 万元给予资金支持。

（二）申报引进线下实体示范首店、旗舰店奖励资金

1. 对成功引进亚洲首店、中国（内地）首店、北京首店、旗舰店并签订 2 年以上入驻协议的引进企业（见注释 8），按照每新增引进 1 个示范首店、旗舰店最高给予 10 万元奖励的标准，给予资金支持。

2. 对于纳入首店在谈项目库并最终落地经营示范首店、旗舰店的引进企业，在原奖励标准基础上，每新增引进 1 个示范首店、旗舰店，额外奖励引进企业最高 2 万元。

（三）申报大型新品发布活动支持资金

对品牌首店、本土知名品牌、商业综合体、商业运营机构等在京开展具有国际国内影响力的大型新品发布活动的场租、搭建总费用的 50%、最高给予 100 万元支持。

四、最低经营期限

申报主体应承诺获得财政资金支持的项目自获得补助资金之日起持续经营时间不得少于 1 年；对获得财政资金支持的项目 1 年内有拆迁、停止营业、被吊销营业执照等情形的，应退回相应补助资金。

五、申报材料

1. 项目申报书（附件 1）；

2. 项目已发生费用明细表（附件 2）；

3. 项目申报单位承诺书（附件 3）；

4. 2020 年商业流通发展资金项目申报情况汇总表（附件 4）；

5. 项目单位法人文件复印件（营业执照副本、统一社会信用代码证书、法定代表人身份证等）；

6. 项目单位近三年财务报表（资产负债表、损益表、现金流量表）；

7. 升级改造类项目应提供改造前后的对比资料；

8. 申报鼓励发展商业品牌首店示范项目的企业，还应在项目申报书中明确申报类别并提供相应的支撑材料（首店说明、代理协议、引进协议、场地租赁协议、营业中的首店照片、首发首秀活动照片等）；

9. 其他与项目相关的材料。

项目申请材料一式两份，应按顺序装订成册，并加盖单位公章。项目申报材料不予退回。

六、申报流程

1. 项目申报。自通知发布之日起，项目申报单位根据隶属关系将申报材料报各区商务局、经济技术开发区商务金融局、市属国有企业集团和总部企业。

2. 项目审核。按照隶属关系，由各区商务局、经济技术开发区商务金融局、市属国有企业集团和总部企业对申报项目进行初审；通过初审的项目汇总后报市商务局进行复审。

七、申报时限

凡符合申报条件的企业可在2020年全年申报项目，我局将根据申报项目内容择优予以支持。为提高项目申报、审核效率，各区商务局、经济技术开发区商务金融局、市属国有企业集团和总部企业应及时完成项目初审，并将相关材料汇总上报市商务局财务处。

八、工作要求

1. 各项目申报单位应确保申报材料真实、准确、完整，保证项目各项建设手续合规、按时间进度推进。

2. 对于伪造、提供虚假材料的项目申报单位，按《北京市商务领域不良信用记录名单管理办法（试行）》规定进行处理。

3. 获得专项资金支持的项目申报单位应积极配合相关监督检查、审计等工作。

4. 各初审单位应积极组织指导项目申报，按照规定程序严格审核把关。对已支持项目的后续指导和跟踪监管，确保项目实施效果，充分发挥财政资金使用效益。

5. 项目单位收到财政资金后，应按照《企业会计准则第16号——政府补助》相关规定进行账务办理，相关法律法规另有规定的从其规定。

6. 对于截留、挪用、骗取财政资金等违法行为，依照《财政违法行为处罚处分条例》（国务院令第427号）等有关规定进行处理处罚。构成犯罪的，依法移交司法机关追究其刑事责任。

7. 已经按照《关于申报2020年度商业流通发展资金项目的通知》（京商财务字〔2020〕10号），提交示范首店、旗舰店的项目申报材料，通过评审的项目仍然有效，不需要重复申报，按照本通知相关支持标准给予资金支持；未通过评审的，可按照本通知相关要求重新申报。

8. 截至本通知发布之日，未提交过示范首店、旗舰店项目申报材料的新增项目应按照本通知相关要求进行申报。

9. 本通知自发布之日起执行，《北京市商务局关于申报2020年度商业流通发展资金项目的通知》（京商财务字〔2020〕10号）中与本文件不一致的，以本通知为准。

特此通知。

（业务咨询联系人：消费促进处 葛西来 55579555；项目申报联系人：财务处 邵婷 55579333）

注释1：在中国行政区域（不含香港、澳

门、台湾）范围内进行登记注册的外资零售企业旗下品牌。

注释 2：在中国行政区域（含香港、澳门、台湾）范围内进行登记注册的内资零售企业旗下品牌。

注释 3：国际品牌、本土品牌在亚洲开设的首家实体门店。

注释 4：国际品牌、本土品牌在中国（内地）开设的首家实体门店。

注释 5：国际品牌、本土品牌在北京行政区域内开设的首家实体门店。

注释 6：面积在 500 平方米以上（含）且超过北京市本品牌其他实体店，商品类别涵盖该品牌一级目录下所有类别的实体门店。

注释 7：指营业执照注册登记日期为 2019 年 1 月 1 日（含）以后的首店、旗舰店，或者营业执照注册登记在 2019 年（含）之前，但是在 2019 年 1 月 1 日（含）以后成为旗舰店的。

注释 8：包括但不限于中介服务机构、商业场所业主或实际经营单位、将线上品牌引入线下开设实体首店的互联网平台企业。

附件：

1. 项目申报书（含四张表）
2. 费用明细表
3. 承诺书
4. 申报情况汇总表

附件 1

项目申报书（含 4 张表）

项目申报表

项目名称	
项目单位	
企业注册地	
申报日期	

项目信息表

<table>
<tr><td>项目名称</td><td colspan="2"></td><td>申报方向</td><td></td></tr>
<tr><td>项目负责人</td><td colspan="2"></td><td>手机电话</td><td></td></tr>
<tr><td>单位地址</td><td colspan="2"></td><td>邮政编码</td><td></td></tr>
<tr><td>注册资本</td><td colspan="2"></td><td>办公电话</td><td></td></tr>
<tr><td>上年收入</td><td colspan="2"></td><td>企业规模</td><td></td></tr>
<tr><td>项目申请理由及项目主要内容</td><td colspan="4"></td></tr>
<tr><td>项目经济效益</td><td colspan="4"></td></tr>
<tr><td>项目社会效益</td><td colspan="4"></td></tr>
<tr><td rowspan="4">阶段性目标</td><td>实施阶段</td><td colspan="2">目标内容</td><td>起止时间（年月）</td></tr>
<tr><td>第一阶段</td><td colspan="2"></td><td></td></tr>
<tr><td>第二阶段</td><td colspan="2"></td><td></td></tr>
<tr><td>第三阶段</td><td colspan="2"></td><td></td></tr>
<tr><td></td><td>…</td><td colspan="2"></td><td></td></tr>
<tr><td>项目组织实施条件</td><td colspan="4"></td></tr>
</table>

项目支出预算明细表

<table>
<tr><td rowspan="26">项目支出预算及测算依据</td><td rowspan="8">项目资金来源</td><td>来源项目</td><td>申报额（万元）</td></tr>
<tr><td>项目总投资</td><td></td></tr>
<tr><td>其中：自筹资金</td><td></td></tr>
<tr><td>银行贷款</td><td></td></tr>
<tr><td></td><td></td></tr>
<tr><td></td><td></td></tr>
<tr><td></td><td></td></tr>
<tr><td></td><td></td></tr>
<tr><td rowspan="17">项目支出明细预算</td><td>支出明细项目</td><td>金额（万元）</td></tr>
<tr><td>合计</td><td></td></tr>
<tr><td></td><td></td></tr>
<tr><td></td><td></td></tr>
<tr><td></td><td></td></tr>
<tr><td></td><td></td></tr>
<tr><td></td><td></td></tr>
<tr><td></td><td></td></tr>
<tr><td></td><td></td></tr>
<tr><td></td><td></td></tr>
<tr><td></td><td></td></tr>
<tr><td></td><td></td></tr>
<tr><td></td><td></td></tr>
<tr><td></td><td></td></tr>
<tr><td></td><td></td></tr>
<tr><td></td><td></td></tr>
<tr><td></td><td></td></tr>
<tr><td>预算依据及说明</td><td colspan="2"></td></tr>
</table>

项目可行性执行报告

一、基本状况
二、必要性与可行性
三、实施条件

附件 2

项目已发生费用明细表

填报单位：(公章)

序号	记账时间	会计凭证号	发票号码	费用名称	金额（元）
1					
2					
3					
4					
5					
6					
7					
8					
9					
10					
11					
12					
13					
14					
15					
16					
17					
18					
19					
20					
	合计				

注：项目已发生费用明细按时间先后顺序填写。

附件 3

项目申报单位承诺书

北京市商务局：

我单位将严格按照《北京市商业流通发展资金管理暂行办法》《北京市商务局关于2020年度鼓励发展商业品牌首店项目申报指南的补充通知》及相关配套管理办法的有关规定组织实施____________项目，保证向市商务局及有关部门提供的资料真实、有效，项目建设各项手续齐全、合规，项目建设资金落实到位，项目按计划实施，确保项目建设效果。

我单位承诺申报项目未获得其他部门资金支持，保证不出现任何项目建设违法违规行为，如出现上述问题我单位将承担一切责任。

项目单位法人代表（签字）：____________

单位公章

年 月 日

附件 4

2020 年商业流通发展资金项目申报情况汇总表

填报单位：（盖章） 单位：万元

序号	项目单位	项目名称	申报方向	计划投资			企业性质	企业注册资金	项目已投资	项目进度		项目负责人	办公电话	手机	项目主要内容	项目主要支出预算
				总额	自筹资金	银行贷款				开工时间	完工时间					
总计																

填报人： 审核人：

备注：此表由项目申报单位填写，由区商务局、经济技术开发区商务金融局、市属商业企业集团、总部企业汇总。

北京市商务局　北京市财政局关于印发《外经贸发展专项资金支持北京市参加第三届中国国际进口博览会征集通知》的通知

京商贸发字〔2020〕13号

各有关单位：

根据《财政部　商务部关于2020年度外经贸发展专项资金重点工作的通知》（财建〔2020〕109号），《北京市商务委员会　北京市财政局关于印发〈北京市外经贸发展资金管理实施细则〉（修订稿）的通知》（京商务财务字〔2018〕23号），为扎实做好第三届中国国际进口博览会北京市交易团组织工作，保障促进各项活动顺利开展，市商务局和市财政局结合北京市实际情况，联合制定了《外经贸发展专项资金支持北京市参加第三届中国国际进口博览会征集通知》，现印发给你们，请遵照执行。

特此通知。

外经贸发展专项资金支持北京市参加第三届中国国际进口博览会征集通知

第三届中国国际进口博览会（以下简称进博会）定于2020年11月5—10日在国家会展中心（上海）举办。举办进口博览会，是以习近平同志为核心的党中央着眼于推进新一轮高水平对外开放做出的重大决策，是我国主动向世界开放市场的重大举措和行动。按照进博会组委会相关工作要求，成立进口博览会北京市交易团，设交易团秘书处（市商务局）、21个交易分团。

为扎实做好第三届进博会北京市交易团相关筹备工作，鼓励北京市企业利用进博会平台积极参与贸易洽谈，提升北京市交易团市场对接效果，根据《财政部　商务部关于2020年度外经贸发展专项资金重点工作的通知》（财建〔2020〕109号）《北京市商务委员会　北京市财政局关于印发〈北京市外经贸发展资金管理实施细则〉（修订稿）的通知》（京商务财务字〔2018〕23号）精神，现就外经贸发展专项资金支持北京市参加第三届进博会提出如下征集通知。

一、支持对象和申报条件

（一）支持对象

在中国国际进口博览会官网报名系统登记注册并通过审核的北京市交易团企业和社会团体组织。

（二）申报条件

1. 申报主体为企业的，应在我市依法注册取得营业执照，并在营业期限内的企业；

2. 申报主体为社会组织的，应在我市依法注册，取得社会团体法人登记证书的社会团体组织。

（三）有下列情形的不予支持

1. 申报企业被列入《北京市新增产业的禁

止和限制目录》禁止类和限制类范围的；

2. 申报企业被纳入北京市商务领域不良信用记录名单应受到“不予支持”信用惩戒或全市联合惩戒“黑名单”的；

3. 申报企业近三年在外经贸业务管理、财务管理、税收管理、外汇管理、海关管理、统计管理等方面存在严重违法违规行为，拖欠应缴还财政性资金的；

4. 项目已获得中央财政资金支持或其他市级财政资金支持的；

5. 经审议其他不予支持的。

二、资金支持内容

1. 赴上海参加中国国际进口博览会的往返交通费用（飞机、火车）；

2. 参加中国国际进口博览会期间的住宿费用。

三、资金支持标准

往返交通费用按实际选择交通方式给予补助，每家企业最多2人，补助金额不超过实际发生费用的50%（单程高铁补助上限为276.5元、单程飞机经济舱补助上限为680元）；住宿费用按进口博览会期间（11月3—12日）实际发生住宿费用的50%予以补助，每家企业补助1个标准间费用（住宿费用补助最高不超过750元／天，最多不超过6天）。

四、资金申请及拨付

（一）申请资金支持的北京市企业及社会团体组织按要求提供书面申请材料（详见附件）

（二）符合补助条件的企业及社会团体于2020年11月20日前向所属交易分团（各区商务局、北京经济技术开发区商务金融局）提交书面申请材料，由各交易分团初审；各交易分团初审后于11月30日前上报北京市交易团秘书处（市商务局）审核；

（三）经北京市交易团秘书处（市商务局）审核通过的参会单位人员交通、住宿补助项目，委托第三方机构进行资金审核，审核通过后将在北京市商务局门户网站进行公示，公示期为7天。

公示期结束后，北京市交易团秘书处（市商务局）按照财务相关规定拨付资金。

附件：第三届中国国际进口博览会北京市交易团采购商申请资金支持材料

附件

第三届中国国际进口博览会北京市交易团采购商申请资金支持材料

一、第三届中国国际进口博览会北京市交易团采购商补助资金申请表（原件2份）；

二、营业执照副本或社会团体法人登记证书（统一社会信用代码证书）（复印件2份）；

三、企业及社团组织开户许可证（复印件2份）；

四、申报企业或社会团体参加第三届中国国际进口博览会人员的入场证件（复印件2份）；

五、申报企业或社会团体申请补助人员近半年内缴纳北京市社保记录（复印件2份）；

六、由国家税务总局监制的《航空运输电子客票行程单》、纸质火车票以及付款凭证（复印件2份），从北京以外地区出发去上海以及参会结束后从其他地区返京的企业需提交书面说明材料，由单位法定代表人签字并加盖单位公章（原件2份）；

七、付款凭证、住宿发票，住宿宾馆开具

的住宿明细单（需包含房型、单价、入住日期、离店日期、明细单需酒店盖章），发票抬头需为本单位名称（复印件 2 份）；

八、资金申请承诺书（原件 2 份）；

九、其他申请资金支持需提供的材料（视具体情况提供）。

注：

一、第三方机构进行资金审核是需查验相关票据及支出凭证原件，请各单位按要求提供。

二、以上所有复印材料每张纸均需加盖本单位公章。

第三届中国国际进口博览会北京市交易团采购商补助资金申请表

单位名称（加盖公章）		
统一社会信用代码		
开户许可证（对公账户）		
对公账户开户行名称		
法定代表人姓名	身份证号	手机号
单位联系人	姓名	手机号
申请补助人员	身份证号	手机号
1.		
2.		
单位法定代表人（本人）签字：		
		申请时间：×××× 年 ×× 月 ×× 日

资金申请承诺书

北京市商务局：

我单位已认真阅读《外经贸发展专项资金支持北京市参加第三届中国国际进口博览会征集通知》，并承诺符合《征集通知》规定的所有申请条件，保证全部申请资料真实、合规、有效。如违反相关规定我单位将承担一切责任。本单位收到支持资金后，严格按照规定使用资金，并自觉接受财政、商务、审计等部门的监督检查。

申请单位法定代表人（本人签字）：

法定代表人手机号：

单位名称：××××××

（加盖公章）

×××× 年 × 月 × 日

北京市商务局等9部门关于印发《关于进一步促进社区商业发展的若干措施》的通知

京商生活字〔2020〕46号

各区人民政府、各有关单位：

经市政府同意，现将《关于进一步促进社区商业发展的若干措施》印发给你们，请结合实际，认真贯彻落实。

特此通知。

北京市商务局
北京市规划和自然资源委员会
北京市住房和城乡建设委员会
北京市城市管理委员会
北京市市场监督管理局
北京市城市管理综合行政执法局
北京市药品监督管理局
国家税务总局北京市税务局
北京市邮政管理局
2020年11月12日

关于进一步促进社区商业发展的若干措施

为落实市委、市政府有关决策部署，深化“放管服”改革，鼓励商业模式创新，推动社区商业发展，进一步提高生活性服务业品质，更好地满足市民多样化、便利化生活需求，制定本措施。

一、优化营商环境

1. 完善品牌连锁生活性服务业企业“一区一照”证照办理流程，扩大试点企业名录，推进连锁便利店试行“一市一照”。支持相关条件成熟、有意愿的区积极探索推进营业执照与食品经营许可证“证照同办”和食品经营许可告知承诺制试点，进一步优化市场营商环境。（责任单位：市商务局、市市场监管局等相关单位、各区政府）

2. 试点开展品牌连锁便利店“一业一证”。在北京经济技术开发区等区域对品牌连锁便利店试行食品经营许可证、药品经营许可证、第二类医疗器械经营备案凭证“多证合一”，统一颁发“行业综合许可证”。（责任单位：市商务局、市药监局、北京经济技术开发区管理委员会等相关单位）

3. 鼓励发展社区便民商业新模式，探索设立移动餐饮售卖车、智能厢式便利设施、蔬菜直通车等非固定网点，弥补空间不足带来的社区商业短板。（责任单位：市商务局、市城管执法局、市城市管理委）

4. 推进落实“总部纳税、跨区分配”政策，继续做好“法人纳统、跨区分数”工作，更好地服务商贸流通连锁直营企业跨区经营。（责任单位：北京市税务局、市统计局、市商务局、

各区政府）

5. 推进行政许可、日常监管、执法检查的标准统一，营造公平公正市场监管环境。（责任单位：市商务局、市市场监管局、市城管执法局、市生态环境局、市消防总队、各区政府）

二、鼓励融合发展

6. 鼓励连锁超市在社区新建直营门店，扩大连锁规模，支持超市企业创新转型，对电子价签、智能货架、自助收银等卖场进行数字化升级改造。鼓励连锁超市开展农超对接，提升超市生鲜农产品冷藏冷链运输、安全检验检测水平，切实减少农产品流通环节，降低农产品流通成本。（责任单位：市商务局、市财政局）

7. 鼓励电商、快递企业与超市、便利店、社区商业综合体、商务楼宇等合作开展末端共同配送服务，支持共同配送网点信息化配套设施建设，提升末端配送集约化水平。（责任单位：市商务局、市邮政管理局、各区政府）

8. 鼓励发展“互联网+生活性服务业”，支持集在线交易、信息查询、服务推荐、消费评价及大数据分析等功能于一体的生活服务类平台建设。（责任单位：市商务局、市财政局）

9. 完善便民商业服务配套设施，对照街区商业生态配置标准，补齐社区商业设施短板。各区要在符合相关经营及权属条件的基础上，充分利用商业用房、腾退空间、废置自行车棚、空置场地等空间资源，设立快递末端配送营业网点、智能快件箱、社区便民店等便民网点。各区政府要制定切实可行的社区便民商业建设管理措施，对周边市民确有消费需求，但因各种历史原因无法提供房产证的商业用房、腾退空间等，由区政府或其授权的属地街乡政府出具同意意见，市场监管部门办理登记注册手续。（责任单位：各区政府、市规划自然资源委、市住房城乡建设委、市商务局、市城市管理委、市邮政管理局、市市场监管局）

三、培育区域特色

10. 在符合市区建设规划及户外广告管理要求的前提下，支持餐饮、便利店等企业自主设置具有企业个性特征、商业特色的牌匾标识。（责任单位：市城市管理委、市城管执法局、各区政府）

11. 积极引导市级特色消费街区提升品质，突出街区在商业、产业、旅游、文化、建筑等方面特色，加强宣传推广，按照动态评估机制，定期组织第三方、专家学者、消费者、媒体进行全面评估，更新名单。（责任单位：市商务局、市文化和旅游局、各区政府）

12. 支持特色小店发展，鼓励各区发展体现地方传统文化、城市商业风貌和独特风情，在市民中享有较高知名度和口碑的零售、餐饮等生活服务业特色小店，着力打造具有国际都市特点、北京文化特色或非物质文化遗产内容的“小店经济”。（责任单位：各区政府、市商务局、市市场监管局、市城管执法局、市城市管理委）

北京市商务局　北京市邮政管理局关于印发《认定北京市末端配送创新试点点位》的通知

京商电商字〔2020〕16号

各区商务局，市邮政管理局各派出机构，各相关企业：

现将《关于认定北京市末端配送创新试点点位的通知》印发给你们，请结合实际认真贯彻执行。

特此通知。

关于认定北京市末端配送创新试点点位的通知

为贯彻落实《国务院办公厅关于推进电子商务与快递物流协同发展的意见》和《北京市关于开展末端配送创新试点进一步加强快递末端用车、外卖用车管理工作方案》等相关文件精神，规范本市末端配送创新试点的认定工作，培育一批运营能力强、成效好、具有示范效应的末端配送创新试点，特发布此通知。

一、指导思想

深入贯彻落实习近平新时代中国特色社会主义思想和党的十九大精神，按照市委、市政府鼓励探索末端配送新模式的工作要求，立足首都城市战略定位，发展适合首都城市环境和市场需求的末端配送“北京模式”，构建集约高效的末端配送服务体系，提升城市精细化管理水平。

二、工作目标

2020年在朝阳、海淀、丰台、石景山和通州区选取多处资源条件好、基础配套完善、配送频次高的社区或商业服务业设施，设立末端共同配送综合服务中心、智能自提柜等末端配送服务设施，开展末端配送新模式试点建设。试点工作取得初步成效后，将逐步扩大试点范围，争取到2021年将试点范围覆盖至其他区域。

三、申报与认定条件

（一）申报成为北京市末端配送创新试点的点位应符合以下条件：

1. 末端配送试点的运营主体具有快递业务经营资质；

2. 末端配送试点以社区或综合商圈为主要服务对象；

3. 末端配送试点应接收至少3个品牌以上的快递，且日均快递业务处理总量在500件以上；

4. 末端配送试点的运营主体与末端业务承办合作方应已签订正式的委托服务合同。

（二）有下列情况之一的，不得认定为北京市末端配送创新试点点位：

1. 申报材料经查证不实或无效的；

2. 在申报和认定工作中存在其他违法违规行为。

四、申报与认定流程

（一）申报单位按照工作方案要求向市商务局和市邮政管理局提出申请，提交申请材料截至2020年12月10日。鼓励本市各区商务局和市邮政管理局各派出机构推荐。

（二）申报北京市末端配送创新试点应提交下列申请材料并加盖公章：

1. 北京市末端配送创新试点申请书（内容包括：试点点位基本情况介绍、可行性和必要性、试点效果等情况）；

2. 末端配送试点的运营主体快递业务经营资质材料（快递企业快递业务经营许可证、快递末端网点备案回执复印件等）；

3. 末端配送试点的运营主体与末端业务承办合作方委托服务合同或合作协议的复印件；

4. 末端配送创新试点情况表；

5. 末端共同配送试点点位成效表。

（三）市商务局、市邮政管理局成立专门评审小组对申报单位进行评审，并对提出申请的点位实地调查，择优产生拟认定单位。试点点位从末端试点快递业务量、覆盖用户范围、运营团队、试点成效等方面进行综合评价。

（四）市商务局、市邮政管理局根据评审小组评审结果进行审议，审议通过的试点点位在市商务局官方网站上公示7天，没有异议的，确认为最终认定结果。

附件：

1. 末端配送创新试点情况表

2. 末端共同配送试点点位成效表

附件1

末端配送创新试点情况表

序号	企业名称	所在区	社区名称	社区类型	具体地址	社区规模及现状	快递业务量	门店面积	合作快递公司	试点签约方	重点建设内容	进展情况及进度计划	备注	是否备案完成
1														
2														
3														
4														
5														
6														

附件 2

末端共同配送试点点位成效表

序号	企业名称	所在区	社区名称	社区类型	具体地址	覆盖用户量	试点前快递业务量			试点后快递业务量			妥投率上升百分比	场地内快递人员数量（人次）				场地内每日快递三轮车使用频次（次）			
							快递日均业务总量	当日妥投量	妥投率	快递日均业务总量	当日妥投量	妥投率		试点前	试点后	减少人次	下降比率	试点前	试点后	减少使用频次	下降比率

第三部分

主　要　业　务

一、内贸流通

流通规划建设

【概况】年内，北京市流通规划建设工作稳步推进，做好大型商场疫情防控工作，做好居住配套商业服务设施督查工作，有序推进传统商场“一店一策”升级改造，持续推进王府井步行街改造提升工作，继续落实商圈改造提升三年计划。

（殷　亮）

【做好大型商场疫情防控工作】年内，制定大型商场防疫工作指引，检查督促大型商场落实疫情防控措施，指导大型商场疫情期间坚持营业。出台大型商场疫情期间支持政策，给予疫情期间坚持营业且给予驻场商户租金减免的大型商场资金奖励，共有178家商业运营单位符合奖励政策，奖励资金2997万元。

（孙　健）

【传统商场“一店一策”升级改造有序推进】8月，新增大悦春风里、乐多港万达广场等5家传统商场“一店一策”升级改造试点企业。截至2020年底，15家试点企业中已有7家基本完成改造。试点企业在改造方式、形象设计、业态转型、品牌组合等方面的示范作用，带动了全市传统商场主动改造提升。

（孙　健）

【王府井步行街改造提升工作基本完成】年内，王府井步行街改造提升工作基本完成，申报参评全国示范步行街。一是组织机构落实到位，落实“部市区街”四级协调机制，加强统筹协调。二是加强顶层设计，突出国际交往中心、文化中心功能定位，“1+3+N”综合规划指导实施。三是优化街区环境，提升主街建筑风貌、建筑广告牌匾、夜景照明等，打造绿色、便利、智能交通体系。四是提高商业质量，实施“一店一策”，加快存量改造升级，布局体验式新兴业态，引进首店、旗舰店、网红店，发展“后街经济”，优化商业空间布局。五是科技赋能，打造“数字双街”。构建王府井“智慧商街”管理系统，提高管理精细化、智能化水平。六是增强文化底蕴，商旅文融合发展。6月6日，王府井步行街作为北京消费季主会场，现场开展央视主持人直播带货、发放消费券等百余场活动。9月17日，首届“王府井论坛”成功举办，发出双循环背景下的消费前沿声音。

（张钦霖）

【商圈改造提升工作全面推进】年内，进一步落实《北京市商业服务业商圈改造提升行动计划（2019—2021）》，重点推动CBD、三里屯、今鼎时代广场、昌平龙德、万德福、八达岭六个商圈改造提升工作。开展商圈消费活力评估，对全市52个商圈从表现力、聚集力、吸引力、消费活跃度、创新活跃度、夜间活跃度等6个维度综合评估，形成商圈消费活力排行榜，CBD、王府井、三里屯商圈名列前三。

（张钦霖）

【开展居住配套商业服务设施自查】年内，城市规划建设管理体制改革专项小组办公室对2018年印发的《居住配套商业服务设施规划建设使用管理办法（试行）》实施效果开展督查工作。市商务局牵头对各部门、各区政府落实情况进行了自查。从自查情况看，商务、规划自然资源、建设（房管）、发展改革、市场监管等部门能够按照《管理办法》职责分工，加强沟通协调，《管理办法》中所规定的任务职责基本得到落实。

（李洪臣）

流通发展

【概况】年内，北京市流通产业保持平稳发展，转型升级步伐逐步加快，现代化水平稳步提升。全市规模以上连锁企业新增14家，达到291家，同比增长5.1%。超市（含大型超市业态）实现零售额724.4亿，逆势同比增长5.5%。

新冠肺炎疫情期间，市商务局指导各大型连锁超市和老字号企业落实主体责任，严格按照防控指引要求，落实新冠肺炎疫情常态化防控举措。指导北京市连锁经营协会组织18家重点连锁超市锁定与百姓生活紧密相关的10种蔬菜价格，坚持一个月不涨价，保障疫情期间超市生活必需品不断供。为连锁超市发放车辆通行证280余个，协调配备测温仪700余台，为老字号企业调配口罩50余万只。

（于　文）

【北京老字号工匠文化交流会成功举办】1月17日，北京老字号协会在老舍茶馆前门店举办北京老字号工匠文化交流会，协会顾问、专家、老字号掌门人、工匠大师等200余人参加。会上，多位老字号工匠大师做了交流发言，分享个人奋斗、弘扬技艺、带徒传艺等经验故事，展现了工匠大师的个人风采和老字号企业奋发向上的精神面貌。北京老字号协会发布了《原汁原味北京老字号——文化及工艺美术篇》画册和《老字号新故事——传承人篇》第二辑丛书。

（王翰阳）

【印发《支持北京老字号疫情常态化下稳经营促发展的若干措施》】7月6日，市商务局印发《支持北京老字号疫情常态化下稳经营促发展的若干措施》，在树牢常态化疫情防控意识、优化发展环境、加强传承保护、搭建宣传平台、强化政策支持等五个方面推出12项措施，在常态化疫情防控中，高质量推进北京老字号复工达产，保持其平稳发展，促进特色消费。

【北京老字号精彩亮相2020年服贸会】9月4日至9日，2020年中国国际服务贸易交易会成功举办，全聚德、庆丰、义利、内联升、吴裕泰、菜百、珐琅厂、工美、同仁堂等多家北京老字号精彩亮相，涵盖餐饮、食品加工、商业零售、工艺美术、中医药等多个行业。一是高质量完成餐饮服务保障任务，受消费者好评。二是广泛参与文博、旅博、公共卫生防疫等板块。三是直播带货人气高，展示老字号品牌形象。

（王翰阳）

【北京市老字号企业参加第十六届中国（宁波）食品博览会】11月13日至16日，市商务局组织8家老字号和食品企业参加第十六届中国（宁波）食品博览会暨消费扶贫展。北京展区面积192平方米，着重宣传推广北京老字号的历史文化和品牌形象。展会期间累计观展人数万余人次，参展效果显著，在展示浓浓京味文化的同时为宁波消费者带来一场味觉上的盛宴。

（丁　颖）

【北京市再认定20名北京老字号工匠】12月25日，由市商务局、市人才工作局、市人力社保局、市文化和旅游局指导，北京老字号协会组织认定的2020年20名北京老字号工匠正式揭晓。从所属行业看，本次评选出的20名工匠分布在七个行业，餐饮业6人，工艺美术5

人，食品加工、中医药、商业零售、工业各2人，文化类1人。从年龄和性别看，平均年龄56岁，比上届降低3岁，最年长的66岁，最年轻的37岁，女性工匠3人。

（王翰阳）

【积极协调解决京郊农产品滞销问题】年内，市商务局会同市农业农村局和各相关区政府，关注并积极协调解决我市郊区农产品滞销等问题，通过建立联动机制、畅通信息渠道，搭建产销对接平台，解决并预防“卖难”问题。指导北京连锁经营协会及时发布京郊农产品供货信息，组织连锁超市企业根据部分镇（村）蔬菜滞销的实际情况，精准对接做好服务。各超市企业积极响应，迅速组织人员开展采购对接。

（魏新宇、丁 颖）

【为民而商，连锁超市疫情新形势下表现亮眼】年内，北京连锁超市积极发挥自身优势，利用直采直供渠道，大幅增加蔬菜等生活必需品采购量，以“保安全、保供应、保质量、稳物价”为己任，为民生商业保驾护航，让市民的“菜篮子”安全、稳定、充足。一是惠民生稳价，承诺“10种菜品一个月不涨价”。1月22日，北京市连锁经营协会发出倡议，号召会员单位杜绝囤积居奇、哄抬物价等扰乱市场秩序的行为，保障果、菜、肉、消毒用品、口罩等物品供应。本市大型连锁企业积极响应政府、协会号召，认真践行企业社会责任，18家重点连锁超市700余家门店相继在蔬菜售卖区通过公示牌、易拉宝海报及电子屏等形式，向消费者承诺与百姓日常生活联系紧密的“10种菜品一个月不涨价”，营造了保供稳价的良好氛围。二是“手拉手”帮扶，开展“大手拉小手”帮扶共渡难关。多家超市发挥产地优势，为机关单位、学校食堂、餐饮单位等提供产地直采、质优价廉的蔬菜水果。首航承诺疫情期间，所有生鲜类商品批发供应，零加价、零利润。三是送便利到家，千方百计保障居民日常生活。连锁超市给封闭小区隔墙递货、开展线上交易减少人员接触、开展顾客朋友圈预订货等多种形式，主动为因疫情被封闭的社区居民送货。四是保安全环境，做好疫情防控让市民放心。连锁超市认真落实《疫情防控期间商业服务业重点人群健康监测管理的通知》，将重点人群健康监测管理纳入常态化管理机制，一方面加大力度保障物资供应，另一方面坚守一线做好疫情防控。同时，严格进货渠道管理，确保百姓餐桌安全。

（魏新宇、丁 颖）

【北京老字号多举措抗疫保供】年内，北京老字号企业多举措抗疫保供。一是科学周密防疫情。老字号餐饮企业严格落实佩戴口罩、测温验码、消毒等防护措施，从食材到加工人员到就餐环境严格执行相关防控标准和要求。二是锁价保供显担当。华天饮食集团所属多家老字号餐厅锁定超过100种镇店名菜、特色菜的价格，承诺一个月不涨价。便宜坊集团、翔达集团旗下老字号餐饮所有菜品疫情期间不涨价。三是调整模式稳经营。老字号餐饮企业通过创新半成品菜、开展社区团购、推出微信商城优惠活动，采用无接触点餐、预点餐等新技术、新模式，逐步实现销售回暖。四是积极捐赠送关爱。为支持新冠肺炎疫情防控，北京老字号企业发挥自身优势，通过不同渠道，向湖北、北京捐赠中成药品、酒精、医务用鞋等防疫物资。

（王翰阳）

消费促进

【概况】2020年，面对新冠肺炎疫情冲击和错综复杂的国际国内形势，市商务局坚持以习近平新时代中国特色社会主义思想，按照市委、市政府关于统筹做好疫情防控与促消费工作的决策部署，积极应对疫情冲击，通过政策引领、活动发力、监测支撑，多措并举促进复商复市和消费市场加速回暖。受疫情影响，2020年，全市实现市场总消费额2.88万亿元，同比下降6.9%，其中，实现社会消费品零售总额1.37万亿元，同比下降8.9%，实现服务消费1.51万亿元，同比下降4.9%。

（薛辛培）

【打造“北京消费季”活动品牌】6月6日，在商务部和央视总台支持下，举办启动仪式，围绕“京彩”“京券”“京品”“京韵”“京味”“京炫”六大板块，先后举办了商旅文体深度融合活动30余场，组织开展100余个品牌新品首发活动，全年累计开展线上线下促消费活动千余项，积极推动了疫情下消费市场氛围回暖。

（葛西来）

【“北京消费季”累计发放消费券3900万张】北京消费季期间，累计发放社会救助对象特定消费券、疫情防控一线人员专项消费券和全体在京消费者消费券3900万张，核销市区两级财政补贴金额约9.1亿元，实现销售额135.2亿元，拉动杠杆14.8倍。

（杨　凌）

【吸引首店首发落地北京】年内，发布《关于鼓励发展商业品牌首店的若干措施》(2.0版)，对符合条件的6个项目予以支持，全年举办首发首秀活动10场以上。

（葛西来）

【持续发展夜间经济】年内，实施夜京城2.0行动计划，组织开展北京消费季“夜京城”活动，其间，每周末在前门、新世界、国贸等全市80个地标、商圈和特色街区持续点亮夜京城，进一步激发夜间经济活力。

（柴　林）

【持续实施家电节能减排政策】年内，累计销售节能减排商品171.6万余台，实现销售额59.8亿元。经测算，年节电约1.8亿度，相当于约6万户居民一年用电量，折合标煤约6万吨，减排二氧化碳约15.5万吨，年节水约45万吨。

（杨　凌）

【加强疫情常态化下消费市场监测工作】年内，建立疫情特殊时期日监测高频机制，以市商务局百家重点商业企业为依托，涵盖百货、超市、专业专卖店、餐饮、电商等5个业态（行业），累计报送日分析340余篇。做好节假日消费监测工作，全年报送节假日市场信息简报30篇。划定首批52个重点商圈范围，统筹利用传统监测和支付、信令、滴滴第三方大数据，开展多时段、多空间、多指标维度的消费运行监测工作，其中，商圈客流监测数据实现日更新。

（薛辛培）

电子商务

【概况】年内，全市限额以上批发零售业、住宿餐饮业实现网上零售额4423.3亿元，年度增量首次突破千亿达1023.4亿元；同比增速30.1%，为“十三五”期间最高；占社零额比重达32.3%，创历史新高，拉动全市社零额增长近6.8个百分点。其中，京东、苹果等百亿元以上龙头电商网上零售同比增长均超过25%，对网上零售增长的贡献率超60%；苏宁易购、一商宇洁等十亿元以上重点电商继续高速增长，网上零售增速超20%，拉动网上零售增长超0.7个百分点。全市跨境电商进出口额同比增长超过30%，其中，网购保税进口额同比增长超过100倍。

流通领域新模式、新业态快速发展。以盒马鲜生、泡泡玛特等为代表的线上线下一体化消费新模式企业实现快速发展。盒马在京共开设36家超市门店，全年网上零售增长近80%；泡泡玛特联合在京40余家门店开展线上线下销售模式，网络零售同比增长超70%。常态化疫情防控背景下，网络直播新业态快速发展，本市重点电商企业全年在主要直播平台、央视及北京卫视等直播带货近900场次，带动销售额超过170亿元；王府井、三里屯、长安商场等重点商圈直播超过1100场次；内联升、张一元、一得阁等老字号企业开展直播带货活动上百场次，在促转型促消费方面发挥了重要作用。

电子商务企业集群化快速发展。在疫情影响下，越来越多的企业积极应用电子商务，拓展线上营销渠道。年内，全市开展网上零售的限额以上企业共1131家，比上年增加428家，企业增长数量为“十三五”期间最高。亿元以上企业173家，其中，千亿元以上1家、百亿至千亿4家、十亿至百亿的28家、一亿至十亿的140家，形成龙头电商和骨干电商稳定增长，中小电商特色化、专业化快速发展的集群格局。

电商消费扶贫助力打赢脱贫攻坚战。鼓励企业通过设立线上扶贫特产馆或中华特色馆等方式，拓展农产品线上销售渠道。年内，京东、美菜网、每日优鲜、苏宁易购、京海联等5家电商企业全国实现消费扶贫金额共计约230亿元，其中，在北京市对口区域实现消费扶贫金额约166亿元，对河北帮扶金额103.8亿元、内蒙古31.5亿元。

（王　瑞、宋志雷）

【北京首批跨境电商线下自提项目启动】 1月17日，北京首批跨境电商线下自提店“优俏货”和“科园信海”同时在北京天竺综保区跨境电商体验中心启动运营，消费者可直接在店内体验和选购保税进口商品，完成支付后海关即时清关、消费者当场提货，满足了消费者“所见即所得”的即时购买需求。该模式不仅提升了消费者跨境电商进口消费体验，而且全程受海关监管、全流程可追溯，可以为消费者提供更好的权益保障。

（宋志雷、宫运晓）

【北京跨境电商B2B出口监管试点正式获批】 6月12日，海关总署发布《关于开展跨境电子商务企业对企业出口监管试点的公告》，明确自7月1日起在北京等10个直属海关开展跨境电商B2B出口监管试点。7月1日凌晨，在市商务局与北京海关等部门的共同推动下，北京宏远到家贸易有限公司发往日本的首票跨境电商B2B出口货物，由首都机场海关验放离境，北京口岸实现了跨境电商直邮监管全模式通关。跨境电商B2B出口监管试点政策的实施，为线上B2B出口贸易提供了专门的监管方式代码（“9710”跨境电商B2B直接出口与“9810”海外仓出口）和通关路径。企业可以通过“一次登记”“一点对接和申报”，享受海关“优先查验”“全国一体、无纸化通关”“自动比对”“便利退货”等优惠措施，有效缩减企业的通关和运营成本。

（宋志雷、宫运晓）

【2020中国电子商务大会成功举办】 9月5日至7日，2020中国电子商务大会在国家会议中心成功举办。本届大会以“共融·共建·共赢”为主题，设置“一会一专场直播”系列活动，会议板块共举办6场论坛，吸引了联合国国际贸易中心、上海合作组织及多国政府官员，全国33个各级商务主管部门，近300家国内外电商企业共近千人次参与；专场直播活动总曝光量突破3亿次，直播平台观看人次破千万，微博话题阅读量8398万，销售额7544万元。会议期间，中央广播电视总台、北京电视台等

超过40家媒体发布大会相关报道300余篇次，现场照片直播和14家视频媒体直播总观看量超过500万人次，比上年增长超2倍，关注度居历届大会之首。

（宋志雷、刘扬阳）

【首届北京网络直播大赛成功举办】11月1日至12月5日，市商务局会同市委网信办等相关部门组织首届北京网络直播大赛。本届大赛集比赛、娱乐、培训、促销于一体，共吸引本市电商、老字号、餐饮、传统百货四大商贸领域共计300余家企业参与，其中超过50%的企业首次通过抖音触网尝试直播带货。参赛企业短视频、直播间累计观看量、曝光量总计超过3620万，大赛相关话题在抖音平台传播量破3.3亿。

（刘扬阳、林朴馨）

【跨境电商综试区线上综合服务平台竣工】11月30日，北京跨境电商综试区线上综合服务平台通过竣工验收，正式上线运行。该平台与国际贸易“单一窗口”平台打通，涵盖跨境电商公共服务门户、进出口数据对接、统计分析展示、地方特色应用等十四个子系统，可为跨境电商各类市场主体提供政策宣传、业务办理、互动交流、数据查询等一站式综合服务，为政府相关部门提供信息共享、定制查询、实时分析和决策辅助，实现跨境电商“一次注册、一网通看、一网通查、一网通办”。

（宫运晓、马樱娉）

【北京首批末端共同配送创新试点认定】12与23日，市商务局、市邮政管理局完成北京市首批8个末端配送创新试点认定工作并进行公示。末端共同配送创新试点通过整合多家快递公司配送系统与投递业务，设立综合服务中心、智能自提柜等末端共同配送服务设施，实现社区、商圈等人员密集场所“最后一公里”的集约化共同配送，提升末端配送效率和社区服务管理水平，并减少快递电动车大量使用和配送人员频繁出入带来的安全隐患和致灾因素。

（林朴馨、马樱娉）

市场建设

【做好商品交易市场疫情防控】新冠肺炎疫情期间，市商务局编制发布《关于做好本市商品交易市场防疫情稳经营有关措施》《新型冠状病毒肺炎流行期间本市商品交易市场防控指引》（1.0版—4.0版和常态化版），全年安排近600人次赴一线走访1200余个点位，指导各区和属地企业落实好主体责任，把好商品交易市场疫情防控关口，确保复工秩序平稳、经营活动平稳、商品供应平稳。

（杨　冲、杨海涛）

【推进社区菜市场（农贸市场）防疫保供与优化升级】新冠肺炎疫情期间，市商务局督促200余家社区菜市场（农贸市场）全面落实疫情防控措施，全力保障市民生活必需品不缺货、不断供。与市市场监管局联合印发了《关于常态化疫情防控下社区菜市场（农贸市场）转型升级意见》，建立工作机制，率先从市场管理、疫情防控、日常监督方面推动菜市场（农贸市场）提档升质，深化推动菜市场向环境整洁、管理规范、防疫水平和食品追溯能力明显提升转变，不断满足市民多样化生活消费需求。

（杨　冲、杨　鹏）

【严格督导核验巩固疏解成效】年内，市商务局继续委托第三方评估公司对2015—2020年疏解提升的部分市场和物流中心，以及重点区域的100个市场，共计203个点位完成情况进行察访核验，合格率100%。升级改造的市场，周围居民满意度较高。对存在薄弱环节的点位，及时督促各区进行整改，不断巩固疏解成果。

（焦　刚、吕祥森）

供应保障

【概况】年内，北京市供应保障工作稳步推进，生活必需品市场供应平稳顺畅，农产品批发市场转型升级积极推进，重要会议重大活动供应服务保障任务圆满完成。

构筑生活必需品市场保障组织体系。为应对新冠肺炎疫情，市商务局按照市委、市政府科学、精准、从严抓好疫情防控工作部署，在强化市场主导、政府调控、部门协同、分工协作的基础上，利用国务院联防联控机制、各农产品产区省市货源组织机制，市物资保障和保供稳价组工作机制、各区生活必需品保障机制等，建立完善政府、部门、企业间的指挥协调体系，构筑本市生活必需品市场调控组织和供应保障体系，确保市场供应稳定。

圆满完成生活必需品供应工作。积极协调市级相关部门、指导各区政府、组织商业企业，协力做好货源组织、调运、储备、配送、销售等工作，通过进一步畅通监测渠道，加强货源组织，统筹产销对接等手段，及时解决货源组织、协调调运等问题，有力保障疫情之下本市的“菜篮子”“米袋子”，确保全年生活必需品市场货源充足，价格总体平稳，肉、蛋、菜等重要商品供应顺畅。

顺利实施全年储备调控计划。制订实施本市生活必需品储备调控计划，新冠肺炎疫情期间增加两次政府储备，储备品种由15种增至18种，成品粮、冻猪肉、婴幼儿奶粉、速冻食品等品种均可保障30天以上。加强调研和科学预判，及时轮换储备物资，动态调整储备任务。通过“四环节、六要素”全力做好蔬菜及肉蛋方便食品等保供稳价，组织协调本市各供应骨干企业，加强日常备货，增加商业库存，丰富供应品类，满足市民消费要求，提高应急保障能力。

全力做好重要会议活动服务工作。全年完成党的十九届五中全会、中央西藏工作座谈会、中央新疆工作座谈会及全国两会供应保障工作，圆满完成食材供应保障任务。按照北京冬奥组委部署，市商务局会同市市场监管、市农业农村、市园林绿化、市公安内保4部门成立冬奥餐饮原材料遴选工作小组，认真做好北京2022年冬奥会和冬残奥会食品原材料备选供应基地和企业遴选工作，目前4部门第一批已遴选了31家单位推荐冬奥组委。

推动批发市场疫情防控转型升级。积极推动常态化疫情防控下农产品批发市场转型升级工作。制定印发《常态化疫情防控下加强农产品批发市场管理转型升级的意见》，召集各区商务部门对批发市场转型升级工作进行部署，各市场在年底前全部实现“批零分开”“生熟分开”和“干湿分离”工作。

严格成品油市场管理。扎实做好本市京Ⅵ标准车用燃油和柴油车用尿素供应保障，市场运行平稳，库存合理。指导各区商务局严格成品油零售经营资质审批，优化审批流程，缩短审批时限，提高行政效率。落实污染防治攻坚战行动计划有关要求，配合生态环境部门检查加油站油气回收及在线监控系统安装情况。针对进出京重点通道柴油零售供应，改革柴油货车保障模式，实现柴油销售量减少目标。配合市场监管部门查处缺证缺照加油站，配合公安部门加强散装汽油购销管理。

（王云峰）

【圆满完成全国“两会”、市“两会”等重要会议重大活动供应服务保障任务】年内，圆满完成了全国和市“两会”，中央西藏、新疆工作座谈会，中央依法治国会议、中纪委全会、中央政法会、中央经济工作会议、中央农村工作会议等重要会议重大活动供应服务保障任务。全国人大和全国政协总务组发来感谢信，对市商务局供应服务保障工作给予充分肯定和表扬。

（陈　泽）

【开展第十次春节蔬菜保供联合行动】年内，为全力做好2020年春节和全国“两会”期间首都蔬菜等生活必需品供应保障，确保首都市场蔬菜货源充足、供应稳定，市商务局会同市农业农村局、中国蔬菜流通协会与天津、河北、山东、山西、广东、广西、海南、云南等供京蔬菜主产区政府开展了第十次春节蔬菜保供联合行动，保障了首都蔬菜市场供应稳定。

（陈　泽）

【持续推进重要产品追溯体系建设】年内，持续做好本市肉菜流通追溯体系运维工作，保障已建设的肉菜流通追溯节点持续稳定上传追溯数据，保证消费者追溯查询，快速鉴别可追溯商品。同时，保障本市重要产品追溯统一平台正常运行。

（侯学群）

【车用成品油销售量下降明显】年内，全市成品油表观销售量下降29%。其中，汽油下降28.8%，柴油下降29.5%。

（陈德宏）

【蔬菜上市总量减少】年内，监测的7家批发市场蔬菜上市量达724.68万吨，日均1.98万吨，同比减少15%。

（刘　璇）

【生猪市场货源稳定】年内，7家主要批发市场交易总量11554.1万公斤，日均交易量32.1万公斤。

（刘　璇）

【牛羊肉交易量减少】年内，监测的7家批发市场牛肉交易总量1949.7万公斤，日均交易量5.4万公斤，同比减少15.7%。羊肉交易总量2706.6万公斤，日均交易量7.5万公斤，同比减少1.2%。

（刘　璇）

【鸡蛋交易量略有减少】年内，监测的7家批发市场鸡蛋交易总量14018.6万公斤，日均交易38.9万公斤，同比减少5.3%。

（刘　璇）

粮食流通和物资储备

【概况】年内，面对新冠肺炎疫情冲击和错综复杂的国际国内形势，北京市粮食和物资储备局坚持以习近平新时代中国特色社会主义思想为指导，认真贯彻落实党的十九大和十九届二中、三中、四中、五中全会精神，围绕“六稳”“六保”工作任务，全力以赴做好防疫保供工作，推进粮食和物资储备体制机制改革，健全粮食和物资保障体系，强化粮食流通监管，推动粮食和物资储备工作高质量发展，更好地服务首都经济社会发展大局。

（蔡奇敏）

【全市粮油供需总体平衡】年内，本市粮食直接消费量455.1万吨，比上年增加3.6万吨，增幅0.8%。其中，城乡居民口粮消费342.2万吨，比上年增加1.8万吨，增幅0.5%；饲料用粮91.8万吨，比上年增加10.3万吨，增幅12.6%；工业用粮21.1万吨，比上年减少7.7万吨，减幅26.7%；食用油消费量46.9万吨，比上年减少8.2万吨，减幅14.9%。全年粮食供给535.3万吨，食用油供给52.9万吨。2020年，本市粮油供给充分，消费量稳中有升，粮油库存保持平稳，社会粮油供需总体平衡。

（惠春光）

【全力做好疫情防控和粮油保供工作】年内，在首都抗疫斗争中，为确保粮油供应不脱销、不断供，全力服务疫情防控大局，迅速成立粮油供应应急保障专班，紧急增储10万吨临时储备成品粮、5万吨临时储备食用油，并将市外存放的5.64万吨市级储备成品粮调运回京。紧急组织11家骨干企业复工复产，仅用12天全部实现开工生产，有力保障了本市粮食供给。强化粮油市场监测预警，妥善应对个别国家限制粮食出口引发的连锁反应，及时投放市级临时储备成品粮，在全国省级粮食部门中带头发声，通过新闻发布会回应社会关切，及时稳定市场预期，平息本市超市粮油销量激增态势，为疫情防控和经济社会稳定提供有力保障。把握储备轮换方式和节奏，为企业正常生产提供了原料支撑。发挥应急物资支援保障作用，紧急调运各类储备物资5万多件，支援湖北及本市各区基层抗击疫情。代发医疗防护物资18万件、医疗设备12台。东城、朝阳、石景山、顺义等区共调运区级救灾物资2万多件，用于本区各街道乡镇疫情防控工作。

（惠春光、杨春彦）

【改革完善粮食和物资储备体制机制】年内，出台改革完善体制机制加强粮食储备安全管理的工作措施，进一步压实主体责任和监管责任，为新形势下服务市场调控、调节稳定市场、应对突发事件和提升首都安全能力奠定了基础。全市首次形成常态化的重要商品和应急物资统计管理机制，为动态掌握本市重要商品和应急物资储备底数提供了抓手。成功召开市级重要商品储备部门联席会议第一次会议，并制定进一步加强市级重要商品收储、轮换和投放管理工作意见，为推进市级重要商品储备体系建设奠定坚实基础。

（蔡奇敏、杨春彦）

【切实增强粮食保障能力】年内，累计轮出市储备粮油57万吨，轮入市储备粮油57万吨。严格落实粮食收购政策，将延庆、密云2.4万吨玉米转为市储备粮，拓展农民售粮渠道。做好退耕还林补助粮供应收官工作，全年累计供应粮食0.36万吨，涉及7个区、75个乡镇、757个村、43906户退耕农户。组织企业参加第三届中国粮食交易大会以及山东、黑龙江等省举办的产销合作会，与黑龙江等8省签署了产销合作战略协议，进一步深化产销合作。

（惠春光）

【加强粮食流通监管】开展政策性粮食大清查“回头看”和问题整改“回头看”专项行动，结合粮食库存大清查、粮食安全责任制考核、中央储备粮和中央事权粮食政策执行情况年度考核发现问题整改“回头看”工作，全面摸排问题整改情况，全市419个问题全部整改完成，全面提升政策性粮食管理水平。开展“双随机、一公开”粮食流通行政执法检查，全年市、区两级共执法检查721家次，实现地方储备粮承储企业和纳统涉粮企业全覆盖。加快推进全市粮食行业信用监管体系建设，指导各区粮食行政管理部门开展全市粮食企业经营活动守法诚信评价工作，共将230家纳统企业评价结果在外网予以公示和公告。强化粮食安全责任制，完善考核方案和指标体系，引入第三方开展数据核验，确保结果更加公平、公正。我市在2019年度粮食安全省长责任制考核中被评为“优秀”。

（孔令文）

【深入落实科技和人才兴粮兴储战略】年内，开展世界粮食日和粮食科技宣传周活动，树牢粮食安全意识，大力倡导厉行节约、反对浪费，引导科学消费、健康饮食。制定市储备成品粮仓储管理技术要点，为临储成品粮仓储管理提供技术指导。全面落实人才兴粮兴储战略，在全系统开展学习粮食行业先进典型事迹活动，组织粮食行业特有工种职业技能鉴定培训，推荐国家技能人才培育突出贡献个人，发挥拔尖人才工作室技术攻关和传技带徒作用，在行业内营造奋勇当先的氛围。

（暴瑞冰、张瑞琪）

【建立健全应急物资储备体系】年内，圆满完成市级救灾物资搬迁工作，启用运输车辆1090车次，作业人员3320人次，物资总重近8千吨。在副中心办公区引入库区视频监控资源，打造精干高效的管理队伍，提高储备安全管理水平。制定疫情期间救灾物资应急发运实施方案，修订救灾物资储备库防汛及应急发运工作实施预案，组织开展救灾物资应急调运演练，细化调运流程，提升应急响应、高效调运的能力。制发重要节点做好物资储备安全管理和应急保障工作通知、救灾物资储备库安全管理制度措施汇编等，加强物资储备安全管理。做好代储中央救灾物资、市区两级救灾物资清查工作，做到数量真实、账实相符。沟通对接天津、河北，初步建立京津冀应急救灾物资协同保障机制。建立本市应急救灾物资生产企业名单，研究应急救灾物资供给清单，做好重要应急救灾物资产能情况统计。积极探索建立本市民用防护口罩储备体系，进一步补齐物资储备体系建设短板，全面加强疫情防控常态化下的民用防疫物资储备工作。

（杨春彦）

【推进粮食产业高质量发展】年内，成功举办2020年粮食现代供应链发展及投资国际论坛，以“加强危机防控合作，守护国际粮食安全”为主题，采取线上线下相结合的方式，在产销合作、区域协同、对口扶贫、服务贸易方面取得显著成果。积极推进我市2020年度中央企业“优质粮食工程”奖励资金项目建设工作。委托北京市粮食行业协会开展“好粮油”产品遴选，选出8个品类的“北京好粮油”产品。印发关于推进我市粮油品牌建设的指导性意见，提升本市粮食产业经济发展水平。

（蔡奇敏、王红伍）

【深化“放管服”改革】年内，出台告知承诺制暂行办法。推进政务服务事项“一网通办”，落实电子证照应用和电子印章制作，对接全市统一审批平台，实现在线出证。完善“互联网＋监管”系统对接与使用，检查实施清单完成率100%。精简政务服务事项申请材料和压缩时限，精简材料21份，精简比例31%；压缩时限193天，压缩比例50%。

（王红伍）

二、对外开放

国家服务业扩大开放综合示范区和中国（北京）自由贸易试验区建设

【概况】 年内，国家服务业扩大开放综合示范区和中国（北京）自由贸易试验区（以下简称“两区”）建设正式启动。国家主席习近平在2020年中国国际服务贸易交易会全球服务贸易峰会上视频致辞，宣布支持北京打造国家服务业扩大开放综合示范区，设立以科技创新、服务业开放、数字经济为主要特征的自由贸易试验区。国务院分别批复《深化北京新一轮服务业扩大开放综合试点建设国家服务业扩大开放综合示范区工作方案》和《中国（北京）自由贸易试验区总体方案》，为北京进一步扩大开放、深化改革提供了根本遵循。

北京市高度重视，构建了高位挂帅、高层协调、高频运转的推进机制，举全市之力推进“两区”建设。成立市委议事协调机构，创新建立“一办十二组”统筹协调机制，形成了领导小组及办公室抓总、12个专项协调组纵向牵头各领域改革开放创新、各部门根据职责分工集中抓好政策突破、各区立足功能定位强化落地承载的工作格局。

“两区”建设迅速拉开框架，以“领域+区域+要素”多维度立体化推进。围绕科技、数字经济、金融等9个重点行业领域，16个行政区和北京经济技术开发区，人才、财税、知识产权和通关等四大关键要素，分别细化具体措施，制订并出台实施方案或工作方案。截至年底，“两区”建设251项建设任务中，累计落地完成90项，完成率接近36%；同时，“两区”项目储备力度不断加强，累计新增项目815个，在推项目867个，其中外资项目172个，占比19.8%。

（蔡小军、杜　磊、朱忠文、张竞天、魏　拓）

【《中国（河北）自由贸易试验区大兴机场片区（北京大兴）制度创新清单（第一批）》发布】 1月8日，市商务局会同大兴机场自贸试验区管委会制定印发了《中国（河北）自由贸易试验区大兴机场片区（北京大兴）制度创新清单（第一批）》，确定了“试点实行告知承诺审批制”等81条创新措施。

（蔡小军、于风君）

【《深化北京新一轮服务业扩大开放综合试点建设国家服务业扩大开放综合示范区工作方案》获国务院批复】 8月28日，国务院批复《深化北京新一轮服务业扩大开放综合试点建设国家服务业扩大开放综合示范区工作方案》（国函〔2020〕123号），将服务业扩大开放综合试点升级为综合示范区，明确了2025年和2030年两个5年发展目标，围绕科技服务、数字经济、金融等9个重点行业领域，中关村国家自主创新示范区、金融街、通州文化旅游区等7个重点区域，投资贸易、财税、监管与服务、知识产权保护与运用、产业链供应链协同、联动创新等6项制度创新，资金、数据、人才、土地等4类要素供给共四个维度，提出了26个方面123项开放创新政策措施。

（蔡小军、李　航）

【国务院印发《中国（北京）自由贸易试验区总体方案》】 8月30日，国务院印发《中国（北京）自由贸易试验区总体方案》（国发

〔2020〕10号）。该方案以可复制可推广为基本要求，助力建设具有全球影响力的科技创新中心，加快打造服务业扩大开放先行区、数字经济试验区，着力构建京津冀协同发展的高水平对外开放平台，提出推动投资贸易自由化便利化、深化金融领域开放创新、推动创新驱动发展、创新数字经济发展环境、高质量发展优势产业、加快转变政府职能等7个方面共114项政策。中国（北京）自贸试验区的实施范围为119.68平方公里，涵盖三个片区，其中，科技创新片区31.85平方公里，国际商务服务片区48.34平方公里（含北京天竺综合保税区5.466平方公里），高端产业片区39.49平方公里。

（蔡小军、李 航）

【大和证券成为落户北京的第一家新设外资控股券商】9月9日，“大和证券获批组建发布会”在2020年中国国际服务贸易交易会期间举办。12月18日，大和证券正式在金融街落地。大和证券（中国）是由外资方日本大和证券与北京国有资本经营管理中心、北京金融街资本运营中心共同出资设立的合资证券公司，外资方持股51%，两家内资股东合计持股49%，注册资本为10亿元人民币，经营范围为证券经纪、证券承销与保荐、证券自营。大和证券的设立，是“两区”建设的重要成果，进一步丰富了北京金融行业市场主体，也将进一步促进北京与世界各地金融市场的联通，彰显了北京作为金融改革开放高地的独特优势，体现了国际金融机构对北京营商环境的充分认可，也体现了国际投资者对中国市场成长的满心期待。

（于风君）

【全国首家外商独资货币经纪公司落户北京】9月9日，上田八木货币经纪（中国）有限公司在北京举行批筹发布会。这是国内首家外资全资控股的货币经纪公司，主要经营国内外外汇市场交易、货币市场交易、债券市场交易、衍生品交易经纪业务，以及经银保监会批准的其他业务。上田八木货币经纪公司获批筹建，是中国银保监会、北京银保监局全力支持北京“两区”建设的一项重要成果。作为全国首家外商独资货币经纪公司和北京市第二家货币经纪公司，将为金融机构提供专业化、精细化的经纪服务，特别是能有效地帮助中小金融机构拓宽信息获取渠道，提高议价能力，便于找到交易对手，有助于维护金融市场的公开透明，提高金融资产的配置效率。

（于风君）

【中国（北京）自由贸易试验区正式揭、挂牌】9月24日，中国（北京）自由贸易试验区揭牌仪式举行，中央政治局委员、市委书记蔡奇为自贸试验区揭牌并讲话，市委副书记、市长陈吉宁宣读国务院批复，市人大常委会主任李伟、市政协主席吉林出席。蔡奇代表市委市政府对自贸试验区的设立表示热烈祝贺，对在设立过程中给予大力支持的国家相关部委表示衷心感谢。仪式上，商务部和北京市领导共同为科技创新、国际商务服务、高端产业三个片区揭牌，首批入驻自贸试验区项目进行了签约。9月27日至28日，科技创新片区、国际商务服务片区、高端产业片区分别举行了挂牌仪式。

（蔡小军）

【全市召开“两区”建设动员部署大会】10月9日，北京市以视频会议形式，召开建设国家服务业扩大开放综合示范区和中国（北京）自由贸易区动员部署大会。中央政治局委员、市委书记蔡奇强调，“两区”的设立是北京改革开放进程中的一件大事，也是重大战略机遇。要深入贯彻习近平总书记在服贸会上的重要致辞精神，紧抓机遇、主动作为，以首善标准推进“两区”建设，努力打造改革开放的“北京样板”，为构建新发展格局做出首都新贡献，向党和人民交上合格答卷。市委副书记、市长陈吉宁主持会议，市委常委、副市长殷勇做动员部署，商务部副部长、国际贸易谈判副代表王受文讲话。中宣部等14个国家部委有关负责同志，市委、市人大、市政府、市政协领导，市政府秘书长及市委市政府有关副秘书长，市有关部门主要负责同志，各区、自贸试验区各片区、部分重点园区主要负责同志在主会场和分会场参加会议。

（杜　磊、赵文捷）

【中国（北京）自由贸易试验区完成落桩定界工作】为落实国务院关于新设中国（北京）自由贸易试验区的批复精神，市商务局联合市规划自然资源委研究明确了中国（北京）自贸试验区实施范围四至坐标，并按要求开展报批工作。11月，中国（北京）自贸试验区四至范围及边界坐标通过商务部、自然资源部审核验收并报国务院备案。

（蔡小军）

【德意志银行（中国）有限公司成为我市辖区首家获得证券投资基金托管资格的外商全资银行】12月5日，证监会发布《关于核准德意志银行（中国）有限公司证券投资基金托管资格的批复》，德意志银行（中国）有限公司成为我市辖区首家获得证券投资基金托管资格的外商全资银行。该项目落地受益于我市“两区”建设中关于“支持更多外资银行获得证券投资基金托管资格”政策，是我市“两区”建设项目取得的又一重要成果。

（于风君）

【北京外商投资企业境内上市服务平台上线】12月8日，北京外商投资企业境内上市服务平台上线运行。该平台以北京企业上市综合服务平台建设为基础，借助大数据、人工智能及区块链等技术手段，依托北京企业上市服务平台和中关村资本市场服务平台，围绕企业价值评价、辅导培训、上市咨询、融资撮合、政策落地等方面的需求，通过科创钻石指数、资本学院、智能IPO等产品服务为外商投资企业境内上市发展提供优质服务。

（于风君）

【股权投资和创业投资份额转让试点率先在京落地】12月10日，中国证监会正式批复同意在北京股权交易中心开展股权投资和创业投资份额转让试点；12月28日，首支S基金——北京清科和嘉二期投资管理合伙企业（有限合伙）在京落地，标志着我市“两区”建设又一重点任务取得突破性进展。试点建设将有助于拓宽股权投资和创业投资退出渠道，形成行业“募投管退”良性循环的生态体系，促进金融与产业资本循环畅通，助力全国科创中心建设，努力打造金融改革开放的“北京样板”。

（于风君）

【首家跨国公司亚太区总部落户中国（北京）自贸试验区】12月11日，全球顶尖的创新药研发企业赛诺根（中国）有限公司落户北京CBD国贸中心，成为中国（北京）自贸试验区首家落户的跨国公司亚太区总部，标志着中国（北京）自贸试验区CBD片区企业认定机制正式建立。

（于风君）

【“两区”工作领导小组正式设立】12月7日、8日，中共北京市委机构编制委员会先后印发《关于设立中国（北京）自由贸易试验区（国家服务业扩大开放综合示范区）工作领导小组的通知》（京编委〔2020〕55号）和《关于中国（北京）自由贸易试验区（国家服务业扩大开放综合示范区）工作领导小组办公室有关机构编制事项的批复》（京编委〔2020〕56号），明确：经市委编委研究、市委决定，设立中国

（北京）自由贸易试验区（国家服务业扩大开放综合示范区）工作领导小组，为市委议事协调机构，由市委书记任组长，市长任第一副组长，分管相关工作的副市长担任副组长，成员覆盖40余家市级部门。领导小组办公室设在市商务局，具体承担推进综合示范区和自由贸易试验区建设的相关工作。

（蔡小军）

【“两区”工作领导小组召开第一次会议】12月12日，市委书记蔡奇带领十六区和相关部门负责人，到CBD、中关村、北京经济技术开发区就“学习贯彻党的十九届五中全会精神，推进国家服务业扩大开放综合示范区和自由贸易试验区建设”进行拉练式检查并召开现场推进会暨“两区”工作领导小组第一次会议。会议听取了全市和部分区“两区”建设基本情况，审议通过了“两区”工作领导小组议事规则等文件。市委副书记、市长陈吉宁，市人大常委会主任李伟，市政协主席吉林，市委副书记张延昆出席会议。

（杜　磊、朱　静）

【人民币国际投贷基金在京获批】12月21日，中国人民银行批复同意在京设立人民币国际投贷基金。人民币国际投贷基金坚持全球视野，突出北京特色，强化制度创新，注重风险防范，采用市场化、专业化运作模式，开展人民币境外直接投资和人民币海外贷款业务，重点支持首都企业对外合作和转型升级，为构建国内国际双循环新发展格局提供跨境资金支持。

（于风君）

【欧洲最大资产管理公司落地北京】12月25日，欧洲排名第一的资产管理公司东方汇理资产管理公司（Amundi）发起设立的全资子公司锋裕汇理投资管理（北京）有限公司正式落地北京，这是北京市合格境内有限合伙人境外投资（QDLP）试点启动后第二家落地机构，由外商独资企业担任私募基金管理人，是“两区”建设的又一重要成果。

（于风君）

【我市两项支持科技创新的重点税收优惠政策落地】12月25日、29日，财政部、国家税务总局等国家部委联合印发《关于中关村国家自主创新示范区特定区域技术转让企业所得税试点政策的通知》（财税〔2020〕61号）、《关于中关村国家自主创新示范区公司型创业投资企业有关企业所得税试点政策的通知》（财税〔2020〕63号）等文件，同意我市中关村国家自主创新示范区（以下简称“示范区”）率先开展技术转让所得税优惠政策试点和公司型创投企业所得税优惠政策试点：一是在示范区朝阳园、海淀园、丰台园、顺义园、大兴—亦庄园、昌平园6个园区内注册的居民企业，符合条件的技术转让所得，不超过2000万元的部分，免征企业所得税；超过2000万元的部分，减半征收企业所得税。二是对示范区内符合条件的公司型创业投资企业，转让持有3年以上股权所得，超过年度股权转让所得总额50%的，可以减半征收企业所得税；转让持有5年以上股权所得，超过年度股权转让所得总额50%的，可以免征企业所得税。这两项政策是我市依托“两区”建设争取到的具有战略意义的税收优惠政策，其落地实施将对我市乃至全国的科技创新发展起到有力的支撑和示范引领作用。

（于风君）

【朴道征信获批个人征信业务许可，弥补我市尚无持牌市场化个人征信机构空白】12月底，经人民银行批准，朴道征信有限公司（以下简称“朴道征信”）获得个人征信业务许可，成为继百行征信后全国第二家个人征信公司。朴道征信获批个人征信业务许可弥补了我市尚无持牌市场化个人征信机构的空白，开创了我市“两区”建设个人征信业务新篇章。朴道征信由北京金融控股集团有限公司牵头组建，注册地为朝阳区，注册资本10亿元人民币，其获批是推进征信业供给侧结构性改革、增加征信有效供给的重要举措，将进一步发挥征信在防范信用风险、降低交易成本、改善金融生态、促进普惠金融发展等方面积极作用，提高首都信用体系建设水平。

（于风君）

【境外期货职业资格认可机制率先在京实现重大突破】12月30日，中国期货业协会正式发布《关于具有境外期货职业资格的人员申请国家服务业扩大开放综合示范区和中国（北京）自由贸易试验区期货从业资格的公告》，标志着北京“两区”建设中关于“探索建立过往资历认可机制”的重要成果落地。本次发布的公告有三大亮点：一是覆盖61个境外期货职业资格认可的国家和地区；二是相关人员通过境内期货从业法律法规考试后，填写申请并在协会备案，即获得“期货从业资格考试成绩合格证”，无须参加基础知识考试；三是由拟任职期货或证券公司代为申请境内期货从业资格，该资格仅限在北京“两区”内提供服务。

（于风君）

【SMC中国区总部落地北京经开区】12月底，“两区”建设的重点项目SMC中国总部正式落地经开区。SMC是世界500强企业、世界级气动元件研发、制造、销售公司及气动领域的全球领军者。本次SMC中国总部落地，将有利于企业整合SMC自动化、SMC（中国）制造、北京制造、天津制造、广州制造资源，为中国乃至全球智能制造的发展发挥更大作用，实现增收、增税、增益。

（于风君）

【《境外仲裁机构在中国（北京）自由贸易试验区设立业务机构登记管理办法》正式发布】为积极推进中国（北京）自由贸易试验区建设，为境外仲裁机构来京设立业务机构提供友好、便利、规范、透明的制度环境，市司法局制定了《境外仲裁机构在中国（北京）自由贸易试验区设立业务机构登记管理办法》。该办法明确了境外仲裁机构的业务范围、设立业务机构的条件和程序、鼓励开展业务交流与合作以及相关管理要求等，并将于2021年1月1日正式施行。

（于风君）

【“两区”建设任务首年完成率接近36%】年内，在商务部等国家部委的大力指导和支持下，北京市认真落实习近平总书记关于“两区”建设的指示和国务院批复精神，全力推进“两区”建设。自“两区”建设启动至年末的2个多月中，在“两区”建设251项任务中，私募股权转让平台等90项措施顺利落地，首年任务完成率接近36%。

（于风君）

【中国（北京）自贸试验区建设实现良好开端】据统计，2020年10—12月，中国（北京）自贸试验区新增市场主体5588家，月均新设市场主体数量1863家。实际利用外资金额2.7亿美元，实现进出口总额754.7亿元，占全市比重分别为12.6%和12.8%，为全市稳外资、稳外贸贡献了积极力量，实现良好开端。

（马文迪）

货物贸易

【概况】年内，北京货物贸易进出口实现2.32万亿元人民币，同比下降19.1%。其中，出口4654.9亿元人民币，下降10.0%；进口18561.0亿元人民币，下降21.1%。

外贸结构进一步优化。一般贸易出口

3714.3亿元，占全市出口比重达79.8%；加工贸易出口250.2亿元，占比5.4%。

外商及民营企业出口占比提升。外商投资企业及民营企业出口均保持两位数增长，分别为21.2%、19.0%，占全市出口比重分别为29.0%、16.9%；国有企业出口同比下降26.4%。

高新技术产品出口逆势增长。机电产品出口2226.1亿元，同比增长3.3%；高新技术产品实现两位数增长，出口1370.1亿元，同比增长26.1%。其中“高精尖”产业出口显著增长，手机、集成电路、医疗器械、计量检测分析自控仪器及器具出口分别同比增长50%、12.5%、138.5%、13.8%。

防疫物资成为我市出口新增长点。口罩防护服等防疫物资出口大增；纺织品、服装及衣着附件、医疗器械出口翻倍，同比分别增长330.9%、109.8%、138.5%；医药材及药品出口同比增长64.3%，增长额达26.8亿元。

消费品进口小幅上涨。主要消费品进口3485.7亿元，同比增长4.0%。前10位主要消费品中，汽车、医药品、文化产品、牛肉、手机、猪肉6类进口实现了增长，同比分别为8.3%、2.2%、26.8%、11.7%、288.3%、19.8%；水海产品受疫情影响，进口同比下降43.5%。

分国别和地区来看，对欧盟、中东出口实现增长，分别同比增长46.5%、23.7%。自欧盟进口稳中有升。大宗商品是我市进口下降的主要原因，原油、天然气等主要进口国家如沙特阿拉伯、俄罗斯、安哥拉等，进口额同比分别下降42%、18.3%、33.9%；自欧盟27国进口2938.6亿元，同比增长2.6%。

部分区转型升级良好。以传统大宗商品为主要增长点的朝阳、西城、东城区出口同比下降19.6%、27.3%、19.7%，而以新兴企业为主要增长点的海淀区（高科技产品）、开发区（机电产品）、大兴区（机电产品）同比增长25.5%、2.6%、46%。反映我市出口结构在不断优化，转型趋势向好。

（张华雨）

【促进防疫物资进口】新冠肺炎疫情暴发后，防疫物资需求量激增，我市产能有限，供需矛盾突出，为应对我市新冠肺炎防疫物资紧缺实际，按照局领导统一部署，市商务局成立外贸小组，迅速采取行动，想方设法拓展市场渠道，充分调动企业、社会等各方资源，以最快速度、最大限度扩大防疫物资进口，助力抗击疫情。通过扩大进口、海外采购等方式极大缓解了防疫物资紧缺现状，为城市运行、企业复工复产、社区防控及北京百姓需求等提供有力保障。截至2020年2月28日，共完成采购口罩1579.92万只，防护服8.46万件、护目镜1.47个、防护手套271.35万双、防护鞋套60.39万双、防护帽125.4万个、洗手液2.71万瓶，消毒剂0.069万瓶。

（赵思聪）

【北京华科泰公司向斯洛伐克出口新冠病毒检测试剂盒10万人份】3月15日，北京华科泰生物技术股份有限公司接到来自斯洛伐克内务部的订单，紧急需求价值57万美元、10万人份的检测试剂。经市商务局协调北京海关第一时间启动应急处置预案，为企业开通“绿色通道”。北京华科泰公司产品24小时内完成快速便捷通关，于17日下午完成10万人份检测试剂出口的报关。此批检测试剂出口为新冠肺炎疫情期间我市最早一笔医疗物资出口。

（赵思聪）

【印发《北京市商务局关于外贸领域防疫情稳运行若干措施的通知》】3月，印发《北京市商务局关于外贸领域防疫情稳运行若干措施的通知》，提出严格落实防控工作要求、有序推动企业复工复产、加大外贸企业金融保障、支持外贸新模式新业态发展、提升外贸监测预警能力等五方面14条措施，有针对性地缓解了企业经营困境，促进我市外贸稳定运行。

【赫尔辛基中心采购北京博辉瑞进、中科盛康公司医用防疫物资】4月27日，在市商务局积极协调下，北京—赫尔辛基境外服务中心与北京博辉瑞进生物科技有限公司、中科盛康科技有限公司签署采购订单，购买医用外科口罩310万只，一次性手术服10万件、一次性面罩2.5万只，物资金额共计179.6万美元。疫情期间，市商务局充分利用境外中心合作网络，推动北京防疫产品进入国际市场。

（路海轩）

【举办北京科技防疫物资交易线上展】4月27日至5月1日，市商务局举办北京科技防疫物资交易线上展，成效显著。本次线上展会共有27家企业参展，分配26个中文展位和16个英文展位；参展展品数为89个，涉及诊断试剂及配套产品、医疗器械、中成药、AI辅助诊断系统、测温设备、消杀设备及防护用品等七类防疫产品，其中中文展品53个，英文展品36个。本次线上展参展观众人数为1521人，浏览次数达113588次；发起经贸洽谈数为103次，其中参展观众发起数91次，展商发起数为12次；意向成交12单，涉及11家参展企业，达成意向交易额约为5447.35万元人民币。

（路海轩）

【召开“稳外贸　促发展”金融政策线上宣讲会】5月15日，针对重点外贸企业普遍反映的订单减少，资金短缺问题，市商务局联合中国信保、首创担保、中国进出口银行北京分行等7家金融机构组织召开“稳外贸　促发展”金融政策线上宣讲会。7家金融机构分别介绍了所出台的针对外贸企业金融支持政策。共有150余家重点外贸企业的300多名代表参会，17个区（功能区）商务主管部门代表同步在线收看。

（杜雨潇）

【建立重点企业订单调查制度】为深入了解新冠肺炎疫情对我市外贸企业的影响，准确研判外贸形势，我局于2020年4月、5月、7月分别对重点外贸企业开展出口订单问卷调查，样本企业登录订单调查小程序进行在线填报，为建立我市外贸出口订单月调查制度进行了有益探索。5月底，根据商务部统一部署，我局利用外贸外资企业直报信息服务平台，正式建立企业每月网上直报调查数据制度。订单调查样本企业共358家，出口额超5000万元人民币，同时也兼顾了行业、地区等情况。平台上线以来，我市外贸企业月度填报率达95%以上，能够及时反应我市当前外贸形势和外贸企业经营情况、困难问题和政策诉求。

（杜雨潇）

【举办外贸企业政策培训】8月、11月，市商务局先后组织6场外贸企业政策培训会。培训会解读了北京市2020年度外贸企业提升国际化经营能力政策和促进外贸高质量发展支持政策，并为企业提供申报流程、具体操作等方面的咨询服务，帮助进出口企业及时了解外贸支持政策，有效应对最新的国际形势，促进北京外贸企业高质量发展。培训会采用现场培训＋线上视频的方式，全市近900家企业参加培训。

（赵思聪）

【迅速响应援助几内亚防疫物资转运工作】年内，市商务局会同市卫生健康委、民航快递有限责任公司北京分公司协商制订转运方案，参照国际友好城市做法安排援助几内亚医疗队防疫物资转运事宜。9月6日，包括智能测温消毒通道一体机在内的292件防疫物资通过海运和空运两种方式已全部运到几内亚医疗队，迅速保障了医疗队在当地的抗疫工作。

（赵思聪）

【举办出口转内销活动】新冠肺炎疫情暴发以来，我局积极帮助外贸企业拓市场、抓订单，促进出口产品内销的产需对接。9月8日至12日，市商务局会同东城区政府在王府井步行街举办了“出口商品转内销”大集活动。30余家外贸企业展销的服装、首饰、化妆品、小家电、乐器、家居用品、户外用品等优质出口商品，五天销售额近百万元。此外，在主要商圈举办专场大集。国庆黄金周期间，由市商务局、东城区人民政府联合主办的“北京消费季之首发节”第二站主题秀场活动在国瑞购物中心圆满举办。外贸企业进驻“北京首发节”第二站，该站活动以“本源觉醒 国潮京品”为主题，从9月29日一直持续至10月3日，让消费者一站式“淘好物”。

（郑 苑）

【印发《北京市商务局关于支持外贸稳定增长若干措施的通知》】9月，印发《北京市商务局关于支持外贸稳定增长若干措施的通知》，从走访对接服务企业核心需求、整合资源增强金融服务能力、多策并举加强物流能力建设、搭建平台帮助企业开拓市场、促转型升级提升企业核心竞争力、优化营商环境提升便利化水平、构建国际国内双循环经济格局、创新外贸运行模式鼓励新业态发展等八方面进行部署，进一步提高外贸供应链稳定性、提升外贸企业核心竞争力、提高跨境贸易便利化水平，推动我市首都开放型经济高质量发展。

（郑 苑）

【举办第二十一届进出口政策服务咨询会】10月29日，市商务局会同北京海关、市国税局、中国人民银行营业管理部、北京外汇管理部、北京市外事办、市经信局、市科委、市公安局出入境管理局等8个部门共同举办第二十一届进出口政策服务咨询会。会上主要介绍了优化营商环境政策、疫情防控期间出口退税最新政策措施、货物贸易外汇管理、北京“单一窗口”企业应用、高新技术企业认定政策、出口信用保险配套政策等九个方面的内容。各区商务局及进出口企业500余人参加会议。

（路海轩）

【召开外贸稳增长工作会】11月4日，我局召开全市外贸稳增长工作会。会议宣贯了稳外贸若干政策措施。各区商务局、开发区金融商务局、市进出口协会参加会议并对当前外贸形势及下一步工作进行了交流。会议提出，要树立疫情长期化的意识。克服国外订单需求下降的问题，做好基础工作，进一步摸清底数，找出有潜力和波动大的企业，借鉴先进经验，用好用足政策。同时，实实在在解决企业困难。抓大不放小，发挥高新技术企业的进出口优势，做好稳外贸工作。

（郑 苑）

【北京外经贸发展引导基金实现首笔投资资金收入分配】12月31日，北京外经贸发展引导基金第五次合伙人大会审议通过了基金收入分配方案。设立4年来，外经贸基金取得投资收入5026万元，留存滚动投资资金后，可分配收入2026万元。本次基金投资收入主要来源于已退出项目佰才邦，收益达4671万元，另外，投资的九州风神、中际联合项目分别获得分红63.4万元、81.8万元。

（汪云云）

【制定新型冠状病毒肺炎流行期间进口货物转运防控指引】年内，制定《新型冠状病毒肺炎流行期间进口货物转运防控指引》，该《指引》共12条，对疫情期间企业进口货物的物流、仓储等方面进行了规范。

（路海轩）

【积极推动科技防疫物资出口】随新冠肺炎疫情在全球蔓延，世界各地停工停产，对全球外贸造成前所未有的冲击，我局针对疫情对经济带来的风险与挑战，结合我市“科技中心”定位，化危为机，大力促进科技防疫物资出口。一是组建全市科技防疫物资出口专班，联合市经信局、北京海关、北京市药监局等多部门联动工作的专班机制。二是搭建“三方面”平台。搭建出口服务平台确定代理防疫物资出口核心企业；搭建出口认证平台，筛选4家认证服务机构为防疫物资出口企业提供24小时认证和咨询服务；搭建物流服务平台，专门为防疫物资出口提供运输保障。三是规范出口秩序。完善重点出口防疫产品清单，已完成8.0版。组织符合条件企业申请进入商务部白名单。四是同步供需对接和产品推广。借助国家对外援助平台将我市企业纳入采购体系，为拓宽企业渠道，组织电商龙头企业与企业开展线上对接活动，成功举办“北京科技防疫物资交易线上展”推广我市防疫产品。通过多聚并措，防疫物资已成为我市出口新增长点，2020年，我市防疫物资出口大增。纺织品、服装及衣着附件、医疗器械出口翻倍，同比分别增长330.9%、109.8%、138.5%。医药材及药品出口同比增长64.3%，增长额达26.8亿元。

（赵思聪）

【联合中国进出口银行北京分行推出“抗疫情稳外贸”专项贷款】年内，市商务局联合中国进出口银行北京分行推出“抗疫情稳外贸”专项贷款，帮助北京外贸企业破解生产经营难题，促进北京市外贸产业发展。中国进出口银行北京分行向我市重点外贸企业及因受疫情影响有融资需求的外贸企业发放贷款53.87亿元，在解决外贸企业融资需求方面发挥了实效。

（赵思聪）

【联合工商银行北京市分行推出“稳外贸、促发展”优惠支持政策和服务措施】年内，市商务局联合工商银行北京市分行推出“稳外贸、促发展”优惠支持政策和服务措施。对于符合融资条件的外贸企业，工商银行北京市分行提供300亿元表内外专项融资规模，并配以利率优惠支持。此外，还为外贸企业提供跨境结算服务、全球金融市场服务、全口径跨境融资服务、跨境人民币金融服务、线上跨境金融服务等八方面服务内容。

（杜雨潇）

【组织防疫物资生产企业申报商务部白名单】年内，根据商务部、海关总署等三部门《关于进一步加强防疫物资出口质量监管的公告》（2020年第12号）、国家医疗物资商业出口工作机制办公室《关于组织做好审核确认符合国外标准认证或注册的防疫物资生产企业名单有关工作的通知》要求，市商务局通过北京市科技防疫物资出口工作专班机制，积极组织符合条件的生产企业申请进入商务部白名单。截至2020年底，已有15款非医用口罩，98家医疗物资生产企业的32款医用口罩、65种型号的呼吸机、1种型号的红外体温计和157种型号的检测试剂盒产品进入白名单。

（杜雨潇）

【北京市二手车出口居全国前列】据商务部外贸司统计，北京市全年共出口二手车756台，涉及金额249.8万美元，分别通过海运陆运等途径发往尼日利亚、多米尼加、贝宁等37个国家和地区，在全国10个首批二手车出口试点地区位列第3位。

（赵思聪）

【出台“订单易捷贷”，解决企业融资难题】年内，市商务局会同首创担保、中信保、银行，依托外经贸担保服务平台，推出“订单易捷贷”

融资产品，即对企业出口前订单及出口后应收账款通过“信保＋担保＋银行”模式，提供融资贷款，授信上限为1000万元人民币或等值美元；授信期限为12+6（月）；单笔提款最长使用时间不超过6个月。产品推出以来，市商务局积极扩大参与银行范围，完善白名单企业准入标准，应用大数据及互联网技术，通过线上申请简化审批流程，降低贷款利率，为外贸企业提供高效便捷低息的融资服务。

（郑　苑）

【办理各类货物进出口许可证41817份】年内，市商务局为北京市进出口企业办理各类货物进出口许可证41817份。其中：进口关税配额证签发17份；货物自动进口许可管理34960份；授权范围内出口许可证签发3880份；易制毒化学品进出口审批（核）135份；两用物项和技术出口许可证2825份。

（谢　江）

【优化两用物项和技术进出口及易制毒化学品进出口事项办事程序】年内，贯彻落实“放管服”改革要求，进一步优化两用物项和技术进出口及易制毒化学品进出口事项办事服务。取消企业营业执照、对外贸易经营者登记表复印件等材料，改为联网核查，原来企业需提交两份材料才能办理的事项，均压缩至一份，整体减少材料60%以上。两用物项及易制毒化学品事项的审批时限由原本的10个工作日减少了2个工作日。简化易制毒审批流程，提高审批效率。为企业提供快递邮寄服务，减少企业跑腿次数。

（谢　江、路海轩）

【全市新增外贸备案企业6022家】年内，全市新增外贸备案企业6022家，取得对外贸易经营者备案的企业累计78518家；新增国际货运代理企业98家，办理国际货运代理企业备案的企业累计2338家。

（李　倩）

【协助企业外籍人员入境返京复工】年内，积极贯彻落实市复工复产防控办的相关工作要求，支持帮助企业加快全面有序复工复产，及时协助办理重要商务相关外籍人士来京返岗复工申请，做好常态化疫情防控下企业服务工作，保障我市外资企业对外经贸往来活动。及时受理并上报企业提交的外籍人员入境返京复工申请，助力我市企业安全有序复工复产。累计办理外籍人员入境返京复工申请14批，涉及151家单位、433名外籍人员，受到企业高度好评。

（李　倩、王爱丽）

【优化对外贸易经营者备案登记和国际货运代理企业备案登记办事程序】年内，贯彻落实“放管服”改革要求，允许已办理工商登记的企业法人分支机构办理对外贸易经营者备案登记。简化对外贸易经营者备案登记所需材料，由原来的6份压减至1份。落实全国统一“多证合一”改革，对国际货运代理企业备案登记所需材料由原来的7份改为全程网办。两个备案事项的备案时限均由初始的5个工作日精简为即时办理。

（李　倩）

【举办线上外贸企业培训班36期】年内，加强外贸人才培训，创新培训方式，将2020年度外贸企业培训方式由线下改为线上，并联合16个区商务局，扩大培训范围，全年共支持举办培训班36期，累计参加单位2399家，参训3698人次。

（李　倩）

【完成“十四五”开放型经济发展规划研究】按照市委市政府关于我市“十四五”规划编制的部署安排，我局对北京市“十四五”开放型经济发展重大问题及对策进行了研究。课题对全市“十三五”时期开放型经济的主要发展成效进行了梳理、总结，对本市当前开放型经济发展存在的问题进行了深入研究，并分析了国际贸易、投资、产业链布局，国家构建双循环发展格局，北京国家服务业扩大开放综合示范区和自由贸易试验区建设等最新形势，提出了“十四五”北京开放型经济发展的基本思路和目标，围绕构筑发展新格局、强化开放新举措提出八个方面的若干重点措施。

（郑　苑）

【推荐骨干企业上“国际物流供应链服务保障系统”，解决企业物流运输难题】针对部分外贸企业反映海外运输受阻、运费上涨等问题，我局积极与商务部外贸司沟通，将我市5家外贸龙头骨干企业列为国际物流供应链服务保障系统外贸骨干企业，方便企业与国际物流运输重点联系企业开展商业化合作、查询国际物流运力、填报国际物流需求并下单。首批5家外贸企业分别为：北京飞机维修工程有限公司、航卫通用电气医疗系统有限公司、SMC（中国）有限公司、瓦里安医疗设备（中国）有限公司和北京ABB电气传动系统有限公司。后续，我局还将根据企业需求情况陆续推荐外贸骨干企业上“国际物流供应链服务保障系统”。此外，根据商务部统一工作部署，对于未列入保障系统的外贸企业，若相关物流运输问题通过市场化渠道难以解决，我局将采取“一事一报”方式，及时向商务部物流工作小组报送企业国际物流需求信息。

（杜雨潇）

【利用出口信用保险政策　疫情期间为外贸企业排忧解难】新冠肺炎疫情暴发以来，我局积极帮助企业协调中信保第三营业部，在紧急限额审批等方面不断加大支持力度，下调企业保单费率和资信费及为企业开辟理赔绿色通道。仅北京福田汽车国际贸易有限公司一家企业，便完成5宗案件赔付，赔付金额近360万美元，节省成本10万美元。

（赵思聪）

服务贸易

【概况】根据商务部统计数据显示，2020年全市实现服务贸易进出口额8402.6亿元人民币，同比下降21.1%。

服务外包逆势增长，全年离岸服务外包合同执行额77.8亿美元，同比增长2.7%。其中，知识流程外包（KPO）实现快速增长，执行额26.5亿美元，同比增长106.1%，占比34.1%；信息技术外包（ITO）执行额为36亿美元，同比降低16.2%，占比46.3%；业务流程外包（BPO）执行额为15.3亿美元，同比下降23.4%，占比19.6%。

技术贸易下降明显，全年进出口合同金额同比下降54.1%。其中技术进口合同金额下降45.60%；技术出口合同金额下降60.05%。

文化贸易运行平稳，较去年下降0.47%。

（李家旭）

【北京深化服务贸易创新试点圆满结束】6月30日，为期两年的深化服务贸易创新试结束，97条试点举措均圆满完成。其中，“中关村知识产权质押融资保险试点”被商务部选树为典型案例，在国务院服务贸易发展部际联席会议办公室印发的《服务贸易创新发展试点“最佳案例”》中向全国推广。

【开展全面深化服务贸易创新发展试点】8月11日，国务院发布《关于同意全面深化服务贸易创新发展试点的批复》，同意在北京、天津、上海等28个省、市（区域）全面深化服务贸易创新发展试点，期限3年。11月19日，印发《北京市全面深化服务贸易创新发展试点实施方案》，提出聚焦数字贸易、发展重点领域、打造高端平台、培育贸易主体、打造一流营商环境等5个方面85项任务举措。

（王娅婷）

【打造数字贸易试验区政策举措全面启动】 9月18日，印发《北京市关于打造数字贸易试验区实施方案》，提出在海淀中关村软件园、朝阳金盏国际合作服务区和自贸区大兴机场相关区域打造数字贸易试验区，以在试验区内实现跨境数据安全有序流动为着眼点，着力推进规则探索、创新政策举措、破解制度瓶颈，吸引数字领域高端产业落地，推动数字龙头企业和优秀人才不断汇集。

（王娅婷）

【积极帮扶服务贸易企业应对新冠肺炎疫情防控】 2020年初，面对新冠肺炎疫情特殊影响，坚持政府帮扶与企业自救相结合，共同帮助服务贸易企业渡过难关。一是针对企业需求及时出台帮扶措施。通过广泛调研后出台《服务贸易领域防疫情稳运行若干措施》，提出10项针对性措施，其中“不见面审批”“提供服务包”等措施有效缓解燃眉之急；鼓励企业“云参展”“云营销”、支持参加服贸会等措施为企业拓宽合作渠道、开拓国内外市场提供了新思路新平台。二是帮助企业解决实际困难。在防疫物资紧缺时广泛拓展渠道，帮助服务贸易企业解决口罩、消毒液、测温枪等防疫物资需求；为企业和金融机构搭建平台，为轻资产、中小微企业解决融资需求；迅速拨付2020年文化产业发展专项资金、第二批服务贸易及服务外包资金项目资金，帮助企业应对疫情难关。

（王娅婷、许 鑫）

【开展服务贸易开放度指标评价工作】 年内，与国务院发展研究中心市场经济研究所合作，对标国际先进标准，研究制定适合北京发展要求的服务业及服务贸易开放度指数。2020年以来，对OECD服务贸易限制指数涉及的电信、计算机、保险、影视等22个行业进行指数研究及总体评价分析，形成北京市服务业及服务贸易开放度国内外横向对标对比，为全市服务贸易扩大开放的方向和具体领域、努力争取更大层面的国家政策支持提供依据。

（王娅婷）

利用外资

【概况】 年内，北京市外资发展工作有序开展，通过建专班、强机制、抓项目、强服务等一系列措施，全力稳住外资基本盘，全市新设外资企业1261家，实际利用外资141亿美元，总体规模基本与上年度持平。

以科技、信息服务为代表的高技术服务业实际利用外资稳居各行业前列。高技术服务业实际利用外资92.9亿美元，占全市的65.9%；科学研究和技术服务业实际利用外资48亿美元，占全市的34%。信息传输、软件和信息技术服务业实际利用外资44.6亿美元，占全市31.6%。

服务业扩大开放重点领域引资占比超八成。服务业新设外商投资企业1232家，占全市新设企业的97.7%；实际利用外资136.1亿美元，占全市的96.5%。其中，服务业扩大开放重点领域新设企业1041家，占全市的82.6%；实际利用外资119.9亿美元，占全市的85%。

朝阳区、海淀区引资占比持续占优。朝阳区新设企业495家，占全市的39.3%；实际利用外资46.2亿美元，占全市的32.8%。海淀区新设企业249家，占全市的19.7%；实际利用外资56.6亿美元，占全市的40.1%。

香港仍是我市外商投资主要来源地，开曼群岛、德国和美国增长较快。香港实际投资99亿美元，占全市的70.2%；开曼群岛、德国和美国实际投资增长较快，实际投资分别为12.6

亿美元、4.7 亿美元和 4.3 亿美元，同比分别增长 1.3 倍、1.3 倍和 69.3%。

（蒙　洁）

【印发《北京市商务局关于应对新冠肺炎疫情做好稳定外商投资相关工作的通知》】 3 月 12 日，印发《北京市商务局关于应对新冠肺炎疫情做好稳定外商投资相关工作的通知》（京商资发字〔2020〕3 号），提出指导外资企业做好疫情防控、帮助外资企业有序复工复产、加强外资项目服务保障、积极开展外商投资促进、持续优化外商投资发展环境等五个方面的 15 条稳外资措施，推动全市各区做好防疫情促生产稳外资工作。

（陈　辉）

【建立全市稳外资专班】 8 月，北京市成立由市领导牵头，市政府相关职能部门、功能区管委会和各区政府组成的稳外资工作专班，专班由市政府分管领导任召集人，市政府分管副秘书长，市商务局、市发展改革委、市投促中心主要领导任副召集人。专班下设办公室并围绕全市重点引资领域设 7 个产业促进组，包括科技服务促进组、制造业促进组、医疗健康促进组等。专班负责统筹指导招商引资工作；研究确定年度利用外资目标任务；协调推进外资项目、资金落地；引导外资大项目布局；协调推出鼓励外资发展政策；做好重点企业服务。

（陈　辉、张　岩、郝晓星）

【2020 投资北京洽谈会成功举办】 9 月 8 日，由市商务局、市投资促进服务中心、市发展改革委共同主办的 2020 年投资北京洽谈会在北京国家会议中心成功举办。本次京洽会作为中国国际服务贸易交易会北京主题日的活动之一，以“开放 · 共享 · 发展”为主题，主要安排了“北京 · 投资推介”和“北京 · 投资洽谈”两个阶段的活动。来自京津冀三地政府、国内外商协会、跨国公司、央企等各类企业的 500 余名中外代表参加会议，并进行现场投资咨询和项目对接洽谈。

（蒙　洁、王爱丽）

【首次发布北京服务业发展环境评价报告】 9 月 10 日，《2020 北京市服务业发展环境评价报告》在中国国际服务贸易交易会“北京日 · 开放引领”主题活动中正式对外发布，标志着北京市率先在全国推出服务业发展环境评价体系。报告由北京市商务局与经济合作与发展组织、国务院发展研究中心、中央财经大学、中国发展基金研究会、普华永道、毕马威等国际和国内研究机构合作共同完成。报告从服务业及服务贸易开放度、投资监管服务、知识产权保护与促进、区域协同发展等维度进行评价体系研究。通过国内、国际对比对标，科学、系统地掌握北京市服务业发展坐标，有针对性地推动改革，促进北京市服务业在更高水平上持续健康发展。

（蒙　洁、全国卿）

【举办外商投诉工作培训班】 9 月，市商务局和市投促中心共同组织举办北京市外商投诉工作培训班。市商务局围绕《北京市外商投资企业投诉工作管理办法》进行了解读，市投促中心介绍了《北京市投资促进服务中心外商投诉受理工作办法》，市外商投诉受理工作法律顾问介绍了投诉受理工作应注意的法律事项。各区负责外商投诉工作的同志参加培训。

（郭亚天）

【大兴机场综保区获国务院批复】 11 月 5 日，北京大兴国际机场综合保税区获国务院批复，规划面积 4.35 平方公里，分为两个区域，机场红线范围内口岸功能区 0.83 平方公里；机场红线范围外 3.52 平方公里，位于春晖南街、永兴河北路、聚远街、燕冀路之间，由北京、河北、首都机场集团两地三方共同建设管理运营，为国内首个跨省级行政区域建设的海关特殊监管区域，也是我市第二个综保区。

（钟　源）

【第23届京港洽谈会暨国家服务业扩大开放综合示范区和北京自贸区合作专题活动在京成功举办】 11月20日，第23届京港洽谈会暨国家服务业扩大开放综合示范区和北京自贸区合作专题活动在京成功举办。市商务局与香港贸易发展局共同签署了《深化京港服务业扩大开放合作备忘录》。此外，来自京港两地的嘉宾围绕国家服务业扩大开放综合示范区和北京自贸区政策、“一带一路”企业走出去的经验、京港两地企业合作情况、国际数字贸易规则等内容进行了演讲。活动对于扩大京港双向投资，促进双方贸易往来具有积极意义。

（全国卿、王爱丽）

【编印《北京外商投资指南2020—2021》】 年内，市商务局联合市发展改革委、市科委、市经济和信息化局等12个委办局及中关村管委会、北京经济技术开发区等单位，编印了《北京外商投资指南2020—2021》，帮助境外投资者及外资企业更好地认识北京、了解北京、投资北京，并汇集各成员单位疫情条件下各部门出台的新政策、新举措，进一步增强外商投资指南的实用性和可操作性。

（陈　辉、郝晓星）

【编印《应对疫情相关政策汇编》英文版】 年内，市商务局收集国家、市政府及相关部门部分帮扶惠企政策，翻译编印《应对疫情相关政策汇编》英文版，帮助外资企业、外企商协会及境外投资者更及时、有效地了解本市应对新冠肺炎疫情影响出台的各项助力企业纾困解难的政策措施，引导在税费、融资、房租等方面有需求的外资企业依照政策与相关部门进行对接，力争在稳经营、减轻负担、获取金融支持等方面增强企业获得感，并保障内外资一视同仁、平等对待，增强外资企业在京发展预期。《应对疫情相关政策汇编》英文版内容包括加大资金支持、保障企业复工、提供岗位补贴、返还失业保险等，覆盖金融服务类、文化创意类、网络视听类及医药健康类等多个行业领域。外资企业和境外投资者可在我局网站及相关外企商协会平台免费获取汇编。

（蒙　洁、全国卿）

【发布《2020年北京市外商投资发展报告》】 年内，市商务局联合知名咨询机构精心编制了《2020年外商投资发展报告》并在服贸会专题发布，释放北京通过扩大开放推动高质量发展的强烈信号，稳定企业预期，坚定发展信心，进一步扩大北京市对外影响力，方便境外投资者及外资企业更深入了解北京、发现机遇，实现合作共赢。

（陈　辉、郝晓星）

【圆满完成国家营商环境评价市场开放度指标考评工作】 年内，市商务局协同市发展改革委、市投资促进服务中心、市经信局等14个委办局，16个区及开发区管委会，共同参与中国营商环境评价—普惠包容—市场开放度指标填报工作。

（蒙　洁、全国卿）

【组织开展外商投资信息年度报告工作】 根据《中华人民共和国外商投资法》《中华人民共和国外商投资法实施条例》《外商投资信息报告办法》等法律法规，2020年是外商投资企业（机构）通过国家企业信用信息公示系统报送市场监管、商务、外汇年报“多报合一”的第一年，市商务局加大对2019年度年报外商投资企业（机构）新增事项的报送渠道、报送内容和报送时间的宣传，引导外商投资企业（机构）按照要求完成年报。通过多种形式，加强对直接负责年报工作人员的业务指导，确保其明确政策要求，熟知填报规范，统一答复口径。截至2020年12月31日，全市外商投资企业参报家数为17395家，2019年度营业收入1亿元以上企业1897家，占全市10.9%；利润总额1亿元以上企业482家，占全市2.8%。

（崔晶雪）

【全面取消审批备案管理】年内，全面落实《外商投资法》及其实施条例，自2020年1月1日起，取消外商投资企业审批制度，取消外商投资企业备案管理制度，实施外商投资信息报告制度。全年共接收信息报告数据12797条。

（张　毅）

【组织参加“台资企业拓内销”线上推介】年内，商务部和国台办共同主办了“台资企业拓内销”线上推介对接活动。市商务局先后组织20余家企业参加2场线上推介对接活动，支持引导台资企业拓展内销市场，取得良好效果，得到商务部港澳台司充分肯定。

（叶卫东）

【完成天竺综保区年度绩效评估】年内，按照海关总署要求，市商务局牵头组织市发展改革委、财政、规自、税务、市场监管、海关、外汇、天竺综保区管委会等部门开展2019年度北京天竺综合保税区发展绩效评估。经海关总署评估，北京天竺综合保税区在2019年度海关特殊监管区域发展绩效评估中排名为A类（A级），在全国参评的127个特殊区域中综合排名第14位。

（叶卫东）

对外经济合作

【概况】年内，北京市对外经济合作迈入由高速增长转向高质量发展的新阶段，相继出台一系列鼓励和支持企业开展对外经济合作的政策措施，不断完善“走出去”支撑和服务体系，为企业开展健康可持续的对外经济合作保驾护航。

年内，全市新增对外直接投资59.85亿美元，受全球疫情蔓延影响，同比下降28.68%。其中，新增股权31.36亿美元，当期收益再投资16.05亿美元，新增债务工具12.45亿美元，反向投资额0.01亿美元。

产业分布趋高端化。我市企业共在17个行业大类产生境外投资，近八成资金投入第三产业，超过五成资金流向高端服务业。其中，信息传输、软件和信息技术服务业位列我市行业投资的首位，投资额18.61亿美元，占比31.09%。

新兴市场投资渐热。我市企业对外投资洲际分布的首位依然是亚洲，投资金额35.07亿美元，占比58.60%。拉丁美洲近年投资增长明显，超越北美洲列居第二位，投资额18.06美元，占比30.17%。北美洲列居第三位，投资额4.70亿美元，占比7.85%。

“一带一路”投资合作持续深化。我市企业在“一带一路”沿线42个国家新增直接投资额11.59亿美元，较2019年翻了一番，企业参与“一带一路”国家基础设施建设的积极性持续增长。其中，投资金额位列前三位的目的地国家分别是新加坡、泰国、秘鲁，投资主要分布于建筑业、采矿业、租赁和商务服务业。

年内，全市对外承包工程业务完成营业额37.1亿美元，同比下降12.1%；新签合同额77.43亿美元，同比下降33.8%。其中，北京市企业在“一带一路”沿线37个国家开展对外工程承包业务，完成营业额19.73亿美元，占总额的53.2%；新签合同额34.25亿美元，占总额的44%。全市劳务人员实际收入总额4.72亿美元，累计派出各类劳务人员 18192 人，期末在外各类劳务人员 42069 人。

（庄建蓉、罗　群）

【举办柬埔寨投资机遇推介会成功】8 月 18 日，北京市商务局联合柬埔寨驻华大使馆举办柬埔寨投资机遇线上推介会。柬埔寨王国驻华大使馆公使衔参赞（商务）介绍了柬埔寨最新的投资贸易环境、投资优惠政策和税收政策等，重点推介了农业、旅游业、工业、地产业等合作领域，表达了对北京企业赴柬埔寨投资的欢迎。中国企业代表介绍了中柬金边经济特区的具体情况并分享了赴柬埔寨投资的经验。会议还邀请安永国际级并购重组税务咨询合伙人介绍了中国企业“走出去”企业在“进入市场”“经营”“退出”三个不同投资阶段可能面临的税务风险及对策，并对《中国与柬埔寨税收协定》相关条款进行了重点解析。本次推介会是市商务局举办的“北京双向投资论坛暨国别日系列活动”2020 年首场活动，在疫情常态化环境下，系列活动通过线上和线下方式举办专场活动，推动政企、商协会、企业间的合作交流，为北京市企业参与全球经贸合作搭建桥梁。

（薛俊芳）

【举办卢旺达投资机遇推介会】9 月 6 日，北京市商务局联合卢旺达共和国驻华大使馆、中国国际电子商务中心在服贸会主会场中国国家会议中心以线上线下相结合的方式举办了卢旺达投资机遇推介会。卢旺达共和国驻华大使和使馆商务参赞向参会者全面介绍了卢旺达的投资环境，并解答了企业代表对当地基础设施建设、矿业投资、物流条件等方面的提问。中国企业代表和新闻媒体共 80 余人现场参会。

（薛俊芳）

【举办塞尔维亚投资潜力推介会】9 月 9 日，北京市商务局联合塞尔维亚共和国驻华大使馆、中国国际电子商务中心在服贸会主会场中国国家会议中心以线上线下相结合的方式举办了塞尔维亚投资潜力推介会。会上，塞尔维亚驻华商务参赞马里安・博若维奇为来宾具体介绍了该国的投资政策和营商环境。中方投资企业代表以视频连线的方式与现场与会人员分享了紫金矿业投资塞尔维亚的心得体会。国内相关企业代表和新闻媒体 70 余人参加了此次推介会。

（薛俊芳）

【举办赞比亚投资机遇线上推介会】9 月 28 日，由北京市商务局、赞比亚驻华大使馆、赞比亚发展署、赞中经贸合作区、中国国际电子商务中心联合主办，“走出去”导航网承办的赞比亚投资机遇线上推介会成功举办。赞比亚驻华大使、中国前驻赞比亚大使、赞比亚发展署常务署长等嘉宾出席了线上会议。来自国内相关企业和媒体的代表百余人共同参与本次推介会。

（薛俊芳）

【举办中国北京—比利时瓦隆双向投资线上推介会】10 月 29 日，由北京市商务局、中国国际电子商务中心、比利时驻华使馆、比利时瓦隆大区外贸与外国投资总署联合主办，“走出去”导航网承办的中国北京—比利时瓦隆双向投资线上推介会成功举办。比利时瓦隆大区出口投资总署亚洲司司长、比利时驻华使馆商务参赞等嘉宾出席了线上会议。来自国内相关企业和媒体的代表八十余人共同参与本次推介会。

（薛俊芳）

【举办蒙古国投资环境与项目合作机遇推介会】11 月 2 日，由北京市商务局、中国国际电子商务中心、蒙古国驻华大使馆联合主办的“蒙古国投资环境与项目合作机遇推介会”在北京召开，蒙古国驻华特命全权大使、使馆商务参赞、北京市商务局副局长等嘉宾出席会议，国内多家企业代表及新闻媒体120余人共同参会。

（薛俊芳）

【举办阿拉伯联合酋长国投资机遇线上推介会】12月1日，2020年国别专场活动——阿拉伯联合酋长国投资机遇线上推介会成功举办，推介会由北京市商务局、阿联酋驻华大使馆联合主办，中国国际电子商务中心承办。北京市商务局副局长、阿联酋驻华大使馆公使、中国驻迪拜总领馆经济商务参赞出席会议并致辞，华为、江苏海投等中资企业代表参加会议。阿联酋是首个与中国建立战略伙伴关系的海湾阿拉伯国家，中阿两国在贸易、投资、能源、基础设施、产业园等领域合作潜力巨大。会上，中阿双方就阿联酋投资机会、营商环境以及疫后合作进行了深入交流，取得良好效果。

（薛俊芳）

【举办北京市—莫斯科市结好25周年经贸投资圆桌会】12月8日，由北京市政府外办指导，北京市商务局、莫斯科市对外经济与国际关系局、莫斯科市创业与创新发展局、莫斯科市经济政策与城市发展局主办，中国国际电子商务中心“走出去”导航网承办的北京市—莫斯科市结好25周年经贸投资圆桌会于以线上线下相结合的方式成功举办。本次会议以“推动双向投资 优化营商环境”为核心议题，来自北京和莫斯科两地的参会嘉宾分别就此进行了详细介绍，令参会者对两个城市的投资环境有了全面而具体的了解。市商务局还特别就北京市“两区”政策进行了全面介绍。

北京市人民政府外事办公室、北京市商务局有关领导，俄罗斯驻华使馆公使衔参赞、中铁十六局集团有限公司代表，以及来自北京市商务局、北京市政府外办、北京市金融监管局、中关村管委会等机构的多位政府代表以及中国铁建国际集团有限公司等重点国内企业和媒体的代表90余人在北京会场共同参会。莫斯科市政府部长、莫斯科市对外经济与国际关系局局长、莫斯科市投资管理局局长，以及来自俄罗斯部分政府部门和企业的代表在莫斯科分会场通过现场视频连线参会。

本次会议是北京市商务局与中国国际电子商务中心合作的2020年度“北京双向投资论坛暨国别日系列活动”的最后一场。双方连续两年共同策划、举办系列专场投资环境及项目推介会，推介重点国家经贸投资环境、外资鼓励政策和发展战略中的经贸、投资机遇，倾力为北京市及中国企业打造政企间、企业间的合作交流平台。

（薛俊芳）

【北京市获商务部2019年度对外投资统计数据质量考核“双优”】面对复杂多变的国际环境，我市2019年对外直接投资统计取得了年报填报率增长10.8%、月报投资额逆势增长3.1%等多项突破，在商务部对全国省市商务主管部门统计数据质量评估中获评年报、月报“双优秀”，并在通报中点名表扬我市对外投资统计工作表现突出。

（罗　群）

口岸建设与发展

【概况】年内，受新冠肺炎疫情影响，北京口岸出入境人次同比下降近九成，海关监管进出口货物实现同比双增长，离境退税额降幅明显。

出入境人员301.14万人次，同比下降88.71%。其中，入境146.23万人次，同比下降89.10%；出境154.91万人次，同比下降88.31%。

144小时过境免签旅客2325人次，同比下降 94.85%。

海关监管进出口货物 11176.8 万吨，同比增长 7.51%。其中，进口货物 10949.56 万吨，同比增长 6.82%；出口货物 227.24 万吨，同比增长 56.71%。

全市共申请开具离境退税单 1068 张，同比下降 83.88%；退税金额 770.42 万元，同比下降 75.24%，涉及的商品销售额 8718 万元，同比下降 74.67%。

（郭　超）

【印发《北京国际航空物流发展工作方案》】 8 月 21 日，印发《北京国际航空物流发展工作方案》，从科学制定国际航空物流规划、合理配置北京“两场”航线及保障资源、逐步完善口岸基础设施、不断优化口岸通关环境、大力提升口岸信息化水平、有效提升“两场”货量增长、积极拓宽对国际物流政策支持范围、建立健全突发公共卫生保障体系等八个方面，提出 27 项重点任务，全面提升“两场”货运综合保障能力和国际竞争力，充分发挥“双枢纽”在京津冀机场群发展中的引领作用，立足“大型国际航空枢纽”定位深入推进北京国际航空物流体系建设。

（赵　晗）

【完成服贸会机场抵离迎送保障工作】 9 月，按照服贸会组委会北京领导小组办公室和接待组要求，细化工作流程，形成工作方案，做好活动保障酒店预定、车辆租赁、欢迎台制作等相关工作，圆满完成服贸会机场抵离迎送保障任务。

（赵　晗）

【平谷—天津港海铁联运班列试运行】 12 月 28 日上午 10：30，从中铁天津集装箱中心站集货完毕，满载机械配件、日用品、苜蓿草等进口货品的班列，抵达平谷马坊铁路站。同步设立的还有“天津港·北京平谷服务中心”和“天津港·平谷多式联运中心”。班列的顺利抵达，标志着平谷马坊物流基地（国际陆港）与天津港间的海铁联运通道开通，马坊物流基地作为天津港在北京的区域物流枢纽，实现天津港口功能向北京地区扩大和延伸，有效辐射华北、西北区域，促进区域经济协调发展。

（康　凯）

【口岸疫情防控】 年内，加强与海关、卫健、公安、边检、民航等部门的合作，建立高效协作的口岸疫情防控工作机制。高效建成 T3D 疫情防控专区，实现入境人员专区检疫、分级监管、闭环处置，筑起了严防疫情输入的坚强屏障。设立防疫物资专用窗口，简化通关流程，做好进出口防疫物资监管和通关工作，实现接单审核、登记放行、后续处置“零等待”。为企业提供防控物资通关政策咨询，积极帮助相关企业解决通关中遇到的各种困难。全年北京口岸未发生重大疫情。

（何　剑）

【持续优化口岸营商环境】 年内，以《北京市优化营商环境条例》出台为契机，深入开展促进跨境贸易便利化专项行动，加强京津联合联动，研究提出新一轮优化跨境贸易环境改革 4.0 版政策，推行“三阳服务”模式，促进口岸企业规范化操作。口岸压时降费提前超额完成国家任务目标，北京跨境贸易指标在中国营商环境评价中连续两年稳居全国第二位。多项先行先试经验在全国推广，其中北京海关推出提前申报容错、案件移交审核、免担保放行、“京关归类”等多项突破性先行先试措施得到了海关总署的认可和推广。2020 年国务院第七次全国大督查中发文将北京市出口退税模式向全国推广。

（何　剑、赵　晗）

【丰台铁路口岸压缩通关时间取得实效】 年内，丰台口岸各相关单位在确保监管的前提下，优化通关流程，创新监管模式，采取货物流与单证流并行的模式，大力压缩通关时间。进口货物从边境铁路口岸转关施封起运后即进行通关申报，利用铁路转关运输的在途时间办理各项通关手续；在货物抵达丰台口岸后，如无上级查验指令，则可立即办理转关核销和货物放行提离，实现口岸放行“零等待”。

（阎竞新）

【通州口岸项目建设稳步推动】年内，通州口岸项目一期（F15 物流地块）已经完成并投入使用；项目二期（F19 物流地块、海关监管区）已经完成工程验收；项目三期（F14 多功能地块、口岸监管综合办公设施）主体工程封顶。

（陈其忠）

【北京“单一窗口”上线海外物资捐赠平台助力防疫物资快速通关】新冠肺炎疫情期间，为保障海外捐赠疫情防控物资便捷、高效通关，中国（北京）国际贸易单一窗口（以下简称北京“单一窗口”）发挥外贸服务整合作用，于2月正式上线海外物资捐赠平台，协助宋庆龄基金会等7家社会团体完成北京“单一窗口”注册登记，保障捐赠物资快速通关，捐赠物资覆盖北京、湖北等7个省市。成立专项工作小组，联合14家物流与报关企业，对捐赠物资提供免费清关、物流与仓储服务。开通防疫物资通关专项服务，就一般贸易通关、捐赠免税通关、个人携带物资通关3种模式提供通关指引；对防护口罩、防护服共计16种物资通关归类、通关文件以及系统操作、通关跟踪、现场放行等5类问题进行专项服务。

（董　琦）

【北京“单一窗口”上线区块链平台】年内，市商务局依托北京“单一窗口”，积极协调北京海关、天津海关、北京市税务局、首都机场、大兴机场、天津港集团等单位，于3月初完成空港物流区块链和京津冀海运区块链的建设，作为首批上线运行的区块链应用在全市示范推介，入选《北京市政务服务领域区块链应用创新蓝皮书》，为区块链技术在跨境贸易方面示范应用打下坚实的基础。截至年底，北京“单一窗口”区块链平台已建成市商务局节点、北京海关节点、天津港节点，在建唐山港节点，完成北京及天津海关通关数据、首都机场及大兴机场物流数据、天津港物流数据等数据上链，实现货物全流程追溯和时效统计，外贸业务跟踪与查询“一链全通”。

（董　琦）

【北京“单一窗口”出口退税业务量居全国首位】截至年底，北京“单一窗口”出口退税累计38495笔，退税总金额1709532.23万元，涉及报关单275860张，退税企业数共计3720家：其中外贸版32304笔，1003440.5万元人民币，涉及报关单152406张，外贸退税企业数2748家；生产版6191笔，706091.728万元人民币，涉及报关单123454张，生产型退税企业972家。

（董　琦）

【北京“单一窗口”微信小程序上线】年内，开发上线北京“单一窗口”微信小程序，及时推送资讯信息，帮助企业快捷完成北京“单一窗口”相关业务。微信小程序功能包括资讯服务、物流服务、区块链查询服务三个栏目。资讯服务主要包括新闻动态、通知公告、政策法规、疫情通报、办事指南、收费公示等，实现资讯服务主动推送。物流服务让企业可以随时随地使用北京“单一窗口”实现大兴机场车辆备案、提交货预约、交货确认、查验预约。区块链查询功能实现了北京“单一窗口”区块链平台的移动端服务功能。

（董　琦）

中国国际服务贸易交易会

【概况】9月4日至9日，中国国际服务贸易交易会（以下简称“服贸会”）在北京成功举办。本届服贸会是新冠肺炎疫情发生后我国举办的首场重大国际经贸活动，也是国际上首场大型会展活动。经过多方共同努力，大会取得圆满成功，嘉宾云集、精彩纷呈、成交踊跃，国际影响力大幅提升。

习近平总书记在全球服务贸易峰会上发表重要致辞，深刻分析了当今世界百年未有之大变局带来的挑战和机遇，明确指出了服务业开放合作正日益成为推动发展的重要力量，提出了共同营造开放包容的合作环境、共同激活创新引领的合作动能、共同开创互利共赢的合作局面的三点倡议，宣布了支持北京打造国家服务业扩大开放综合示范区、设立北京自由贸易试验区两项政策，充分彰显了我国坚定不移扩大对外开放的信心和决心，为推动世界经济尽快复苏、促进全球服务贸易发展繁荣注入了新动力。

本届服贸会以“全球服务，互惠共享”为主题，举办了涵盖服务贸易12大领域、占地面积20万平方米的展览展示和190场论坛及洽谈活动。多位外国政要和国际组织负责人线上出席峰会并发言，19位国际组织负责人、56位境内外部长级嘉宾、32位驻华大使、18位诺贝尔奖获得者和我国两院院士、120余位世界500强企业及跨国公司高管，线上线下出席论坛会议活动。来自148个国家和地区的2.2万家企业和机构线上线下参展参会，观众累计超过38万人次。瞄准5G、大数据、新基建、人工智能等数字经济前沿领域，集中展示了一批国际一流的技术、标准和产品。

大会取得了一系列成果，其中，意向成交项目类431个，意向投资类208个，达成意向协定协议类283个，权威发布类104个，联盟平台类25个，首发创新类104个。

（张之梅、郝赢赢）

【服贸会提质升级】5月，国务院批准成立2020年服贸会组委会，由国务院副总理担任主任委员，北京市委书记担任第一副主任委员，商务部部长、北京市市长、国务院副秘书长和外交部副部长担任副主任委员，46家中央及国家部委与北京市共同作为组委会成员单位，主要负责研究协调服贸会筹办工作中的重要事项。服贸会实现提质升级，成为我国服务业对外开放的重要窗口，同中国进口博览会、中国进出口商品交易会共同构成新时期我国对外开放三大展会平台。

（张之梅、郝赢赢）

【2020年服贸会实现零疫情、零感染】本届服贸会采取科学严格的防疫举措，线下按照人流总量上限80%的规模控制人员数量，做好参观预约管理，分时段分区域分场馆做好人流监测引导。实施无感测温查码入场、人脸识别轨迹监测，严格执行戴口罩等防疫要求。在展馆重点部位设置800余个环境核酸检测采样点，对16173位重点人进行核酸检测，1000余人分批次自愿接种新冠疫苗。场馆搭建、展区设计突出通风换气要求，开馆期间白天每2小时进行一次重点消杀，闭馆后对展览展示区域开展全面消杀。经过努力，展会期间实现零疫情、零感染。

（张之梅、郝赢赢）

【探索“综合+专题”“室内+室外”“线上+线下”办展新模式】本届服贸会探索了“综合+专题”“室内+室外”“线上+线下”的办展新模式。一是“综合+专题”的布展格局。整合北京市文博会、旅博会、金博会、冬博会、世界机器人大会等展会资源，设置1个综合展和文化服务、金融服务、冬季运动、旅游服务、教育服务、体育服务、服务机器人、5G通信服务等8个专题展。

二是“线上+线下”的办展办会方式。采用线上线下相结合方式举办，境外嘉宾和展客商以线上参展参会为主，境内各类主体以线下参展参会为主，最大限度地拓展了参展参会的范围和空间。建设服贸会数字平台，为境内外展客商线上办展办会提供全流程、全场景服务。本届服贸会共有5372家企业搭建线上电子展台；举办纯线上论坛会议32场，173场论坛会议在线直播，发起在线洽谈55万次，发布1874个项目需求。

三是“室内+室外”的办展场景。考虑疫情防控及展览需要，统筹国家会议中心及周边空间资源，利用奥林匹克园区景观大道及周边区域，搭建30座独具风格的室外展馆，与仰山、玲珑塔、鸟巢、水立方相得益彰，打造室内室外相结合的展览展示新空间，形成独具风格的服贸会展馆。

（张之梅、郝赢赢）

【组建中央和地方交易团参展参会】本届服贸会通过政府组团、市场参与、机构协作和网上促进、全球邀请等多种方式招商招展。其中，政府组团主要包括中央金融企业交易团、中央企业交易团和地方交易团。中央金融企业交易团由银保监会牵头组建，有16个中央金融企业和保险机构。中央企业交易团由国资委牵头组建，包括80个交易分团，共415家中央企业。省区市交易团由31个省区市、5个计划单列市、沈阳市及新疆生产建设兵团组建，其中新疆交易团和新疆兵团交易团因疫情线上参与外，其他省区市交易团共有13086人线下参展参会。

（张之梅、郝赢赢）

【受到广泛关注】本届服贸会获得国内主流媒体和境外媒体的广泛关注。2020年服贸会相关报道共计115085篇，其中，平面媒体2694篇、视频媒体1437篇、境外媒体525篇、网络媒体110429篇。中央广播电视总台、新华社、人民日报、中国日报、经济日报、光明日报、中新社等中央媒体全方位报道了2020年服贸会盛况。其中，央视《新闻联播》13次、《焦点访谈》2期和《面对面》《新闻1+1》各1期等对2020年服贸会进行了专题报道。美通社、拉美社、塔斯社等多国重点媒体发布相关报道，美国、加拿大、德国等10余个国家和地区对新华社等媒体原创报道进行了发布和广泛转载落地。据统计，网络上涉及“服贸会”信息28.5万余条，微博相关话题阅读量近4.6亿次，抖音、快手等新媒体平台相关短视频播放量7950万次，创历史新高。服贸会官网累计发布信息近万条，浏览量747.9万，官方App浏览量820万。

（张之梅、郝赢赢）

三、行业发展

生活服务业和餐饮业

【概况】年内，北京市共建设提升蔬菜零售、便利店（社区超市）、早餐、家政、洗染、美容美发、末端配送、便民维修等基本便民商业网点1204个，全市基本便民商业服务功能城市社区覆盖率达到99.3%。

（彭　峰）

【印发《北京市促进家政服务业提质扩容实施方案》】1月8日，市商务局、市发展改革委联合印发《北京市促进家政服务业提质扩容实施方案》，从提高家政从业人员素质、发展员工制家政企业、增加家政服务有效供给等十个方面，提出36项重点任务，促进家政服务业提质扩容，实现高质量发展。

（王喜艳、胡　滨）

【探索“共享员工”合作模式】新冠肺炎疫情期间，积极探索商超（便利店）、餐饮行业“共享员工”，成为疫情期间跨业互助“共享员工”合作模式的首发报道案例，获得业内积极评价和广泛效仿，得到市委主要领导肯定性批示。商务部办公厅于2月发文向全国推广“共享员工保就业稳流通”模式。“共享员工”合作模式因其实用性、灵活性以及法律适用性得以向众多行业领域推广，并迅速在全国各地成为一种热潮。

（王智勇、王会俊）

【生活服务业疫情防控工作】新冠肺炎疫情期间，制定、修订新型冠状病毒流行期间餐饮、家政、美发美容、洗染、摄影、家电维修、沐浴等行业经营规范。协助发放智能体温计近10万个，口罩200余万只，对全市美发美容行业1.6万余个店铺、7万余员工进行核酸检测，有效遏制了疫情传播，保障了疫情期间相关行业正常经营。

（王会俊、林英杰、胡　滨）

【印发《关于进一步促进社区商业发展的若干措施》】11月12日，市商务局、市规划自然资源委、市住建委、市城市管理委、市市场监管局等9部门联合印发了《关于进一步促进社区商业发展的若干措施》，从优化营商环境、鼓励融合发展、培育区域特色三方面提出12项措施，鼓励发展社区便民商业新模式，完善便民商业服务配套设施，对照街区商业生态配置标准，补齐社区商业设施短板。

（彭　峰、李志鹏）

【印发《社区商业网点配置规划建设指南（试行）》】12月，市商务局、市规划自然资源委、市住建委、市城市管理委、市市场监管局等5部门联合印发《社区商业网点配置规划建设指南（试行）》，进一步明确北京市街区商业生态配置原则、指标，细化配置标准，优化配置水平，更好地指导各区精准补建基本便民商业设施，便利居民生活。

（彭　峰、姚　诚）

【出台政策帮助企业渡过难关】年内，对受疫情影响严重或在疫情防控工作中保障市民基本生活的重点连锁网点设立项目，资金支持比例上限提高至70%。商业流通发展资金全年支持生活性服务业企业4859万元，涉及79家品牌连锁企业。依托北京市生活性服务业及商贸流通企业担保平台，建立“助困抗疫绿色通道”，担保费率降至 1.5% 以下，为 312 家生活性服务业企业新增超过 7.8 亿元的资金支持。

（王葆玮）

【推进生活服务业营商环境优化】年内，推动实施生活性服务业品牌连锁企业“一区一照”注册登记，将纳入试点的生活性服务业品牌连锁企业由 89 家增加至 137 家。北京星巴克咖啡有限公司房山分公司在房山区市场监管局办理了北京市首张通过“一区一照＋证照联办＋告知承诺”模式办理的《营业执照》和《食品经营许可证》。

（王葆玮）

【推进生活服务业标准化发展】年内，组织相关行业协会在已有行业标准规范基础上，修订完善了蔬菜零售、早餐、便利店、家政、洗染、美容美发、摄影、家电维修、社区商业便民服务综合体等 9 个行业（业态）的标准化门店规范，培育完成 4000 余家严格执行标准规范的门店，带动全行业规范发展。

（胡　滨）

【开展家政服务提质扩容专项培训】年内，市商务局、市人力资源社会保障局持续实施家政服务提质扩容专项培训，开展家政服务员技能培训 42115 人次，发放补贴资金 8368.7 万元。

（王喜艳、胡　滨）

【动态调整生活性服务业品牌资源库】年内，根据企业信用情况，动态调整《北京生活性服务业品牌连锁企业资源库》，全年共有 141 家企业入选《北京生活性服务业品牌连锁企业资源库（2020 年度）》，为各部门更好地提供服务和各区政府针对性引进生活性服务业品牌连锁企业提供指引。

（王葆玮）

【践行“光盘行动”制止餐饮浪费】年内，研究制定包括 9 个分场景在内的一套《“制止餐饮浪费　践行光盘行动”指引》。积极开展上门送指引、外卖小哥送“光盘”等活动，会同区商务部门到重点企业开展专项“光盘行动”调研指导，协调相关部门结合日常执法检查落实“光盘行动”检查督导。研究制定《北京市餐饮企业生活垃圾分类指引》《北京市便利店（超市）生活垃圾分类指引》，指导企业积极参与落实。

（彭　峰、王会俊）

【推进“放心餐厅”工作】年内，支持行业协会推行“放心餐厅”等公开标识制度，发挥“放心餐厅”示范引领作用，引导加强行业自律，营造放心就餐环境。指导行业协会分四批评选“放心餐厅”2500 个。

（王会俊）

商贸物流业

【概况】年内，北京市商贸物流发展工作围绕保障城市运转和居民生活必需品供应，积极应对新冠肺炎疫情影响，努力提高商贸物流高质量发展水平，不断增强服务保障能力。

（卓海静）

【建立疫情期间商贸运输协调保障机制】新冠肺炎疫情期间，市商务局与交通、交管部门建立疫情期间协调机制，保障道路运输通畅。协调相关部在疫情期间为大型连锁超市、便利店、蔬菜零售、电商、商超配送物流等重点保供企业的生活必需品配送车出行便利，保障生活必需品进京车辆顺利通行。

（卓海静）

【推进商贸物流领域疫情防控和复工复产】新冠肺炎疫情期间，建立重点商超配送物流企业运营情况的日监测机制，完善市、区、企业三级调度机制，对重点商超配送物流企业运营遇到的困难和问题，及时了解掌握，积极协调解决或上报。按照市场防疫工作组工作要求，对商务领域重点企业开展抽查。依托行业协会等，做好防疫宣传引导，督促相关企业严格落实疫情防控主体责任；积极协调用工，推进行业复工复产。

（卓海静）

【完成流通领域现代供应链体系建设试点】年内，继续深化推动农产品、快消品等流通领域供应链物流标准化、信息协同化建设。截至2020年，试点共完成16条供应链37个项目建设。参与试点供应链综合成本平均降低20%以上，平均库存周转率同比提高10%以上，单元化物流占比提升10%以上，本市流通领域现代供应链体系建设试点圆满完成。

（卓海静）

【疏解区域性物流中心3个】年内，推进物流中心疏解工作，全年疏解区域性物流中心3家。

（卓海静）

商务服务业

【概况】年内，全市租赁和商务服务业规模以上法人单位实现营业收入8436.6亿元，占第三产业总收入的5.8%，在服务业13个行业中位列第4位。商务服务业已经成为落实“四个中心”战略定位、拉动全市经济增长的重要力量。租赁与商务服务业在全市实际利用外资行业中位列第3位，占比12.3%；境外投资额位列本市境外投资行业第3位，占比10.3%。商务服务业“引进来”和“走出去”步伐加快，开放水平不断提高。

（宋丹妮、付　彧）

【印发《关于促进商务咨询服务业健康发展的若干措施》】3月30日，印发《关于促进商务咨询服务业健康发展的若干措施》，聚焦会计税务、法律、广告业、会议展览、企业总部管理、人力资源、旅行社和安全保护服务等行业，从抗疫情稳经营、补短板提品质、抓统筹建机制等3个方面，推出19条具体措施，提振企业信心、助力复工复产、稳定行业发展。

（宋丹妮、付　彧）

【重点帮扶受疫情冲击巨大的行业】新冠肺炎疫情期间，协调市文旅局对旅行社企业提供暂退旅游服务质量保证金等政策支持；对于因疫情影响暂停举办的展会项目，如2020年内继续在京举办且参展中小微企业数量超过参展企业总数的50%，给予一定的场租费用补贴。

（曾　青、付　彧）

【对接在线招聘平台缓解企业用工难】新冠肺炎疫情期间，发挥本市人力资源服务业优势，积极协调市人力社保局及北京人力资源服务行业协会，引导智联招聘、58同城、猎聘、boss直聘等人力资源服务平台企业，推出针对性的专区、专场在线招聘，并鼓励开展免费服务，打造线上不见面的人才市场，提供全天不打烊的专业服务。

（宋丹妮、曾　青）

【统筹建立全市商务服务业促进体系】年内，市商务局与市市场监管局、市人力社保局、市财政局、市税务局、市司法局、市文化和旅游局和市公安局密切沟通，建立定期调度、重点联系企业、监测信息共享等工作机制。

（宋丹妮、付　彧）

【邀请商务服务企业参与服贸会】年内，市商务局会同各相关部门和行业协会，邀请各细分行业头部企业参加2020年服贸会。在展览展示方面，助力协调综合展区“商务服务”板块招展事宜，聚焦财务管理和人力资源管理等专业服务核心要素，邀请德勤、普华永道、德科等国际知名企业参展；在会议论坛方面，与市人力社保局和北京人力资源服务行业协会沟通人力资源服务行业主题日相关工作；邀请德勤公司选派员工参选序厅“中国国际服务贸易交易会行业讲述人”。商务服务企业利用新的展示平台和交流模式，展现出新的风采、实现了新的合作。

（宋丹妮、付　彧）

【东城、西城、朝阳和海淀区商务服务企业数和营业收入占比八成左右】年内，从商务服务业分区情况看，东城区、西城区、朝阳区和海淀区四个区规模以上租赁与商务服务业企业数量和营业收入分别占全市的78.5%和81.7%。其中，朝阳区租赁与商务服务业企业2119家，占全市的46.4%，实现营业收入3142.9亿元，占全市的38%；海淀区租赁与商务服务业企业649家，占全市的14.2%，实现营业收入1860.1亿元，占全市的22.5%。

（曾　青、付　彧）

总部经济

【概况】年内，北京市3961家总部企业实现地方级一般公共预算收入2001.6亿元，同比下降3.2%，降幅比全市规上企业少2.5个百分点，占全市比重36.5%。其中，金融业继续保持正增长，增幅15.5%；居民服务、修理和其他服务业，文化、体育和娱乐业，住宿和餐饮业，教育下降明显，降幅分别为77.4%、47.6%、46.5%和41.3%。新认定安道麦（中国）投资有限公司、拉法基豪瑞投资有限公司等6家跨国公司在京地区总部，累计认定跨国公司在京地区总部达到186家。

（柏际平）

【经市商务局申报的首位返京复工外籍高管顺利入境】新冠肺炎疫情期间，因受暂时停止外国人持目前有效来华签证和居留许可入境的政策影响，多家跨国公司地区总部存在外籍工作人员无法按期返京复工、影响企业正常生产经营问题。为促进总部企业尽快复工达产，市商务局主动向市政府外办、市防控办反映情况、沟通协调，于4月26日向市防控办提交了市商务局第一份外籍人员返京复工申请。5月21日，泰雷兹（中国）企业管理有限公司总裁贝杰鸿于北京时间下午13时降落天津滨海机场，成为经市商务局申报成功签证入境的首位外籍返京复工人员。8月20日，泰雷兹（中国）企业管理有限公司向市商务局赠送“尽心履职促企业复工复产　廉政高效展首都关怀关爱”的锦旗并致感谢信，对市商务局帮助协调其外籍高管返京，促进企业复产复工表示衷心感谢，并表示更加坚定在京发展信心，努力促进首都经济发展。

（陈　静、杜大琳）

【北京入围《财富》世界500强企业数量连续8年位居全球城市榜首】8月10日，2020年《财富》世界500强榜单发布，中国上榜企业再增4家达133家，中国企业上榜数量继去年之后再次超过美国，中国大陆（含香港）企业上榜数量首次超过美国，并蝉联榜首。一是北京入围数量引领全球城市。北京入围榜单数量达到55家，占世界500强比重超过十分之一，占中国大陆入围企业比重超过4成。北京入围《财富》世界500强企业数量连续8年位居全球城市榜首。二是北京企业发展态势良好。北京新入围企业2家，占中国新入围企业的四分之一。超过半数北京入围企业排名上升。三是北京互联网企业发展强劲。入围2020年《财富》世界500强互联网企业共计7家，4家来自中国，其中一半来自北京。

（张德金）

【2020中国总部经济国际高峰论坛取得丰硕成果】9月6日，2020中国总部经济国际高峰论坛在北京国家会议中心成功举办。来自北京市人大、北京总部企业协会、北京市粮食局、北京市商务局、中国欧盟商会的多位中外嘉宾出席论坛。本次论坛首次采用VCR方式，特邀世界贸易网点联盟主席发表了热情洋溢的视频致辞，受到与会者热烈欢迎。《财富》中文版与《经济》杂志社联手，在论坛上首创发布了《2018—2019年度北京创新总部企业百强榜单》，引起与会者和媒体的热烈反响。本次论坛形成了总部企业、协会组织和总部经济功能区多维度签约成果；隆重开启了总部企业物资与服务保障、总部企业创新产品与服务应用两项行动计划，取得了多项签约成果。

（张德全）

【向精简材料后的首家跨国公司地区总部颁发证书】11月，国美电器有限公司在市政务服务大厅成功领取跨国公司地区总部认定证书，这是市商务局进一步深化“放管服”改革优化营商环境，“降门槛、减材料、减时限”后首家领取证书的企业。

（杜大琳）

会展业

【概况】年内，北京市会展业创新发展，积极推进新冠肺炎疫情防控常态化下的复工复产，培育发展新动能。全年办理《台商到祖国大陆参展备案》3份，办理展览业信息管理系统展前备案项目152个。

（孙金骊）

【出台支持政策减轻会展企业负担】新冠肺炎疫情期间，为提振会展业信心，降低企业受疫情影响，制定政策措施，并出台《应对新型冠状病毒感染的肺炎疫情影响促进展会发展项目申报指南》，对受疫情影响延期在京举办的展会项目，按照不超过实际缴纳场租费用50%的标准给予支持，补助金额不超过50万元。

（范　启、王　孜）

【推动展览业复工复产】北京市突发公共卫生应急响应等级于7月调整为三级后，市商务局积极协调市卫生健康委、市公安局，制定了《北京市关于新冠肺炎疫情常态化防控形势下举办展览活动的临时管理工作流程》，并会同北京市疾病预防控制中心制定了《新型冠状病毒肺炎流行期间三级响应下会展行业防控指引》。同时，协调全市主要展览场馆合理统筹展览活动排期，推动符合条件的展会复展。

（范　启、王　孜）

【组团参加第三届中国国际进口博览会】11月5—10日，第三届中国国际进口博览会在上海成功举办，北京市交易团组建了国企交易分团、高端装备及汽车交易分团、医疗器械及医药用品交易分团、天竺综保区交易分团等4个行业交易分团和17个区（经开区）交易分团参加本届进博会，共注册2361家单位、7661人。

本届进博会期间，北京市交易团举办了以“共创北京开放新篇章”为主题的配套活动，集中宣传推介国家服务业扩大开放综合示范区、中国（北京）自由贸易试验区“两区”建设的最新政策举措、北京2022年冬奥会和冬残奥会的最新筹办进展及中国国际服务贸易交易会这一国家级、国际性、综合型的交流合作平台，现场促成相关机构、境内外企业达成7个项目签约，签约金额约78.8亿元人民币。市、区两级招商组累计组织（参加）推介宣传活动31场次、对接洽谈重点企业404家次。北京老字号展区以“传承‘京’典”为主题，突出首都文化特色，彰显首都风范、古都风韵，较好地展现科技北京、数字北京形象。按大会统计口径，第三届进博会期间，北京市67家采购商与26个国家和地区达成了173笔意向订单，签约金额36.6亿美元，与第二届进博会相比基本持平，稳中有升。

北京市交易团得到了媒体广泛关注，经对7093家媒体进行监测，相关报道共计3659篇。其中，平媒28篇，网媒1988篇，视频7条，手机客户端510篇，微博862条，微信257篇，论坛7篇。北京市商务局政务新媒体共发布相关报道75条，总阅读725.7万次。

（赵　晶）

【推动组建北京线上展会发展联盟】年内，创新展会举办模式，推动北辰会展集团等相关单位结成北京线上展会发展联盟，成员单位分为场馆、协会、技术服务商、分销平台、办展主体和媒体等6类，业务领域覆盖线上展会全流程。搭建“参展易”线上平台，为企业线上办展提供服务，实现资源共享。

（范　启、王　孜）

【支持15个展会项目高质量发展】年内，积极贯彻落实《关于促进我市商业会展业高质量发展的若干措施（暂行）》（京商贸发字〔2019〕12号），对符合条件的15个展会项目给予资金奖励，其中展览与会议融合8个、加强品牌展会国际宣传2个、鼓励展会提升国际化水平1个、鼓励展会做大做强4个，共计450万元。

（范　启、王　孜）

【参加广交会情况】受疫情影响2020年两届广交会均为线上举办，北京市共组织458家次企业参加线上广交会，累计签约意向订单3952笔，总金额7249万美元。组织企业积极参加线上洽谈和及境内外采购商对接等活动。

（赵　晶）

【参加境内外展会情况】年内，共组织31家次优质企业参加第83届全国药品交易会、第17届中国—东盟博览会、中国（宁波）食品博览会等境内展会，并在展会期间设置北京展示区，集中宣传北京营商环境、“两区”建设和企业形象。参展参会企业累计接洽合作客户4700家次，累计意向成交超5000万元。共支持16家企业参加2020年美国消费电子展和第34届俄罗斯时尚成衣博览会，签订合同和意向合同26份，总金额近900万美元。

（赵　晶、孙金骊）

【办理企业服务事项】年内，办理境外非政府组织代表机构的设立登记、变更登记、注销登记、2021年度活动计划备案等事项共48件。办理《台商到祖国大陆参展备案》3份。新冠肺炎疫情前共核发《邀请核实单》40件，涉及93人次，疫情期间协助151家次企业，办理返京申请，涉及外籍人员433人。办理展览业信息管理系统展前备案项目152个。组织外贸企业人员线上培训36期，参加人数3600人次，参加企业2345家企业。

（李　瑞、孙金骊）

专项流通行业

【拍卖行业管理】年内，全市新设立拍卖企业211家，完成变更审核159次。开展对2019年度拍卖企业核查工作，截至2020年底，全市取得《拍卖经营批准证书》的企业1154家。鼓励和指导企业在疫情期间开展线上拍卖活动，2020年多家企业在线上共举办2000多场线上拍卖活动。

（曹　民）

【汽车流通行业管理】年内，全市7家报废汽车拆解厂共报废老旧机动车9.13万辆（不含转出高排放老旧机动车）。组织二手车市场与瓜子网、优信等电商对接，探索实现二手车批量交易、过户，2020年二手车交易量达

66.7 万辆。

（曹　民）

【酒类流通行业管理】年内，组织糖酒食品类企业参加第 102 届、103 届全国糖酒商品交易会，参展企业签订合同和意向合同金额超过 4800 余万元。组织酒类市场监测，定期分析发布酒类市场信息，为政府部门决策提供参考依据，对引导酒类企业健康发展起到积极的促进作用。

（齐国清）

四、区域商务协同

商务领域京津冀协同发展

【概况】年内，全市疏解区域性专业市场专项任务进入全面攻坚、阶段性收官阶段。市商务局坚持市场疏解、疫情防控与稳经营保供应同步推进，聚力齐抓。重点突出“一企一策”，责任到人，跟进督导，跨部门调度，“硬招”攻坚“硬骨头”，全年累计疏解提升市场63个。市场疏解提升工作实施六年来，全市累计疏解提升区域性专业市场842个，全市大规模集中疏解提升市场任务基本完成。

（焦　刚、杨　冲、杨海涛、商贤才）

【开展疏解提升点位察访核验】年内，市商务局继续委托第三方评估公司对2015—2020年疏解提升的部分市场和物流中心，以及重点区域的100个市场，共计203个点位完成情况进行察访核验，合格率100%。升级改造的市场，周围居民满意度较高。对存在薄弱环节的点位，及时督促各区进行整改，不断巩固疏解成果。

（焦　刚、吕祥森）

【助力推动市场疏解与承接】年内，市商务局密切协同市京津冀协同办，加强与丰台区大红门和西城区动物园疏解指挥部的沟通协调，继续对接津冀两地商务主管部门和承接地市场，动态跟踪服务已疏解至津冀两地的商户，协商解决其合理诉求，助力北京商户“二次创业”，助推本市非首都功能疏解工作。

（焦　刚、吕祥森）

区域商务合作

【开展消费扶贫工作】年内，市商务局会同相关部门制定《北京市2020年消费扶贫行动方案》等政策文件，建立联席会议机制，深入开展消费扶贫“七进”活动，全年消费扶贫销售额达227亿元，带动27万贫困户增收脱贫。举办“北京消费季”和“全国消费促进月”扶贫产品现场展卖等促消费活动，利用服贸会平台搭建建行线下展厅、线上云展厅集中展示展销扶贫产品，在北京消费扶贫双创中心基础上建成运营首农物美扶贫超市。

（魏新宇、丁　颖）

【举办2020年北京消费扶贫年货大集仪式启动】1月8日—22日，举办北京消费扶贫年货大集，大集共设置年货摊位一百余个，来自7省区的1500多种扶贫产品在北京市消费扶贫产业双创中心进行集中售卖。

（魏新宇、丁　颖）

【召开消费扶贫市区联动工作会】5月25日，市商务局与市扶贫支援办共同召开消费扶贫市区联动工作会。全市16区商务局、发改委（外联办）、经济技术开发区商务金融局、经济发展局的相关分管领导，首农供应链管理有限公司相关负责人等40余人参加会议。

（魏新宇、丁　颖）

【组织京保、京张消费扶贫对接培训】5月26日—28日，市商务局与市扶贫支援办共同组织首农食品集团、物美集团、字节跳动赴河北省保定市、张家口市开展消费扶贫对接培训，通过座谈会、培训会、产销对接方式助力保定市、张家口市消费扶贫。河北省保定市、张家口市分管市领导、扶贫办、商务局、21个结对县相关部门、180余家扶贫企业共260人通过现场会议及视频会议的方式参加座谈和对接培训。

（魏新宇、丁　颖）

【召开消费扶贫行动推进会】6月23日，市商务局会同市扶贫支援办召开了消费扶贫行动推进会。参会电商平台企业介绍了开展消费扶贫总体情况，并达成一致意向：发挥比较优势，整合集成资源，共同谋划举办北京市“互联网+消费扶贫季”，聚焦北京市扶贫支援的7省90个县开展扶贫产品促销活动，并着眼建立长效机制，形成可持续模式，为助力受援地区建档立卡贫困户增收脱贫，决战决胜脱贫攻坚做出应有贡献。

（魏新宇、丁　颖）

五、商务环境建设

依法行政

【**概况**】年内，贯彻落实《北京市法治政府建设实施方案（2015—2020年）》《2020年推进法治政府建设工作要点》等文件要求，结合北京市商务工作实际，扎实推进依法行政，首都商务依法行政工作取得新进展。落实文件清理机制，根据新出台的法律法规，开展文件清理工作并对社会公示清理结果；组织学习宣传贯彻《民法典》，强化依法行政能力；办理我局为被申请人的行政复议案件6件，取得“零败诉”的好成绩。扎实推进“放管服”改革。大力简政放权，全年共取消和下放各类政务服务事项41项，清理“零办件”政务服务事项3项。深入开展政务服务事项减材料、减时限工作，节约了企业办事成本，更加便利企业办事。开展容缺受理，向社会公布市商务局可容缺受理的政务服务事项目录清单。落实“一窗通办”“一站式”办理等改革要求，实现企业申请材料和办理结果在政务服务大厅接件、受理、审批及送达的全流程办理和“一站式”服务，全部事项实现“最多跑一次”，推行不见面审批、先办后补等改革创新举措，畅通政务服务“最后一公里”。

（卢　跃、卓　娜）

【**开通消费季咨询热线**】6月，开通北京消费季咨询热线，共开通13条接听线路，12小时接线解答来电咨询。6月至12月，共接到咨询和诉求6000余件，接通率达到96%。

（余　丽）

【**开展2020年精简政务服务事项申请材料和压减事项办理时限工作**】年内，开展2020年精简政务服务事项申请材料和压减事项办理时限的工作，将申请材料由815份精简至415份，精简掉的申请材料共计400份，精简比例为49%；将办理时限由907个工作日压减至491个工作日，压减掉的办理时限共计416个工作日，压减比例为46%。

（夏　柳）

【**配合确认政务服务中介服务事项**】年内，按照全市统一部署，市商务局推进商务领域涉及企业和群众办事创业的各类政务服务中介服务事项的清理确认工作。经我局确认，建议纳入本市清理规范中介服务事项3项，保留中介服务事项5项。

（夏　柳）

【**确认实行容缺受理的政务服务事项目录清单**】年内，按照“放管服”改革有关工作要求，市商务局对我局政务服务事项中拟实行容缺受理的事项进行了梳理。在全部80项政务服务事项办理项中，除即办件事项办理项12项之外，其他68项事项办理项均可实现容缺受理，可容缺的材料共计68份。市商务局可容缺受理的政务服务事项目录清单已向社会公布。

（夏　柳）

【**政务服务事项取消35项、下放6项、调出3项**】年内，按照相关法律法规和“放管服”改革要求，完成部分政务服务事项的取消、下放和调出。其中，取消的事项涉及4项主项（含市级统筹、区级独有事项主项1项）、4项子项，共计35项办理项（含市级统筹、区级独有事项办理项1项）；下放给区级审批事项涉及2项主项、6项办理项；调出国家级审批权限事项涉及2项主项、3项办理项。

（夏　柳）

【商务举报投诉受理工作圆满完成】年内，北京市商务举报投诉中心全力参与抗击疫情阻击战，围绕北京市商务工作大局，圆满完成“接诉即办”工作。严格落实《北京市商务局“接诉即办”实施细则》，全年7×8小时值守不间断，确保渠道畅通。疫情期间，迅速与12345市民服务热线沟通联系，每日筛选生活必需品、商超疫情防控诉求信息，为商务决策提供数据支撑。安排专人到专班协调，主动承担诉求回复任务，以热情、贴心、真诚、周到的语言正面引导安抚来电人。全年共接收处理诉求1873件，依据北京市商务局职权信息和商务领域行政法规研判，办结个人诉求204件，企业诉求110件，办结率100%。全年“三率”考核4个月评分排名第一（并列）。

（余　丽）

公平贸易

【概况】年内，应对国际风险挑战明显上升的复杂局面，落实商务部贸易救济工作部署，密切关注贸易摩擦态势，努力营造公平贸易环境。

完善地方贸易救济制度建设。以《北京市促进中小企业发展条例》修订为契机，进一步完善贸易救济工作协调机制，为北京市贸易救济工作拓展服务范围。加强贸易风险预警，指导和服务中小企业有效运用贸易救济措施，维护企业合法权益。

及时推出疫情防控涉外法律服务。按照疫情防控产品出口相关要求，对接商务部推荐的中国机电产品进出口商会、中国医药保健品进出口商会等6家商会法务部门和北京出入境检验检疫协会，对外公布联系方式，利用商会专业优势，面向社会、企业提供公益法律咨询等服务。

（卢　跃）

【举办2020年贸易壁垒应对线上培训会】11月24日，市商务局与京、津、冀贸促会及沈阳市贸促会、青岛市贸促会等共同举办了2020年贸易壁垒应对线上培训会。培训会上，来自商务部贸易救济调查局、海关总署国际检验检疫标准与技术法规研究中心、有关中介机构的专家学者，介绍讲解了企业关心的当前贸易壁垒应对形势、新时期技贸措施发展、国际贸易合规等热点难点问题。共有超过600名企业和行业协会代表参加了培训。

（卢　跃）

【北京出口产品遭遇贸易救济调查增长逾四成】年内，北京市出口产品遭遇贸易救济调查共计68起，其中反倾销44起、反补贴14起、保障措施10起；同比增长41.7%，占我国遭遇贸易救济调查总数的52.7%。

（梅　焱）

【北京市遭遇反补贴调查增长1倍，“双反调查”增长逾八成】年内，北京市共遭遇4个国家（地区）发起的反补贴调查14起，同比增长1倍，且发起方均为发达经济体。与此同时，遭遇的“双反”调查多达13起，相比2019年大幅增长85.7%。

（梅　焱）

【发达经济体发起调查数大幅增长逾七成】年内，共有17个国家（地区）对北京出口产品发起贸易救济调查。其中，4个发达经济体发起调查33起，同比大幅增长73.7%。

（梅　焱）

【涉及钢铁产品的贸易救济调查高居首位】年内，北京遭遇的68起贸易救济调查共涉及9

个行业，其中钢铁产品是遭遇调查最多的产品类别，共计 18 起，占比 26.5%。

（梅　焱）

【美国涉华“337 调查”同比下降逾两成】年内，美国共启动 48 起“337 调查”，比上年的 47 起略增 2.1%。其中，涉华案件 20 起，比上年的 27 起下降 25.9%。轻工超过电子成为美国涉华“337 调查”涉案最多的行业，所占比重达到 50%。

（梅　焱）

营商环境

【概况】年内，持续优化跨境贸易营商环境，牵头组织发布第 6 号、第 7 号京津联合公告，推出 42 项提升跨境贸易便利化改革创新措施，圆满完成世行跨境贸易评价工作，顺利完成中国营商环境评价工作。稳步推进各区营商环境评价工作，完成 2019 年度各区营商环境评价报告，向市政府报送总报告，向各区发布分区报告，进一步完善 2020 年各区营商环境评价指标体系。持续做好重点企业“服务包”工作，推进落实市领导走访的重点企业服务事项，制发《北京市商务局“服务包”工作管理办法》，统筹推进重点服务企业诉求解决和措施落地。

（柏际平）

【多方联动推进世行跨境贸易迎评工作取得新进展】2019 年 12 月 4 日海关总署促进跨境贸易便利化专项行动部署后，京津联合工作组加大工作力度，加强沟通对接推动，迎接世行跨境贸易评价工作取得积极进展。一是高位推动促对接。2019 年 12 月 25 日，天津市副市长带队来京进行专题对接，两市就巩固完善联合联动工作机制、世行新一轮评价提升目标和重点改革举措等达成高度共识。二是京津联动抓落实。2020 年 1 月 7—8 日，京津两地商务（口岸）、海关和天津港集团共同召开工作推进会，对照总署 14 条改革措施和京津上一轮评价失分点，集中修订联合行动方案，研究新一轮评价重点目标任务清单，提出提升 8 个指标的十大改革新举措，明确责任单位和完成时间节点。三是政策驱动强改革。围绕新一轮评价提升目标，对标新加坡、韩国，问需于企，于 1 月 22 日发布《2020 年促进京津跨境贸易便利化联合行动方案》，明确完成重点工作任务清单的路线图时间表。广泛借鉴国内外先进经验补短板，于 2 月 17 日发布《关于深入优化京津口岸营商环境进一步促进跨境贸易便利化若干措施的公告》(京津联合公告第 6 号)，从简单证、改模式、优监管、搭平台、强服务、降成本等六个方面推出 24 条创新改革举措。四是政企互动推培训。抓住重点企业和关键环节，将进口汽车零部件和出口机电产品企业、货代报关企业分成 ABCD 四类，开展分类培训指导，搭建了政企沟通桥梁，企业了解了京津跨境贸易便利化改革的重点举措、口岸提效降费成效，明确了世行评价规则，获得感显著增强。

（马俊杰）

【京津联合首次举办跨境贸易政策网上培训会】2 月 20 日，京津两地商务（口岸）、海关和天津港集团首次在线举办跨境贸易政策培训会。会上，安永公司专家对跨境贸易新政策、世行跨境贸易评价规则和问卷填报方法进行了解读，天津港集团针对天津港口“一站式阳光价格 + 阳光服务 + 阳光效率”模式、港口码头操作便利措施等进行了讲解，北京海关介绍了进一步简化单证、扩大免担保放行、设置防控物资通关专用窗口和绿色通道、保障防控物资通关“零延时”等贸易便利化措施。本市 40 余家进出口企业 70 余名高级管理人员和相关负责人参会。

（马俊杰）

【京津再次联合举办跨境贸易政策网上培训会】3月19日，京津两地商务（口岸）、海关和天津港集团在线举办跨境贸易政策培训会，加强优化营商环境政策3.0版宣传，帮助企业加深对已出台的一系列跨境贸易便利化政策理解，促进本市外贸企业复工复产和稳增长。会上，安永公司专家对疫情下关税排除、旧案缓期、担保资金、税政红利和风险防范等进出口新政策、世行跨境贸易评价规则和问卷填报方法进行了解读，天津港集团介绍了天津港复工复产、费用减免及直装直提和口岸阳光服务等贸易便利化措施，北京海关针对海关汇总征税、自行清关、出口退税、中美加征关税排除、AEO认证及企业查验率、滞报金减免、进出口管制等企业运营存在的困惑和问题一一作答。参会企业对普遍关注的医疗物资进出口、国际航运影响及对策等问题进行了互动交流。各区（开发区）商务部门及本市125家进出口企业240余人参会。

（马俊杰）

【新一轮跨境贸易磋商工作圆满落下帷幕】6月2日，2020世行跨境贸易磋商会在六里桥政务服务大厅举行，出色完成了磋商任务和在线填报工作。北京海关、天津商务局、天津海关、天津港以及海关总署、交通部、国家市场监管总局负责人共同参与。财政部主持了本次由北京天津和上海共同参加的磋商会。市商务局作为主汇报人和总牵头单位作了全面汇报和视频演示。

（马俊杰）

【高质量完成国评跨境贸易指标填报任务】9月22日，由市商务局与北京海关牵头，会同市财政局、市市场监管局、市税务局、北京外汇管理部、市交通委、首都机场集团、天竺综保区管委会等单位共44名同志参与场内填报、现场支撑和外围保障工作，高质量完成了跨境贸易指标填报任务。

（马俊杰）

【印发《北京市商务局重点企业“服务包”工作管理办法（试行）》】9月30日，为深入贯彻党中央、国务院深化“放管服”改革、优化营商环境决策部署，落实市委市政府关于建立重点企业“服务包”制度的相关要求，加强商务领域重点企业“服务包”工作规范管理，市商务局印发《北京市商务局重点企业“服务包”工作管理办法（试行）》，明确总体要求、职责分工、实施细则、考评规则，推进商务领域“服务包”工作规范化、制度化。

（郭鹏飞）

【召开京津跨境贸易联合专班对接沟通会】10月20日，市商务局副局长、北京海关副关长共同带队赴天津，与天津市商务局（口岸）、天津海关、天津港集团等对接沟通跨境贸易相关工作。会议达成三点共识：一是进一步巩固和完善京津联合联动工作机制；二是各单位按各自职责尽快提出新的改革措施，加快研究出台京津第8号联合公告；三是进一步加强京津两地合作，实现京津通关数据和天津港口物流数据在更深层次、更大范围、更加持续稳定共享，深入研究探讨，拿出实招，开展京津跨境电商合作。

（马俊杰、吕轻舟）

【回访市级重点服务企业】10月至11月，市商务局会同东城区、海淀区、朝阳区对五矿集团、保利集团、招商局集团、中国诚通控股集团等市级重点服务企业开展回访，了解“服务包”事项落实情况、企业在京发展情况和服务诉求。市发展改革委、市财政局、北京市税务局、市投促中心，属地相关政府部门参加了回访活动。

（陈　静、郭鹏飞）

流通秩序

【概况】年内，持续做好商务领域疫情防控工作，加强商务领域秩序规范管理，持续开展服务质量评价工作，开展商业服务业服务技能大赛活动，提升商业服务业整体服务质量，推进节能减排绿色低碳工作，推进商务信用建设，各项工作取得了积极成效。

一、持续做好商务领域疫情防控工作

制定发布商业服务业疫情防控指引。根据疫情防控等级调整变化情况，先后多次修订并发布餐饮等14个商业领域疫情防控指引，实现商业服务业疫情防控指引全覆盖。采取多种形式在全市范围内进行宣贯。同时，与16个区商务局、相关行业协会建立疫情防控联络机制，实施联防联控。根据疫情发展和防控需要，先后制定印发《北京市商务局关于做好新型冠状病毒疫情防控工作的紧急通知》等多份疫情防控指导性文件，指导各单位迅速行动，在保障供应基础上全力做好各项疫情防控措施。

二、加强商业企业风险隐患排查工作

制定实施企业风险防范和应急处置方案，掌握重点行业重点企业最新经营情况和风险隐患，对不稳定因素提前进行分析研判和分类处置。协调处置全时便利店、货拉拉、瑞幸咖啡等企业闭店及矛盾纠纷问题，其中全时便利店协调处置工作得到市委领导认可。

三、推进单用途商业预付卡备案和立法工作

推进单用途商业预付卡备案管理工作。我市单用途商业预付卡规模以上备案企业共有261家，其中品牌企业25家，集团企业39家，规模企业197家。

推进全市单用途预付卡立法，10月20日，《北京市单用途预付卡管理条例》经市十五届人大常委会第六十六次主任会议同意立项。

四、持续开展服务质量评价工作

进一步制修订完善《2020北京市商业零售企业服务质量管理规范（试行）》《2020北京市商业零售企业服务质量管理办法（试行）》。组织开展商业零售企业服务量评价活动，重点组织对全市17个区（开发区）的“购物中心及百货、超市、专业专卖店、便利店”等4类业态进行服务质量评价，涉及200家商户，收集4600份满意度数据，形成北京市商业零售业服务质量分析报告和17个区（开发区）分报告，全面了解掌握我市商业零售企业服务质量情况。

五、推进节能减排绿色低碳工作

积极开展绿色商场创建工作，持续推进高能耗设备升级改造。指导企业开展“限塑”和“迎峰度夏（冬）”保障工作。配合市发改、市场监管等部门开展商场超市限制使用塑料购物袋专项行动，加大对商品零售场所限塑宣传力度，加强对商场超市限制生产销售使用塑料袋工作检查。会同相关部门加大商业企业检查力度，提倡企业积极推广节能技术应用，减少电力消耗；运用节电技术，提高用电水平。

六、加强商务领域持续完善商务信用体系建设

开展诚信兴商宣传月，培育“重信守诺”的诚信文化。落实联合奖惩机制。在国内贸易流通、电子商务、家政服务、节能减排促消费、鼓励传统企业促消费、生活必需品储备和对外经济合作等重点领域对失信企业开展联合惩戒。

（朱春彬、易　辉、王　勇）

【“大量‘无主’快递网上卖”调查】7月，市商务局会同市市场监管局、市邮政管理局共同调查核实媒体报道的涉嫌违规企业北京韵达速递有限公司下属加盟网点华北韵达二十九公司和经手快递员，对北京韵达速递相关负责人进行约谈，要求其对全市所有加盟网点进行溯源检查，加强网点管理和员工培训。市邮政管理局将完善快递行业管理制度，规范快递企业和员工从业行为，坚决杜绝此类事件再次发生。

（刘　伟）

【四方兄弟搬家公司违规行为查处】8月，市商务局会同市市场监管局、市交通委、市公安局和属地政府部门共同调查核实四方兄弟搬家公司设人工费陷阱行为，并做出行政处罚和对个人刑事拘留。制定联合整治搬家运输经营市场工作方案，集中4个月（8月7日—12月7日）时间开展搬家运输业务清理整治工作，解决搬家运输经营市场突出问题，营造首都良好市场环境。

（刘　伟）

【4S店收费情况调研检查】12月，市商务局会同市市场监管局调查了解全市4S店收费情况，主动与中国消费者协会对接测评工作，根据其提供的全市4S店名单及联络方式开展有针对性执法检查，加强在京4S店监管，督促4S店开展自查自纠，规范企业收费行为，提升消费者满意度和企业品牌形象。

（刘　伟）

【加强室内公共场所动物观赏展示活动检查】12月29日，市园林绿化局、市农业农村局、市市场监督管理局、市商务局、市公安局、市卫生健康委员会六部门牵头于在西城、朝阳、丰台区开展为期1天的专项行动检查指导工作，进一步加强室内公共场所动物观赏展示活动监管，加大对室内公共场所动物观赏展示活动规范治理力度，防范、控制动物疫情和公共卫生安全风险。

（原　野）

【组织第十届商业服务业技能大赛】2020年9月至2021年3月，市商务局会同市人社局、市总工会、市妇联、共青团北京市委等部门，组织开展北京市第十届商业服务业技能大赛活动。本届大赛坚持以“技能提高商业服务业服务质量”为主线，设置“直播带货、中（西）式烹调师和面点师、茶艺师、评茶员、美容师、美发师、眼镜验光员、育婴员”等26个竞赛项目，涉及18个行业，共有600余家企业、门店，2万余名员工参加。经过培训、初赛、复赛、决赛，最终产生27名技术能手、26名优秀工作者、722名优秀选手，以及荣获优胜奖的26家企业和优秀组织奖26家单位。通过大赛，进一步提升了商业服务业一线员工的服务意识、服务技能和服务水平，为促进消费创造有利条件。

（王　勇）

【制定垃圾分类指引】年内，结合商业服务业各领域生活垃圾分类工作开展情况，分别制定了《北京市餐饮企业生活垃圾分类指引》《北京市便利店（超市）生活垃圾分类指引》《北京市商场（购物中心）生活垃圾分类指引》《北京市农产品批发市场生活垃圾分类指引》和《北京市商品交易市场生活垃圾分类指引》。

（孙景东）

【绿色商场创建】年内，开展绿色商场创建工作，制订《北京市商务局关于推进绿色商场创建的工作方案（2020—2022年度）》。全市18家零售企业门店被商务部评为绿色商场。

（孙景东）

【推进高能耗设备升级改造】年内，利用政策资金鼓励引导企业开展高耗能设备升级改造，全年共有10家企业总投资169.38万元用于改造，改造后企业节能节电、环保效果明显。

（孙景东）

【开展诚信兴商宣传月】年内，开展诚信兴商宣传月活动。印发了《北京市商务局关于开展诚信兴商宣传月活动的通知》，在全市商务系统宣传部署诚信兴商和信用消费工作，制作并面向全市上千家商业企业门店发放商务诚信建设视频宣传片《诚实经营　守信服务》。会同商务部和我市委办局、20余家市级行业协会及百余家商业企业组织开展了全国诚信兴商宣传月北京主题日启动仪式，现场公布了百家诚信兴商承诺企业名单，诚信企业代表分别讲述分享抗击疫情、诚信经营和服务提升案例。

（刘　伟）

【商务领域社团组织情况】截至2020年底，市商务局共有商务领域社团组织49家。其中已脱钩试点行业协会30家，正在脱钩行业协会11家，不在脱钩范围的社团组织8家。年内，按期完成了由我局作为业务主管单位的社团组织年度检查的初审工作；指导2家社团组织完成了换届工作；新成立1家社团组织；按照全市统一要求，组织16家行业协会商会开展了与行政机关脱钩工作。

（刘　伟）

安全生产

【概况】年内，全市商务领域坚持新发展理念和以人民为中心的发展思想，精准统筹发展和安全，疫情防控和安全生产两手抓、两不误。安全生产专项整治三年行动取得阶段性成效，安全生产形势持续好转。参与重大活动、重要节日行业安全保障任务10余次，组织指导全市商务部门开展各类安全生产集中培训、综合应急演练等活动100余次，受众人数超过10万人次。先后集中编制《用电安全警示录》等教材教案10余种30余万字，印制发放各类安全生产宣传材料10万余份。推动本市3000多家商业零售和餐饮经营单位安全生产标准化创建达标，达标率超过80%。

（杨明晓、王　晔）

【驻场巡查批发市场疫情防控和安全工作】2月7日，市商务局根据疫情防控工作需要，实施驻场员制度，向全市7个重点农副产品批发市场派驻了驻场员。每日会同市场主体开展疫情防控和安全生产的检查指导、宣传教育和市场供应的监测统计等工作。各驻场员严格按照市商务局党组工作部署，牢记使命、恪尽职守，充分发挥驻场指导服务作用，起到驻守一方保一方平安的积极作用，得到了各市场主体的高度认可。

（杨明晓、王　晔）

【完成“消费季”启动日当周安全保障工作】6月6日，“北京消费季”正式启动。市商务局牵头协调市公安局治安总队、市应急管理局、市消防救援总队、北京商报，以及东城区公安局、商务局、王府井建管办等单位现场办公，检查各会场现场环境布置、安防设施设备配备、疏散路线设置和安全工作准备情况，严格防范火灾等各类安全事故。启动日当周，各区商务部门牵头协调对所有活动场所和周边重点经营单位进行了全覆盖检查，确保了各项活动安全顺利。

（杨明晓、王　晔）

【开展疫情防控集中约谈警示】7月16日，针对疫情防控工作存在的问题，市商务局约谈了味多美、好邻居、达美乐和呷哺呷哺等4家连锁企业负责人。通报了7月以来市场监管、城管执法部门疫情防控执法检查中发现的上述4家企业旗下门店存在的问题，指出了企业在落实疫情防控主体责任存在的差距和不足，就举一反三整改问题、进一步做好常态化防控和安全生产工作提出要求。4家企业负责人表示，一定认真反思存在的问题，举一反三抓好问题整改，不断完善疫情防控的制度措施，加大对门店的管理力度，确保防疫安全。

（杨明晓、王　晔）

【开展消防安全网络直播培训】8月12日，市商务局联合市消防救援总队以网络直播的方式开展餐饮场所消防安全专题培训，进一步加强了部门沟通协作的机制创新，实现优势资源互补。各区商务局、市烹饪协会、市餐饮行业协会、各经营单位共计9611人参加培训，微博转发访问受众近100万人次。

（杨明晓、王　晔）

【开展第三十届119消防宣传月活动】11月9日，各区商务部门、局教育中心、局行政事务服务中心、行业各经营单位认真开展以“关注消防、生命至上”为主题的北京市第三十届“119”消防宣传月活动。各单位通过邀请专家授课，在线答题学，登录“全国消防体验场馆预约平台”预约消防科普教育基地、消防救援站实地参观体验等方式进行内容丰富的教育培训活动。通过制作宣传活页、展板、楼宇电视户外视频、手机短信、媒体专刊等形式浓厚宣传氛围。共发放宣传材料16804份，悬挂横幅878幅，张贴宣传画1304幅，投放楼宇电视户外视频510次，发送短信10167条，媒体专刊21期。

（杨明晓、王　晔）

【推动安全文化建设示范企业创建工作】年内，全市商务部门推动商务行业重点经营单位积极参加北京市安全文化建设示范企业集团及示范企业创建工作。历经推荐申报、材料初审、现场考查、综合评审和网上公示等环节，北京翠微大厦股份有限公司翠微路百货店被市应急管理局命名为“2020年北京市安全文化建设示范企业”。北京红桥市场、燕莎友谊奥莱、王府井集团双安商场等6家商业企业通过了2020年北京市安全文化建设示范企业复评。

（杨明晓、王　晔）

【推进安全生产专项整治三年行动】2020年是商务行业安全生产专项整治三年行动的第一年。市商务局坚持高起点筹划、高标准推进，各区商务部门一线督导、跟踪落实，各项整治取得阶段性成效。以计划方案为统揽，明确危险化学品安全、有限空间作业安全、消防安全、城市运行安全、交通运输安全、城市建设安全等10个专题专项整治任务，基本涵盖了商务行业安全生产的主要领域。以服务发展为根本，会同相关部门和属地街乡做好北京消费季、全国消费促进月活期间安全服务保障，开展应急演练30余场次，3000余家经营单位和近万名员工得到教育。以宣传培训为引导，大力开展安全生产月、应急宣传进万家、119消防宣传月等活动，发放各类宣传资料46804余份，接受群众咨询10000余人次，经营单位自觉主动抓安全生产的氛围日益浓厚。以督促指导为抓手，出动指导调研人员33373人次，调研巡查经营单位15319家次，督促隐患排查治理11721个。以重点工作为突破，116181家经营单位登录使用安全风险云服务系统、排查发现各类安全风险252487个，居行业部门之首；3000多家商业零售和餐饮经营单位安全生产标准化创建达标，达标率超过80%；行业投保安责险企业累计达43500家，保险费累计4500余万元，市场保障基础稳定。以联合协作为补充，参加执法部门联合检查253次，会同市消防救援总队、市邮政管理局、市市场监管局和市公安交通管理局等部门开展集中约谈警示教育活动，督促餐饮、快递、外卖等经营单位加强安全管理。截至2020年底，13项年度任务指标全部完成，商务行业持续保持了安全稳定的良好局面。

（杨明晓、王　晔）

第四部分

海　关

北京海关

基本职能

北京海关是海关总署下属的正厅（局）级海关。北京海关的业务管辖范围为北京市的各项海关管理工作。负责本关区征税、监管、缉私、出入境检验检疫、统计等各项工作。

内设机构

办公室、法规处、综合业务处、关税处、卫生检疫处、动植物检疫处、进出口食品安全处、商品检验处、口岸监管处、行邮监管处、统计分析处、企业管理处、稽查处、缉私局、财务处、科技处、督察内审处、人事处、教育处、机关党委、监察室、离退休干部办公室。

隶属海关单位

首都机场海关、海关总署税收征管局（京津）、北京大兴国际机场海关、北京车站海关、北京邮局海关、中关村海关、北京东城海关、北京西城海关、丰台海关、海淀海关、通州海关、顺义海关、亦庄海关、天竺海关、北京朝阳海关、平谷海关、北京会展中心海关、北京海关风险防控分局。

业务工作

【概况】2020 年，北京海关坚持以习近平新时代中国特色社会主义思想为指导，在市委市政府和海关总署党委的坚强领导下，以“单项争第一、综合创一流”为目标，以“保安全、促发展、推改革、抓建设”为重点，圆满完成了各项工作任务。2020 年北京地区（包含中央在京单位）进出口 2.33 万亿元人民币，较去年同期下降 18.9%.

（李静婷）

【坚决筑牢口岸检疫防线】坚持“机场就是战场，口岸就是前线”，严查严排、严防死守，坚决打赢新冠肺炎疫情防控阻击战，实现了“卫生检疫零遗漏、干部职工零感染、通关服务零投诉”。一是入境人员检疫筛查精准高效。严格落实“三查三排一转运”等口岸防控措施，提升采样、检测能力，构建闭环管理防控体系。全年完成入境人员核酸检测 7.2 万人份，检出阳性或移交确诊 254 例。二是进口冷链食品及高风险货物检疫严格到位。坚持“人”“物”同防，采取“100% 加严检疫、100% 核酸检测、100% 消杀灭毒”防控措施，共检测样本 8971 份，严防新冠病毒通过货物传入风险。三是防疫物资通关保障有力。设立专用窗口，简化通关流程，共验放进出口疫情防控物资 334.1 亿元，实现通关“零等待”。

（李静婷）

【助力进出口企业复工复产】随着疫情全球化蔓延，世界经济衰退、产业链供应链循环受阻、国际贸易投资萎缩、大宗商品市场动荡，进出口企业的经营困难重重。北京海关为全面深入落实“放管服”要求，积极助力企业复工复产，降成本、稳生产，通过 12360 热线、对外咨询电话、窗口宣传、微信公众号、微信群、视频宣讲会等方式，宣讲优惠贸易政策法规、讲解通关要点难点、畅通关企沟通渠道，帮扶进出口企业克服疫情不利影响。在关企共同努力下，运营环境大幅回暖，企业信心显著增强，从进出口两方面用好优惠贸易政策，实现由国家政策红利向市场主体活力的有效转化。

（李静婷）

【全力确保首都高标准安全】全面提升各种传统安全和非传统安全的保障能力，确保“精精益求精、万万无一失”。一是重大活动保障到位。圆满完成全国“两会”、服贸会等重大活动通关安保工作。冬奥测试赛的通关保障活动顺利完成。二是政治保卫坚强有力。保持查缉危险品、违禁品的高压态势。共查获违禁印刷品音像制品24万件、濒危动植物及其制品2189件、各类毒品82.7千克。三是打击走私成效显著。反走私综合治理效能明显加强。共立案侦办涉税走私犯罪案件19起，案值7285.4万元。四是生物安全防范严密。抓严抓实重大动植物疫情防控，在全国口岸首次从跨境电商渠道检出非洲猪瘟病毒核酸阳性，在北京口岸首次检出沙漠蝗成虫。五是质量安全把控严格。检出不合格工业品574批、不合格危险化学品260批、不合格食品化妆品50批，查获侵权商品57.6万件。

（李静婷）

【全力助推首都高水平开放高质量发展】最大限度优化营商环境，全方位做好稳外贸稳外资各项工作。一是突出“降”。全年为北京地区企业减免税负超过100亿元。其中，直接减免税款51.4亿元，居全国海关首位；办理各类退税2.95亿元，同比增长近5倍；落实优贸协定税收优惠政策，为企业降低成本13亿元。推广实施关税保证保险、汇总征税等措施，为企业减少资金占压468亿元。二是突出“快”。深化“放管服”改革，持续推进“两步申报”“两段准入”，进一步压缩整体通关时间。2020年12月，北京关区进、出口整体通关时间分别为29.31小时、0.69小时，较2017年分别压缩了72.8%、90.6%，均优于全国平均水平。三是突出“先”。推动“两区”建设海关各项任务落实落地，两项创新措施入选商务部最佳实践案例。特殊监管区域建设持续深化，天竺综保区业务规模稳步提升；亦庄保税物流中心实现货运量和货值双增长；大兴国际机场综保区顺利获批。在全国首创高级认证企业免担保、跨境电商医药进口试点、“免税保税政策相衔接”试点。四是突出“优”。提供7×24小时预约通关服务。实行企业“服务包”政策。扎实推进AEO认证工作，北京地区高级认证企业增至224家，同比增长23.1%。为市委市政府提供高质量外贸统计数据服务，报送统计专报23期。

（李静婷）

2020年北京地区进出口总值一览表

项　目	价值（万亿元人民币）	比2019年增减（%）
进出口总值	2.33	−18.9
出口总值	0.47	−9.8
进口总值	2.35	+5.3

（李静婷）

名　　录

单位名称：北京海关

北京海关关长：高玉潮

地　　址：北京市朝阳区光华路甲10号

邮　　编：100026

电　　话：85736114

传　　真：65831568

网　　址：beijing.custom.gov.cn

（李静婷）

第五部分

开发区、综保区、行政区商务

北京经济技术开发区

概　况

2020年，北京经济技术开发区商务金融局（简称经开区商务金融局）主要负责商品流通和生活性服务业（不含住宿业）、商务服务业相关工作，并落实相关政策措施。在疫情防控的前提下，多措并举促进消费提档升级，提振消费信心，释放消费潜力，培育新兴消费，升级传统消费，推广健康消费，扩大服务消费，进一步稳定消费市场运行，更好发挥消费对经济发展的基础性作用，精准有序推动复商复市，进一步提高生活性服务业品质。

（赵　齐）

条　目

【坚持规划引领，推动商务服务业高质量发展】经开区商务金融局为推动商务服务业高质量发展，进一步贯彻落实《亦庄新城规划》空间布局，按照产城融合发展思路，加快提升经开区及新城现代商务服务业发展质量，编制完成《新时期开发区现代商务服务业发展提升研究》《“十四五”时期开发区商业发展规划》《开发区商业空间专项规划》及《开发区生活性服务业网点分析报告》，明确未来经开区商务服务业发展的方向及目标。

（赵　齐）

【创新商务领域工作方法，多措并举促消费】经开区商务金融局出台《关于开展2020年新型冠状病毒感染的肺炎防疫期间餐饮企业露天经营管理工作的通知》，支持餐饮企业户外经营，共备案16家外摆商户；依托五新政策制定《经开区促进新消费引领品质新生活工作方案》，精准有序推动复商复市；依托北京市消费季制定《经开区“引领智慧消费，趣享品质生活”消费季活动方案》，共组织30余场促消费活动；开展美食进社区、汽车进商场主题活动，聚焦区内老字号品牌开展促销活动，引领消费升级；发放3批消费券加速消费市场回暖，为市民带来2000万元购物优惠，撬动消费超4800万元。

（赵　齐）

【完善商业设施保民生】经开区商务金融局制定并印发《关于利用移动餐饮售卖车完善便民服务的指导意见（试行）》，正式运营餐车点位7处，推动经开区便民早餐市场健康可持续发展；鼓励品牌连锁便民店健康发展，着力推进便民店“规范化、连锁化、便利化、品牌化、特色化、智能化”发展，更好地满足首都市民便利性、宜居性和多样性消费需求，为建设国际一流的和谐宜居之都提供有力支撑，便利蜂、罗森、木北等品牌连锁便民店已陆续入驻经开区；支持国际人才社区建设，鼓励现有商户与国际接轨，服务国际人才社区。

（赵　齐）

【保障中小微企业健康发展】经开区商务金融局制定《北京经济技术开发区商业综合体减免入驻商户房租奖励方案》，对符合申报条件的企业给予资金支持。

（赵　齐）

【常态防疫未放松】针对经开区10家超市开展常态化、无假日的防疫数据统计、防疫物资保障工作，持续性对10家重点超市进行价格和供销监测。组织规上商场、超市、餐饮企业全员核酸检测工作；组织组织规上商场、超市、餐饮企业全员疫苗接种工作，为经开区商业提供服务保障。

（赵　齐）

名　录

单位名称：北京经济技术开发区商务金融局
局　　长：刘文虎
地　　址：北京市经济技术开发区荣华中路15号朝林大厦
邮　　编：100176
电　　话：87246101
传　　真：67881261

（赵　齐）

北京天竺综合保税区

概　况

2020年，在市委市政府坚强领导下，北京天竺综合保税区深入学习贯彻十九届五中全会精神和习近平总书记对北京重要讲话精神，贯彻落实市委十二届十五次、十六次全会精神和蔡奇书记到顺义调研指示精神，强化党建引领，统筹推进疫情防控和创新发展，保障了第一国门货运口岸和园区安全平稳有序运行，进一步实现了高速度增长、高水平开放、高质量发展、高效率通关服务，规划建设取得新的成果，为加快建设首都对外开放新高地提供了有力保障。

（孙　林）

经济指标

园区实现进出口总值621.9亿元，同比增长3.0%，其中进口599.2亿元，同比增长5.1%。实现营业收入623.3亿元，同比增长26.7%；实现利润总额102.5亿元，同比增长12.5%；完成属地税收20.0亿元，同比增长16.3%；固定资产投产额8.0亿元，同比增长1.4倍；新批复企业入区数量同比增长19.0%。口岸操作区保障国际货邮吞吐量占全市空运国际货邮吞吐总量的95%以上。在海关总署2019年度综保区发展绩效评估中评为“A”等次。

（孙　林）

迈入“两区”建设发展新阶段

牵头完成了北京自贸试验区顺义组团申报工作，组团面积28.5平方公里，在全市各区域中面积最大、纳入政策数量居多。9月28日，组织举办了中国（北京）自由贸易试验区国际商务服务片区挂牌仪式。先后举办了北京自贸试验区顺义组团文化贸易产业政策推介会、国际寄递物流产业推介会等宣传推介活动。天竺综保区全部纳入北京自贸试验区范围，牵头或参与顺义“两区”建设1/3的任务量，正在打造具有服务贸易特色的综保区。

（孙　林）

政策功能创新

新实现5项政策功能创新。一是跨境电商进口医药产品，扩宽了国外药品进入国内市场的渠道。2020年618活动期间正式落地，截至2020年底已开展业务25万票、货值超过3000万元。正在积极探索扩大试点药品品类，增加试点企业数量，进一步增强服务国内消费者能力。二是生物制品检测代抽样，提升了生物制品通关速度。为进一步优化营商环境，由园区内监管部门对企业进口的疫苗、单抗等生物制品进行代抽样，为企业至少节省时间成本15天以上。截至2020年底已完成生物制品抽样320批次，涉及31个品种、56个品规。三是卡口智能化监管，提升跨境贸易便利化水平。运用智能监管手段，创新监管模式，简化业务流程，实行数据自动对比、卡口自动核放、秒放行。保税货物点对点直接流转，降低运行成本，提升监管效能。截至2020年底，该模式已放行进出区车辆1.8万次，企业人员不必实地往返制卡刷卡，合计节省路程数千公里。四是按库位分类监管，促进企业集约利用仓储资源。对于有分类监管需求的企业不再限定分类监管货物的固定存放区域，企业可根据实际需求自行安排或变更分类监管货物的存放，系统实时备案，企业进一步降低了物流成本，合理配置仓储空间、提高运营效率。截至2020年底，利用分类监管政策统筹开展保税非保税业务的企业已达17家。五是跨境电商企业对企业（B2B）出口，为国内中小企业产品“卖全球”开辟了新通道。全国首批跨境电商出口试点。2020年7月1日正式落地，改变了货物只能以一般贸易或者以快件邮件方式出口的局面。国内企业可以通过跨境电商出口监管模式，对境外企业大规模出口，并享受“一次登记”“一体通关”“自动比对”“便利退货”等优惠措施，全程通关无纸化，申报清单更加精简便捷。至此，园区实现了集海外直邮进口、保税备货进口、B2B出口的双向跨电格局，买全球、卖全球，参与国际国内双循环。2020年全年企业已经申报该类业务超过300单，货量超过1.1万吨。

（孙　林）

特色产业实现高质量聚集发展

医疗健康方面。医疗器械产业3C转化平台、中国国际检验检测科技创新中心等平台效果显著，已有26个项目入驻。华氏医药创新药研发及服务平台项目落地。比欧联科公司正在筹建生物产品交易服务平台。德拜医药公司在园区设立医药科技公司。

文化贸易方面。国际文物交流平台、国际影视装备贸易服务平台、国际艺术品保税贸易平台相继落户，集聚效应初显，已吸引观复文化、懋隆文化等一批优质文化贸易项目入区发展。

跨境电商方面。保税免税政策相衔接项目2020年4月试运营，截至2020年底已实现销售额30亿元。新宜中国跨境电商产业园项目总投资约4亿美元，已取得施工许可证即将开工，2022年底完工。

产业金融方面。陆续洽商引进光大、华夏、工银、民生、信达等金租公司，设立SPV项目公司开展融资租赁业务。截至目前，已注册SPV项目60余家，计划开展飞机、公务机、大型设备、车辆等融资租赁业务。其中，华夏金租大型设备融资租赁项目已进入实施阶段。

航空领域。东航北京分公司、巴航（中国）飞机技术服务公司、通航法荷航机务维修公司等在区内持续发展。公务机产业不断壮大，运营规模超过30架。

（孙　林）

中国综合保税区国际论坛

9月9日，中国综合保税区国际论坛在北京国家会议中心举办。论坛作为中国国际服务贸易交易会专业活动之一，以“新机遇、新动能、新跨越”为主题，旨在搭建国内外开放区域的交流合作平台，拓展服务贸易新业态、新模式，为全球抗疫背景下稳外贸、稳外资提供更为有力的支撑，助力综合保税区建设成为新时代全面深化改革开放的新高地。北京市政协副主席牛青山、原商务部副部长、中国国际经济交流中心副理事长兼常务副主任魏建国及海关总署自贸司主要负责人陈振冲等出席论坛并致辞。

（孙　林）

政企齐心战疫情　共筑成效促发展

新型冠状病毒肺炎疫情暴发以来，天竺综保区按照市、区两级抗疫决策部署，严格落实防控方案，支持园区内企业复工复产。一是抓紧抓实抓细常态化疫情防控。严格落实上级关于防控工作的各项部署和要求，持续抓好防控工作，同时对园区企业的防控要做到指导到位，服务到位。既要讲原则，又要“有温度”；既要提要求，又要帮助解决实际问题。二是防疫、发展同步推进，确保园区企业有序复工复产。要坚持稳中求进工作总基调，必须确保疫情不反弹，稳住经济基本盘，兜住民生底线。一方面要继续督导企业落实防控措施，另一方面要认真分析研究“京19条”“京16条”“顺10条”“顺13条”政策内容，加大走访企业力度，特别是要走访重点企业，主动“送政策、送服务”，积极为企业争取奖励扶持资金、税收减免等支持政策，确保疫情防控和企业复产工作双管齐下，实现双赢。三是化“疫情之危”为促进综保区发展之机。利用市区两级利企政策措施和通关便利化措施，积极帮扶企业开展生产经营；要深入研究疫情带来的产业发展新机遇新发展，抓住园区转型升级方案实施等契机，抓好新政策措施先行先试、检测设备园区内商用、生物特殊制品进口行政审批改革等创新事项，进一步强化园区在全市服务业扩大开放进程中的引领作用。要运用辩证思维，打好化危为机的主动战，促进产业结构转型、园区治理升级、建立企业纾困长效机制。

（孙　林）

机构设置与管委会领导

管理机构：北京天竺综合保税区管理委员会（北京市政府正局级派出机构）

内设处室：办公室、政策法规处、规划建设处、经贸发展处、保障处、信息处、党群工作处

事业单位：北京天竺综合保税区综合服务中心

国有独资公司：北京综合保税区开发管理有限公司

管委会领导：

顺义区委副书记、区长、天竺综保区管委会主任龚宗元

顺义区委常委、天竺综保区管委会常务副主任宋建明

天竺综保区管委会副主任宋鹏

天竺综保区管委会副主任张志刚

天竺综保区管委会副主任满群杰

（孙　林）

招商部门

责任部门：经贸发展处

联系电话：69478588

东城区

概　况

北京市东城区商务局（简称区商务局）是主管辖区国内外经济贸易和对外经济合作的工作部门。

2020年，区商务局每月组织习近平新时代中国特色社会主义思想等政治理论学习，及时传达习总书记重要讲话精神和中央市区决策部署、会议精神，不断完善自创业务学习品牌活动“商务大家谈”。2020年组织27次党员集体学习活动，组织15次党组理论学习中心组学习。晋升、交流公务员9人。党组书记带头讲党课，引导党员干部不忘初心、牢记使命，坚定“四个自信”，牢固树立“四个意识”。2020年领导班子开展提醒谈话共11人/次，全年观看警示教育片3部，开展反腐倡廉警示教育12次，有力营造崇廉拒腐的良好氛围。

（孙　凌）

商业流通

【非首都功能商户疏解】顺利完成2020年东城区疏解提升区域性市场市区两级任务，完成升级改造北京金龙潭园农副产品市场，完成百荣世贸商城年度商户疏解任务。

（孙　凌）

【举办“中华老字号技艺展”】2020年9月16日—20日，在王府井百货大楼和平菓局，成功举办了中华老字号技艺展活动。展会现场布置了非遗表演区域、展台售卖区域及游戏互动区域，邀请东来顺、吴裕泰、北京稻香村、盛锡福、珐琅厂、工美大厦6家老字号企业参展。展会首日举办了简短而热烈的开幕仪式，市商务局、市商联会、市老字号协会、东城区相关部门、企业代表等出席了开幕活动。展会5天内安排了十余场技艺表演及线上直播宣传活动，5天时间线上线下宣传量超过80万，为老字号企业线上号带来超过1万的新增关注量，较圆满完成了弘扬优秀传统文化，提升老字号品牌影响力的任务目标。

（孙　凌）

【行业监管】2020年出动安全生产检查人员6818人次，检查督导企业3406家次，排查整改各类安全隐患6534处。落实常态化隐患排查整治，深入开展春夏火灾防控、燃气安全隐患排查、大型商业综合体消防安全等专项排查整治行动；做好疫情防控保障工作，引导商业、餐饮、家政、快递、物流等行业企业精准落实防控要求，推动复工复产复市。扎实推进商务行业安全生产专项整治三年行动，推进安全生产标准化建设、城市风险防控体系建设等，实现安全生产标准化创建全覆盖，行业监管关口前移，源头管控；落实责任，扎实推进垃圾分类和光盘行动。

（孙　凌）

【生活性服务业品质提升】新建或规范提升便民商业网点30个，完成2020年任务的120%，其中，新建超市便利店16个、早餐网点1个、蔬菜零售网点7个、家政网点2个、洗染网点1个、末端配送网点2个，规范提升蔬菜零售网点1个。加大国内外优质品牌连锁企业培育、支持力度，补充申报奥士凯、7-11、快客等8家企业进入北京市商务局生活性服务业品牌连锁企业资源库（2020 年度）。

（孙 凌）

【参与中国国际服务贸易交易会】2020 年 9 月 5 日至 9 日在国家会议中心、奥林匹克园区景观大道及周边搭建展馆、亚洲金融大厦举办。东城区组建交易团，全力组织企业参展参会，向驻区企业发送邀请函共计 1013 余家，线上线下参展企业共计 116 家，企业搭建线上展台 41 家，企业展品共计 395 个。在北京主题日中，东城区参与第三篇章“文旅创新”环节，金晖区长代表东城区用 5 分钟时间推介王府井大街，让外界充分领略百年金街的景致风华。组织 28 家服贸会参会企业赴嘉德艺术中心、隆福大厦实地考察参观，推介了东城一流的营商环境、高水平对外开放水平及区域发展特色，吸引境内外企业入驻东城，助力提升服贸会招商引资工作水平。

（孙 凌）

【北京消费季之燃购东城】“北京消费季之燃购东城”主题活动从 2020 年 6 月 6 日起持续至 2020 年 12 月，包含“精彩东城”“消费东城”“品质东城”“韵味东城”“味道东城”“活力东城”六大板块。活动期间，东城区推出“魅力王府井”“温暖生活 情暖金街”购物节以及“e 口吃遍好味道”等主题活动，并联合电商平台及新媒体平台直播加大直播力度，包括品牌直播、带货直播、扶贫助农直播、老字号直播、非遗直播等，同时线下商圈举行线下补贴让利、线上直播狂欢活动。

（孙 凌）

【9.8 前门时尚消费月启动仪式】“2020 年全国消费促进月暨北京时尚消费月”启动仪式，于 2020 年 9 月 8 日傍晚在北京市前门步行街举行，启动仪式由商务部、中央广电总台、北京市人民政府共同举办，央视财经频道同步直播。主办单位和国务院有关部门的领导同志将出席。启动仪式上，商业联合会等 12 家行业协会将共同发起倡议，倡导防控疫情、厉行节俭、诚信经营、惠民利民等理念；“国潮之光”北京时装周首秀将精彩亮相；现场同时举办京菜美食文化节、中华老字号、扶贫产品展销三大主题活动，30 多个国家级贫困县的重点扶贫产品和北京、湖北武汉老字号产品将展示销售；活动现场还与 10 余个重点城市促消费活动进行现场连线。启动仪式聚焦促消费重点工作，融合传承与创新、简约与时尚等元素，主题突出、内容紧凑，传递常态化疫情防控中，新型消费不断涌现、传统消费创新发展、绿色消费成为时尚、节俭消费深入人心、消费市场全面回暖等积极信号，进一步激发消费热情，激活消费信心，释放消费潜力。

（孙 凌）

【进口博览会】按照《第三届中国国际进口博览会北京市交易团组织工作方案》要求，制订《第三届中国国际进口博览会北京市交易团东城区分团组织工作方案》，成立进口博览会北京市交易团东城区分团。东城交易团登记单位总数 86 家，单位下登记人员总数 386 人。4 家企业与展览商达成合作协议，签订采购合同，成交金额共计 3348.46 万美元，同比增长 60%。其中，中穆控股有限公司与美国翡翠展览有限公司签订 100 万美元年度服务贸易协议；北京挖玖电子商务有限公司与西班牙的歌蓿源集团、毕克拉酒庄等企业签订 800 万美元年度意向合作协议；北京佛州阳光商贸有限责任公司与来自波兰的 VICI 集团签订了 448.46 万美元的年度采购框架协议；北京爱建同益商贸有限公司与西班牙艾塞德斯马拉加公司签订了未来三年的战略合作意向，金额 2000 万美元。

（孙 凌）

【扶贫地区展销会】2020 年 10 月 21—25 日，

在崇文门新世界百货商场举办“东城区对口帮扶地区农产品展销会”，吸引周边5万余名居民前来参观购买，实现销售额16万余元，有效带动扶贫地区产品销售，扩大产品的影响力，进一步推动消费扶贫。

（孙　凌）

对外经济

【概况】东城区对外经贸工作由区商务局主管。2020年，东城区新设外商投资企业52家，其中合资13家，独资36家，同比下降43.5%；实现合同利用外资19.1亿美元，同比增长1.7倍，达到近十年的最高值；实现实际利用外资6.01亿美元，同比下降3.9%，超额完成市里下达的指标额任务；实现进出口额1019.5亿元，同比下降14.5%，占全市比重4.4%，排名全市第六位。其中出口额184.4亿元，同比下降19.7%。进口额835.1亿元，同比下降13.3%。

（孙　凌）

【行政服务事项】2020年全年完成对外贸易经营者备案登记340件，其中变更146件、新设183件、注销7件、遗失补办4件。办理服务外包及软件出口合同登记，审核26家企业执行合同，执行总金额5.58亿美元，其中ITO（信息技术外包）4.65亿美元、BPO（业务流程外包）2966.24万美元、KPO（知识流程外包）6323.92万美元。

（孙　凌）

【扶持外贸企业】开展2019年最后一批中小企业开拓国际市场项目申报，东城区共有22个企业的49个项目通过2019年最后一批中小企业开拓国际市场项目资金初审，补助资金近160万元；共有16家重点外贸企业获得2020年度北京市外贸高质量发展资金，共计3557.18万元；共有95家服务贸易企业获得2020年度服务贸易统计监测样本企业补助资金，补助总金额为34.2万元；共有31家次企业申请2020年度服务外包业务贴息、离岸业务奖励、服务贸易出口贴息等鼓励服务贸易及服务外包发展资金。

（孙　凌）

【服务贸易统计监测】审核服务贸易重点企业统计监测系统中企业注册信息及数据直报信息。东城区共有396家企业在服务贸易重点企业统计监测系统中注册登记，2020年，133家服务贸易出口重点企业进行数据填报，填报服务贸易出口总金额19.47亿美元；共有58家服务贸易进口重点企业进行数据填报，填报服务贸易进口总金额3.70亿美元。

（孙　凌）

名　录

单位名称：北京市东城区商务局
单位领导：周　刚　党组书记
　　　　　王万青　党组副书记、局长
地　　址：永定门内东街中里13号楼
邮　　编：100050
电　　话：67079146
传　　真：67079102

（孙　凌）

西城区

概　况

西城区商务局（简称区商务局）是区政府主管的工作部门，主要职责是商贸流通、消费促进、对外及对港澳台经济合作和生活性服务业发展工作。年内，围绕疫情防控与经济社会发展，区商务局全力抗疫防疫、稳企保供、推动消费回升。实现社会消费品零售总额993.5亿元。新建和提升便民商业网点42个、百姓生活服务中心5个，生活“便利性”全市第一。推进“两区”建设任务落实，扩大服务业对外开放，利用外资实现增量质量双提升。区新设外商投资企业33家，吸收合同外资9.79亿美元，实际利用外商直接投资2.24亿美元。实现进出口总额4113.1亿元人民币，占全市比重17.7%，持续位居北京市第二位，获北京市安全生产先进单位。

（赵　培、马　岩）

商业服务业

【西城提振消费行动】4月22日起，在全市率先开展“西城提振消费行动”，打造“西城消费”平台，整合商业零售、生活性服务业、餐饮、文化、旅游、体育、教育、金融、通信、网络服务等各消费领域优质资源，开展系列专题活动，政府与企业按一定比例配资共同向消费市场投放消费券释放让利，有效拉动区域经济回补。年内，平台注册用户57.7万人，注册企业515家、品牌门店3000余家，开展时尚西城、暖心惠民、静美西城夜经济、暖冬系列等14个系列、20轮次、507场专题活动、直播200余场，配合北京消费季累计投放消费券636万张，撬动消费17.28亿元。

（杜　颖）

【“5G+华为河图”智慧商圈全球首发】8月27日，西城区常务副区长喻华峰、华为河图项目总经理郦光丰等共同面向全球首发北京市西城区“5G+华为河图”智慧商圈。通过科技赋能北京坊、大悦城，焕发历史文化街区商业生态。利用新兴信息技术，增强新型消费体验，扩展新型商业营销模式，促进新型融合消费发展。

（赵　培）

【世界粮食日和粮食安全宣传】10月16日第40个世界粮食日，区商务局在广安门外北京越都荟开展“2020年世界粮食日和粮食安全系列宣传活动”。向辖区涉粮企业及消费者、社区居民宣传推广2020年世界粮食日主题“齐成长、同繁荣、共持续、行动造就未来”、粮食安全宣传周主题“端牢中国饭碗　共筑全球粮安”。宣传科学储粮、健康饮食、节粮减损等科学常识，引导涉粮企业和百姓共同关注国家粮食安全，维护全球粮食安全。活动现场发放宣传手册和宣传品等300余份。

（柴晓虹）

【疫情期间商业服务业市场稳定】年内，新冠肺炎疫情暴发初期，区商务局紧急联系近30个国家、国内20个省市的200家次供货方，调集防疫用品70余种，保障区内各类防疫物资充足供应。开展相关行业核酸检测、防控排查、疫苗接种组织工作，紧抓大型商场、超市、百姓生活服务中心等疫情防控管理。出台系列纾困激励举措，统筹区内商超菜店持续营业。以防疫物资、资金奖励等形式帮助企业解决实际困难降低成本。面向商业企业审批各类扶持奖励资金2473.6万元，为全区大型综合商场、超市、百姓服务中心等重点商业场所发放价值612.4万元的防疫物资，为75家申报主体、2162家次中小微企业审批减免房租补贴6440.4万元、减免房租21772.4万元。

（赵　培）

【构筑生活必需品市场保供网】年内，构筑“供得充足、买得便利、防得严密”的市场保供网。面对新冠肺炎疫情暴发局势，通过信息共享平台调动商业企业力量，每天保障500至600吨百姓生活必需品稳定供应。以街道为单位，建立联组式的“点对点”补货机制，实施大向小的专项调配。6月中旬新发地疫情暴发后，在马连道快速设立2000平方米的临时应急蔬菜储备库，储备量为30吨左右，包括10余种时令新鲜大众蔬菜，为全区百姓生活服务中心和菜店提供应急补货。做好市场监测与信息发布，每日动态监测全区蔬菜供应量、门店关停、缺货需求和价格变动等情况，及时调度组织货源，保障居民生活服务平稳不恐慌。

（戚秀艳、丁　宁）

【建立生活必需品应急储备库】年内，着眼提升重大突发应急事件保障能力，结合区域特点，合理布局，充分利用辖区腾退空间实施实物储存方式，建立区级生活必需品储备库，储存方便即食食品、蔬菜等应急生活必需品。

（柴晓虹）

【商业企业转型升级】年内，支持商业服务业转“危”为“机”，创新“线上菜”“网上餐”“云逛街”等商业新模式新场景。利用物美集团及区内具备运力条件的生活性服务业企业，对出现疫情的封闭社区、重点小区先行推行“无接触购物”模式社区全覆盖，疫情期间线上下单线下日均配送量约30余吨。创新开发手机端“无接触自助缴费”新模式，降低人员聚集密度。全区老字号实现网上销售的比例从30%提升至80%以上，形成了成熟的线下+线上+直播的新消费模式。

（戚秀艳、丁　宁）

【重点企业获市专项资金支持】年内，组织辖区商业服务业企业申报2020年市商业流通发展资金，其中北京京饮马凯餐厅有限责任公司老字号传承发展等21个项目获得市商业专项资金1720.65万元。项目涉及推进连锁经营发展、老字号传承发展、“互联网+流通”和创新示范试点等方面。

（柴卫红）

【成品油流通行业管理】年内，区商务局加强成品油流通行业管理。组织辖区16家加油站完成上年度成品油企业经营资格年检。完成中石化所属7家加油站名称变更，1家加油站注销、新设。完成16家加油站成品油零售经营批准证书换发新证。按照经信部门规定和时限要求，做好成品油零售经营资质审批信息“双公示”。落实商务部和市商务局关于做好成品油流通行业安全生产管理工作通知及市场监管部门要求，开展“双随机、一公开”检查。加强成品油市场管理，指导成品油企业全面落实安全生产主体责任，确保安全生产工作落到实处。

（柴卫红）

【老字号餐饮振兴发展计划】年内，协同区文旅局、大栅栏指挥部等单位，完成“关于建设消费型城市，推进首都特色商业区发展——聚焦特色商业区，老字号品牌优化升级的提案及关于优化大栅栏商业街品牌结构，打造西城区传统老字号特色商业街区整体形象的提案办理。继续做好老字号餐饮振兴发展计划，鼓励老字号传承技艺，创新发展。完成百年传承金牌菜及大师制作拍摄上线，推进老字号餐饮直播展示。协同区法院开展老字号商标权保护情况调研。

（赵杰平、史　倩）

【单用途商业预付卡备案】年内，对备案企业从资金管理制度、实名登记制、限额发行制、非现金购卡制、单用途卡章程和购卡协议等多方面做出详细指导，做好每季度系统审核，完成4家企业备案。

（赵杰平）

【无障碍环境建设】年内，配合区无障碍专班展开行动，加强宣传监督指导。对全区规模以上商场、超市进行系统排查，重点点位派专人发放无障碍标准化图集、无障碍宣传海报等资料，督促商超企业重视无障碍环境建设工作，确保整改效率及成果。完善系统建账数据，核查建账的条目真实，点位选取准确。区商务系统各单位无障碍改造涉及点位5个，整改金额约40万元。

（史　倩）

【重点时段安全保障】年内，区商务局在全国“两会”及春节、“五一”、国庆节等节假日期间，开展商务行业安全生产、反恐防暴、疫情防控等工作动员部署并进行巡查，督促企业进行隐患排查整改，其间未发生安保事故。

（杨尚宗）

【便民服务网点建设】年内，新建便民生活服务网点42个，其中蔬菜零售12个，便利店19个，早餐店5个，便民洗衣店1个，便民理发店5个，完成全年计划任务的105%。基本便民商业服务功能社区覆盖率100%，生活“便利性”领域全市并列第一位。新增5个百姓生活服务中心，完成每2万居民配置1个百姓服务中心的目标，实现全区15个街道百姓服务中心全覆盖。

（戚秀艳、丁　宁）

【生活性服务业业态转型升级】年内，协同全区力量集中推进，实现“菜篮子”全面覆盖，达到每个社区拥有2个蔬菜零售网点标准，构建“专业菜店+生鲜门店+社区超市+多形式搭载”的“易买菜体系”。推行早餐示范工程，不断优化以“固定门店早餐服务为主、便利店搭载早餐服务为辅”的早餐服务体系。创新便民服务业态，结合需求适度增加小物超市，因地制宜配置“小物超市”4种形态，建设“小物超市专区”“小物超市专柜”“小物超市门店”。加强末端配送网点的“线上小物”配套建设。引导优秀的街头修理等手工艺人回归百姓生活服务中心，满足居民对针头线脑与缝纫织补等生活小物品与小服务的需求。

（戚秀艳、丁　宁）

【社区商业科学布局】年内，在街道层面引导市场主体完善便民商业服务设施布局，建设补齐便民商业服务网点，实现一刻钟便民商业服务圈全覆盖。与各街道建立生活性服务业紧密联系机制，利用北京生活性服务业公共服务平台系统，科学分析区域内百姓生活服务业网点布局，按照群众需求精准配置服务网点。完成对全区所有街道八类生活性服务业网点的数据采集、“西城e生活”和大数据管理功能等相关配套软件系统上线运行，形成数据分析报告，指导全区生活服务业进行科学布点。

（戚秀艳、丁　宁）

【生活性服务业民意立项机制】年内，对接百姓需求，实施生活性服务业民意立项机制，变政府端菜为居民点菜，实现百姓生活服务中心等网点建设民意立项常态化机制。召开“全区生活性服务业建设推进大会”和政策宣贯系列活动，组织15个街道与社会服务企业从居民需求出发，加强供需精准对接。

（戚秀艳、丁　宁）

【拍卖企业初审及年度核查】年内，完成辖区 18 家拍卖企业变更拍卖经营批准证书及新设立拍卖行初审工作及 22 家拍卖企业 2019 年度核查初审工作。

（张晓燕）

【安全生产巡查】年内，检查单位 729 家，巡查 808 次，出动巡查人员 1758 人次。其中零售单位 243 家，发现一般性隐患 124 处；餐饮单位 486 家，发现一般性隐患 256 处；均已整改。其他巡查 233 家。

（杨尚宗）

【接诉即办】年内，受理 12345 接诉即办热线案件 2620 件，满意率 75.3%，解决率 49.8% 。其中预付式消费类案件 1827 件，满意率 76.3%，解决率 45.7%。在“艺人美场”案件中，为 1700 余会员挽回近百万元损失，有效避免群体事件发生。

（李小丽）

对外及对港澳台经济贸易

【外资外贸企业线上政策宣讲】6 月 23 日，联合西城海关、中国出口信用保险公司第三营业部、建行北京分行国际部，组织召开线上宣讲会，驻区企业 70 余人参加。各部门分别就海关企业信用管理认证标准、中国出口信用保险、跨境快贷信保贷产品等方面最新政策进行讲解；为企业提供一对一互动答疑服务。

（李　静）

【参加服贸会】9 月 3 日至 9 日，区商务局牵头组团参加北京 2020 年中国国际服务贸易交易会，参加科技创新板块、金融服务专题、“文博会”展览展示和北京主题日相关活动。组织区内 20 余家外资企业参加线上线下全球服务贸易峰会，在“金融街与金融业扩大开放”外资交流专场活动上发布《西城区服务业扩大开放政策白皮书》；开展精准招商，针对金融和金融科技领域安排两条考察路线，组织汇丰银行、澳大利亚国际商业产业园等走进金融街和金科新区。收集驻区企业成果预筹项目 25 个，包括协议类 13 个、政策发布类 4 个及新技术、新产品类 8 个，项目金额共计 7.92 亿元人民币。

（张吉先、刘　倩）

【两展一节】10 月 22 日至 25 日，由中国茶叶流通协会与北京西城区人民政府、湖南省益阳市人民政府共同主办的“2020 北京国际茶业展、北京马连道国际茶文化展、安化黑茶文化节”（简称“两展一节”）在北京展览馆和北京马连道举办。活动继续秉承“以茶结缘　相聚北京城　以诚会友　品饮世界茶”的主题，通过展览展示、专场推介、特色茶文化传播、传承与体验和论坛与研讨、展节推广等形式，在北京展览馆及马连道街开展近 50 项活动。新设“线上展览 + 直播带货”环节。首次将“马连道杯”全国茶艺表演大赛调整为视频选送大赛，来自全国各地的 19 支茶艺表演队参赛。开展“最美茶空间”评选、走进金融街等特色活动。2020 北京国际茶业展面积近 2 万平方米，设 930 个标准展位，400 余家参展商参会，其中九成以上为一线品牌企业。邀请国内多个重点产茶区政府及国外参展团参展。

（章建平、史锐婧）

【参加中国国际进口博览会】11 月 5 日至 10 日，西城交易团 119 家企业注册参加第三届中国国际进口博览会，达成意向采购额 900 万美元，交易涉及医疗器械及医疗保健等领域，进口商来自丹麦、英国等国家。区长孙硕在进博会北京日主题上做北京金融街扩大开放主题推介，向全球宣传“金开十条”“金科十条”等扩大开放新政策和新举措。推动菜百公司与上海钻石交易所国际会员单位达成合作协议，在进博会上首发 3D 制金工艺牛年贺岁新品；高视远望公司与美国丹纳赫集团签订一批高端徕卡显微系统眼科医疗设备采购意向。

（张吉先）

【参加京港洽谈会】11月18日，参加第二十三届京港洽谈会，副区长聂杰英在投资北京推介会上做“打造国际一流金融科技示范区”主题招商推介。11月20日，在京港双向投资重点项目签约仪式上，香港嘉德泰隆国际商业管理有限公司与四眼土狗科技（北京）有限公司签约。

（马　岩）

【外资外贸企业政策宣讲培训】12月4日，举办外资外贸企业“两区”政策宣讲培训会，驻区企业近100家参加培训。区商务局解读北京市服务业扩大开放示范区和自贸区的最新政策，发放《西城区服务业扩大开放白皮书（中英文版）》，市商务局解读北京市最新稳外贸政策，中国信保介绍企业出口信用保险政策，西城区金服公司介绍小微金融服务平台，区市场监管局介绍西城区企业设立及优化营商环境方面的举措。各部门就企业反映的问题困难进行详细解答。

（马　岩、刘　倩）

【利用外资结构稳定】年内，区新设外商投资企业33家，同比下降26.67%；吸收合同外资9.79亿美元，同比增长225.32%；实际利用外商直接投资2.24亿美元，同比增长118.04%。分行业位列前三位的是租赁和商务服务业，卫生、社会保障和社会福利业，信息传输、计算机服务和软件业。在全球新冠肺炎疫情影响下，利用外资整体保持稳定，持续保持聚集于区域高精尖服务业的结构特征。

（郝家莹）

【进口总额】年内，西城区进出口总额4113.1亿元人民币，同比下降41.2%，占全市进出口总额17.7%，位居北京市第二。其中出口额953.9亿元人民币，同比下降27.3%，占全市出口总额20.5%，位居北京市第三；进口额3159.2亿元人民币，同比下降44.4%，占全市进口总额17%，位居北京市第二。

（张吉先）

【“两区”建设】年内，落实市委市政府关于“两区”建设工作部署，编制发布《建设国家服务业扩大开放综合示范区工作方案》，成立由区委区政府主要领导任组长的工作领导小组，建立“一库三清单”工作机制（项目库+政策清单、目标企业清单、空间资源清单）。提出至2023年实现三大发展目标：形成“产业+园区”开放布局、实现“项目+企业”成果落地、推动“品牌+品质”跨越发展。构建“产业+园区”开放整体格局，强化金融街和国家级金融科技示范区的开放“双核”布局，围绕“金融+金融科技+资产管理+数字经济+现代服务业N个领域”的产业开放领域，更高水平推动服务业扩大开放。项目库累计达74个，其中金融及金融科技类项目占比83%；全国首创、重大及突破类项目占比80%；外资项目占比达27%；项目落地累计达34个，落地率为46%，推动一批全市首创、标志性项目落地，北京首家新设外资控股券商大和证券、时隔20年批复的第五家全国性资产管理公司中国银河资产、西城区首家获批QDLP试点的外商独资基金管理企业锋裕汇理投资管理（北京）有限公司等相继落户西城区。

（马　岩）

【受理对外贸易经营者备案登记】年内，办理对外贸易经营者备案登记203件，同比增长10.93%。其中新办127家，同比增长23.3%；变更68家次，同比下降6.8%；注销8家，同比下降33.3%。

（郭文志）

【服务外包】年内，完成三类驻区服务外包奖励材料初审工作8家次，其中，办理新录用人员补助1家次；促进新兴服务出口项目1家次；

服务贸易出口贴息项目6家次。全年内服务外包新增合同签约金额2.3亿美元，服务外包执行金额0.36亿美元。

（张吉先）

【服务贸易企业统计监测】年内，组织区内服务贸易企业开展统计监测工作，与区统计局调查队联合对213家西城区重点服贸监测企业开展业务培训。重点企业在商务部服务贸易重点监测企业直报系统中登记213家，重点企业填报率为90%，填报金额为458876.73万美元。

（张吉先）

【稳外资外贸】年内，加强稳外资稳外贸工作专班统筹协调，建立区领导走访、调度工作机制及重点外资外贸企业联系群组，利用邮件、电话、微信工作群等方式对接企业，主动服务外贸企业在疫情期间复工复产需求，协助外资外贸企业申请低息贷款、购买防疫物资等工作。办理企业外籍人员返京46人次，外籍人员永久居留权（积分评估）初审2人次。协助外贸企业办理中国国际贸易促进委员会《不可抗力相关事实性证明》，最大限度减少企业出口交单延期所导致的违约责任，降低企业经营损失。做好12345热线涉及外商投资和外贸进出口问题接办。

（李　静、马　岩）

名　录

单位名称：北京市西城区商务局
党组书记、局长：袁　利
地　　址：西城区北滨河路九号
邮　　编：100055
电　　话：83509335
传　　真：68012342

（赵　培）

朝阳区

概　况

朝阳区商务局是负责本区内外贸易、外商投资、对外经济合作、商务服务业发展和口岸工作的区政府工作部门，挂北京市朝阳区人民政府口岸办公室（简称区口岸办）牌子。年内，朝阳区商务局坚持以习近平新时代中国特色社会主义思想为指导，深入贯彻中央、市、区各项要求，商务运行稳中向好，消费、外贸等主要指标保持全市领先，“两区”建设取得新进展，稳增长、促改革、优环境、惠民生等工作有序推进。年内，实际利用外资46.2亿美元，进出口总额11017.6亿元，新增跨国公司地区总部4家，实现社会消费品零售额3221.7亿元，新建（改造）便民服务网点120个。

（张维民）

【做好物资保障和市场平稳运行】年内，强化物资保障，保持市场平稳运行。加强规范管理，抓好防疫物资保障。疫情以来，物资保障组统筹全区防疫物资采买和发放工作，整合全区各类资源，积极对接全国、全球采购，形成全闭环的防疫物资发放体系，加强防疫物资管理，保证防疫物资管理科学化、流程规范化、发放精准化、监督全程化。构建保供网络，保持市场平稳运行。协助企业多方筹措货源，稳定各类商品市场供应。组织区内大洋路、盛华宏林2家批发市场，朝批、易初莲花等批发企业，提高商业储备数量规模，保持货源稳定。部署京客隆、家乐福、永辉等15家骨干企业，规模超市149家，各类农贸市场46家等区内重要商业批零企业，加强生活必需品储备。引导美菜、美团、每日优鲜、叮咚买菜等注册在我区的生鲜电商平台，加大对肉蛋菜等生活必需品的供给。打通供应脉络，提升应急调配水平。畅通生活必需品进货渠道，提升批发、仓储、配送保供能力，建立二级市场与非连锁门店断缺货供应机制，切实避免社区蔬菜网点出现缺货断货情况。同时，线上线下联动，快速构建补货渠道，保证货架不空，顾客可随时购买到新鲜安全的生鲜食品。创新发展“无接触配送”新模式，建立社区“点对点”供应保障网络。物美、每日优鲜、禧驼等企业累计建有各类“无接触自提点”1126个。建立政府储备，强化保供托底功能。建立（政府储备、商业储备）两线储备、明确（物资清单、采购清单）两张清单、确保（保供应、保流通）两个点对点，不断完善储备管理、联动调配、供需监测、应急快速反应、资金保障、信息报送等六大机制，增强政府保供托底能力。加强市场监测，确保商品质优价稳。建立生鲜产品价格监测机制、重点区域巡查机制和菜市场主要负责人、店长日报联系机制，对重点批发市场、大型连锁超市等生活必需品货源供应、销售及运营情况进行监测，及时了解市场供应和价格情况。据“北京商业服务平台”价格监测系统显示，疫情期间朝阳区26种主要蔬菜综合平均价总体平稳。

（张维民）

【疫情防控情况】年内，加强疫情防控，确保行业安全稳定。

织密联防联控网络。建立“街乡吹哨、部门报到、条块结合”防控机制，加强防控方案落实、每日零报告制度、防疫个人承诺书，防控工作宣传引导和公示制度的“五个一”精准管控，督促企业达标复工。疫情期间全区商场、超市始终开业，全力保障民生基础。加大政策扶持力度。打造朝阳区促进商务经济高质量发展“1+1+4”政策体系，出台四项资金管理办法，鼓励企业发展，加大力度促进企业在我区发展壮大。围绕我区疫情期间推出的18条措施，鼓励商圈、商场、商业街区为在我区注册纳税的中小微企业减免租金，减轻疫情对企业影响，我区61家重点大型商场卖场、商业街区等物业运营单位为中小微企业商户减租额共计7.16亿元，涉及商户7847家。鼓励企业创新经营。指导北京科锐国际人力资源股份有限公司以公益直播的方式，开设“北京朝阳空中课堂”；联合阿里巴巴创新“云逛街”销售模式，助力商户轻松入驻淘宝直播平台；联合FESCO推出“并肩战疫服务包”，为驻区企业提供精准的人力资源综合解决方案。抓好重点人员排查。督导市场清洁、消杀、通风、个人防护等工作，将农副产品防疫延伸到各类菜市场、超市、餐饮店、食堂等重点场所。牵头商超物流小组，加大重点人员排查力度，共监测超市、快递企业275家，其中，超市149家；物流、快递企业126家。组织重点商超1.5万人、快递行业2.2万人、外卖平台3.2万人进行核酸检测，做到应检尽检，坚决阻断疫情传播途径。

（张维民）

【推动总部经济发展】年内，深入挖掘新认定跨国总部潜在企业，加大对总部政策宣讲力度，成功协助拉法基豪瑞投资有限公司、欧姆龙（中国）有限公司、康乐保（中国）医疗用品有限公司、北京传富云溪科技有限公司新认定为跨国公司地区总部。朝阳区跨国公司地区总部已达129家，约占全市的七成，且2020年北京市新认定5家跨国公司地区总部中4家为朝阳区企业。

（张维民）

【促消费情况】2020年，全区实现社会消费品零售额3221.7亿元，同比下降8.6%，降幅逐月收窄，总量占全市的23.5%，位居全市第一（全市实现社会消费品零售额13716.4亿元，同比下降8.9%）。年内，促进活力释放，推动消费市场回暖。引导一批新模式新业态发展。发展“直播带货”“无接触配送”等新业态、新模式，引导支持传统百货商场搭建“云逛街”平台，组织大悦城等开展线上促消费活动，指导合生汇等10家企业进行直播上线培训，商户淘宝直播超过500场。1—12月，全区实现网上零售额946.8亿元，同比增长27.0%。2020年183家实体首店（含旗舰店）入驻北京，其中朝阳区116家。开展一批促消费活动。启动“北京消费季潮朝阳”活动，整合主流线上平台及线下商业企业共同参与。蓝色港湾、丽都广场、三里屯、华联常营购物中心等举办了一系列促消费活动，极大地促进了客流的恢复。推出一批政策文件。制定《朝阳区促进新消费引领品质新生活三年行动计划》，围绕优化消费新供给，推出十余项具体措施。发布《朝阳区商业步行街白皮书》，围绕首店经济、夜间经济、商业特色、潮流场景、丰富业态等多角度，不断强化区域消费市场的吸引力和影响力。促进一批项目品质提升。增加商业供给，推动望京小街、北京芳园里ID MALL、华贸天地西街开业。坚持生活性服务业规范化、连锁化、便利化、品牌化、特色化、智能化发展，新建或规范提升便民服务网点120处。加快推动在轨道交通沿线引导建设商业综合体，位于麦子店、大屯、酒仙桥等地区的新辰里、毕淘买、盒马里、易事达、HelloMart等5家社区商业综合体开业经营。打造一批深夜美食街区。推出合生汇•21街区、中骏世界城、霄云美食街、望京合生•麒麟新天地等深夜食堂街区，有力促进我区夜间经济发展。全市首批10条“深夜食堂”特色餐饮街区，有4条（朝阳合生汇•21街区、中骏世界城商业街、望京合生麒麟新天地商业街、霄云美食街）在朝阳区。加快一批老旧商业改造。推动商业空间管理创新、商业模式创新。蓝色港湾完成交通动线规划及3000平方米停车场改造；蓝岛大厦西区闭店腾退，东区进行品牌调整；赛特购物中心的“赛特碧乐城”改造项目有序推进；贵友大厦已改造为新型购物休闲综合体。

（张维民）

【推进“两区”建设】年内，建立“领导小组+办公室”的管理机制，形成以组团实施方案与工作方案为核心的一整套行动方案。对标市级清单，深入走访重点企业，形成由60项政策组成的重点突破清单。中关村朝阳国际创投集聚区、朝阳区金融综合服务平台正式揭牌。围绕“本外币一体化”，推动中粮财务成为首家单币种账户升级为多币种账户的企业。聚焦“优化内资银行跨境金融服务”，推动区内多家企业首批办理资本金线上结汇支付。健全全链条人才服务体系，率先设立“国际人才一站式服务平台”，外籍人才工作许可、居留许可实现“一窗受理”。统筹项目储备和空间资源，梳理119个重点项目，其中外资项目66个，占比56%。围绕GaWC选取的175家企业建立招商机制，与普华永道、德勤、波士顿开展合作，重点对38家未在北京落地的企业进行招商，对76家已落在朝阳的企业加强服务。加大金融机构引入，全市首支人民币国际投贷基金璟泉资本和首家外资银行巴基斯坦哈比银行落户。同时，在科技、医疗、文化消费等领域，一批重点项目在加速推进中。

（张维民）

【完成2020年服贸会相关工作】完成服贸会相关工作，组织企业参与线上线下展览、促成项目签约、推进招商引资。全区327家企业线上参与服贸会，其中布展企业258家，线上参展企业数量居全市第一。举办“全球采购与数字贸易的创新融合”高峰论坛，促成签约项目9个，其中招商引资项目1个。

（张维民）

【深度参与第三届中国国际进口博览会】年内，组团参与第三届进博会，围绕建设国家服务业扩大开放示范区和自贸试验区工作进行专题推介，吸引更多优质项目落户；策划举办“朝阳主题交流日”活动，邀请30家中外企业进行了现场座谈交流，促进朝阳区引资工作提质增效。本届进口博览会北京朝阳交易分团共实现场内场外全口径交易额合计6.7亿美金，其中朝阳分团采购商与场内展台签约项目共计13个，签约额合计1.56亿美金。

（张维民）

【两行业发展情况】年内，朝阳区批发零售业和租赁商务服务业共形成区级收入150亿元，同比下降4.8%，占全区（全区510.78亿元，同比降低4.8%）比重达到29.4%。其中，批发零售业实现区级收入67.55亿元，同比下降3.4%；租赁商务服务业实现区级收入82.46亿元，同比下降5.92%。

（张维民）

【外贸进出口情况】年内，全区累计完成货物进出口总额11017.6亿元，同比下降17.8%，占全市总量的47.5%。其中，进口完成9961.0亿元，同比下降17.6%，占全市总量的53.7%；出口完成1056.6亿元，同比下降19.6%，占全市总量的22.7%。

（张维民）

【利用外资情况】年内，朝阳区新设外资企业495家，同比减少25.2%，占全市39.3%；实际利用外资46.2亿美元，同比增长7.7%，占全市32.8%；

吸引合同外资60.33亿美元，同比减少30.34%。

（张维民）

【持续优化营商环境】对“服务包”重点企业进行走访全覆盖，做好政策传达与个性化服务，做好复工复产解忧纾困工作，为企业解决居住证、人才引进、高管子女入学等问题，专题解决大众中国复工复产需求、特斯拉新能源车指标延期等问题，助力重点企业发展。提供政策宣讲、“彩虹计划”培训、融资支持等多项服务，全力帮助企业降低疫情影响。全年共完成粮食经营许可证审批及变更5家；受理服务外包合同数量4214笔，软件出口合同登记证书643份，合同金额35.40亿美元、执行金额26.74亿美元；受理对外贸易经营者备案登记共2542个，各项审批和备案工作便捷顺畅进行。

（张维民）

名　录

单位名称：北京市朝阳区商务局

党组书记、局长：陈庆华

地　　址：北京市朝阳区日坛北街33号

邮　　编：100020

电　　话：65099185

传　　真：65094325

（张维民）

海淀区

概　况

2020年海淀区商务局坚持以习近平新时代中国特色社会主义思想为指导，深入学习贯彻落实中央、市委、区委各项决策部署，统筹推进疫情防控和经济社会发展，深入贯彻落实海淀区“两新两高”战略，加强中关村科学城建设、疏解非首都功能等重要任务的建设工作，着力“六稳”“六保”，市场消费、外资外贸各项数据均领先全市，全面启动“两区”建设，各项工作取得了新进展新成效。

在新冠肺炎疫情期间，海淀区商务局作为海淀区疫情防控工作领导小组物资保障组牵头单位，积极协调，做好疫情防控物资保障，复工复产与疫情防控工作协调推进。保障物资供应，接收、分发物资196批次、694万件，保障医疗防控物资，完成生活必需品区级储备、隔离点供应保障、百姓“米袋子”“菜篮子”供应充足。2020年，完成疏解整治促提升专项行动，18家市场整治提升工作全部完成。新建挂牌17个社区商业e中心，目前共有46处，覆盖海淀区所有街镇。牵头完成2020年粮食安全区长责任制考核和粮油纳统工作，形成健全的粮食应急供应网络。持续开展京范儿消费季之悦动海淀活动。承担约1亿元消费券资金，实现社零额约30亿元，发展直播带货、定制消费、快闪等消费新业态，充分释放消费潜力；商业环境持续优化。甘家口大厦改造提升通过验收，公主坟商圈改造提升形成“一核心三中心多廊道”的整体框架；创新互联网+消费扶贫活动，实现消费扶贫金额10亿余元。

强化服贸会、进博会招商引资效果。海淀区交易团在服贸会上成交额9.8亿美元，位居各区之首。成功承办央视北京对话会，智慧服务峰会暨第八届软件与信息服务国际企业对接会、海淀之夜活动。进博会海淀区一年内签约金额达19.8亿美元，位列全市第一。

海淀区商务局大力推进“两区”建设，形成对外开放新格局。2020年自贸区科技创新片区挂牌，制订海淀组团实施方案，重点推动数字贸易港、技术转移税收优惠政策（专利盒）等标志性、体系化改革。

（万　融）

【内设机构调整】2020年7月海淀区商务局成立服开发展科，将原对外经贸科承担的“统筹推进本区服务业扩大开放综合试点工作”相关职责划入该科室。服开发展科主要负责拟订本区服务业扩大开放中长期规划和年度计划；组织落实本区服务业扩大开放工作的政策措施和实施方案；组织开展相关调研和决策咨询，负责服务业开放有关政策解读、新闻宣传和信息发布工作；拟定自贸片区总体规划、政策措施和实施方案。

（万　融）

【消费市场总体情况】立足扩大内需战略基点，提升传统消费能级，加快培育新型消费，激发消费潜力和活力，消费在经济增长中的基础性作用持续增强。2020年海淀区市场总消费同比下降4.8%（全市下降6.9%），服务消费同比下降2.5%（全市下降4.9%），规模继续保持全市领先地位。社会消费品零售额完成 2718.1 亿元，同比下降 8.6%，降幅持续收窄，高于 0.3 个百分点，与朝阳区持平；限额以上网上零售额达到 845.9 亿元，同比增长 30.9%，占社零额的比重为 31.1%。

（曹　乐）

【加强政策引导，带动行业能级提升】 深入实施《海淀区提升消费能级　提高生活品质三年行动计划（2019—2021）》《海淀区推进夜间经济发展实施方案（2019—2021 年）》《海淀区进一步促进消费能级提升支持办法》，通过资金引导、政策支持、专项活动等多种措施，全面引领带动区域消费能级提升。其中通过促进消费能级提升资金，重点围绕完善商业便民体系建设、打造高品质现代生活圈、促进科技赋能模式创新、聚焦行业发展要素等四个方面，支持各类项目 241 个。

（曹　乐）

【提质增效，推动传统商业转型】 持续推动传统商圈升级改造。有序推动公主坟、五棵松、五道口、中关村等重点商圈定位调整、业态优化和环境提升。2020 年底公主坟商圈已初步形成改造提升方案，凯德晶品已完成超市业态调整及南侧广场改造并结合促消费活动举行了亮灯仪式，印象城、翠微等主体也已着手落实改造工程，预计 2021 年底前商圈内 5 个大型商业主体将全部完成业态调改提升，并同步推进细化街区公共环境和区域交通优化等实施方案。加快传统商场转型升级。积极引导甘家口大厦、五道口购物中心、清河万象汇等区内重点大型商业设施转型升级。其中甘家口大厦继 2019 年百货部门改造完成后，2020 年 9 月底完成超市部分改造提升；当代商城地下一层 T11 新零售生鲜超市已正式开业。

（曹　乐）

【协作共赢，促消费活动成效显著】 以“北京消费季悦动海淀”总体方案为抓手，线上线下全场景布局、全业态联动、全渠道共振，携手百余家重点企业持续推出优惠让利活动，发展直播带货、定制消费等消费新业态，串联文化、旅游、体育等多领域精彩活动，并融入了中关村国际美食节、消费扶贫季、社区消费节等多项主题活动，加快恢复和提振社会消费。截至 12 月末，海淀区共承担北京消费季约 1 亿元消费券资金，实现社零额约 30 亿元，拉动社零额增长约 1.2 个百分点，社会消费品零售额降幅较一季度收窄约 13 个百分点。

（曹　乐）

【点亮夜经济，构建高品质生活圈】 构建海淀区“1+3+5+N①”重点商圈夜间经济网络布局。策划深夜食堂美食节、嘉年华、啤酒季和夏日文化广场等各类夜间活动。联合海淀区内品牌餐饮企业举办深夜食堂美食盛典活动；文商旅深度融合发展，打造中华世纪坛、中央电视塔、北京御仙都皇家菜博物馆等夜间文化活动聚集区；突出华熙 LIVE 以体育、娱乐沉浸式体验为中心的夜经济复合生态。

（曹　乐）

【精准补缺，进一步织密生活性服务业网点】 在对全区便民商业服务网点进行全面拉网式摸底调查的基础上，找差距、补短板，提出具体落实措施。坚持疏整促一体，在篱笆房路老街建设社区商业 e 中心；利用社区内腾退后闲置的配套网点空间，促进超市发宝盛里观林园社

① 1 个市级商圈，即五棵松华熙 LIVE；3 个区级夜间经济示范街区，即中关村商圈、五道口商圈和西客站商圈；5 个夜间经济重点区域，即公主坟商圈、金源商圈、上地商圈、中关村壹号及中关村集成电路设计园主体商街和稻香湖景酒店；N 个重点街镇。

区建成 e 中心；指导中关村街道采取便利店搭载模式、升级引导小修摊进社区等多种举措满足居民便民维修等低频刚需服务需求。全年新建和升级改造各类便民商业网点 80 个。

（刘　影）

【发挥海淀科技创新资源优势，科技赋能传统零售发展】引导超市发转型升级打造“千店千面”卖场环境，超市发双榆树、学院路等都进行了新一轮调改。促进美团买菜、叮咚买菜等落地海淀。培育以车客家园等为代表的“互联网 + 社群团购 + 线下自提”模式发展。推进商超与餐饮融合发展，鼓励眉州东坡、西部马华等品牌餐饮企业与物美、盒马鲜生、超市发合作开展主食厨房、mini 店中店、现场制售以及提供半成品等多种方式，丰富销售模式。

（刘　影）

【新冠肺炎疫情期间建立“点对点”监测补货保障工作机制，保障居民日常供应】对连锁商超、便利店进行日监测，组织超市发、物美等连锁超市以及叮咚买菜、美团买菜等电商平台，加大基地直采和供应商直供货源，保障了疫情期间市场基本稳定。做好菜价公示，督促指导海淀区内 400 余家连锁商超、社区菜店等网点坚持做好价格公示，每日提供 6 ~ 10 种平价菜品，售价不得高于全市平均零售价；及时协调规范的蔬菜直通车企业进入有需求的社区补充供给，确保居民日常基本消费需求得到充分满足；指导超市发、物美多点、京东 7fresh 等多个传统商超、线上平台及零售新模式在内的众多企业已在区内的数百个小区探索落地“线上下单家门口自提”的无接触购物模式。完成了海淀区一级批发市场的转型升级工作。

（刘　影）

【组织首届“海淀社区消费节”】组织开展首届“海淀社区消费节”，设立了扶贫产品区、惠民商品区、特色商品区、文化体验区、便民服务区、公益服务区等 6 个区域。在进行扶贫产品、惠民产品、老字号等特色产品展卖的同时，邀请居民体验非遗等传统文化，联合 58 同城、叮咚买菜、夕阳再晨等企业、公益组织，为居民提供家政、维修、洗衣、旅游咨询等多项便民服务和科技助老、理发、义诊等公益服务。

（刘　影）

【积极打造便民商业服务综合体】2021 年海淀区挂牌建成 17 个以 8+N 项服务功能为核心的“海淀社区商业 e 中心”，通过服务搭载、科技创新，为居民提供一站式综合性社区便民商业服务的综合体，累计挂牌建成社区商业 e 中心 47 处，提前实现每个街道 1 个便民商业服务综合体的年度任务。打造挂牌 1 个“全国 15 分钟便民商圈示范工程”、2 条市级生活性服务业示范街区。

（刘　影）

【实际利用外资指标完成情况】2020 年，海淀区新批外商投资企业 249 家，吸引合同外资 49.0 亿美元，实际利用外资 56.6 亿美元，同比下降 8.0%，全市占比 40.1%。全区进出口总额 2754.5 亿元，同比增长 10.1%，其中进口额 1509.2 亿元，同比下降 0.3%；出口额 1245.3 亿元，同比增长 25.5%，占全市比重为 26.8%，居北京市各区之首。

（刘睿哲、于　敏）

【组建稳外资专班，定期走访调研纾解企业难题】组建由海淀区政府分管领导任召集人，海淀区商务局及相关部门主要领导任副召集人。各单位、各街镇及相关社会团体为成员的海淀区稳外资工作专班。明确组织架构、机构职责、工作机制和工作要求。建立协调调度机制，形成部门合力，同时调动属地街镇服务外资企业积极性，贴近企业做好服务。按照“每周汇总、月度会商、季度更新”原则，每月由主管副区长召开外资专班工作调度会，调度的重点项目。将重点外贸企业纳入海淀区四套班子领导定期走访企业库，由区领导带队，上门听意见、送服务、谋发展，紧贴企业实际，送上解决方案，助力企业更好发展。2020年带队走访了中国机械工业集团、中钢设备有限公司、中建材集团等重点企业，小米通讯技术有限公司、长城工业集团有限公司等20余家外贸企业，微梦创科网络科技（中国）有限公司、北京发那科机电有限公司、通标标准技术服务有限公司等，了解企业发展中的困难，上门送解决方案。

（刘睿哲、于　敏）

【持续优化营商环境】深化落实“放管服”改革，紧跟外资备案改报告的政策调整，落实市、区两级“一网通办”工作要求，海淀区商务局依申请事项全部实现“全程网办”。2020年1—12月，政务服务共接待14358人次，电话咨询12738人次，办理各类事项5089件。按照市、区两级工作部署，有效承接成品油审批下放权限，统筹做好成品油零售经营资格审批；有序对接政务局推进区块链应用场景落地，目前我局对外贸易经营者备案等14个事项已完成区块链落地，截至12月，总计办理量284家次，大大减少了企业跑动次数和所需材料。

（刘睿哲）

【防疫复工两手抓推动外贸回暖】推动疫情防控和有序开复工同部署、同落实。海淀区四套班子领导带领相关部门为企业发送服务包和抗疫物资。动员外贸综合服务企业开拓防疫物资海外采买渠道，实施保外贸存量、抓外贸增量的发展战略。2020年海淀重点外贸企业整体复工率达99%以上。海淀区积极推动外贸转型升级，中关村软件园被认定为“国家数字服务出口基地”，北京市海淀区集成电路基地被商务部认定为“国家外贸转型升级基地”；文化贸易持续提质，30家企业入选《2019—2020年度国家文化出口重点企业》名单，占全市的40.0%，占全国的9.0%；14个项目入选《2019—2020年度国家文化出口重点项目》名单，占全市的38.9%，占全国的10.9%。

（于　敏）

【多渠道洽商对接助力市场开拓】一是亮相2020年中国国际服务贸易交易会，海淀区商务局举办央视北京对话会、智慧服务峰会暨第八届软件与信息服务国际企业对接会和海淀之夜活动，深入推介中关村科学城营商环境。海淀区交易团在服贸会上成交投资类项目55个，均为成交类项目，金额9.8亿美元，占北京交易团总额的14.2%，位居北京市各区交易团之首。二是利用2020年中国国际进口博览会契机，加大招商引资和宣传推广力度，吸引国内外优质资源来海淀聚集。积极促成交易达成，在各方共同努力下，海淀分团共完成25笔意向签约，一年内签约金额达19.8亿美元。三是按照政府支持、协会组织的方式，委托协会组织重点企业考察海南洋浦经济开发区、广东珠海和横琴新区、深圳、上海等地，与当地相关机构和企业对接交流，宣传海淀区营商环境和政策优势，吸引企业将高端研发中心落地海淀。四是支持外贸企业提升国际化经营能力，帮助企业申请市区两级各类外贸资金共计约1.5亿元。

（于　敏）

【外贸业务培训宣传提升海淀影响力】围绕外贸业务、跨境贸易便利化、海关AEO高级认证、出口信用保险等方面，组织参加线上线下10余场宣讲会，累计培训企业800余人次，服务出口额300万美元以下的约300家外贸中小企业进行免费出口信用保险投保，2020年9家企业新获评海关AEO高级认证，22家企业获得申请免除税款担保试点工作资格。邀请50余家境内外媒体宣传服贸会智慧服务峰会、央视对话会和海淀之夜活动三项活动，海淀形象走进国际视野。

（于　敏）

【全力以赴做好疫情防控物资保障】建立和完善口罩、消毒液等防控物资供应保障机制，做好各类捐赠物资管理调配工作。2020年度，共计在超市、药店、中石化易捷便利店等连锁门店投放1094.185万只口罩，保障防疫物资市场供应。海淀区商务局粮食和物资储备办公室主任李春波被评为北京市抗击疫情先进个人。

（李春波）

【统筹调度稳定生活必需品市场供应】完成疫情期间生活必需品区级增储工作。疫情期间，依托"1+3+120"①的区级生活必需品供应保障体系，做好疫情期间生活必需品增储工作。发挥国有企业超市发特殊保供主体作用，选取物美、幸福超市等有影响力的连锁超市为骨干，锦绣大地为补充，腾出政府应急储备库房储备生活必需品和防疫物资，"点对点"监测补货，协调社区菜篮子直通车补充供给，确保补货及时。顺利完成疫情期间生活必需品区级增储工作。

（李春波）

【尽职尽责履行粮食行业行政管理职能】高质量完成2020年粮食安全区长责任制考核。做好粮食流通统计、粮油价格监测和货源统计工作。组织完成海淀区粮油纳统企业统计人员业务培训以及应急保障培训和演练。组织完成粮食科技宣传周活动、世界粮食日及粮食安全系列宣传活动，进一步树立粮食安全意识，倡导节约粮食理念。

（李春波）

【推进消费扶贫助力脱贫攻坚，荣获全国脱贫攻坚先进集体】一是完善政策激励开启消费扶贫新助力。制定《海淀区2020年消费扶贫行动方案》，联合海淀区发改委、海淀区财政局下发了《关于海淀区预算单位政府采购贫困地区农副产品有关工作的通知》。引导各部门积极参与消费扶贫，发挥职能优势，鼓励、引导行业管理的社会组织、企业等社会力量积极参与消费扶贫，助力脱贫攻坚。

二是实地调研开拓消费扶贫新路径。2020年度，组织海淀商务采购团、开展消费扶贫产销对接会。走访当地扶贫企业46家，举办产销对接沙龙5场，累计对接当地企业89家，签订两地企业合作意向221份，产业协会合作意向1份，就业合作意向1份，签约率连续5次达到100%。通过产销对接活动，不仅进一步提高了受援地优质扶贫产品的品牌影响力，扩大了扶贫产品的销售渠道。2020年实现消费扶贫金额10.3亿元，带动建档立卡贫困人口17116人。

三是凝聚社会力量挖掘消费扶贫新动能。积极推进双创中心建设，设立七个北京市消费扶贫双创中心海淀分中心，形成集批发市场、电子商务、连锁商超、商贸中心等于一体的全方位消费扶贫联盟，由海淀带动北京，由北京辐射全国，极大地拓宽了扶贫产品销售渠道。此外，还建立了建行爱心扶贫卡订货平台、企业食堂采购平台、京东中国特产馆·海淀扶贫馆、淘宝消费扶贫双创中心海淀分中心、快手消费扶贫双创中心海淀分中心、抖音消费扶贫双创中心海淀分中心等多渠道线上销售平台。开展海淀区消费季"七星耀动·温暖同行"消费扶贫活动。组织海淀区消费扶贫双创中心、商超扶贫产品专柜、购物中心、餐饮等商业企业

---

① 1+3+120："1"是成立主管区长为组长的应急保障工作组；"3"是三个工作机制，分别是日测日报机制、应急情况会商制度和月汇报制度；"120"是指120个商超应急保障网点。

在做好疫情防控的前提下，连续开展扶贫产品展销活动，举办多场次受援地农副产品展销活动。

四是科技赋能，“互联网+”打造消费扶贫新模式。在传统消费扶贫中心、商超和专柜售卖渠道基础上，充分利用海淀区科技创新优势，大力拓展“互联网+”消费扶贫新模式，开展直播助农活动，销售海淀区对口帮扶7个地区的优质农副产品。直播活动累计观看人数达到4725.9万人，获得点赞80余万次，不断拓展受援地区扶贫产品线上销售渠道。中央财经频道《消费主张》栏目特别称赞了海淀区用直播、吃播的创新方式助力消费扶贫，赞赏了海淀区商务局为打赢扶贫攻坚战而付出的努力。推进消费扶贫销售专柜进社区。第一台消费扶贫自助售货柜已在海淀区消费扶贫双创分中心落地。

2020年，海淀区商务局粮食和物资储备办公室被评为全国脱贫攻坚先进集体。

（李春波）

【海淀“两区”建设工作】2020年2月开始，海淀区配合北京市商务局积极开展中国（北京）自由贸易试验区申报工作。9月底中国（北京）自由贸易试验区科技创新片区揭牌，《北京市服务业扩大开放综合试点工作领导小组办公室关于印发〈深化北京市新一轮服务业扩大开放综合试点建设国家服务业扩大开放综合示范区工作方案〉任务分工的通知》发布，按照市委市政府有关精神，自贸区与国家服务业扩大开放综合示范区工作紧密结合，简称“两区”工作。

按照北京市自贸区整体划分，海淀区自贸区划分区域为科技创新片区，将重点发展新一代信息技术、生物与健康、科技服务等产业，打造数字经济试验区、全球创业投资中心、科技体制改革先行示范区。其总面积31.85平方公里，包括中关村科学城21.59平方公里和北京生命科学园周边可利用产业空间10.26平方公里。中关村科学城即海淀组团面积21.59平方公里，具体包含翠湖和永丰两大园区。四至范围：东至海淀区界，西至西六环路，南至京密引水渠北侧路、邓庄南路，北至翠湖南路。

（张天昊）

【开展“两区”政策宣传解读工作】北京市10余家重要媒体对海淀自贸区挂牌仪式进行宣传报道20余篇，介绍科技创新片区建设任务。针对海淀区各部门及区内700余家外向型企业开展14次“两区”政策宣传与解读，介绍科技创新片区政策优势；举办“自贸区建设在行动”微博大V行活动，邀请知名大V宣传我区自贸区建设工作，相关视频点击量达1亿人次。进博会期间，海淀区在北京主题日上推介“两区”建设情况；开展招商引资工作，累计向200余家境外参展企业、国际组织、商协会等发放“两区”政策解读资料。

（张天昊）

【“两区”建设重点项目培育】“两区”建设工作开展后，新增项目61个，2020年累计在推项目97个。已有路孚特研发中心、华米等10个项目入住海淀自贸区。建立了“两区”建设项目库，储备重点项目500个，以项目为切入点，推进各项任务落实。

（张天昊）

【保障商务行业安全稳定】圆满完成国庆、服贸会等活动期间服务保障工作，持续推进安全生产三年专项整治中城市风险评估、城市建设安全、危险化学品、消防安全、有限空间等三个专题五个专项的整治工作以及安全生产标准化等四项重点工作，开展安全生产督查检查846家次，累计出动检查人员1700余人次，商务行业安全形势整体稳定。

（万　融）

名　　录

单位名称：北京市海淀区商务局

党组书记、局长、二级巡视员：王　澎

地　　址：北京市海淀区四季青路 6 号海淀招商大厦东 403

邮　　编：100195

电　　话：88496768

传　　真：88496790

（万　融）

丰台区

商业贸易

【概况】2020年，丰台区商务局统筹疫情防控和商务发展，努力守住“保”的底线、夯实“稳”的基础、拓展“进”的态势，积极推进物资保障、复商复市、稳定商务经济等各项工作。全年实现社零额1319亿元，总量居全市第三位。新消费发展稳步提速，实现网上零售额329.7亿元，同比增长37.7%。

（牛格非）

【民用防护物资保障】在疫情初期物资紧缺情况下，积极发动辖区内商贸流通企业资源，筹集口罩225.081万只、消毒液29.75吨等，为全区50余家单位提供了应急支援。

（张　萍）

【防疫保供复市】指导新发地、岳各庄、京深海鲜等批发市场复市升级。新发地休市后组织协调设立临时周转区。设立930余处抗疫提货站覆盖238个社区，在新发地周边解封小区设置8个临时便民网点，建立区级储备。组织商业企业完成核酸检测81826人，督导检查7000余家企业疫情防控，商超复工率达100%。

（张会利、张　萍、李　蕊）

【制定惠民消费政策】开展限量购车补贴活动，补贴资金1000万元，5月单月汽车类商品实现零售额15.2亿元，环比增长31%。制定租金减免补贴政策，19家商场减免租金超亿元，补贴总额1500余万元。

（牛格非）

【搭建区级促消平台】举办“丰台在线　云淘好物”消费月，推进线上建店400余家，带动直接消费近亿元。开展北京消费季之约“惠”丰台活动，重点打造购物嘉年华、汽车惠民文化消费季等特色消费品牌。

（牛格非）

【推进商业设施升级】推进公益西桥华联商厦、资和信百货等传统商场“一店一策”升级改造。联合方庄、马家堡街道研提方庄商圈、马家堡商圈提升改造的思路和举措，启动方庄商圈提升改造方案研究。引导传统商业企业充分利用线上活动向线下实体引流。

（牛格非）

【生活性服务业品质提升工作】新建及规范提升便民服务网点88个，完成全年任务的125.7%。基本便民商业服务功能持续实现社区全覆盖，全区共拥有基本便民商业网点4200余个，千人网点数2.1个，千人网点面积508平方米，平均每个行政社区拥有便民网点12.7个。

（张会利）

【便民商业网点连锁化水平稳步提升】全区连锁化网点1939个，连锁化率45.5%。引进的品牌化、连锁化企业不断丰富，包括全时、盒马鲜生、阳阳快餐等连锁品牌。

（张会利）

【推动便民服务功能集成】全区240余家便利店（超市）搭载蔬菜零售功能，累计建设“一站式”便民商业服务综合体66家，积极引进互联网蔬菜新零售。

【推进区属国有商业网点便民功能回归】通过回收、回租、回业态等方式，完成新建规范网点30处。

（张会利）

【深入推进消费扶贫】助力内蒙古扎赉特旗、林西县、河北涞源县，实现消费扶贫4.2亿元。深入开展消费扶贫“七进”活动，梳理受援地区832扶贫平台产品目录，推进全区预算单位采购扶贫产品。搭建企业对接合作销售平台，推广“首航社区团购线上平台拼团”等销售活动，组织开展涞源县农副产品专场推介，建设消费扶贫智能专柜20台。推进扶贫双创分中心建设，岳各庄市场“党建引领消费扶贫”基地正式揭牌。

（张　萍）

【落实粮食区长安全责任制】完善粮食供给突发事件应急指挥体系，全面核查81个粮食应急供应网点和2个配送中心。

（张　萍）

【夯实安全生产行业管理责任】持续加大监督检查力度，督导检查商业经营单位3900余家次，开展隐患排查343家。

（李学兵）

【加强行业管理力度】开展无障碍设施改造，23家规模商超、42家规模餐饮作为先行试点单位。开展“光盘行动”、商务行业垃圾分类和创建国家卫生区等工作。

（张　萍）

【优化政务服务】实现“一窗受理、限时办结”，办理各类审批备案4192件次。认真抓好12345“接诉即办”，全年平均得分98.29分，在月均考评30件以下部门中排名第6位。

（杨　磊、杨卫丽）

外经外贸

【服务业扩大开放综合试点取得新突破】牵头拟定丰台区建设国家服务业扩大开放综合示范区工作方案，提出“三大重点区域+四大重点领域”开放发展新格局。紧抓“两区”建设契机，积极争取试点政策，丽泽金融商务区比肩金融街、国家级金融科技示范区，纳入全市金融科技创新示范区主阵地。举办丰台区建设国家服务业扩大开放综合示范区宣传推介会暨项目签约仪式，金融、科技、文化、商务等领域13家高质量机构现场签约。征集新一轮储备项目44个。全年完成实际利用外资1.2亿美元，提前超额完成市级任务。

（宋　莉）

【精心组织服贸会和进博会参展】组建丰台服贸会交易分团，协调相关单位举办金融服务专题展、旅游服务专题展等，“中外金融机构高端对话FIN-TALK论坛”，参加北京日“金融开放”主题推介，发动195家企业报名参加服务贸会线上办展。成立丰台进博会交易分团，在进博会“共创北京开放新篇章”主题活动中，我区对丽泽金融商务区进行推介；交易分团组织的70家企业现场意向成交额700万美元。

（李　蕊）

【全力做好稳外资稳外贸工作】完善外资工作机制。成立稳外资工作专班，建立完善“外资企业基础库、重点外资企业库、新设增资大项目库、流动潜在项目库”，推进外资项目及资金落地。加强企业服务，为19家重点外贸企业争取高质量发展资金补贴2000万元，指导48家外贸企业146个项目申报开拓国际市场资金支持。开展服务贸易监测，135家企业填报金额2.6亿美元。

（李　蕊）

名　录

单位名称：北京市丰台区商务局
党组书记、局长：凌佩利
地　　址：北京市丰台区东安街三条六号
邮　　编：100071
电　　话：63838670
传　　真：63838670

（牛格非）

石景山区

概　况

北京市石景山区商务局（简称区商务局）是负责本区内外贸易和对外经济合作的区政府工作部门。2020年是全面建成小康社会和“十三五”规划收官之年，是极不平凡的一年。在区委、区政府和市商务局的坚强领导和有力指导下，区商务局努力克服新冠肺炎疫情对经济发展和商务工作带来的不利影响，主动应对复杂多变的市场环境和经济下行压力，积极适应新发展阶段的新形势新要求，一手抓疫情防控，一手抓复工达产，扎实落实“六稳”“六保”相关任务，最大限度挖潜增效，保质保量完成了各项任务，有效推动石景山区商务经济发展实现新突破。

一是全力打赢疫情防控阻击战。区商务局作为区疫情防控领导小组成员单位，承担了保供稳价和市场防疫两个工作组的牵头职责。通过多方筹措、多措并举，建立了较为稳定的物资储备体系，有效保障了全区城市运行、复工达产对物资的需求；完成了生活必需品政府储备，同时落实行业主管部门防控职责，督促各项防控措施落实到位，有序组织了商业、服务、快递等行业人员核酸检测、疫苗接种工作。

二是迅速落实“两区”建设任务。在市“两区”建设领导小组的大框架下，推动成立区“两区”建设领导小组和“一办十二组”，作为领导小组办公室，充分发挥牵头抓总作用，边学习、边研究、边推进，牵头制定了《落实“两区”建设实施方案》《领导小组工作规则》《办公室工作细则》《下设协调工作组组成方案》等一系列重要文件，理顺了体制机制，召开领导小组第一次全体会议，举办“两区”建设宣传推介会，并组织15个重点项目签约，向外界传递石景山区开放发展的积极信号，加快构建开放型服务经济发展新格局。

三是扎实推动商务经济快速发展。年内，石景山区总消费同比下降8.3%；累计实现社会消费品零售总额399.5亿元，同比下降8.3%，高于全市0.6个百分点，位列城六区第二。区商务局下大力气推进商业提升项目，加大招商推介力度，大力发展夜间经济，组织开展北京消费季系列活动，完善总消费工作调度机制，加大财政资金支持，促进消费扩容提质。作为全市首个启动创建生活性服务业示范区的城区，相关方案和体制机制进一步健全完善，“区—街道—社区”三级基本便民商业服务促进体系基本建立，便民商业连锁化水平和商务领域营商环境持续提升。

（康烁辰）

对内经贸

【稳定消费市场运行】强化总消费调度机制，策划推出“炫彩生活月”“京西消费节”等北京消费季系列活动200余场，推动消费市场企暖回升。加快推进商业提升项目，高位调度推进今鼎时代广场商圈升级改造，在苹果汇项目试点“散租散售”商业整合升级，推进食宝街落位。制定《石景山区项目招商推荐报告》，提前谋划新增商业载体业态落位。出台2020年促消费奖励办法及促进夜间经济、首店经济和老字号鼓励办法，支持企业平稳发展。1—12月，全区总消费同比下降8.3%；累计实现社会消费品零售总额399.5亿元，同比下降8.3%，高于全市0.6个百分点，位列城六区第二。

（刘　斌、宗　喆）

【持续推动消费扶贫】牵头制定全区消费扶贫实施方案，与各成员单位建立密切对接机制，推动30余项工作落实落细。探索建立1个消费扶贫分中心加7个专区加130台智能专柜运营模式，支持举办莫力达瓦达斡尔族自治旗农特产品推介、消费扶贫月、国庆游园会、重阳游山会等活动。建立滞销预警机制，协助顺平、宁城等受援地销售滞销农产品，全年在区直接采购销售受援地农特产品1000余万元。

（刘　斌、宗　喆）

【商务服务业发展平稳有序】2020年1—12月，石景山区商务服务业收入合计273.1亿元，同比增幅14.5%。全区商务服务业结构不断优化，产业规模和效益明显提升，广告、人力资源、咨询与调查三大行业收入约占全区商务服务业收入总额八成以上，重点行业领域发展特色不断凸显。

（马　宁、刘　斌）

【生活性服务业品质提升】年内完成市级生活性服务业功能网点建设任务66个，完成全年市级任务的110%。石景山区共有便民商业网点1756个，较2019年增加101个，店面连锁化率达55%，较2019年提升2.4个百分点，基本实现八项基本便民服务功能社区全覆盖。

（张　然、滕小宇）

【古城南路步行街项目建设】以“北京市生活性服务业示范街区”为目标，推动古城南路步行街项目建设。协调各有关部门，加快项目施工及业态调整进度。依托整体商业环境提升，加快小型商业业态调整，重点引入连锁型、品质型、特色型商家，打造满足消费者多元化需求的商业街区。2020年底，已完成街区工程建设改造，引入10余家连锁品牌进驻涵盖餐饮、美容美发、洗染等多个行业。

（张　然、滕小宇）

【西山奥园配套商业建设】以“北京保障房小区配套商业的典范”为目标，推进西山奥园配套商业建设。聘请专业团队，按照“北京市生活性服务业示范街区”的要求，高标准打造配套商业并推动运行管理。已入驻商家20余户，连锁化率达到70%。“优味田园”作为配套菜市场于年初率先开业，有效解决该地区居民的日常采买需求。UCC国际洗衣、菜鸟驿站、爱侬家政、巧嫂原味等8项“保基本”生活性服务业态已稳定运营。在“保基本”的前提下，进一步“提品质”引入连锁书店、健康服务等功能。

（张　然、滕小宇）

【完成区级储备粮增储任务】根据《北京市人民政府办公厅关于下达疫情期间本市生活必需品区级储备计划的通知》要求，石景山区以买断粮权形式共存储区级储备成品粮650吨，其中小麦粉450吨、粳米200吨。同时，参照市储备粮相关规定对区储成品粮管理，定期库存检查，确保区级储备成品粮安全。

（张　然、滕小宇）

【区级救灾物资管理】进一步完善救灾物资管理机制，与区应急局、区财政局联合下发《石景山区应急救灾物资管理办法（试行）》，从购置和经费保障、储备管理、调拨管理、使用回收、报废管理等方面进一步完善和细化调拨和回收程序、落实各部门责任，有序完成各项调拨任务。2020年，按照区应急局调用指令累计调拨物资14批。

（张　然、滕小宇）

行业提升

【商务行业创城工作】区商务局始终坚持“创建为民，创建惠民”的原则，让居民有更多的获得感、幸福感和安全感。有序推动社会面宣传工作。努力营造文明宣传氛围，构建多维度、立体式、全覆盖的“大宣传”格局，累计规范设置海报、台卡、嵌入广告等宣传品万余份。从严开展环境秩序整治工作。在商务行业深入开展秩序整治，深化落实“共建、共治、共享”的“并肩治乱”工作机制，督促企业落实“门前三包”责任制，整治非机动车乱停乱放，保障商业场所的环境卫生干净整洁，推动商场超市、餐饮企业垃圾分类工作，营造干净整洁、文明有序的商业环境。加强商业基础设施建设。部分大型商场超市的母婴室和无障碍卫生间进行新建和改造12处，万达广场周边、北京台湾街修补破损地面70余处；联合城管委开展3次垃圾分类培训，打造喜隆多、眉州东坡垃圾分类示范点位，各企业新配备分类垃圾桶千余对，为垃圾分类工作奠定坚实基础；张贴禁烟标识1000多处，增加吸烟柱50余处，加强巡检力度，商业场所吸烟现象有了明显改善。有力提升商业企业服务质量。营造诚信守法的经商氛围，定期组织商业企业开展以诚信为主题的宣传活动，宣贯诚信经营理念，杜绝商业欺诈、虚假广告等失信行为。努力提升行业服务质量，组织开展石景山区商业行业“服务之星”评选活动，切实提高全行业的服务水平、管理水平。利用各店原有服务台、会员中心新建学雷锋志愿服务站17个，在服务台等处张贴行业规范，规范服务行为，提供便民服务措施，要求服务人员微笑服务、仪容仪表整洁，提升服务意识。

（刘　颖）

【扎实推进行业安全生产监管工作】2020年，区商务局认真履行“党政同责、一岗双责”，按照“管行业必须管安全”的要求，制定并下发了《2020年石景山区商务行业安全生产、消防及公共安全工作要点》，定期组织召开党组会、局长办公会研究行业安全生产、消防安全、反恐防暴、扫黑除恶等各项工作，严格落实行业安全管理责任，克服困难，持续加大行业安全管理力度，夯实行业安全管理工作基础，有效防范和坚决遏制各类安全事故发生，圆满完成了“全国两会”“十九届五中全会”等重大活动保障任务。深入开展安全隐患排查治理，制定《商务行业安全生产专项整治三年行动实施方案》，持续推动燃气、消防、安全生产、城乡接合部等专项隐患治理，制订年度检查计划，定期更新检查情况，检查企业282家次，发现问题94处，已全部整改；开展安全教育培训，结合疫情防控特点，采取线上、线下多种培训方式，提高企业消防、安全生产、反恐防暴等基础常识；发挥保险的社会管理和风险防控功能，持续完善企业发生生产安全事故后的经济保障机制，引导企业积极投保安责险，实现降低事故损失、事后救济的功效；建立内部制度、教育培训、演练处突等内容反恐防暴十大体系；持续开展扫黑除恶专项斗争，积极征集“扫黑除恶”信息线索，实现行业清源。

（刘　颖）

疫情防控

【商务行业疫情防控工作】区商务局全面抓好行业疫情防控基础工作。一是突出强化责任落实。先后制定3版“四方责任”工作方案，形成“七小门店”“大人流应对”等具体措施，扎实推进疫情防控工作开展。二是细致摸排人员情况。建立动态情况报告机制，排查企业返京人员情况，建立台账。摸排返京人员865人，摸排涉及新发地、玉泉东市场重点人员44人。三是发布商务行业指引。将市级发布的十项行业指引综合成商业防疫指引汇编向企业下发。四是加大宣传引导力度。向企业下发购物预防常识、购物倡议提示等海报、宣传板2000余张，制作农贸市场消杀指引视频并广泛推广，引导消费者安全购物。五是落实应检尽检。组织行业从业人员15840人开展了核酸检测工作。六是加强督导检查力度。疫情暴发以来，区商务局累计检查行业经营场所1046家次，发现主要问题为生鲜员工未规范佩戴手套、部分员工未规范佩戴口罩、消杀配比超标、局部区域人员聚集、测温和核验健康宝信息不严格等问题，均已要求现场整改，整改率100%。

（刘　颖）

【稳岗补贴政策】出台并兑现疫情期间稳岗补贴政策。根据“石‘惠’十五条”政策，牵头研究并落实上岗人员岗位补贴政策，鼓励生活性服务业企业共同应对疫情，支持企业稳定发展，受理企业申报材料99份，实际拨付85家企业补贴资金957.05万元。

（张、然　滕小宇）

【保障生活必需品市场供应】完善应急保障体系，建立石景山生活必需品政府储备库，疫情防控期间，调配应急保障车辆全天备勤，确保能够1小时内将物资调配至所需社区。建立点对点补货机制，引导连锁商超利用网点优势，快速调用自有库存和同城集团资源进行补货，鼓励非连锁门店积极利用周边大型连锁门店调补货源。创新商品配送模式，与物美多点联合推出“社区抗疫服务站”，支持大型连锁超市提供无接触配送服务，开通蔬菜直通车并提供网上团购、集中配送服务。强化市场供应监测，联合多部门成立保供稳价工作专班，建立生活必需品市场监测日报机制，掌握市场供应及价格变动情况。

（刘　斌、宗　喆）

对外经贸

【外贸进出口】截至2020年底，全区共有对外贸易经营者备案企业1540家。2020年，全区完成外贸进出口总额49.7亿元人民币，同比下降10.9%，全市占比0.2%。其中出口总额29.8亿元人民币，同比下降18.7%，全市占比0.6%；进口总额19.9亿元人民币，同比增长3.8%，全市占比0.1%。出口商品主要以机械设备和工业产品为主，出口国包括美国、欧洲、日本等。

（刘　珊、王凯蒂）

【外商投资】2020年，全区新批外资企业30家，实现投资额2.3亿美元，合同外资9264.9万美元，其中外商独资企业13家，中外合资企业16家，合伙企业1家，企业平均投资规模783.2万美元。开业外商投资企业增资17家，实现投资额3亿美元，合同外资2.3亿美元。全年实际利用外资3.9亿美元，同比下降6.4%。

（刘　珊、王凯蒂）

【稳外资稳外贸】应对疫情影响，加强外资大项目跟踪服务，推动外资外贸企业复工复产。加强与海关协同合作，开展防疫物资通关、关税减免等政策宣传和服务，组织线上政策宣讲17场次；开展企业订单情况、融资需求等专项调查18次；推动中国北方车辆有限公司获得海关AEO高级认证；联合中国信保开展小额统保进大厅活动，推动28家中小微外贸企业投保政策性出口信用保险；用好北京市外经贸发展专项资金，指导21家企业申报开拓国际市场项目100个，涉及金额206.63万元。成立稳外资工作专班，用好潜在外商投资项目、合同外资项目和招商推介项目三本台账，协调推动外资项目、资金双落地。

（刘　珊、王凯蒂）

【“两区”建设】深入落实北京市“两区”建设，印发《石景山区落实北京市建设国家服务业综合示范区和自由贸易试验区实施方案》，确定2020—2021年度90项重点任务，明确“1+4+N”工作思路。成立“两区”建设工作领导小组，区委书记任组长，区委副书记、区长任第一副组长，下设“一办十二组”，构建“产业+园区+要素供给+制度保障”的全方位开放工作推进体系。强化“三单”管理，围绕政策、空间资源和目标企业三张清单，梳理涉及人才、行业培育、财税支持等方面17项干货政策，超过280万㎡的招商引资载体资源，对照GaWC和世界500强等国际权威榜单和行业具有领先优势的企业，圈定“目标企业清单”。以“三单管理”和“一库四机制”为抓手，推进项目储备和落地。

（刘　珊、王凯蒂）

【服贸会】深度参与2020年中国国际服务贸易交易会（简称“服贸会”），主办“冬奥机遇点燃复兴之火”“赋能工业互联网，新基建锻造新生态”两场主题论坛，组织一个虚拟现实主题线上展、冬季运动、文化服务、旅游服务和金融服务四个专题的六个线下展及首钢园招商考察接待等多场配套活动。“冬奥机遇点燃复兴之火”专场论坛受到广泛关注，线上直播各平台点击观看人数达到312万人。参加“北京日”金融开放主题推介，全方位展示石景山区借势冬奥转型开放发展的丰硕成果。

（刘　珊、王凯蒂）

【进博会】组建石景山区交易分团赴上海参加第三届进口博览会，圆满完成各项到会组织、洽谈采购、招商引资任务。石景山区交易分团共41家企事业单位149名专业观众注册参团。展会期间，物美分别与VICI Group、月影酒庄等展商达成采购意向、北京铁矿石交易中心与淡水河谷举办谅解备忘录签署仪式。展会期间，交易分团走访对接展商企业30余家，开展推介招商活动。

（刘　珊、王凯蒂）

名　录

单位名称：北京市石景山区商务局
局　　长：吕松涛
地　　址：石景山区石景山路18号
邮　　编：100043
电　　话：68607227
传　　真：88683281

（康烁辰）

门头沟区

概　　况

2020年，门头沟区商务局坚持以习近平新时代中国特色社会主义思想为指导，贯彻落实市委全会精神和区委十二届九次全会精神，围绕区域发展总原则，认真落实区委、区政府各项决策部署。聚焦市区两级绩效考核、为民办实事等重点工作，严格落实“疏整促”任务，全力推进社零额、生活性服务业品质提升、粮食安全区长责任制等市级绩效考核任务。开展“两区”建设、新消费、精准帮扶、营商环境建设、文明城区创建等重点工作；全力保障商务行业安全运行，行业发展稳中提质。全区实现社会消费品零售额101.2亿元，同比下降7.6%，高于全市平均水平，增速全市排名第三；实际利用外资4220万美元，同比增长21.9%；全区进出口额38.3亿元，同比增长34.4%，其中出口23.6亿元，同比增长53.9%，进口14.7亿元，同比增长11.7%。完成粮食区长责任制考核工作。保障行业安全稳定，开展多种形式的宣传活动，紧紧围绕“安全生产月”和重点节日，积极营造“安全第一、预防为主”的良好氛围。

（王　倩）

商务规划

【促进社会消费品零售额增长】年内，完成社会消费品零售额101.23亿元，同比下降7.6%，增速全市排名第三。

（王　倩）

【完成商务部信息监测报送工作】年内，完成商务部商贸流通业统计监测系统报送工作，报送率达到100%；完成年度监测样本企业信息员补助发放工作；组织门头沟区2020年度商贸流通业统计监测体系的26个优秀样本企业，申请市级资金补助共计82800元。

（王　倩）

【新消费和消费季工作稳步推进】年内，协调组织大型活动8次，鼓励区内商业企业围绕7大主题开展140余场促消费活动，举办10余场直播活动，制作10余期网红打卡地活动，发动60余家餐饮购物企业参与政企联发消费券。门头沟区消费券核销财政资金915.8万元，实现社零额近1.3亿元。

（王　倩）

【推进繁荣夜间经济工作】年内，组织掌灯人、专班成员召开繁荣夜间经济工作部署推进会1次。重点打造了以长安天街为中心的南部夜间经济商圈，和以中昂时代广场为中心的北部夜间经济商圈。完成2020年繁荣夜间经济指标考评工作。

（王　倩）

【扎实开展无障碍环境建设工作】年内，完成对全区42家规模以上商务行业单位无障碍环境建设情况摸底排查，完善企业无障碍环境建设信息台账。组织门头沟区42家规模以上商场超市餐厅张贴无障碍标识。

（王　倩）

【监测节能补贴销售数据】年内，门头沟区节能减排商品销售额达到6378.83万元（大中

5054万元、苏宁1266.96万元、史密斯57.87万元），销售商品数量16812台（大中13240台、苏宁3473台、史密斯99台），补贴金额726.66万元（大中571.72万元、苏宁149.32万元、史密斯5.62万元）。

（王　倩）

【商圈升级改造工作】年内，优化中昂时代广场基础服务设施和环境，增设休闲座椅、安装氛围灯、摆放绿植等；引进USPOLO、314轮滑、好伦哥等商业品牌，增设小火车、木马等儿童娱乐设施。

（王　倩）

【推动物流设施规划实施】年内，多次与相关部门沟通协商，会同门头沟区规自分局、石龙管委、永定镇、潭柘寺镇及有投资意向的企业，召开冷链物流配送中心选址座谈会，就项目主体确定、项目选址等问题协商研讨，目前已初步确定项目选址。

（王　倩）

商业流通

【民生实事任务便民商业网点建设】年内，完成新建和规范提升各类商业便民网点78个。

（杨　楠）

【折子工程建设提升便民商业网点】年内，完成新建和规范提升各类商业便民网点78个，（其中，19个蔬菜零售、19个便利店、12个早餐、10个理发、3个洗染、15个末端配送），包含搭载服务功能网点数21个。完成年度任务的141.8%。

（杨　楠）

【折子工程利用腾退空间补齐便民设施】年内，推动利用腾退空间，完善便民服务功能，累计建设提升基本便民商业网点78个。

（杨　楠）

【折子工程提高便民网点功能覆盖率】年内，加速商业服务设施布局，落实《门头沟区生活性服务业配置规划》，加快城镇社区基本便民商业网点建设，城镇社区八项基本便民服务功能覆盖率达到100%。

（杨　楠）

【开展便民服务进农村、进社区活动】年内，累计开展便民服务进农村、进社区活动17次，其中，进山区4次、进社区13次。

（杨　楠）

【落实市级专项资金补贴政策】年内，落实“市商务局关于给予本市大型商场疫情期间资金补贴的通知”要求，通过征集、筛选、上报，为门头沟区龙湖天街、中昂时代广场和华润PLUS365购物中心3家企业争取房租补贴资金34万元。

（杨　楠）

【固定资产投资补助促进便民业态发展】年内，按照市级相关文件，经前期征集、申报、市级评审，顺天府万通生活馆和国瑾杨庄便民综合体2个项目获得市政府固定资产投资补助，共计172.3万元，进一步促进便民业态发展。

（杨　楠）

【区级资金促进区域生活性服务业发展】依据《门头沟区提高生活性服务业发展资金管理暂行办法》，完成2018年度、2019年度生活性服务业品质提升网点项目的前期征集、申报、第三方公司评审和公示。2018年度13个项目获得资金支持，拨付第一期及第二期补助资金409.41万元；2019年度18个项目获得资金支持，拨付第一期补助资金246.71万元。

（杨　楠）

【区级房租减免政策促中小微企业发展】年内，根据《门头沟区应对新冠肺炎疫情影响减免中小微企业房租成本若干措施》，经过征集初审，门头沟区4家申报主体共为239个商户进行了房租减免，涉及金额1584.9万元，拨付补贴资金448.97万元。

（杨　楠）

【消费扶贫助力脱贫攻坚】牵头制定了《门头沟区2020年消费扶贫行动方案》，共涉及8个方面31项任务。搭建产销对接平台，落实消费扶贫任务指标，累计采购对口帮扶地区产品12750.92万元，其中，武川1447.86万元、察哈尔右翼后旗2904.28万元、涿鹿8398.78万元；共带动建档立卡户6300人，其中，武川1388人、察哈尔右翼后旗1162万元、涿鹿3750人；单位预算资金30%采购份额，全年累计采购金额667.43万元，超额完成预定目标的140%；办理北京消费扶贫爱心卡17345张，超额完成1万张目标任务；超额完成130台智能扶贫柜布设安装，实际完成140台，完成30万元和田鸭采购任务。

（杨　楠）

【扶贫协作结对活动扎实开展】通过两地"点对点"精准对接，推进消费扶贫相关工作的开展。6月9日，涿鹿县发展改革局一行到门头沟区开展消费扶贫对接；7月24日、9月2—5日，商务局主要领导带队，组织8家重点商业零售企业分别赴涿鹿、武川和察哈尔右翼后旗进行消费扶贫实地对接调研，达成合作意向，签署采购协议。

（杨　楠）

【消费扶贫活动多样推进】1月15日，在顺天府超市府右街店组织开展"灵山绿产走进西城大拜年"活动，借势西城区资源优势搭建平台，展示销售扶贫受援地区特色产品；9月2—6日，在龙湖北京长安天街组织开展为期5天的门头沟区"助扶贫"特色产品市集活动；9月19—20日组织参加在北京植物园举办的"庆丰收　迎小康"开放日大型活动，搭建展示推介平台，提升产品社会关注度，带动产业发展；联合永定镇、龙泉镇、潭柘寺镇、大峪街道、东辛房街道等镇街组织开展22场次消费扶贫进社区、进商超活动。

（杨　楠）

【免费设立消费扶贫专区】年内，在区内免费设置20个消费扶贫销售专区，通过建立长效机制，持续促进对口帮扶地区产品在京销售。

（杨　楠）

【举办消费扶贫展销大集】举办"深化合作共赢　携手全面小康"国家扶贫日系列活动之门头沟区扶贫支援合作地区特色产品展销大集活动，活动现场采取直播带货的推介模式，通过线上线下齐发力，进一步拓宽特色产品的销售渠道。

（杨　楠）

【消费扶贫与美食大赛相结合】携手涿鹿县发展改革局组织开展"2020年食在门头沟"之"食全食美　美好食光"餐饮行业技能大赛暨消费扶贫系列活动之"小食材　大情怀　涿鹿特产走进百姓餐桌"活动。首次将美食大赛与消费扶贫相结合，以消费带动扶贫，用扶贫促进消费。

（杨　楠）

【政策激励助力脱贫攻坚】区级财政安排50万元专项资金用于结对地区扶贫产品交通及物流补助，通过政策激励，带动建档立卡户增收脱贫。

（杨　楠）

【把好业态布局和配套商业设施转让关】按照"保基本"和"提品质"原则，召开重点商业项目业态布局工作专班会6次，涉及配套商业设施1.966万平方米；出售居住配套商业服务设施业态布局工作专班会2次，涉及面积2197.21平方米。

（杨　楠）

【保障生活必需品应急物资供应】按时保质完成日常、节假日、“两会”和疫情期间的生活必需品市场销售及供应数据的报送和分析，重点对蔬菜、肉蛋奶及粮油的价格采集和监测。制订区级生活必需品储备方案、点对点补货保障方案、区级生活必需品市场供需平衡方案和存在问题清单。疫情期间建立区级生活必需品储备库，存储蔬菜237.1吨、方便面13.6万袋、鸡蛋12.7吨、婴幼儿奶粉0.9吨、食盐50吨。

（杨　楠）

【举办美发行业技能大赛】组织开展北京市第十届商业服务业技能大赛初赛暨门头沟区2020年美发行业技能比赛，以竞赛为引领，推动职业技能提升。

（杨　楠）

【“街乡吹哨”快速响应　接诉即办】参与“吹哨报到”工作1次，做到快速行动，积极响应，履职尽责。“城子街道龙门三区理发店执照办理”已得到解决；办结为民服务平台投诉案件34件、回复舆情办理意见2件、“接诉即办”领导包案回复1件。

（杨　楠）

【完成拍卖年检工作】审核完成2020年度拍卖企业年审初审。新批准设立2家拍卖企业、迁入1家拍卖企业。

外资外贸

【参展参会工作】9月4日至9日，组织参加2019年北京国际服务贸易交易会，共有48家企业参加线上、线下展。11月5日至11日，主管副区长带领门头沟分团到上海参加第三届中国国际进口博览会。全区共有19家企事业单位、70余人参与。

（马　洁）

【外贸企业备案工作】年内，办理对外贸易经营者备案109件，其中新增80件，变更29件。

（马　洁）

【优化营商环境工作】为持续不断优化营商环境，当好企业发展的“服务人”。4月20日，联合丰台海关到北京兴源诚经贸发展有限公司就疫情防控、企业复工复产、海关高级认证开展调研座谈。

（马　洁）

粮食储备

【社会粮油供需平衡情况调查工作】年内，完成2019年度社会粮油供需平衡调查工作，门头沟区粮油消费量呈减少态势。其中，城镇居民口粮（油）消费明显减少，乡村居民口粮增加。

（王　欢）

【开展2020年世界粮食日及全国粮食安全宣传周系列活动】10月，会同区科信局围绕“端牢中国饭碗　共筑全球粮安”的主题，以线上科普、线下互动的模式，开展2020年世界粮食日及全国粮食安全宣传周系列活动，营造门头沟区“科普先行、企业支持、百姓关心、专家助力”的粮食安全宣传浓厚氛围。

（王　欢）

【疫情防控物资调拨出库】年内，为保障区内疫情防控工作，根据区疫情防控领导小组要求，完成防疫物资调拨出库。其中，帐篷343顶、棉大衣60件、口罩279870只、消毒液1100桶、手套336000只、洗手液316箱、额温枪40个、防护服7000套及其他生活物资2602箱。

（王　欢）

【为复工复产提供物资保障】年内，依托市物资保障组的协调，为缓解门头沟区防疫口罩缺口问题，引入铜牛民用防护口罩向区内复工复产企业、社区一线防控等人员销售，制定《门头沟区民用防护口罩统筹销售管理办法》，规范购买及销售行为。组织完成铜牛防护口罩销售共计1366070只。

（王　欢）

【加油站零售经营企业经营资格工作】 6月12日，完成全区加油站成品油零售经营企业经营资格证年检及换证工作。

（王　欢）

【区级救灾物资储备管理工作】 年内，制定了《门头沟区救灾物资储备管理办法（试行）》，从物资购置及经费保障、储备、调拨、使用及回收、报废等方面进行规范。

（王　欢）

【开展成品油流通企业督导工作】 年内，出动96人次，对全区十二家成品油流通企业安全管理工作进行督导。

（王　欢）

【完成区储备成品粮增储任务】

完成区储备成品粮大米100吨、大米238.8吨。

（王　欢）

安全生产

【扎实做好行业安全工作】 年内，根据市区两级安全生产工作部署，全面推进安全生产标准化建设、安责险试点推广等工作。2020年全年，共出动工作人员629人次，督导企业300家次，发现各类安全隐患31处，均已整改完毕。

（穆　頔）

【做好宣传培训工作】 聚焦春节、两会、全国安全生产月、中秋、国庆、“12.4法治宣传日”等重要时间节点，围绕商务行业安全生产现状，结合全年各阶段安全生产活动，通过上街宣传、悬挂横幅、下发通知等形式，营造了浓厚的安全生产氛围。

（穆　頔）

疫情防控

【机关党员干部下沉社区参与值守工作】 按照区委组织部要求，机关党员干部坚持到下沉社区参与值守，配合社区做好出入人员防控，做到行业防控与社区值守两手抓，共参与社区值守263人次。

（王　倩）

【全力做好行业疫情防控工作】 年内，通过分组划片、专人盯守、每日督导等措施，对全区重点商场超市等人员密集性场所开展宣传教育、通风消毒等防控措施落实情况进行督促检查，引导商场超市建立防控制度，帮助协调解决相关问题。全年共出动工作人员572人次，督导企业286家次，帮助企业排查整改各类问题100余处。

（穆　頔）

【迅速组织开展从业人员核酸检测工作】 6月18日、20日，分别组织全区规模以上超市从业人员、快递行业从业人员前往京浪岛开展集中核酸筛查工作。通过周密部署，全员出动，顺利完成规上超市从业人员1537人、快递从业人员949人核酸筛查工作。

（穆　頔）

创建文明城区

【开展文明城区创建工作】 动员全体工作人员，扎实推进，积极落实创城工作。全年共出动245人次，督导行业单位116家次，出动包干路段巡查196人次，疫情防控文明劝导40人次。

（穆　頔）

垃圾分类

【开展垃圾分类督导工作】向商超、餐饮企业发送有关垃圾分类的规定要求，宣传《北京市生活垃圾管理条例》，发送有关垃圾分类的宣传视频，印制发放宣传海报300份。对企业开展垃圾分类督导，全年共出动人员602人次，开展企业督导298家次。

（穆　峋）

光盘行动

【开展“光盘行动”督导工作】在行业内开展“制止餐饮浪费 践行光盘行动”工作，发放张贴海报及桌贴共计1000余份，制定下发《门头沟区商务行业落实“制止餐饮浪费 践行光盘行动”实施方案》，在就餐高峰时段深入重点餐饮企业进行现场督导。全年共出动工作人员355人次，督导餐饮企业176家次。

（穆　峋）

名　录

单位名称：北京市门头沟区商务局

党组书记、局长：杨少培

地　　址：北京市门头沟区双峪路39-1号

邮　　编：102300

电　　话：69842571

传　　真：69842571

（王　倩）

房山区

概　况

房山区商务局（简称“区商务局”）原名房山区商务委员会，2019年3月25日依据《北京市房山区机构改革方案》更为现名。依据《中共北京市房山区委办公室、北京市房山区人民政府办公室关于印发〈北京市房山区商务局职能配置、内设机构和人员编制规定〉的通知》，房山区商务局是区政府工作部门，为正处级，加挂北京市房山区粮食和物资储备局（简称区粮食和储备局）牌子，下设办公室、规划发展科、外经贸发展科、市场调控管理科（粮食和物资储备科）4个内设机构。房山区商务局机关行政编制为18名。设局长1名，副局长3名。科级领导职数4正2副。

2020年，房山区商务局紧紧围绕“一区一城”新房山建设和“三区一节点”功能定位，贯彻“六为”发展理念，力排新冠肺炎疫情不利影响，认真落实“五新”与“六稳”“六保”相关工作，一手抓疫情防控不放松，一手促复工复产见实效，全年主要商务指标回稳向好：全区实现社会消费品零售额341.3亿元；外贸进出口总额完成10.1亿美元，同比增长4.7%；实际利用外资9343万美元，同比增长62.5%。生活性服务业“六化”（规范化、连锁化、便利化、品牌化、特色化、智能化）水平大幅提升，粮食安全扎实稳步推进，“两区”工作有序推进，全区商务工作总体保持稳中有进的良好发展态势。

商业流通规划与发展

【房山区社会消费品零售额回稳向好】2020年，房山区力排新冠肺炎疫情不利影响，实现社会消费品零售额341.3亿元。

（宋祥博）

【生活性服务业“六化”程度稳步提升】截至2020年底，全区160个社区共有各类便民商业网点2584个，其中便利店（超市）682个、蔬菜零售348个、早餐389个、美容美发389个、家政服务36个、洗染86个、末端配送606个、便民维修48个，城镇社区便民服务功能覆盖率达到99.3%，社区网点连锁化率达到53.3%。其中，2020年，全区累计建设提升蔬菜零售、便利店（超市）、早餐、家政、洗染、美容美发、末端配送等7类基本便民商业网点71个，根据业态分类，蔬菜零售26个、便利店（超市）18个、早餐10个、洗染2个、美容美发12个、末端配送3个，全区生活性服务业“六化”程度（规范化、连锁化、便利化、品牌化、特色化、智能化）明显提升，服务功能更加完善，居民生活更加便捷。

（宋祥博）

【新消费模式引领升级】2020年房山区商务局培育壮大“互联网+”消费新模式，推进4K超高清机顶盒进社区，引导企业优化夜间商业服务供给，动员商户、门店参与发放线上优惠券，打造系列精品旅游路线，推出体育品牌促销活动，布设消费扶贫产品智能专柜，新消费模式引领作用显著。

（宋祥博）

【"北京消费季之快乐房山"活动举办】 2020年6月至12月，房山区商务局牵头协调相关部门，制定《房山区重启"北京消费季之快乐房山"工作方案》，坚持"政府搭台，企业唱戏"，利用开学季、国庆节、重阳节、双十一、双十二等节点，围绕夜经济、直播带货等消费热点，推出具有房山特色的消费品牌和活动，促进了人气回暖、销售回升。

（宋祥博）

【便民服务新品质持续提升】 2020年，房山区商务局规范生活性服务网点台账和电子地图，推进龙湖熙悦天街、京西祥云移动大悦城等项目建设，完善高端制造业基地等6个重点园区的商业服务业设施配套建设，便民服务新品质不断提升。

（宋祥博）

【消费扶贫深入开展】 2020年，房山区商务局会同区发展改革委等研究制定了《房山区2020年消费扶贫行动方案》，引导区内重点商业企业设立扶贫农特产品专柜、开展特色农产品展销等活动。已建立了消费扶贫分中心2个、受援地区农特产品体验店1个、专营店4个、消费扶贫专区专柜已在全区范围内全面铺开。

（宋祥博）

【《"十四五"时期房山区促进消费提档升级发展战略研究》通过专家结题评审】《研究》深入开展问卷调查，以详实数据、典型案例剖析房山区消费市场现状与居民消费需求，研究发展思路，为促进消费各项工作提供了有力支撑。

（宋祥博）

【《"十四五"时期现代生活性服务业发展规划》完成】《规划》以发展基础和现状分析作为重点，深入剖析制约行业发展的痛点难点及主要问题，结合房山区优势提出具体发展思路与具体措施，是"十四五"时期商业发展的重要依据。

（宋祥博）

【《房山区物流专项规划》完成】《规划》根据《北京市物流规划》和《房山分区规划》，立足房山区功能定位，围绕保障城市运行、服务居民日常生活、支撑高精尖经济结构的目标，对全区6个物流节点落点落图、用地规模、产业方向、运营管理模式等提出明确要求，促进了房山区物流服务保障体系的提升。

（宋祥博）

【政策帮扶持续强化】 2020年，房山区商务局组织企业申报《2020年度生活性服务业发展项目》资金扶持。引导14家大型商场累计为2100家商户减免租金、物业费等合计约1.1亿元，核实中小微企业1300余家，为3家购物中心申报延期缴纳电费，为7家大型商场申请疫情期间奖励资金，组织10余家重点商业企业开展"阶段性降低企业用电成本支持企业复工复产政策"执行时间追溯，确保优惠落实到位。

（宋祥博）

市场运行与管理

【市场疏解整治加快实施】 2020年，房山区商务局完成5家商品交易市场"疏解整治促提升"任务，分别为拱辰街道永林建材市场、塔缘市场、古塔家具城、琉璃河镇官庄市场、南白市场，涉及2个乡镇（街道），建筑面积4.53万平方米，商户730户、从业人口2527人。

（宋祥博）

【民用防疫物资供应有力】 2020年初，房山区商务局牵头制定了物资保障组工作方案，保障全区民用防疫物资供应，全年累计向全区调度供应口罩近千万只、消毒液65余万瓶（桶）、测温枪 8500 余支。

（宋祥博）

【生活必需品市场监测供应持续加强】2020 年，房山区商务局认真做好生活必需品市场监测，累计形成 330 期监测日报，内容涵盖 7 家连锁超市、4 家农贸市场和蔬菜园区的 48 种生活必需品产销、库存和价格数据。按照市生活必需品保障专班工作部署，增储成品粮 1216 吨、方便面 49 万袋、鸡蛋 48 吨、蔬菜 860 吨、婴幼儿奶粉 3.5 吨。4 次调整储备，保障全区生活必需品市场货源充足、物价平稳。

（宋祥博）

【新发地市场聚集疫情处置有力】2020 年 6 月，新发地市场聚集疫情暴发，房山区商务局第一时间完成了 23 家农贸市场、4111 家餐饮企业（单位食堂）的消杀工作，消杀率 100%；完成农贸市场（菜市场）、餐饮企业、超市、快递、网络平台、食品流通领域、美容美发等行业累计 1.13 万家企业、8.16 万名从业人员和共同居住人员核酸检测采样工作。

（宋祥博）

【企业加快复工复产】2020 年，房山区商务局建立企业复产复工日报制度，每日对企业复工复产、返岗复工和外地员工返岗等情况进行统计分析，引导餐饮企业在做好疫情防控的前提下复产复工，鼓励有条件的餐饮企业开展网络订餐、送餐服务。目前房山区规模以上商场超市 62 家，规模以上餐饮企业 121 家，规模以下超市 100 家全部复工复产；规模以下餐饮企业 2702 家全部复工复产。

（宋祥博）

【粮食安全责任制有效落实】2020 年，房山区商务局按时、足额拨付粮食风险基金资金 700 万元；健全全区应急供应网点，86 个网点覆盖了全部 25 个乡镇（街道）；组建以 2 家企业为核心的粮食配送体系，日粮油应急配送能力达 1500 吨。采用竞价销售、竞价采购的方式完成 8000 吨区储备小麦轮换工作，有效落实了粮食安全责任制。

（宋祥博）

【安全隐患督查检查持续强化】2020 年，房山区商务局督查检查队共出动检查人员 2830 人次，检查企业 1239 家次 ，开展防疫措施、消防、安全生产、反恐、有限空间、燃气、垃圾分类等行业检查，发现隐患 592 处，全部整改完毕。

（宋祥博）

【成品油行业管理有序开展】2020 年，房山区商务局完成成品油零售企业年审事项 127 件，行政许可事项 54 件，补检事项 30 件，延期歇业事项 20 件，开业申请事项 5 件，补办成品油零售经营批准证书正本事项 3 件。

（宋祥博）

外资外贸

【外资外贸超额完成年度指标任务】2020 年，全区外贸进出口总额 10.1 亿美元，同比增长 4.7%。实际利用外资 9343 万美元，同比增长 62.5%。

（宋祥博）

【外资外贸审批备案有序开展】2020 年，全区新设外商投资企业 47 家，增资 4 家，协议总金额 59512.63 万美元，协议外资金额 29849.73 万美元，完成外商投资初始报告 47 件，变更报告 85 件，企业年度报告完成 198 件；共办理对外贸易经营者备案登记业务企业 276 家，其中新登记企业 207 家，信息变更企业 69 家。

（宋祥博）

【外经贸发展专项资金初审工作完成】2020 年，房山区商务局完成 2019 年度最后一批以及

2020年第一批外经贸发展专项资金初审工作。其中，2019年最后一批房山区19家企业50个项目完成项目资金拨付初审，初审批复金额114.4万元。

2020年第一批房山区13家企业33个项目完成项目资金拨付初审，初审批复金额83.9万元。

（宋祥博）

【稳外资工作持续推进】 2020年7月起，房山区商务局承担区稳定外资企业工作专班办公室职能，组织开展全区162家外商投资企业信息登记工作，涉及14个乡镇（街道）及5个重点园区；建立"一库四制度"（一库：全区外商投资企业信息库；四制度：包括稳外资工作例会、信息报送及信息共享、区领导联系走访、重大事项报告制度），持续推进稳外资工作。

（宋祥博）

【2020服贸会房山交易分团组织工作圆满完成】 9月5日至9日，2020中国国际服务贸易交易会在北京举办，房山区商务局组织全区49家企业参展参会，8200余人上会参观。

（宋祥博）

【房山区服务业扩大开放工作专班成立】 2020年10月，房山区服务业扩大开放综合示范（自由贸易试验区建设）工作专班成立，区长任组长，区委常委、常务副区长，主管副区长任副组长，专班成员由区内39个有关单位组成，专班办公室设在房山区商务局。

（宋祥博）

【第三届进博会房山分团组织工作圆满完成】 2020年11月5日至10日，第三届中国国际进口博览会在上海举行，房山区商务局组织全区58家企业参展，194人上会观展、采购。

（宋祥博）

【服务业扩大开放不断深化】 2020年，房山区商务局履行房山区服务业扩大开放综合试点工作专班办公室职能，大力开展特色金融聚集区建设。截至2020年12月，北京基金小镇已入驻机构1259家，资产管理规模17013亿元；北京金融安全产业园已引进相关企业618家，管理资产规模达447亿元人民币。

（宋祥博）

【外资企业复工复产率达100%】 2020年疫情期间，房山区商务局对全区129家外资年报企业生产经营情况进行排查，了解企业困难和诉求，做好"服务包"管家，外资企业复工复产率达到100%。

（宋祥博）

名　录

单位名称：北京市房山区商务局
党组书记、局长：李雪生
地　　址：北京市房山区长阳镇昊天北大街38号
邮　　编：102445
电　　话：010-81312935
传　　真：010-81312958

（宋祥博）

通州区

概　况

2020年，在通州区委区政府的正确领导下，通州区商务局全面贯彻落实党中央、市委市政府、区委区政府疫情防控各项工作部署要求，在局党组的带领下，一手抓疫情防控复产复工，一手抓商务经济高速发展，全力夺取疫情防控和商务经济发展双胜利。全年，通州区市场总消费额实现950.4亿元，同比下降5.4%，高于全市1.5个百分点。其中服务消费实现421.1亿元，同比增长1.8%，高于全市6.7个百分点；社会消费品零售总额实现529.3亿元，同比下降10.4%；持续提升生活性服务业品质，累计新建和规范提升各类生活性服务业网点147个，城市社区便民商业网点功能覆盖率达到100%。完成3家市场疏解提升工作任务，涉及商户364户，从业人员500人。

城市副中心打造北京市服务业扩大开放综合试点先导区持续推进，通州区以开放改革为动力，坚持全区统筹、部门协同，采取“产业+政策+区域”的“云团式”推进模式，依托运河商务区、文化旅游区、张家湾设计小镇等核心承载区，聚焦行政办公、文化和旅游、高端商务，积极探索金融创新，高质量推进市区两级各项任务有序落实。在简政放权、优化政务服务、创新监管服务模式等方面推出一系列新举措，推动服务业多个领域实现创新突破。持续巩固“一库四机制”做法，推动聚集了一批新业态、新模式，服务业扩大开放综合试点先导区示范带动作用初见成效。

（郎冀轩）

【健全工作机制，做好疫情保障】成立8个应急防控工作小组，先后制定《通州区商务局新型冠状病毒感染肺炎疫情民用防护物资采购工作方案（试行）》《通州区商务局新型冠状病毒感染肺炎防护物资发放管理办法》等一系列制度，全面安排部署商务系统疫情防控工作。建立三级保供监测机制和“点对点”监测补货机制等5项工作机制，采取“49家大型连锁超市+17家农产品市场+1435家便利店菜店+6辆蔬菜直通车+170余个电商无接触配送服务站”的保供模式，高质高效完成成品粮1615.1吨、方便面64.6万袋、蔬菜1130.5吨、鸡蛋60.6吨、奶粉4.1吨的增政府储备任务，有力保障了全区居民生活需求，确保了市场供应有序稳定。9月，荣获北京市抗击新冠肺炎疫情先进集体荣誉称号，受到中共北京市委、北京市人民政府表彰。

（郎冀轩）

【加大扶持力度，助力复产复工】制定《关于疫情防控期间对采取房租减免措施的大型商场给予一定资金奖励的实施方案》，审定6个项目，拨付奖励金额202.968万元。为通州区8家企业申请市级奖励资金，累计金额102万元。印发了7个行业防控工作措施，指导帮助便利店、社区菜店等生活必需品保供企业复产复工千余家；为企业调拨防疫物资，组织行业从业重点人员进行核算检查和疫苗接种工作。

（郎冀轩）

【促消费举措扎实推进】制定并出台《2020年通州区促进消费提档升级工作措施》《新消

费 爱生活 北京消费季‘欢乐通州 欢乐购’活动方案》，持续拉动新消费、激发各领域消费活力；开展了通州区首届跨年消费节、运河休闲消费节活动，为消费市场迎来开门红；启动“新消费 爱生活 北京消费季‘欢乐通州 欢乐购’”系列活动，提振市场信心，丰富市场供给；通州北苑商圈在全市52个商圈活跃度排名第15位。支持东郎电影创意产业园区、小堡文化广场等夜间场景打造；东郎（通州）电影创意产业园于9月被评为北京市首批10条深夜食堂特色餐饮街区之一。

（郎冀轩）

【积极推动总部经济发展】成功举办“2020年服贸会北京城市副中心主题日”活动；会上共有18个项目签约，协议投资额约116.27亿元；积极落实外资外贸“服务包”，梳理直接参与防疫的重点企业，征集专项再贷款需求，协助11家企业获得贷款资金额度42.7亿元；认定总部企业2家；制定稳外资工作实施意见，完成服务贸易创新发展课题。

（郎冀轩）

【着力保障商务领域安全稳定】组织开展商业企业安全生产及疫情防控线上线下宣传培训，指导经营单位开展应急疏散演练。开展安全生产三级标准化达标创建；强化与属地多部门联合检查，形成行业管理合力；继续深入开展“安全生产专项整治三年行动工作（2020—2023）”专项工作；全力推动创城、创森、创卫、创慢、消费扶贫等工作顺利开展。

（郎冀轩）

【保障应急救灾物资的存储、调拨】认真做好应急救灾物资的存储、轮换、调拨，按照《通州区区级救灾储备物资调拨机制（试行）》有关规定，认真做好救灾储备物资调运工作；制定了《通州区区级救灾物资储备管理办法》，规范救灾物资调拨手续，积极组织救灾物资调拨工作，本年度共计调拨救灾帐篷588顶，折叠桌椅162套，积极组织救灾物资增储。

（郎冀轩）

【认真落实粮食安全区长责任制】储备粮轮换工作有条不紊，圆满完成轮换储备小麦7564.09吨；高标准完成政策性粮食库存检查工作；加强对粮食收储库及粮食加工企业进行全覆盖安全检查，全年共计检查企业55家次，出动检查人员146人次；积极做好粮食应急预警机制，认真落实粮食应急保障责任，粮食应急配送网点增加至63家，确保每3万人口配备一个粮食应急供应网点；增储区成品粮1615.10吨，确保粮油市场货源充足，供需平衡。

（郎冀轩）

对外贸易

【外商投资企业情况】2020年，通州区新设立外商投资企业96家，增资企业26家。注册资金合计90264.37万美元，合同利用外资88735.17万美元。

（郎冀轩）

【实际利用外资】2020年，通州区实际利用外资共39笔入资，共计56528.13万美元。

（郎冀轩）

【境外投资备案】截至2020年底，通州区共有境外投资备案企业158家。2020年，通州区13家主体企业进行境外投资，5家主体办理变更。其中新设主体企业的国别（地区）为中国香港7家，俄罗斯联邦、开曼群岛、莫桑比克、澳大利亚、法国、乌兹别克斯坦各1家；变更主体国别（地区）为美国2家，摩洛哥、中国香港、莫桑比克各1家。

（郎冀轩）

【服务外包合同备案登记】2020年，通州区新审核合同数 74 笔，累计合同金额 9390 万美元，累计审核执行合同 352 笔，累计执行金额 6474 万美元。

（郎冀轩）

【对外贸易经营者备案登记】2020 年，通州区对外贸易经营者备案登记及变更的企业共 726 家，其中新备案对外贸易企业 484 家，变更企业 242 家。

（郎冀轩）

【137 家外贸企业办理出口信用保险】2020 年，中国信保为通州区 137 家外贸出口企业提供出口信用保险服务，其中自付费投保企业 9 家，享受政府免费保单企业 128 家，小微企业占比超过 90%。出口信用保险覆盖率达到 22.45%。中国信保全年支持通州全区企业出口 12.90 亿美元，赔付通州区 1 家出口企业合计 5.97 万美元。

（郎冀轩）

服务业扩大开放

【“厚积薄发 砥砺前行 全面创建服务业扩大开放先导区”宣传片全市首发】8 月 18 日，“厚积薄发 砥砺前行 全面创建服务业扩大开放先导区”宣传片全市首发，开展通州区服务业扩大开放云上宣传，重点推介了城市副中心紧抓时代机遇，积极打造服务业扩大开放综合试点先导区形成的产业特色、开放成效、政策和营商环境优势。

（郎冀轩）

【“新建楼宇项目住所证明新方式”入选商务部第三批北京市服务业扩大开放最佳实践案例】我区在加快推进服务业扩大开放综合试点先导区建设中，深入挖掘工作亮点及特色，推出多个试点经验做法及实践案例。其中优化监管模式创新案例“新建楼宇项目住所证明新方式”成功入选商务部 6 月 16 日印发的北京市服务业扩大开放综合试点第三批最佳实践案例。

（郎冀轩）

【中国（北京）自由贸易试验区国际商务服务片区成功挂牌】为了充分发挥服务业扩大开放和自由贸易试验区的“双轮驱动”作用，提升北京城市副中心开放水平，通州区商务局与市商务局加强对接联动，积极推进并成功完成北京自由贸易试验区通州组团片区范围、政策诉求等申报工作，并于 9 月 28 日举办中国（北京）自由贸易试验区国际商务服务片区挂牌仪式。通州组团是国际商务服务片区（48.34 平方公里）三大组团之一，占地面积 10.87 平方公里，主要包括运河商务区和张家湾设计小镇。

（郎冀轩）

【北京城市副中心全面启动“两区”建设】10 月 26 日，国家服务业扩大开放综合示范区和中国（北京）自由贸易试验区国际商务服务片区“两区”建设动员部署大会召开，全面启动城市副中心“两区”建设。

（郎冀轩）

名 录

单位名称：北京市通州区商务局

党组书记、局长、通州区粮食和物资储备局局长、通州区二级巡视员：李 霞

地　　址：北京市通州区新华东街 254 号

邮　　编：101199

电　　话：69543319

传　　真：69521735

（郎冀轩）

顺义区

概　　况

年内，区商务局统筹做好疫情防控和经济发展工作。全年实现社会消费品零售总额562.5亿元。完成实际利用外资7.03亿美元，全市排名第3名。累计吸引合同外资4.8亿美元。完成进出口额941.7亿元，全市排名第7名。

（王凌燕）

【“十四五”课题研究和规划编制工作】年内，编制完成《顺义区“十四五”时期商业发展规划》《“十四五”时期顺义区促进消费提档升级的思路与措施》《“十四五”时期顺义打造国际会展集聚区发展思路和措施》课题研究报告。

（王凌燕）

【商业服务业转型升级加快推进】年内，认真办理区人大《加快推进顺义区商业服务业转型升级，提升人民群众生活品质》议案，组织区人大代表专题调研，制定并印发《顺义区商业服务业转型升级三年行动计划（2020—2022年）》，推进全区商业服务业转型升级。

（王凌燕）

【助力创建文明城区】年内，督导企业维护雷锋岗17处、母婴室11间。发放文明餐桌宣传标语海报和桌牌等2000余份；在4家重点企业设立社会主义核心价值观宣传展板10处；督导重点商业零售企业制定行业规范并开展学习。

（王凌燕）

【防疫物资保障协调】年内，区商务局牵头区物资保障组，贯彻落实区委、区政府决策部署，组织采购防疫物资，实施物资集中管理调配，在全市率先设立73个口罩供应点，建立线上预约平台，缓解市场口罩购买难题。按照区防疫指挥部物资调度计划，加强疫情防控物资保障协调工作，建立健全应急物资调配制度，严格防疫物资出入库管理，为一线工作者和隔离酒店等调配口罩1300余万个，防护服和相关防护用品230000余套、消毒液270000余千克。

（王凌燕）

【商业场所疫情防控落实落细】年内，持续加强督导检查，要求企业落实一米线标识，并通过张贴温馨提示、专人疏导、循环广播等形式做好人员疏散工作，对进店顾客测量体温，定时进行消毒等防疫措施。切实做好复工企业疫情防控和安全生产指导工作，联合区疾控中心拍摄消杀视频，组织10余家商务领域重点企业在鑫海韵通家电商城开展疫情防控应急演练和消杀培训，组织开展人员排查、核酸检测工作，出动3000余人次全覆盖开展督导检查，织密疫情防控“安全网”。

（王凌燕）

【疫情期间商业企业政策扶持】年内，出台《顺义区关于对疫情防控期间稳定市场供应商业企业给予奖励的实施方案》及《申报说明》，对外发布征集57家次企业申报，审核通过52家次企业，共拨付6批3596.61万元。为9家20000平方米以上商业企业申请市级疫情期间房租补贴140万元；为3家商业企业申请延迟缴纳电费。

（王凌燕）

【参与新国展集散点疫情防控工作】 3月10—30日，顺义新国展用于经机场检疫后未出现发热、咳嗽等症状的低风险人群临时集散点，再由相关省（区、市）和本市各区接转旅客。区商务局牵头现场工作组，完成集散点分区设置、设施维护、餐饮供应、物资保障等服务保障任务。

（王凌燕）

【智慧物流体系加快建设】 年内，按照《北京物流专项规划》，顺义区共规划物流基地1个、日常综合型物流中心1个、专业类物流中心2个、配送中心2个。京北（大孙各庄）智慧物流园区完成项目综合规划实施方案编制工作。向物流企业宣传相关政策，帮助5家物流企业申请市级专项资金支持。

（王凌燕）

【创新模式促进消费】 年内，牵头举办北京消费季之“品顺义·乐生活”消费季和汽车消费季，开展15场重点直播推介，举办燕京啤酒文化节、祥云小镇深夜食街2.0、户外艺术季等150余场文体商旅融合的线下活动，发放消费券5期，共拉动消费18.86亿元。

（王凌燕）

【消费扶贫】 年内，组织完成包括1亿元消费扶贫分中心销售任务、10000张爱心扶贫卡办理任务、300000元和田鸭销售任务、赴沽源开展扶贫工作等在内的多项消费扶贫任务。全年协调260个点位安装扶贫柜，消费扶贫分中心采买1.02亿元，累计办理爱心卡17000张。

（王凌燕）

【电子商务产业平稳发展】 年内，持续加强对顺义区电子商务产业发展扶持力度，进一步推进线上线下融合发展，通过《顺义区促进电子商务暨五类进口商品指定口岸业务发展办法》，累计拨付项目10个，奖励金额1179.73万元。

（王凌燕）

【重点商业项目建设】 年内，通过月统计、不定期调度的工作机制，召开项目调度会5次。重点商业项目加快建设，合景天汇项目取得规划许可证、空港一号启动招商、金宝天阶投入使用。推进“一店一策”改造，协调顺商集团及相关部门，稳步推进国泰商场一店一策改造工作。

（王凌燕）

【“疏整促”专项行动】 年内，北京市顺客隆副食品公司第一五里仓环岛家具城的市级疏解提升任务提前完成，涉及建筑面积12470平方米，清退摊位56户，疏解人口340人。

（王凌燕）

【生活性服务业品质提升】 年内，坚持以人民为中心，围绕“七有”要求和“五性”需求，完善商业服务设施。建立便民连锁企业、镇街和商务局三方沟通协调机制，组织建设或提升蔬菜零售、便利店（超市）、早餐等八类基本便民商业网点167个，超额完成市区两级任务。

（王凌燕）

【肉菜追溯系统点位保障】 年内，对全区纳入全市肉菜追溯体系的135个追溯节点进行核验，建立有效的推进机制，确保追溯节点正常运行。开展培训工作，推进全区肉菜追溯体系建设。

（王凌燕）

【新建小区配套菜市场移交使用】 年内，按照《顺义区居住小区公共服务设施建设和管理工作规定（暂行）》（顺政发〔2011〕35号）相关要求，做好新建小区配套菜市场移交使用工作，累计投入运营22个。

（王凌燕）

【连锁便利店、连锁超市发展加快】 年内，制定《生活性服务业发展项目申报指南》《顺义区提高乡村流通现代化水平实施方案》等政策，大力发展连锁便利店、连锁超市。截至年底，全区共有盒马鲜生1家、全家便利店11家、7-11便利店1家、便利蜂16家、苏宁小店24家、供销益家超市13家、鑫绿都便民连锁菜店18家，顺家便民连锁超市4家。

（王凌燕）

【成品油零售企业严格管理】 年内，完成成品油零售经营资格审批下放的对接工作，明确审批流程，配齐审批相关设备。做好成品油企业服务工作，召开成品油企业工作部署会讲解过渡期内各项问题，办理成品油零售经营资格变更5家，歇业1家，换证和年检事项84件，办结率100%。

（王凌燕）

【粮食区长责任制考核工作】 2020年顺义区落实粮食安全区长责任制考核工作涉及9个牵头部门、9个考核事项、46项考核目标，各成员单位共同努力，完成2020粮食区长责任制考核工作。

（王凌燕）

【2020年度粮油供需平衡情况调查】 年内，开展粮油供需平衡情况调查工作，掌握区内粮食生产、消费、流通和库存情况，提高粮油市场保供稳价能力。共调查全区转化用粮企业3家，餐饮企业50家；抽样调查记账城镇居民住户60户，乡村农民住户60户；发放台账530份。完成《2020年度供需平衡调查报告》。

（王凌燕）

【全力保障粮食安全稳定】 2月10日，顺义区在现有成品粮储备规模基础上增储成品粮储备，加大对储备成品粮、原粮的安全监管。启动粮油市场重点企业监测日报工作，及时掌握粮食应急销售网点日销售情况，准确把握市场供应形势。加大宣传引导力度，号召粮油销售企业保持粮油产品供货量，及时补货，确保货架产品充足，供应不断档。加快推进企业复工复产，提高应急保障供应水平，确保粮食货源充足、市场稳定。

（王凌燕）

【生活必需品供应充足】 年内，组织增储方便面480000袋、蔬菜1000吨、鸡蛋45吨、婴幼儿奶粉3.1吨、瓶装水675吨、冻猪肉1000吨。组织建立生活必需品保障统筹协调专班、储备台账，鼓励商业企业增加自有储备，加强督促检查，每月2次赴储备单位检查物资储备情况，加强对重点农贸市场、商超监测力度，建立“点对点”供应机制，保障全区生活必需品供应充足。

（王凌燕）

【商务行业安全有序运行】 年内，制定《区商务局安全生产专项整治三年行动组织实施方案》，层层签订《安全生产责任书》，进一步压实安全生产责任。主动履行安全督导职责，组织安全知识培训会、反恐、消防应急演练72场，发放普法宣传材料10000余份；督导企业800余家次，在区内100块社区LED屏和隆华大屏投放安全生产和反恐知识视频，全年未出现安全生产事件。

（王凌燕）

【推进农贸市场转型升级】 6月15日，完成全区农贸市场集中消杀工作，并建立分类台账、完成四方责任书签订工作；7月3日，顺鑫石门市场正式施行去零售业务；印发《顺义区常态化疫情防控下加强农产品批发市场管理转型升级的方案》《顺义区关于常态化疫情防控下社区菜市场（农贸市场）转型升级的方案》。

（王凌燕）

【2020（第十六届）北京国际汽车展览会】 9月26日至10月5日，2020（第十六届）北京国际汽车展览会在北京中国国际展览中心新馆和老馆举办，总展出面积200000平方米。区商务局完成新馆属地服务保障工作，新国展展区参展商数量共101家，包括国际参展商50家；共展示车辆785台，其中包括全球首发车82台，新能源车160台。车展展期内共接待展商、媒体工作人员及观众404100余人次，吸引来自18个国家和地区的3045家机构的新闻记者参与报道，北京电视台、人民网、《北京日报》等主流媒体刊发新闻报道300余篇。

（王凌燕）

对外经贸

【概况】 年内，实现进出口额941.7亿元，全市排名第7名。其中出口131亿元，进口810.7亿元。完成实际利用外资7.03亿美元，全市排名第3名；吸引合同外资4.8亿美元，其中新设立企业吸引合同外资1.3亿美元，服务业占比94.3%。

（王凌燕）

【成立稳外资专班统筹调度】 年内，牵头成立稳外资工作专班，组建办公室、产业组、服务组、功能区组、属地组5个工作组，按照“双周汇总、月度调度”原则统筹指导外资招商引资工作，协调推进外资项目、资金落地，做好重点外资企业服务保障。梳理在谈外商投资大项目7个；梳理合同外资500万美元（含）以上项目57个，累计合同外资28亿美元。协调成员单位36个，形成外资工作简报5份。

（王凌燕）

【外商投资企业服务力度加大】 年内，接收区市场监管局推送外商投资信息报告629份，逐一审核并通过电话通知企业修改。完成2019年度外商投资企业联合年报工作，共报告外商投资企业871家，上报率95%以上。完成2019年度重点外资企业年度报告核查更正工作，共涉及外商投资企业247家。

（王凌燕）

【政务服务】 年内，新备案对外贸易经营者备案登记379家、变更271家、注销20家。共初审鼎点视讯科技有限公司、北京飞机维修工程有限公司、空中客车等6家企业软件出口接包合同和接包执行合同63份。

（王凌燕）

【稳外资、稳外贸工作深入开展】 年内，摸排走访重点企业，开展4场外资外贸系列“云”培训。对20余家外资外贸企业进行实地走访，及时了解企业进出口情况及诉求，协调相关部门解决企业遇到的问题；搭建平台扩大宣讲，邀请顺义海关、中国信保、阿里巴巴、多家银行为外资企业讲解贸易便利化、外汇及融资渠道等政策措施，覆盖外资外贸企业200余家，最大限度帮助企业争取政策支持。

（王凌燕）

【助力企业开拓国际市场】 年内，鼓励外贸企业参与境外市场竞争，扩展产品销售渠道。34家企业的91个项目获2019年最后一批外贸企业提升国际化经营能力项目资金315.8万元；24家企业的43个项目申报2020年上半年提升国际化经营能力项目资金企业经市商务局复审，获得批复资金173.5万元；2家企业的3个项目获2019年服务贸易及服务外包专项项目资金21.4216万元。

（王凌燕）

【国际航空物流】 年内，按照《北京国际航空物流发展工作方案》工作要求，通过按月统计、定时调度的工作机制，汇总上报工作进展。制定《顺义区国际航空物流发展工作方案》及

《23项任务清单》，协调相关部门有序推进顺义区国际航空物流工作。

（王凌燕）

【区内营商环境评价逐月开展】年内，联合第三方开展2020年度营商环境企业满意度调研工作，针对拟定的16项指标完成两轮企业调查。全年累计调查区内办事企业394家，调研问题覆盖营商环境重点及薄弱领域，受访企业共提出问题192条，区内各责任单位以问题为导向落实整改，企业回访均取得积极反馈。全年梳理《营商环境调研结果月报》5份、《营商环境调研结果半年度报告》1份。

（王凌燕）

【全市营商环境评价积极跟进】4月，2019年北京市营商环境评价结果于出炉，起草《顺义区商务局关于北京市各区营商环境评价相关工作的报告》，组织召开评价结果解读培训会，对评价结果、存在问题、对标案例、整改建议四大方面进行深入解读，同步公布《顺义区营商环境第三方评价工作方案》。跟进2020年营商环境市级评价工作，督促各单位做实做细企业服务和企业库收集等工作。

（王凌燕）

【世行评价、国内评价有力落实】年内，一是开展营商环境3.0政策云宣讲5场，面向区内550家次企业解读“跨境贸易”领域新政。二是由区领导带队做国内评价商务领域指标填报现场支撑工作，协调区内7家相关单位收集服务外资企业案例9个、招商引资政策文件2个，全部报送市商务局用于现场填报。三是组织单位内部“跨境贸易”知识竞赛2场，参加北京市“千人千题”竞赛考试。四是在人民网等市区主流媒体刊登宣传区商务局营商环境优化案例。五是收集整理跨境贸易企业案例23个，政策解读材料10余个，扩大宣传推广。同时，组织落实《顺义区落实本市进一步优化营商环境行动计划（2018—2020年）工作方案》10项任务、《顺义区落实北京市新一轮深化“放管服”改革优化营商环境重点任务清单任务分工》17项任务，按要求及时推进。

（王凌燕）

【企业服务包诉求应办尽办】年内，重点围绕头部企业，加强企业服务工作，解决企业“服务包”诉求，及时更新市区双平台系统。作为行业管家对接企业30家、属地服务生及承办部门18家，累计办理诉求63条，办结率96.92%。

（王凌燕）

【“两区”建设高效推进】9月28日，顺义区举行中国（北京）自由贸易试验区国际商务服务片区挂牌仪式。10月13日，顺义区在全市率先召开“两区”建设动员部署大会。10月27日，在全市率先举办1场“两区”新闻发布会。11月2日，在全市率先举办1场签约推介会。制定《顺义区推进中国（北京）自由贸易试验区建设实施方案》和《顺义区推进国家服务业扩大开放综合示范区和中国（北京）自由贸易试验区建设工作方案》，确定85项任务清单。建立责任明晰的“两区”工作领导体系和工作机制，设立由区领导挂帅的“两区”工作领导小组，抽调全区精干力量成立“两区”专班，在区商务局合署办公。从“产业+园区”两个维度明确“3+7+N”工作思路，充分发挥天竺综合保税区、首都机场临空经济示范区、中德国际合作产业园三大园区的主体作用，重点围绕航空服务、跨境金融、文化贸易、商务会展、数字贸易、医疗健康、国际寄递物流七大产业创新发展，带动全区科技创新、高端制造等多个领域推进服务业开放。强化三单管理，建立产业政策清单、空间资源清单和目标企业清单，形成一本引资的“明白账”。举办多种形式的宣传培训活动。中国航空器材有限责任公司实施共享平台，将通关时间压缩到30个小时内，实现5个口岸间统筹调配和实时调拨航材，为关联航司每1亿美元航材投资节省2000万—3000万美元的重复投资。通过天竺综合保税区流转进行航空器材包修转包修理退税业务，北京飞机维修工程有限公司（AMECO）实现发动机维修37台，节省约800万元的运费，缩短400余天维修周期。科园信海（北京）医疗用品贸易有限公司开展大健康产品的跨境电商业务，主动参与到跨境医药电商“北京模式”中。天竺综保区探索出生物制品检测代抽样、卡口智能化监管、按库位分类监管、跨境电商企业对企业出口4项全国首创案例。

（王凌燕）

【借力“进博会”开展招商采购】11月5—10日，组织区内部门和企业注册报名参加第三届中国国际进口博览会，赴会参展企业和机构合计63家，办证人员198人。顺义区赴会企业成交签约4单，意向签约额3400万美元。展会期间与42家参展企业对接，及时了解企业投资需求，共发放（送）纸质版及电子版《顺义区产业政策汇编》《顺义区宣传册》约80份。

（王凌燕）

名　录

单位名称：北京市顺义区商务局
商务局党组书记、局长：杨登科
地　　址：北京市顺义区复兴东街3号政务服务中心北楼5层
邮　　编：101300
电　　话：010-69443513
传　　真：010-69446407

（王凌燕）

大兴区

概　况

商服中心部分职责调整。根据2020年11月25日印发的《中共北京市大兴区委编办关于区商务流通行业服务中心调整职责并补充事业编制的批复》(京兴编办〔2020〕133号)文件,区商务流通行业服务中心调整职责,不再负责"双打"办相关职责,增加协助机关完成区服务业扩大开放综合示范区领导小组和区自贸区领导小组的工作等职责,仍为区商务局所属公益一类科级事业单位。

大兴贸促支会挂牌。根据2020年12月23日印发的《中共北京市大兴区委编办关于区商务流通行业服务中心加挂中国国际贸易促进委员会大兴区支会牌子的批复》(京兴编办〔2020〕145号)文件,在大兴区商务流通行业服务中心加挂中国国际贸易促进委员会大兴区支会牌子,并将相关职能纳入主要职责。

总消费及社零额完成情况。2020年,大兴区总消费额累计实现1147.4亿元,同比下降5.3%,增速高于全市1.6个百分点;其中服务消费528.8亿元,同比增长0.2%,增速高于全市5.1个百分点。社会消费品零售额618.6亿元,同比下降9.6%。

外贸出口完成情况。2020年大兴区进出口共完成159.2亿元,同比上涨21.7%;进口完成92.2亿元,同比增长8.6%;出口完成67亿元,同比上涨46%,出口增幅位居全市第三。

实际利用外资完成情况。截至2020年12月底,大兴区实际利用外资完成1.27亿美元,同比上升26.8%。新设外资项目48家,同比增长65.5%。

(韦节有)

内贸流通

【总消费及社零额完成情况】2020年,大兴区总消费额累计实现1147.4亿元,同比下降5.3%,增速高于全市1.6个百分点;其中服务消费528.8亿元,同比增长0.2%,增速高于全市5.1个百分点。社会消费品零售额618.6亿元,同比下降9.6%。

(史文亮)

【市场价格监测】建立联动工作机制,联合发展改革委、统计局等对25种蔬菜价格进行监测,每日召开联席会议,研究部署保供稳价工作,推动成立果蔬稳价联盟,每日推出"平进平出"特价菜品等实际行动,努力稳定市场价格。

(史文亮)

【加大力度多措提振消费】启动"惠购大兴·礼享生活"惠民消费季,线上线下消费券拉动增长,发放餐饮(含线下及线上外卖)、汽车、通用消费券共计4100万元,大兴汽车联盟合力打造"大兴汽车消费嘉年华",发放让利大礼包。各类消费券带动我区消费32.6亿元。

(史文亮)

【启动"礼"动全城"智家季"】9月底至10月期间,区商务局整合北京知名家政企业优势资源,走进各大商圈及社区,为群众提供优质家政服务,开设护理大讲堂及系列知识讲座,培养高水平家政服务人才。

(史文亮)

【促消费稳增长奖励】 制定《北京市大兴区促消费稳增长奖励办法》，出台《关于征集疫情防控期间大兴区稳定市场供应等企业奖励项目的通知》，征集项目60个，发放奖励资金共636.1万元。

（史文亮）

【大兴区商业零售企业服务质量优良】 2020年，北京市商务局委托中国质量认证中心对17个区商业零售业企业开展服务质量评价活动。经评价，大兴区商业零售业服务质量四种业态（购物中心、超市、专卖店、便利店）综合评价结果排名第四，市民满意度指数排名第六，现场评价结果排名第一。

（史文亮）

【中小微餐饮企业担保贷款】 研究制定了《大兴区中小微餐饮企业担保贷款政策实施细则》，安排1000万元区级财政资金，为中小微餐饮企业提供贷款担保服务，对按期偿还贷款本息的企业，给予贴息支持，助力餐饮行业渡过难关。2020年已有33家餐饮企业获得银行贷款，金额共计2345万元。

（史文亮）

【提高便民网点补贴额度】 研究制定《关于2020年新建和规范提升生活性服务业网点项目申报指南》，针对受疫情影响严重或在疫情防控工作中保证市民基本生活的中小微企业网点项目，将补贴额度由50%提高至70%，加强政策资金扶持力度，为企业纾难解困、提升生活性服务业品质。

（史文亮）

【生活性服务业网点建设】 2020年，我区累计新建或规范提升基本便民网点77个，提前超额完成生活性服务业网点建设任务。其中，蔬菜零售网点7个，便利店（社区超市）32个，便民早餐网点11个，其他业态网点27个，“便利性”指标提升至99.3%，全市排名第九。

（史文亮）

【疏解整治“回头看”】 严防已疏解的市场和物流反弹回流，督促属地加强对已疏解企业的巡查，下发《关于开展2020年商品市场、物流疏解提升专项行动工作的通知》，对已疏解完成的市场及物流企业做好“回头看”，强化事后监管，巩固疏解提升成效。支持现代物流发展，组织区内3家物流企业申报市级资金支持，发展现代物流项目，促进产业升级。

（张　昊）

外资外贸

【外贸出口完成情况】 2020年大兴区进出口共完成159.2亿元，同比上涨21.7%；进口完成92.2亿元，同比增长8.6%；出口完成67亿元，同比上涨46%，出口增幅位居全市第三。

（杨　燕）

【实际利用外资情况】 截至2020年11月底，大兴区实际利用外资完成1.27亿美元，同比上升26.8%。新设外资项目42家，同比增长60.7%。

（杨　燕）

【出口退税资金池】 结合疫情防控形势及时修改完善出口退税资金池政策，相关创新经验做法已被纳入《北京市商务局关于支持外贸稳定增长若干措施的通知》政策文件中，并向全市推广。

（杨　燕）

【鼓励外贸企业开拓国际市场】 及时兑现外贸企业开拓国际市场资金，缓解企业资金压力。2020年共兑现87家外贸企业开拓国际市场资金共计约690万元。

（杨　燕）

【参加展会平台】 积极组织企业参加服贸

会、进博会等展会平台，并利用展会平台进行招商引资。组织164家企业报名参加服贸会，签约项目8个，累计签约额约130亿元人民币；组织146家企业报名参加进博会。

（杨　燕）

【外贸企业服务】加强对重点企业的调研和服务工作，为重点企业建立“一对一”服务管家，协助解决企业出口中遇到的困难和问题。加强政策线上宣讲力度，打破信息不对称，集聚各部门政策合力，营造良好营商环境，服务外贸企业出口。

（杨　燕）

【服务业扩大开放】建立服务业扩大开放综合试点分类动态项目库和项目进展旬报机制及政策诉求月报机制（简称“一库两机制”），督促各成员单位吸引服务业扩大开放综合试点项目落地。2020年，我区上报市级统筹项目14个，区级动态项目库新储备项目86个。其中，区级动态项目库中已落地项目28个（含外资项目12个），累计吸引投资约156亿元。市人大专题监督调研我区服务业扩大开放综合试点工作，对我区工作措施和成效给予了高度评价和肯定。

（王军祥）

消费扶贫

【推进消费扶贫】2020年全区采购受援地扶贫产品共计7138万元，新增办理扶贫爱心卡超过2万张，设立2家消费扶贫展销店，组织开展“礼爱扶贫—扶贫市集爱心季”活动，通过局领导与北京电视台网红共同直播带货方式，共吸引43万人次观看，销售受援地扶贫产品和大兴农特产品12万元。编制《消费扶贫产品名录》，将为区内企业单位采购扶贫产品提供指导。2021年3月15日，我局获“北京市扶贫协作先进集体”称号。

（张　昊）

粮食安全

【粮食安全区长责任制】推进粮食安全区长责任制落到实处，组织召开2020年度粮食安全区长考核工作部署会，制定2020年度北京市大兴区粮食安全区长责任制考核评分表，明确各单位职责，加强工作部署，逐条落实责任。2020年我区粮食安全区长责任制考核结果为优秀。

（郭秀英）

【粮食轮换和价格监测】对10000吨硬质白小麦开展轮换，确保储备粮质量安全。完成涉粮相关统计调查，组织开展粮食流通统计工作，组织开展小麦粉、粳米等五种品类周价格审核、公示等工作；圆满完成2019年度大兴区社会粮油供需平衡专项调查和农村居民户存粮调查工作。

（郭秀英）

应急物资储备

【应急物资储备及管理】加强对区级应急物资的管理，组织第三方公司对物资进行清点核对，为做好应急物资管理工作奠定了基础。

（郭秀英）

【应急物资调拨】配合区应急局，做好应急物资紧急调拨，截至7月31日，共向29个镇、街道及区级单位，累计调拨12平方米棉帐篷483顶，12平方米单帐篷278顶，棉大衣670件，折叠床120张，折叠桌椅100套，被罩120个，为社区一线防控提供有力支持。

（郭秀英）

行业安全及服务

【商务行业安全】 2020年完成安全生产检查1000余家次，消除各类安全生产隐患近200项；根据《大兴区商场超市反恐怖防范工作标准》，细化超市工作标准和要求，进一步提升商务系统应对处置恐怖突发事件的能力，服务全国“两会”召开得安全有序。

（蔡宏俊）

【优化政务服务】 2020年商务局共受理政务服务事项1021项，接受政务服务类咨询1973次，为企业和群众提供便利；顺利完成全区成品油企业年检，为成品油企业的规范、安全经营奠定了基础。

（孙　强）

【推动行业创城创卫】 组织区内规模以上商业和餐饮企业，开展创城系列活动，发放海报10000余份；开展创城、创卫、垃圾分类和无障碍建设反馈问题整改，共有100余家企业整改各类问题300余项。

（蔡宏俊）

疫情防控

【整体情况】 2020年区商务局以“保供应”“保防控”“保储备”“保应急”为工作主线，以“两保三查”（保供应、保防控、查人、查物、查市场）为切入点，确保区内生活必需品供应稳定，从严抓好商务行业疫情防控和排查。

（刘博文）

【保障市场供应】 落实“点对点”供应机制，分级分类保供应，组织蔬菜及米面粮油直通车，为16个镇街涉及的近300个村及社区提供生活必需品供应。通过建设112个物美多点社区抗疫服务站，及时调配直通车、应急小分队灵活补位，为多个封闭村社提供了便利的生活服务，受到了北京电视台、中新社、北京日报等多家媒体的关注和报道。

（史文亮）

【保障生活必需品物资临时储备】 我局在迅速落实市级储备任务的基础上，主动制订区级生活必需品物资储备计划，3月15日前完成了市区两级生活必需品储备，并按照北京市工作建议，于6月30日前完成了区级部分生活必需品的减储工作。

（郭秀英）

【商务行业疫情防控检查】 及时向属地下发通知，明确11个商务领域防疫管控工作要求和任务，加强重点行业人员排查，共排查商务行业从业人员近2000人。建立了“自查+督查+巡查”相结合的督查检查机制，建立30人、15组的专项督查员队伍，同时建立5个专项巡查组，对商超、物流企业、二级蔬菜市场等场所巡查抽查，为全区群众营造了安全、放心的购买环境。新发地新冠肺炎疫情暴发至今，我局共开展检查累计近1000家次，其中商超、餐饮、市场共计600余家次，快递、外卖、物流等企业、站点300余家次，发现问题700余个，均已通过抽查检查、“回头看”等方式督促企业整改完毕。

（蔡宏俊）

【推进商务行业核酸检测】 按照“应检尽检、能检尽检”原则，推动全区商超市场、社区便利店、外卖、快递企业从业人员加快核酸检测。根据市防控工作领导小组最新要求，我局会同区卫计委，建立外省进京蔬果运输车辆监测点，对外省进京货运司机免费进行核酸检测，共检测进京货车司机及相关人员779人次，为确保供应安全奠定了基础。

（蔡宏俊）

【保障区级防疫物资】 区商务局发挥跨境电

商平台优势，从海外采购口罩 295850 个，防护服、隔离服共 27336 套，手套 317450 副，消毒洗手液 2000 瓶，全部用于区政府统筹。

（杨　燕）

名　录

单位名称：北京市大兴区商务局

商务局党组书记、局长：马士刚

地　　址：大兴区永华南里桐城行政办公楼甲 14 栋 7、8、9 层

邮　　编：102600

电　　话：010-81298203

传　　真：010-81298204

网　　址：www.bjdx.gov.cn

（韦节有）

昌平区

概　　况

年内，昌平区商务局在区委、区政府的正确领导和市商务局的有力指导下，坚持以习近平新时代中国特色社会主义思想为指导，深入贯彻党的十九大和十九届二中、三中、四中、五中全会精神和习近平总书记对北京重要讲话精神，对照区委五届十次、十一次全会要求，聚焦统筹推进疫情防控和经济社会发展这条主线，突出落实“六稳”“六保”，努力推动商务领域事业发展。

全面从严治党，加强党建引领，引导党员干部严守政治纪律和政治规矩，增强“四个意识”，坚定“四个自信”，践行“两个维护”，坚决贯彻落实中央、市委、区委各项重大决策和战略部署。切实加强党支部规范化建设，持续推进“两学一做”学习教育常态化制度化，通过“头雁领航、骨干担当”，切实提振党员干部担当作为精神状态，55名党员干部积极参与下沉社区、在职党员“周末我上岗”“桶前值守”等活动，踊跃投身到疫情防控和垃圾分类工作中，切实发挥示范带动作用，为昌平发展贡献力量。

抓好保供稳价，保障防疫物资，全力应对疫情。疫情发生以来，商务局全局始终保持高度的责任感和使命感，听从市、区安排，第一时间成立工作专班，持续坚守岗位、服务大局，分5个组做好保障。抓好保供稳价，通过加强区级储备粮管理，做好货源摸底和价格监测，确保粮油市场平稳；通过加强区级生活必需品储备，确保应急调用；通过督促企业建立“点对点”供应机制，每日监测9家连锁超市43个门店和7个农副产品市场的粮油菜肉蛋奶、方便面、挂面等必需品及口罩、消毒液销售库存情况，确保供应充足；通过协调连锁超市与社区对接，建立社区生活必需品配送网点，在全区设置了140个“社区防疫服务站”，搭建“无接触配送”平台；疫情防控常态化后，持续做好重点农副产品市场、连锁超市、蔬菜零售连锁门店的生活必需品销量情况周报，确保供应有序；做好防疫物资储备发放，全力保障医疗救护、社区防控、复工复产、返校复课、在鄂返昌、支援香港等工作的顺利开展；严格落实“四方责任”，督促规模以上商业企业按照指引做好防控，累计指导1200余家次。

（杨　泱）

【区域性市场和物流中心疏解工作】把产业疏解和人口调控紧密结合，积极开展三年“疏解整治促提升”专项行动。年内，27家市场和3家物流中心疏解任务全部完成。经过持续三年的不懈努力，全面完成了46家市场及20家物流中心的专项“疏整促”工作任务。

（焦　健）

【生活性服务业品质提升工作】年内，新增提升规范化生活性服务业便民网点54个，其中，蔬菜零售网点26个、便利店22个、早餐网点2个、美容美发网点2个、末端配送网点2个，全区8种基本业态便民网点累计达到2971个，实现了便民网点功能全覆盖，网点连锁化率达到46%。其中“回天地区”新增生活性服务业便民商业网点32个，包含蔬菜零售网点15

个、便利店15个，末端配送网点2个，提前完成全年任务指标；8种便民商业网点累计达到1371家，实现了功能全覆盖，网点连锁化率达到53%；鼓励“美菜网”“每日优鲜”“美团买菜”等线上企业推广移动“菜篮子”新项目，便利居民消费。

（沈洪宇）

【“回天地区”商业品质提升工作】重点打造龙域、龙德和龙泽三大商圈。已完成对龙域商圈的提升建设任务，积极推进对龙德商圈的改造提升工作，重点推进龙德广场、万优汇、华联天通苑店改造项目；与华联商厦、北店时代广场、龙旗广场等重点商业企业进行对接，了解龙泽商圈整体商业情况，初步完成了龙泽商圈改造提升工作方案，同时推进华联回龙观店、同成街店的改造项目。

（沈洪宇）

【促消费工作】积极开展促消费活动，6月6日，新消费·爱生活 北京消费季——昌平“购意思”系列促消费活动与全市活动同步启动，打造六大板块，覆盖购物、餐饮、旅游、体育、休闲、教育等消费领域，开展了“炫彩生活月”“时尚消费月”“国潮精品月”“京城好货直播月”“迎春消费月”等主题活动；促进线上线下消费融合发展，对接阿里巴巴、美团等企业开展保供应、促消费工作。

（沈洪宇、杨 决）

【招商引资工作】以新零售企业、大型电商平台企业为重点，大力推进招商引资工作。积极推动京东集团、华联集团等多个商业项目落地。新增2个罗森便利店，盒马鲜生文华路店、京东“七鲜生活”先后落地“回天地区”。推动乐多港商业“一店一策”改造升级，万达广场12月18日全新开业。

（沈洪宇、杨 决）

【对外开放“两区”建设工作】扎实高效推进国家服务业扩大开放综合示范区和中国（北京）自由贸易试验区“两区”建设工作，加强组织领导，成立了昌平区“两区”建设领导小组；完善政策体系，编制了“两区”工作方案和自贸组团实施方案；强化政策任务清单、目标企业清单、空间资源清单和储备项目清单“四单”管理；狠抓任务落地，加强政策对接，促进项目引进，优化发展环境。年内，新增20个服务业扩大开放综合试点项目，及时推进项目进度；落实服务业扩大开放综合试点外籍人才出入境新政，完成《关于落实推进昌平区外籍人才（服务业）出入境新政工作方案》，征集上报重点服务业企业；组织参加服务业扩大开放业务及项目管理系统培训会；积极开展北京自贸试验区申报工作，生命园及周边约10.26平方公里纳入科技创新片区，9月27日挂牌设立。组织参加2020年中国国际服务贸易交易会，线上线下参展参会企业共计136家，上架展品463个，5个项目线上签约，签约额超2.4亿美元。

（徐 丽、闫 勋）

【粮食安全和流通管理工作】把保障粮食安全放在突出位置。加强粮油市场监测，掌握供求和价格变化，确保成品粮油不脱销、不断档；严格落实粮食储备管理责任，加大对区储粮的收储、轮换监管，确保储备粮质量安全，完成了年度区级储备粮轮换入库工作；圆满完成上年度退耕还林补助粮发放，发放面积12285.79亩，涉及6个镇100个村4872户，发放粮食415.434吨，已全部到位；扎实做好粮食流通统计年报、社会粮油供需平衡调查、乡村居民户存粮专项调查等工作；做好粮食行业监管工作，严格粮油仓储单位储粮熏蒸作业备案，备案19次，检查粮食企业85家次，完成隐患整改2处。

（赖金坚）

【行业安全管理工作】 年内，严格落实安全生产行业管理责任，开展安全生产宣传、教育、培训。落实“党政同责、一岗双责”和《北京市商务局关于印发商务行业安全生产专项整治三年行动计划》，推动企业落实安全生产主体责任，在重大节日期间和专项活动时期部署落实安全生产工作。紧抓安全生产教育培训，培训企业930余家次；组织安全生产、消防安全法律法规及有限空间、电气火灾、烟花爆竹禁放等宣传培训，发放材料两千余份；指导企业应急演练2次；进行行业安全生产指导，出动700余人次，指导单位330余家次。

（尚　斌）

【利用外资工作】 年内，实际利用外资16195万美元，同比增长60.1%。

（李晓红）

【对外贸易工作】 及时分析国际国内经贸形势，组建了稳外资工作专班，配备服务管家，服务重点企业，建立超5000万美元大项目机制；及时调研外经贸企业受疫情影响和复工复产情况，帮助协调防疫物资进出口及认证事宜；紧盯外资企业入资情况，做好线上外资外贸企业直报信息服务；办理外商投资信息报告213家次，对外贸易经营者备案登记358家次；审批服务外包接包合同40个，接包执行153个，执行金额12783万美元；审核外贸企业提升国际化经营能力项目206个，受益企业61家，拨付资金668万元；组织10家服务外包企业申请市级资金268万元；积极组织参加第三届中国国际进口博览会，并持续跟踪项目进展；多渠道宣传优化营商环境和贸易通关便利化相关政策。

（李晓红、闫　勋）

名　录

单位名称：北京市昌平区商务局

党组书记、局长：李俊杰

地　　址：北京市昌平区南环路55号

邮　　编：102200

电　　话：69723745

传　　真：69746220

（杨　泱）

平谷区

概　况

平谷区商务局（平谷区粮食和物资储备局）（以下简称区商务局）主要负责本区内外贸易、对外经济合作和粮食流通的区政府工作部门。2020年，平谷区社会消费品零售总额156.2亿元，同比下降6.1%，增速连续九个月居全市第一位。

（徐迎新）

【疫情防控】一是多渠道加大采购力度，确保平谷区口罩、消毒液等防疫物资不断档，根据全区18类28个主要应用场景物资使用标准，做到及时有序发放，防疫保供扎实有序，共调配发放口罩500余万只，测温仪4000余只，其他防疫物资品类共计35品类；二是做好疫情期间市场供应保障，组织东寺渠批发市场和区重点商超企业抓好生活必需品市场供应，做好缺断货监测，抓实补货补柜，针对北京市新发地疫情、顺义疫情等突发情况，指导企业开拓批发市场以外其他渠道，引导企业调整进货渠道，帮助重点商超、餐饮企业与东寺渠商户建立联系，采取预定送货上门等方式开展交易活动，保障了各大商超储备量满足市民日常需求，生活必需品及蔬菜价格基本平稳；三是做好区级生活必需品储备，增加平谷区重要生活必需品储备，主要是成品粮、蔬菜、方便面、鸡蛋、婴幼儿奶粉、瓶装水、冻猪肉七项生活必需品种类，提高政府储备托底保供的保障作用，增强政府调控能力，确保重要生活必需品市场平稳运行和社会稳定；四是做到商超餐饮物流企业疫情防控与复工复产双兼顾，牵头成立了平谷区商超物流防疫工作领导小组，制订了方案，完善了防控导则，2020年107家商超餐饮物流企业已经全部复工，到岗率100%，共计检查2741家次，发现问题410个，已全部整改完毕；五是用足用好市区两级政策帮助中小微企业渡过难关，促进大型商超企业和连锁餐饮企业有序发展。帮助企业报送市区两级项目，为企业排忧解难，积极争取市级外经贸政策和资金扶持。

（徐迎新）

【便民服务】依托市商务局商业发展扶持资金，加大蔬菜零售、便民早餐、便利店等新建连锁直营便民商业网点（设施）的扶持力度。全年新建便民商业网点46个，可服务林荫、向阳、岳泰、建设街等多个社区及白各庄等村。国泰改造升级进展顺利。达美乐、星巴克、华为体验店、肯德基已营业。启动“北京消费季之乐享平谷”活动，通过线上线下业态联动、全渠道共振，进一步释放消费潜力，促进各行业恢复正常经营。

（徐迎新）

【电子商务】全区电子商务交易额35.5亿元，同比增长44.75%。

（徐迎新）

【大桃销售】年内，研究制定《平谷区2020年大桃销售工作方案》，成立区、镇、村三级工作专班，建立区、镇、村、合作社、种植户“五位一体”的组织保障体系。制定绿色通道、客商服务、运输服务补贴、“互联网＋农产品”

"五个十"等系列保障政策，为大桃收购客商进行贴心服务。召开"2020年平谷鲜桃季"启动新闻发布会，推介各项服务政策。开展直播活动，区、镇、村领导参与直播带货活动，开拓大桃销售渠道。2020年电商销售大桃4250万斤，销售额3.6亿元，同比增长21.4%。

（徐迎新）

【粮食安全】 落实粮食安全区长责任制考核工作，完成区级储备原粮小麦轮入轮出计划，维护全区粮食流通正常秩序。做好生活必需品储备，随时保证应急状态下重要生活必需品储得实、调得动、用得上。做好应急物资储备，按照《平谷区区级救灾储备物资及生活必需品调拨机制（试行）》开展相关工作，按要求随时做好应急准备。

（徐迎新）

【"两区"建设】 组建平谷区"两区"建设工作领导小组，制定了《平谷区"两区"建设工作方案》，共报送29个项目，包括6个外资企业项目，每个项目均配备1名服务管家。利用官方微信公众号等新媒体大力宣传"两区"建设政策。举办中关村平谷园2020产业发展论坛暨北京兴谷经济开发区招商推介会，进行集中签约。对照《深化北京市新一轮服务业扩大开放综合试点建设国家服务业扩大开放综合示范区工作方案任务分工表》进行研究梳理，加紧各项政策对接。实行"三单管理"，形成平谷区政策清单（25项）、空间资源清单（可利用面积270.07万平方米）和目标企业清单（42家）。

（徐迎新）

【疫情防控和安全生产检查】 按年度与管理企业签订安全生产责任书，每季度召开我区规模以上商零及餐饮等商贸企业安全生产专题培训会，督促指导企业开展应急演练。全体机关人员分为10组对重点商超、餐饮、连锁便利店菜店、快递、家政企业开展监督检查，要求企业严格落实安全生产、疫情防控主体责任。全年共开展检查3402家次，查找问题745个，均已完成整改。

（徐迎新）

【对外经济贸易】 年内全区实际利用外资5002万美元，同比下降0.22%，已完成全年5000万美元的目标；完成进出口总额4亿美元，同比下降38.3%。

（徐迎新）

【行政审批】 全面落实"四减一增"（减时限、减要件、减环节、减费用，增加透明度），进一步优化政务服务事项办理条件、办理时限，全年共办理公共服务事项520件，现场接待及电话咨询12700多人次，业务投诉为零，群众满意度100%，共收到企业表扬信18封。

（徐迎新）

【对外交流合作】 组织参加2020年中国国际服务贸易交易会，其间，我区共有39家企业注册线上参展布展（其中17家外资企业），9家企业已注册进行参观洽谈。会上对我区25项产业政策成果进行了宣传，会中完成了1项签约成果、2项协议成果。在服贸会北京主题日上由区领导对京平物流枢纽项目进行了专项推介；组织区内企业和单位参加上海中国国际进口博览会，广泛动员本行业、本辖区重点企业和机构到会观展、商洽、采购，积极扩大平谷区对外开放。

（徐迎新）

名　录

单位名称：北京市平谷区商务局

党组书记、局长：杨河清

地　　址：北京市平谷区府前西街17号

邮　　编：101200

电　　话：69962955

传　　真：69962554

（徐迎新）

怀柔区

概　况

北京市怀柔区商务局（简称区商务局），是负责本区内外贸易、对外经济合作和粮食流通工作的区政府工作部门。

2020年，区商务局做好疫情防控的同时，紧扣全区“五新”建设方向，商务金融工作取得了长足发展。消费市场逐步复苏，社零额减幅逐月收窄，全年实现203.1亿元，同比下降7.8%。限上单位网上零售额快速增长，1—12月累计实现零售额53.8亿元，同比增长34.6%；商业流通体系健全完善，“三大商业组团”基本建立；民生保障扎实到位，已新建提升便民商业网点35个，完成年度任务117%，区储备7000多吨可随时调配；外贸回稳向好，全年实现进出口总额62.5亿元，已恢复到去年同期的八成左右；出口19.3亿元，与去年同期基本持平；进口43.1亿元，各项指标任务均在有序推进。

（张　蕊）

【疫情防控工作】制定了《怀柔区商务局新型冠状病毒疫情防控期间工作方案》，守住民生底线，统筹市场保供稳价能力。建立批发、零售、街道镇乡三级监测机制，及时研判市场走势；“点对点”加大源头蔬果直采，维护居民餐桌安全；引导企业投放10种大路菜平价供应1个月，有效抑制价格波动；增储菜、蛋、米700余吨，确保百姓“菜篮子”“米袋子”无忧；成立“民生物资保障送货突击队”，无接触送货到家，全方位保障了百姓正常生活秩序。管理好政府防疫、应急物资储备。确保储得实、调得出、用得上，有效地保障了全区防疫工作的顺利开展。层层压实责任，织牢疫情“联防联控网”。牵头商品供应组、快递综合防控专班，按照“宣传全方位、检查全覆盖、问题零容忍”要求，拉网式开展商超、餐饮、快递、金融机构联合检查，确保防控工作做实做细；组织开展核酸检测，完成商务行业1.2万余人的采样工作，做到了应检尽检。

（张　蕊）

【市商务联来怀调研】4月17日，北京市商务服务业联合会来怀实地考察，一行人参观了创新小镇众创街区，实地考察科学城商业配套情况，双方就品牌引入事宜进行了沟通洽谈，对开展云招商等活动达成初步共识。

（张　蕊）

【举办各类座谈交流】4月21日，区商务局与北京经济技术开发区产业技术创新联盟促进会召开座谈会。经开区产业技术创新联盟、区商务局相关负责人参加会议。双方在文旅项目开发、引入科研企业等方面展开交流并达成共识。5月29日，区商务局组织召开2020年重点外资外贸企业座谈会，玛氏食品（中国）有限公司、北京金田麦国际食品有限公司、北京健乃喜生物技术有限公司等9家重点外资外贸企业相关负责人参会。9月23日，区商务局召开了2020年怀柔区会展业座谈会，雁栖湖国际会展中心、宽沟会议中心、凯宾斯基酒店、益田影人酒店等10家区内重点会展企业参加怀柔区会展业发展开展座谈调研。会上，各企业围绕未来会展业发展趋势、需求以及会展服务模式创新的意见建议等议题进行深入交流。

（张　蕊）

【跨境贸易便利化政策宣讲】5月9日，区商务局联合顺义海关、区税务局，借助区政务服务局“云直播”平台，向区内重点外资外贸企业宣讲最新的通关政策及退税政策，涉及跨境贸易便利化措施、促进外贸稳增长措施、企业信用管理、出口退税等内容，60余家企业在线参与。会后，通过微信工作群将培训PPT面向全区300余家外资外贸企业进行同步分享。

（张　蕊）

【聚焦优化营商环境】协助解决玛氏、杜邦原料快速通关事宜，帮助企业挽回巨大经营损失；协助爱看制衣、火炬生地等15家企业办理出口信用保险；协助北京丘比食品有限公司、中影电影数字制作基地有限公司、北京中赫国安足球俱乐部有限责任公司等16家单位55名外籍人员办理来华邀请函；协助健乃喜、科卫、惠众成功申报符合防疫物资生产企业白名单。

（张　蕊）

【开展扶贫支援协作】5月26日，丰宁县商务局来怀对接商务领域扶贫工作，召开座谈会并实地参观了怀柔双创中心。两地商务领域龙头企业代表参加了会议。8月14日，怀安县副县长封殿胜、副县长刘金波带队赴区商务局召开消费扶贫座谈会，进一步深化怀柔区与怀安县两地交流合作。

（张　蕊）

【怀柔消费季火热开展】6月6日，北京消费季怀柔分会场在怀柔青春万达广场盛大启动。区委常委、副区长郭文杰，区委常委、宣传部部长鲍晓健及各相关单位、区内各行业企业负责人出席启动仪式。通过线上赋能线下的双轮驱动模式，引导企业开展形式多样的促消费活动。全区60余家企业参与了京券抵现，范围涵盖餐饮、黄金、茶饮等多个业态，有力拉动了怀柔区消费市场。青春万达广场借助新零售体验式消费模式吸引各层次消费群体，有效活跃怀柔区核心商业氛围。鼓励企业延长营业时段，拉动夜间消费。顶秀美泉酒吧街、星东夜市等夜间活动火爆；雁栖湖国际会都、怀柔水库等地标性建筑被全部点亮，营造全城一节的消费氛围。

（张　蕊）

【区级储备粮轮换工作会】7月14日，区商务局召开会议部署2020年区级储备粮轮换工作，区发展改革委、财政局、农发行、源益盛粮油总公司等部门有关负责人参加会议。按照《怀柔区区级储备粮管理办法》的规定，本着推陈储新的原则，对怀柔区区级储备小麦进行轮换。

（张　蕊）

【参展线上服贸会】9月4—9日，区商务局组织怀柔区19家企业在线参加中国国际服务贸易交易会，通过文字、图片、视频等丰富素材，展示区内优质产业资源，为怀柔区招商引资、招才引智。

（张　蕊）

【中国会议产业大会连续第5年落地怀柔】由怀柔区政府与北京市文旅局、中国会展经济研究会作为共同主办方的第十三中国会议产业大会于12月3—4日在北京怀柔举办。本届大会的主题是“重塑　共进”，怀柔区雁栖湖国际会展中心、凯宾斯基、益田喜来登等10家怀柔本土会展企业参会。

（张　蕊）

【提前完成实际利用外资额任务】截至2020年11月底，本区实现实际利用外资7120万美元，提前完成2020年全市实际利用外资额指标任务。新设外商投资企业45家，其中外商独资企业15家，合资企业30家。

（张 蕊）

【聚焦科学城推进两区建设】以培育科技创新体系为核心，以硬科技产业加速器和科学设施应用场景为两翼，以怀柔科学城、国际会都、中国影都三大功能区为支撑，全力打造世界级原始创新承载区，主动融入北京市“两区”建设，利用“两区”政策叠加优势，为区域实体经济服务。推进适用于怀柔的“两区”政策加快落地，推动科技产业创新要素加速集聚，开展RCEP研究，加快构建与协定要求和国际惯例相衔接的规则体系，在服务业更宽领域、更深层次扩大开放。以项目带产业，以产业促开放，切实提高怀柔“两区”建设水平。完善“支持政策+建设任务+空间资源+目标企业”清单体系。结合区域发展实际，出台怀柔区“两区”建设支持政策清单、建设任务清单、空间资源清单、目标企业清单。

（张 蕊）

【生活性服务业品质提升工作】2020年，怀柔区应新建和规范提升基本便民商业网点35个，已全部建设完毕并投入运营，完成年度任务117%，“七有”“五性”中“便利性”指标实现100%。

（张 蕊）

【对外经贸工作】年内，新设外商投资企业56家，其中外商独资企业16家、合资企业40家，比去年同期上升了133%，创历史新高。投资来源遍及美国、马来西亚、泰国、意大利、中国香港、中国台湾等国家和地区。

（张 蕊）

名 录

单位名称：北京市怀柔区商务局
党组书记、局长：王鹏
地　　址：北京市怀柔区迎宾中路21号
邮　　编：101400
电　　话：69645258
传　　真：69647234

（张 蕊）

密云区

概　况

年内，受新冠肺炎疫情影响，社会消费品零售总额降幅在下半年持续收窄，全年保持了平稳上扬态势。全区实现社会消费品零售额160.9亿元，同比下降7.7%。在全市17个区（含经济技术开发区）中排第4位，在生态涵养发展区中，总量居第2位。引导和扶持大星发、檀州农业等蔬菜龙头配送企业在密云新城及周边共新建和规范便民商业网点74家，基本实现密云城区及周边“5分钟蔬菜便民服务圈”全覆盖。完成进出口总额10.8亿美元，同比上升27.9%，其中出口总额4.5亿美元，同比增长91.1%，进口总额6.3亿美元，同比增长3.2%。

（张　振）

【物资保障】疫情期间，累计购买、调拨、储备民用口罩、84消毒液、酒精、洗手液、电子测温仪、护目镜、防护服等19个种类的防疫物资；增储大米、面粉等生活必需品，补充零售终端货源。建立生活必需品供应及价格监测机制和重点区域巡查机制，监测重点商超每日生活必需品货源供应、销售及运营情况。2月7日，十里堡镇出现新冠肺炎确诊病例后，加大蔬菜、肉蛋等生活必需品补货力度和频次，确保社会面生活必需品供应充足。疫情期间未出现抢购、断供现象。

（张　振）

【抗击疫情】年内，对规上商超、餐饮、粮食、快递外卖、家政、家具城、成品油、商务楼宇8类百余家企业的2万余从业人员进行全面摸底，排查返京人员287人，检查企业约860家次并签订疫情防控责任书，建立商务行业管理台账。新发地疫情暴发后，组织餐饮企业全面消杀，组织重点商超、快递、外卖、餐饮企业5000余人核酸检测工作。定期对重点商业企业进行环境监测和人员核酸检测，组织冷链从业人员200余人接种疫苗，全面检查8家经营进口冷链企业。

（张　振）

【复工复产】年内，积极向企业宣贯“北京19条”“落实北京市扶持中小微企业16条举措”“北京新九条”惠企政策，并为疫情期间持续营业、满足社会面生活必需品供应的企业申请补贴，为大型商场疫情期间申请市级奖励项目资金60万元，为传统商业企业申请鼓励政策促销费项目市级资金50万元，为生活性服务业连锁企业申请市级生活性服务业发展项目资金304.2万元，为疫情期间正常营业的135个承租商户申请非国有产权人中小微企业申请房租减免政府补贴资金147.86万元。根据《密云区2020年应对疫情保供稳价和新消费特别国债项目资金使用办法》，拨付专项资金1070万元。

（张　振）

【刺激消费】年内，扩大电商企业产业规模，拉动社零额增长。万象汇推出主题为“万象夜集”的夜间市集项目；推出乡村游、民俗游等4条旅游线路；联合朝阳区商务局，助力“京纯”“奥金达”蜂产品走进朝阳望京小街、大悦城等商超和社区。推出“荧光夜跑周”等消费活动，助力城市文旅体育消费。

（张　振）

【疏解整治促提升】年内，改造提升区内重点农副产品综合市场，加快农副产品流通，增加农民收入。全年投入578.9万元，完成新城子曹家路农副产品市场交易工程、大城子宽发集贸市场中心、溪翁庄石马峪村农副产品市场、东邵渠石峨市场5家区级市场的改造升级任务。

（张　振）

【生活性服务业网点建设】年内，围绕建设绿色国际休闲之都发展定位，优化产业结构，培育生活性服务业载体，完成新建和规范基本便民商业网点74家，其中便民蔬菜网点25家，家政10家，洗染1家，美容美发店16家，便民维修4家，便民早餐18家。

（张　振）

【营商环境优化】年内，成立稳外资专班，建立三个台账（即外商投资企业库和重点外资企业台账、合同利用外资项目库和重点项目台账、招商项目库和重点发布招商项目台账）和服务包、调度机制，弥补进出口数据缺口。全区上报市政府服务业扩大开放重点项目6个，其中地球系统数值模拟装置、蜜蜂大世界产业园2个被列入市级统筹项目，密云高端红酒产业联合体国际化经营项目、北京春播科技有限公司跨境电商示范项目等4个被列为市级一般项目。

（张　振）

【电商工作】年内，根据《密云区促进电子商务发展办法》，为区内15家电商企业提供资金扶持497.83万元。走访调研区内13家重点农业电商和相关职能部门，制订《北京市密云区发展农业电子商务企业实施方案》（讨论稿）。疫情期间，通过电商平台销售，解决农产品滞销问题。全区13家重点农业电商企业网络零售额7.99亿元。

（张　振）

【安全生产教育】年内，学习宣传习近平总书记关于安全生产的重要论述，线上观看2000余人次。组织全区规上商超、餐饮、快递外卖企业疫情防控消杀培训3场97人次，线上观看安全生产专题片《生命重于泰山》，组织商务行业安全生产专项整治三年行动部署会暨《有限空间作业安全技术规范》培训会1场73人次。

（张　振）

【安全监督检查】年内，强化企业的主体责任意识，按照“三自活动”和“三自主两公开一承诺”的工作要求，开展安全生产排查整改工作。全年巡查企业215家次，出动人员442人次、112车次。

（张　振）

【“两区”建设】年内，推进“两区”建设，即发挥中关村密云园和怀柔科学城东区“一园”“一区”的产业集聚和主体带动作用，围绕国际休闲旅游度假和高端商务会议中心、电子商务、科技服务、生物医药、健康医疗、航空服务六大产业创新发展，推进N个重点示范项目落地；建立“两区”建设“1+3+X”政策保障体系，即出台一个工作方案《北京市密云区推进国家服务业扩大开放综合示范区建设工作方案》；建立三个清单，即政策清单、空间资源清单和项目清单；制定实施X项专项促进政策。截至年底，上报市级服务业扩大开放在推进项目12项，新增储备项目33项。

（张　振）

【消费扶贫】年内，销售新疆洛浦县滞销扶贫产品和田鸭30万元、蔚县贫困户200吨大白菜，增设1家消费扶贫专区。全区布设智能专柜130台。密云供销合作社作为主体新建的消费扶贫密云分中心投入运营。助力受援地区实现消费扶贫产品销售额5.2亿元。密云区财政预算单位采购额451万元。区消费扶贫分中心扶贫产品销售额近3000万元。

（张　振）

对外经济

【服贸会推介会】7月20日和8月5日举办服贸会推介会，29家企业参加线上、线下展览，有3个签约项目，签约金额1318.81万美元。

（张　振）

【进博会】11月5日至10日，召开进博会。密云分团33家企业通过大会审核，102人办理证件，受疫情影响，实际到会48人。会上成功签约2个项目，签约金额180万美元。

（张　振）

【外贸进出口】年内，完成进出口总额10.8亿美元，同比上升27.9%，其中出口总额4.5亿美元，同比增长91.1%，进口总额6.3亿美元，同比增长3.2%，进出口及出口完成绝对值及同比增速均居五个生态涵养区第一位。

（张　振）

【外商投资】年内，新设外资企业19家（含7家分公司），合同外资6784.62万美元；实际利用外商投资1659万美元，同比增加4.3%。

（张　振）

名　录

单位名称：北京市密云区商务局
党组书记、局长：王东
地　　址：北京市密云区檀西路21号
邮　　编：101500
电　　话：89089310
传　　真：89089320

（张　振）

延庆区

概　况

北京市延庆区商务局（北京市延庆区粮食和物资储备局）于2019年3月正式挂牌成立，负责贯彻落实市委关于内外贸易、外商投资、对外经济合作、粮食和物资储备工作的方针政策、决策部署和区委有关工作要求，在履行职责过程中坚持和加强党对内外贸易、外商投资、对外经济合作的集中统一领导。内设办公室、流通管理科、外经外贸科（行政审批科）、安全科（粮食和物资储备科）4个行政科室，粮食和物资储备中心、商务发展中心2个事业单位。2020年，区商务局紧紧围绕区委区政府中心工作，全力以赴抗击新冠肺炎疫情。结合“七有”要求和“五性”需求，开展商业设施建设，提质全区商业环境，按期完成“疏整促”工作任务；多措并举促进消费，支持中小微企业稳定发展；坚持政策引领，持续激发外经贸发展活力；围绕平安建设，持续开展行业安全监管；粮食收购稳中向好，粮油市场保供稳价卓有成效；会展产业发展迅速，带动效果明显；多渠道、多平台助推消费扶贫硕果累累；积极做好冬奥餐饮服务保障，高效机制初步建立；坚持以人民为中心，持续深化12345接诉即办工作机制；实现了疫情防控和经济发展同步推进，商务行业营商环境持续优化，人民群众幸福感、安全感进一步提升。

【社零额工作】2019年，受新冠肺炎疫情影响，延庆区市场总消费增速同比下降9.1%。全年社会消费品零售总额完成99.7亿元，同比下降7.7%。

（李洪涛）

【冬奥会服务保障工作】牵头做好冬奥市场秩序与食宿保障组工作，制订工作方案，明确任务分工，落实各项机制，主动对接北京冬奥组委，及时了解市级要求，统筹安排组内工作任务。扎实完成延庆赛区场馆餐饮服务项目招标工作，圆满完成国家雪车雪橇中心场馆预认证活动及国际冬季单项体育联合会来访考察服务保障工作。严格落实餐饮业务领域任务，其中已完成任务8项，推进中任务40项。妥善处理高山滑雪世界杯餐饮后续相关工作，积极对接中标企业，并完成合同解约和赔付。

（刘　越）

【生活性服务业品质提升】提前完成30个便民网点建设任务。建立属地网点建设考核机制，会同各属地政府开展便民网点精准补建工作，全区基本便民服务功能社区覆盖率达到100%。研究起草“十四五”商业服务业发展规划，并纳入全区“十四五”发展规划11个专项规划之一。

（李洪涛）

【疏整促及市场改造】牵头成立日上、恒生市场专班开展市场升级改造及常态化管理工作，实现农贸市场“零扣分”，全面助力“创城”成功。共修缮路面约41000平方米、划设停车位420个、拆除违建2113平方米。推动万达广场建成开业，保障正常运营。推进柳沟商业街建设，督促井庄镇加快建设施工。

（李洪涛）

【多措并举促进消费】牵头文旅、体育、农业农村等部门制定实施《北京消费季延庆区消费活动方案》，推动万达广场开业促消费和草莓音乐节等26项活动相继开展。结合“五新”工作，推进直播消费、智能消费等新型消费模式发展。出台《延庆区补助商业领域中小微企业和个体工商户房租的实施细则》，累计减租金额1493万元，补助金额434万元。

（李洪涛）

【持续激发外经贸发展活力】高效推进“两区”建设。成立区委书记、区长双组长的“两区”工作领导小组，建立专班，制订工作方案。着力推动项目落地，围绕“一核四区多点”、全域旅游、冬奥契机、世园公园及周边等方面，打造科技创新高地、促进文旅体商农融合发展、发展冰雪休闲产业、建设京张体育文化旅游带、打造休闲度假商务区（RBD）。目前正在推进示范项目10个。完成延庆区“两区”建设重点企业入驻签约，13项重点项目落户延庆。

组织开展2020年度外经贸发展专项资金、服务外包项目申报，促进企业进一步发展，开展企业培训3次，培训企业43家次。加强外商投资企业服务管理，牵头成立稳外资专班，制订工作方案，建立外商投资企业台账。

（吴广云）

【外贸进出口稳中有升】2020年1—12月，延庆区进出口企业完成直接进出口总额人民币12.4亿元，同比下降2.9%。其中直接出口总额人民币10.04亿元，同比增长0.9%，直接进口总额人民币2.36亿元，同比下降16.3%。全年8家外资企业落户延庆，合同外资7579万美元，实际利用外资304万美元。

（吴广云）

【全力以赴抗击疫情】建立生活必需品供应保障体系，保供稳价效果显著。按时完成疫情期间本市生活必需品区级储备计划。疫情期间，增加临时储备蔬菜249.3吨、成品粮1000吨、鸡蛋13.4吨、奶粉0.9吨、方便面14.2万袋，制定加大本地菜投入、“点对点”补货机制、拓展外采渠道等六项保供稳价措施，保障生活必需品市场供应平稳、货源充足。

牵头区疫情防控领导小组物资和市场环境组（市场防疫组），统筹协调做好全区防控物资需求统计发放，生活必需品供应及价格监测，以及商场超市、农贸市场等商业领域疫情防控工作，确保了延庆区疫情防控工作中民用防控物资及生活必需品供应充足，市场秩序和市场环境稳定有序。累计为各单位、部门发放40余类防疫物资649万余件。同时，创新“6+N”行业治理机制，领导班子成员分别牵头6个专项监督服务组，扎实做好全区重点商超、市场、餐饮单位及“七小”企业疫情防控统筹管理，累计出动5121人次，检查10180家次，组织核酸检测18160人、注射疫苗58人。全区重点商业企业复工复产率100%，复工达产率达到80%以上。

（席小芳）

【持续开展行业安全监管】结合疫情防控，制订全年安全工作方案，明确安全责任制建设、法规宣传、专项督导为内容的量化工作目标。多次组织班子集中学习，落实党政领导干部安全责任制实施细则，并开展巡查指导，指导企业落实各项安全制度。落实行业管理职责，牵头开展安全检查、集中整治三年行动、燃气安全整治等工作，共出动检查指导人员150人次，检查企业70家次，下达安全生产告知书70份。2020年全年，区商务局所辖领域在安全生产、防恐防暴、消防安全等方面未发生对延庆区经济社会发展造成重大不良影响事件，社会面总体情况平稳有序。

（王　佳）

【粮食和物资储备工作】粮食安全区长责任制考核连续5年被评为优秀等次，连续两年考核排名全市第一；新增区级临时储备成品粮1000吨，超额完成市级任务；玉米收购2.67万吨，转储2.33万吨；粮食应急企业全部实现挂牌管理；开展政策性粮食管理问题整改“回头看”专项行动；发放救灾物资4848件，补库4821件；进行两次物资倒垛一次应急演练；开展救灾物资大清查，救灾物资实现系统化管理。

（胡秀华）

【消费扶贫工作】2020年全年，共销售受援地农产品1.34亿元。6月8日，北京市消费扶贫双创中心延庆第二分中心在首农食中心挂牌成立。受援地共销往北京扶贫产品12232.32万元，其中宣化区3244.50万元，怀来县7900万元，兴河县1087.82万元。累计带动贫困人口5198人，办理消费扶贫爱心卡14000余张，安装消费扶贫智能专柜31台并通电试运营。

（王清波）

【会展工作】推动服贸会影响逐步扩大。2020年服贸会共计向364家企业进行宣传动员。中关村延庆园加氢站、绿色云计算中心等6个项目成功签约，签约金额达11862.2万美元。扎实组织区内39家部门和企业、70名人员赴上海参加第三届进博会。进博会期间，意向订单成交额98.2万美元。

（郭向芳）

【接诉即办工作】坚持把解决群众所需放在首位，把解决群众最关心、最直接、最现实的问题作为工作重点，创新工作方法，全局上下联动促进问题解决。全年实际累计接办12345工单309件，同比增长306%，除不合理诉求工单外，解决率、满意率均为100%，全区总体排名靠前。

（席小芳）

【党风廉政建设】及时成立以党组书记为组长，党组副书记为副组长，领导班子成员为小组成员的党风廉政建设工作领导小组。分别制定局党组、主要领导和领导班子成员重点工作任务清单，组织科级及以下党员、干部签订廉政责任承诺书，确保主体责任层层传导、力度不减。配合区委第五巡察组开展“四风”巡察工作，第一时间召开专题党组会，针对巡察发现23个方面问题，研究制订整改方案和组织落实方案，形成41项整改措施清单，充分借助专项巡察工作良好契机，推动机关干部工作作风进一步扭转。

（席小芳）

【光盘行动工作】落实“光盘行动”，制定《延庆区餐饮企业光盘行动若干措施》，发放光盘行动倡议书及工作指引2000份，定期检查各企业落实情况。

（李洪涛）

【无障碍环境建设工作】对区内重点商超、餐饮企业的无障碍设施建设情况进行摸排，将29家重点企业的113个无障碍点位系统上账，同时引导12家商业企业开展无障碍设施改造。

（李洪涛）

名　录

单位名称：北京市延庆区商务局
党组书记、局长：刘　涛
地　　址：北京市延庆区新城街2号
邮　　编：102100
电　　话：010-69101551
传　　真：010-69144243
网　　址：http://www.bjyq.gov.cn/yanqing/zbm/sww/dwjj76/index.shtml

（王玉冉）

北京市粮食和物资储备局

粮食流通和物资储备

【概况】2020 年，面对新冠肺炎疫情冲击和错综复杂的国际国内形势，北京市粮食和物资储备局坚持以习近平新时代中国特色社会主义思想为指导，认真贯彻落实党的十九大和十九届二中、三中、四中、五中全会精神，围绕“六稳”“六保”工作任务，全力以赴做好防疫保供工作，推进粮食和物资储备体制机制改革，健全粮食和物资保障体系，强化粮食流通监管，推动粮食和物资储备工作高质量发展，更好地服务首都经济社会发展大局。

（蔡奇敏）

【全市粮油供需总体平衡】2020 年，本市粮食直接消费量 455.1 万吨，比上年增加 3.6 万吨，增幅 0.8%。其中，城乡居民口粮消费 342.2 万吨，比上年增加 1.8 万吨，增幅 0.5%；饲料用粮 91.8 万吨，比上年增加 10.3 万吨，增幅 12.6%；工业用粮 21.1 万吨，比上年减少 7.7 万吨，减幅 26.7%；食用油消费量 46.9 万吨，比上年减少 8.2 万吨，减幅 14.9%。全年粮食供给 535.3 万吨，食用油供给 52.9 万吨。2020 年，本市粮油供给充分，消费量稳中有升，粮油库存保持平稳，社会粮油供需总体平衡。

（惠春光）

【全力做好疫情防控和粮油保供工作】在首都抗疫斗争中，为确保粮油供应不脱销、不断供，全力服务疫情防控大局，迅速成立粮油供应应急保障专班，紧急增储 10 万吨临时储备成品粮、5 万吨临时储备食用油，并将市外存放的 5.64 万吨市级储备成品粮调运回京。紧急组织 11 家骨干企业复工复产，仅用 12 天全部实现开工生产，有力保障了本市粮食供给。强化粮油市场监测预警，妥善应对个别国家限制粮食出口引发的连锁反应，及时投放市级临时储备成品粮，在全国省级粮食部门中带头发声，通过新闻发布会回应社会关切，及时稳定市场预期，平息本市超市粮油销量激增态势，为疫情防控和经济社会稳定提供有力保障。把握储备轮换方式和节奏，为企业正常生产提供了原料支撑。全年累计轮出市储备粮油 57 万吨，轮入市储备粮油 57 万吨。着力发挥应急物资支援保障作用，紧急调运各类储备物资 5 万多件，支援湖北及本市各区基层抗击疫情。代发医疗防护物资 18 万件、医疗设备 12 台。东城、朝阳、石景山、顺义等区共调运区级救灾物资 2 万多件，用于本区各街道乡镇疫情防控工作。

（惠春光、杨春彦）

【改革完善粮食和物资储备体制机制】经市政府常务会和市委深改委会议审议，出台改革完善体制机制加强粮食储备安全管理的工作措施，进一步压实主体责任和监管责任，为新形势下服务市场调控、调节稳定市场、应对突发事件和提升首都安全能力奠定了基础。全市首次形成常态化的重要商品和应急物资统计管理机制，为动态掌握本市重要商品和应急物资储备底数提供了抓手。成功召开市级重要商品储备部门联席会议第一次会议，并制定进一步加强市级重要商品收储、轮换和投放管理工作意见，为推进市级重要商品储备体系建设奠定坚实基础。

（蔡奇敏、杨春彦）

【切实增强粮食保障能力】组织企业参加第三届中国粮食交易大会以及山东、黑龙江等省举办的产销合作会，与黑龙江等8省签署了产销合作战略协议，进一步深化产销合作。严格落实粮食收购政策，将延庆、密云2.4万吨玉米转为市储备粮，拓展农民售粮渠道。做好退耕还林补助粮供应收官工作，全年累计供应粮食0.36万吨，涉及7个区，75个乡镇，757个村，43906户退耕农户。

（惠春光）

【全面加强粮食流通监管】开展政策性粮食大清查“回头看”和问题整改“回头看”专项行动，结合粮食库存大清查、粮食安全责任制考核、中央储备粮和中央事权粮食政策执行情况年度考核发现问题整改“回头看”工作，全面摸排问题整改情况，全市419个问题全部整改完成，全面提升政策性粮食管理水平。开展“双随机 一公开”粮食流通行政执法检查，全年市、区两级共执法检查721家次，实现地方储备粮承储企业和纳统涉粮企业全覆盖。加快推进全市粮食行业信用监管体系建设，指导各区粮食行政管理部门开展全市粮食企业经营活动守法诚信评价工作，共将230家纳统企业评价结果在外网予以公示和公告。强化粮食安全责任制，完善考核方案和指标体系，引入第三方开展数据核验，确保结果更加公平、公正。我市在2019年度粮食安全省长责任制考核中被评为“优秀”。

（孔令文）

【抓实抓好重大规划编制和重点项目建设】科学评估“十三五”发展规划的落实效果，认真分析“十四五”期间面临的内外形势，高质量开展“十四五”规划编制工作并形成初稿。加快现有粮食仓储设施升级改造，支持全市12个粮食仓储设施维修改造项目，7个市储备成品粮承储库点购置空调88台。积极推动粮库智能化升级改造和市级粮食和物资储备管理平台建设，完成市级粮食管理平台与国家平台对接工作，实现与国家局平台的“数据通”和“视频通”。推进成品粮综合性保障中心建设，昌平粮库、门头沟粮库、张辛粮库、牛栏山粮库各综合性保障中心陆续引进成品粮经营企业，成品粮储备数量大幅上升。

（王红伍、暴瑞冰）

【深入落实科技和人才兴粮兴储战略】开展世界粮食日和粮食科技宣传周活动，树牢粮食安全意识，大力倡导厉行节约、反对浪费，引导科学消费、健康饮食。制定市储备成品粮仓储管理技术要点，为临储成品粮仓储管理提供技术指导。全面落实人才兴粮兴储战略，在全系统开展学习粮食行业先进典型事迹活动，组织粮食行业特有工种职业技能鉴定培训，推荐国家技能人才培育突出贡献个人，发挥拔尖人才工作室技术攻关和传技带徒作用，在行业内营造奋勇当先的氛围。

（暴瑞冰、张瑞琪）

【建立健全应急物资储备体系】积极克服疫情带来的不利影响，圆满完成市级救灾物资搬迁工作，启用运输车辆1090车次，作业人员3320人次，物资总重近8千吨。在副中心办公区引入库区视频监控资源，打造精干高效的管理队伍，提高储备安全管理水平。制订疫情期间救灾物资应急发运实施方案，修订救灾物资储备库防汛及应急发运工作实施预案，组织开展救灾物资应急调运演练，细化调运流程，提升应急响应、高效调运的能力。制发重要节点做好物资储备安全管理和应急保障工作通知、救灾物资储备库安全管理制度措施汇编等，加强物资储备安全管理。做好代储中央救灾物资、市区两级救灾物资清查工作，做到数量真实、账实相符。沟通对接天津、河北，初步建立京津冀应急救灾物资协同保障机制。建立本市应急救灾物资生产企业名单，研究应急救灾物资供给清单，做好重要应急救灾物资产能情况统计。积极探索建立本市民用防护口罩储备体系，进一步补齐物资储备体系建设短板，全面加强疫情防控常态化下的民用防疫物资储备工作。

（杨春彦）

【大力推进粮食产业高质量发展】成功举办2020年粮食现代供应链发展及投资国际论坛，以“加强危机防控合作，守护国际粮食安全”为主题，采取线上线下相结合的方式，在产销合作、区域协同、对口扶贫、服务贸易方面取得显著成果。积极推进我市2020年度中央企业“优质粮食工程”奖励资金项目建设工作。截至2020年底，项目完成投资18042万元，占总投资的62.9%。委托北京市粮食行业协会开展“好粮油”产品遴选，选出8个品类的“北京好粮油”产品。印发关于推进我市粮油品牌建设的指导性意见，提升本市粮食产业经济发展水平。

（蔡奇敏、王红伍）

【深化“放管服”改革】出台告知承诺制暂行办法。推进政务服务事项“一网通办”，落实电子证照应用和电子印章制作，对接全市统一审批平台，实现在线出证。完善“互联网+监管”系统对接与使用，检查实施清单完成率100%。精简政务服务事项申请材料和压缩时限，精简材料21份，精简比例31%；压缩时限193天，压缩比例50%。

（王红伍）

【坚持党建引领守好安全稳定廉政底线】在统筹疫情防控工作中，组建专班日夜鏖战2个月，高质量完成了成品粮紧急增储与调运入京等任务。先后选派10名精干党员干部下沉社区坚守近半年，筑牢社区防控第一道防线。多方筹措防疫所需物资，确保疫情防控“零感染”，打赢抗疫保供战。局党组坚持率先垂范、领学促学，主要领导带头宣讲十九届五中全会精神，专题学习习近平总书记关于粮食安全和健全储备机制的重要论述，整理形成论述摘编，在“学懂弄通做实”上持续发力。开展优秀调研报告评选活动，形成20篇高质量的调研报告，精准服务决策。大力推进基层党组织规范化建设，提升支部政治功能和组织力。出台局党组意识形态工作责任制实施细则，将意识形态工作与业务工作紧密结合，同研究、同部署、同落实。积极开展“光盘行动”和爱粮节粮知识问答，弘扬爱粮节粮良好风尚。

（张瑞琪）

名　录

单位名称：北京市粮食和物资储备局

主要领导职务、姓名：

柯永果　党组书记、局长（2020年5月任职）

李广禄　一级巡视员（2020年9月退休）

阎维洪　党组成员、副局长，二级巡视员（2020年1月退休）

朱　雷　党组成员、二级巡视员（2020年6月任二级巡视员，2020年7月免去副局长职务）

任昌坤　党组成员、副局长

王德奇　党组成员、副局长

地　　址：北京市通州区运河东大街57号院6号楼413

邮　　编：1000743

电　　话：55574685

传　　真：55574684

网　　址：http://lsj.beijing.gov.cn/

（蔡奇敏）

第六部分

统　计　资　料

一、商业流通

表 1－1　社会消费品零售额

项　　目	2020 年（亿元）	同比增长（%）
社会消费品零售总额	13 716.4	-8.9
其中：限上批零业网上零售额	4 423.3	30.1
按商品用途分		
吃类商品	2 795.7	-10.9
穿类商品	697.7	-26
用类商品	9 766.2	-5.1
烧类商品	456.9	-33.6
按行业分		
批发业	2 506.9	-8.6
零售业	10 337.8	-6.7
住宿业	80.7	-47.9
餐饮业	791.0	-27.3
按地区分		
城镇	13 054.0	-9.1
乡村	662.4	-6
按消费形态分		
餐饮收入	871.7	-29.9
商品零售	12 844.7	-7.1

数据来源：北京市统计局

（薛辛培）

表 1－2　社会消费品零售额（按功能区组分）

项　　目	2020 年（亿元）	同比增长（%）
全　　市	13 716.4	-8.9
东城区	1 213.5	-8.0
西城区	993.5	-9.3
朝阳区	3 221.7	-8.6
丰台区	1 318.9	-9.9

（续）

项　　目	2020 年（亿元）	同比增长（%）
石景山区	399.5	-8.3
海淀区	2 718.1	-8.6
门头沟区	101.2	-7.6
房山区	341.3	-9.1
通州区	529.3	-10.4
顺义区	562.5	-11.8
昌平区	670.0	-9.9
大兴区	618.6	-9.6
怀柔区	203.1	-7.8
平谷区	156.2	-6.1
密云区	160.9	-7.7
延庆区	99.7	-7.7
北京经济技术开发区	408.3	-7.4

数据来源：北京市统计局

（薛辛培）

表 1－3　社会消费品零售额进度表

2020 年	社会消费品零售额（亿元）	同比增长（%）
1—2 月	1 861.9	-17.9
1—3 月	2 716.5	-21.5
1—4 月	3 693.4	-20.4
1—5 月	4 737.5	-18.2
1—6 月	5 973.3	-16.3
1—7 月	6 988.4	-15.6
1—8 月	8 150.4	-14.1
1—9 月	9 390.1	-13.1
1—10 月	10 587.8	-11.9
1—11 月	12 284.6	-9.6
1—12 月	13 716.4	-8.9

数据来源：北京市统计局

（薛辛培）

二、对外贸易

表 2－1　海关进出口商品类别及构成

表 2－1－1　北京地区海关出口商品类别及构成

金额单位：万美元

类　别	2020 年		2019 年		比重增（减）%
	金　额	比重（%）	金　额	比重（%）	
总　值	**6 701 444**	**100.0**	**7 498 368**	**100.0**	—
机电产品	3 207 098	47.9	3 144 561	41.9	6.0
高新技术产品	1 974 189	29.5	1 575 068	21.0	8.5

注：数据摘自北京海关统计月报

（汪云云）

表 2－1－2　北京地区海关进口商品类别及构成

金额单位：万美元

类　别	2020 年		2019 年		比重增（减）%
	金　额	比重（%）	金　额	比重（%）	
总　值	**26 802 529**	**100.0**	**34 109 652**	**100.0**	—
机电产品	6 662 132	24.9	6 582 927	19.3	5.6
高新技术产品	2 795 586	10.4	2 697 172	7.9	2.5

注：数据摘自北京海关统计月报

（汪云云）

表2－2 海关进出口商品分类金额

表2－2－1 海关出口商品分类金额

金额单位：万美元

商品名称	2020年	同比（±%）
总　　值	**6 701 444**	**−10.7**
第1章 活动物	1 299	-13.5
第2章 肉及食用杂碎	32	119.4
第3章 鱼、甲壳动物、软体动物及其他水生无脊椎动物	36	-45.4
第4章 乳品；蛋品；天然蜂蜜；其他食用动物产品	987	-1.4
第5章 其他动物产品	2 737	-13.2
第6章 活树及其他活植物；鳞茎、根及类似品；插花及装饰用簇叶	144	-8.8
第7章 食用蔬菜、根及块茎	4 955	17.5
第8章 食用水果及坚果；甜瓜或柑橘属水果的果皮	978	-11.1
第9章 咖啡、茶、马黛茶及调味香料	1 797	-5.4
第10章 谷物	78 229	-10.9
第11章 制粉工业产品；麦芽；淀粉；菊粉；面筋	291	85.7
第12章 含油子仁及果实；杂项子仁及果仁；工业用或药用植物；稻草、秸秆及饲料	8 234	-13.3
第13章 虫胶；树胶、树脂及其他植物液、汁	3 262	-10.9
第14章 编结用植物材料；其他植物产品	127	-35.2
第15章 动、植物油、脂及其分解产品；精制的食用油脂；动、植物蜡	3 931	136.7
第16章 肉、鱼、甲壳动物、软体动物及其他水生无脊椎动物的制品	4 446	16.1
第17章 糖及糖食	88	27.8
第18章 可可及可可制品	3 040	-10.6
第19章 谷物、粮食粉、淀粉或乳的制品；糕饼点心	6 226	3.8
第20章 蔬菜、水果、坚果或植物其他部分的制品	14 736	-12.7
第21章 杂项食品	3 137	5.2
第22章 饮料、酒及醋	1 459	2.9
第23章 食品工业的残渣及废料；配制的动物饲料	802	-1.0
第24章 烟草、烟草及烟草代用品的制品	0.01	—
第25章 盐；硫磺；泥土及石料；石膏料、石灰及水泥	5 660	-6.6
第26章 矿砂、矿渣及矿灰	915	124.7
第27章 矿物燃料、矿物油及其蒸馏产品；沥青物质；矿物蜡	1 944 351	-36.2

（续）

商品名称	2020年	同比（±%）
第28章　无机化学品；贵金属、稀土金属、放射性元素及其同位素的有机及无机化合物	45 019	0.6
第29章　有机化学品	96 217	-14.4
第30章　药品	74 309	99.2
第31章　肥料	47 582	-9.2
第32章　鞣料浸膏及染料浸膏；鞣酸及其衍生物；染料、颜料及其他着色料；油漆及清漆；油灰及其他类似胶粘剂；墨水、油墨	5 379	-12.3
第33章　精油及香膏；芳香料制品及化妆盥洗品	2 934	6.3
第34章　肥皂、有机表面活性剂、洗涤剂、润滑剂、人造蜡、调制蜡、光洁剂、蜡烛及类似品、塑型用膏、“牙科用蜡”及牙科用熟石膏制剂	3 777	-21.6
第35章　蛋白类物质；改性淀粉；胶；酶	8 069	57.1
第36章　炸药；烟火制品；引火合金；易燃材料制品	2 977	-12.3
第37章　照相及电影用品	1 342	-28.7
第38章　杂项化学产品	61 067	33.8
第39章　塑料及其制品	67 509	-0.3
第40章　橡胶及其制品	38 328	66.5
第41章　生皮（毛皮除外）及皮革	175	-46.7
第42章　皮革制品；鞍具及挽具；旅行用品、手提包及类似容器；动物肠线（蚕胶丝除外）制品	5 846	-27.1
第43章　毛皮、人造毛皮及其制品	537	-39.0
第44章　木及木制品；木炭	3 738	-20.7
第45章　软木及软木制品	6	38.2
第46章　稻草、秸秆、针茅或其他编结材料制品；篮筐及柳条编结品	1 968	-6.2
第47章　木浆及其他纤维状纤维素浆；回收（废碎）纸及纸板	750	14.3
第48章　纸及纸板；纸浆、纸或纸板制品	5 850	-25.6
第49章　书籍、报纸、印刷图画及其他印刷品；手稿、打字稿及设计图纸	6 035	7.0
第50章　蚕丝	163	-77.5
第51章　羊毛、动物细毛或粗毛；马毛纱线及其机织物	2 040	-47.1
第52章　棉花	7 174	38.8
第53章　其他植物纺织纤维；纸纱线及其机织物	77	-69.9
第54章　化学纤维长丝；化学纤维纺织材料制扁条及类似品	6 803	-27.6
第55章　化学纤维短纤	5 414	-29.8

（续）

商品名称	2020 年	同比（±%）
第 56 章　絮胎、毡呢及无纺织物；特种纱线；线、绳、索、缆及其制品	14 475	4.6
第 57 章　地毯及纺织材料的其他铺地制品	9 605	0.7
第 58 章　特种机织物；簇绒织物；花边；装饰毯；装饰带；刺绣品	969	-35.8
第 59 章　浸渍、涂布、包覆或层压的纺织物；工业用纺织制品	4 596	19.0
第 60 章　针织物及钩编织物	1 507	-14.6
第 61 章　针织或钩编的服装及衣着附件	25 167	-28.6
第 62 章　非针织或非钩编的服装及衣着附件	147 049	153.5
第 63 章　其他纺织制成品；成套物品；旧衣着及旧纺织品；碎织物	248 638	1 489.8
第 64 章　鞋靴、护腿和类似品及其零件	13 742	-11.1
第 65 章　帽类及其零件	4 596	-0.8
第 66 章　雨伞、阳伞、手杖、鞭子、马鞭及其零件	122	-23.0
第 67 章　已加工羽毛、羽绒及其制品；人造花；人发制品	165	-92.3
第 68 章　石料、石膏、水泥、石棉、云母及类似材料的制品	11 029	-13.6
第 69 章　陶瓷产品	19 557	-22.6
第 70 章　玻璃及其制品	14 867	-22.5
第 71 章　天然或养殖珍珠、宝石或半宝石、贵金属、包贵金属及其制品；仿首饰；硬币	88 233	25.4
第 72 章　钢铁	117 991	-2.7
第 73 章　钢铁制品	215 834	-21.7
第 74 章　铜及其制品	6 049	-21.1
第 75 章　镍及其制品	1 461	-34.6
第 76 章　铝及其制品	33 105	-21.2
第 78 章　铅及其制品	329	60.2
第 79 章　锌及其制品	242	-10.1
第 80 章　锡及其制品	43	-58.2
第 81 章　其他贱金属、金属陶瓷及其制品	6 954	-0.5
第 82 章　贱金属工具、器具、利口器、餐匙、餐叉及其零件	7 937	-12.4
第 83 章　贱金属杂项制品	7 801	-25.5
第 84 章　核反应堆、锅炉、机器、机械器具及零件	673 967	-12.0
第 85 章　电机、电气设备及其零件；录音机及放声机、电视图像、声音的录制和重放设备及其零件、附件	1 638 356	18.4

（续）

商品名称	2020 年	同比（±%）
第 86 章 铁道及电车道机车、车辆及其零件；铁道及电车道轨道固定装置及其零件；附件；各种机械（包括电动机械）交通信号设备	20 770	-20.2
第 87 章 车辆及其零件、附件，但铁道及电车道车辆除外	184 325	-16.8
第 88 章 航空器、航天器及其零件	29 899	-49.1
第 89 章 船舶及浮动结构体	42 084	-64.4
第 90 章 光学、照相、电影、计量、检验、医疗或外科用仪器及设备、精密仪器及设备；上述物品的零件、附件	408 369	30.9
第 91 章 钟表及其零件	2 871	-47.2
第 92 章 乐器及其零件、附件	3 133	-40.2
第 93 章 武器、弹药及其零件、附件	281	-42.3
第 94 章 家具；寝具、褥垫、弹簧床垫、软坐垫及类似的填充制品；未列名灯具及照明装置；发光标志、发光铭牌及类似品；活动房屋	28 353	-32.2
第 95 章 玩具、游戏品、运动用品及其零件、附件	9 286	-29.6
第 96 章 杂项制品	11 749	-6.8
第 97 章 艺术品、收藏品及古物	3 708	-58.8
第 98 章 特殊交易品及未分类商品	49 251	-48.6

注：摘自北京海关统计月报

（杜雨潇）

表 2-2-2 海关进口商品分类金额

金额单位：万美元

商品名称	2020 年	同比（+-%）
总　值	**26 802 529**	**-21.5**
第 1 章 活动物	49 987	51.5
第 2 章 肉及食用杂碎	160 496	8.5
第 3 章 鱼、甲壳动物、软体动物及其他水生无脊椎动物	134 753	-43.9
第 4 章 乳品；蛋品；天然蜂蜜；其他食用动物产品	54 269	1.9
第 5 章 其他动物产品	5 982	33.1
第 6 章 活树及其他活植物；鳞茎、根及类似品；插花及装饰用簇叶	1 514	-46.8
第 7 章 食用蔬菜、根及块茎	22 682	58.7
第 8 章 食用水果及坚果；甜瓜或柑橘属水果的果皮	34 224	0.1
第 9 章 咖啡、茶、马黛茶及调味香料	6 922	104.3
第 10 章 谷物	390 849	195.6

（续）

第 11 章　制粉工业产品；麦芽；淀粉；菊粉；面筋	23 942	28.0
第 12 章　含油子仁及果实；杂项子仁及果仁；工业用或药用植物；稻草、秸秆及饲料	509 416	-45.6
第 13 章　虫胶；树胶、树脂及其他植物液、汁	3 657	-14.3
第 14 章　编结用植物材料；其他植物产品	958	56.0
第 15 章　动、植物油、脂及其分解产品；精制的食用油脂；动、植物蜡	140 937	-10.2
第 16 章　肉、鱼、甲壳动物、软体动物及其他水生无脊椎动物的制品	2 085	-11.4
第 17 章　糖及糖食	72 787	69.1
第 18 章　可可及可可制品	5 919	-29.2
第 19 章　谷物、粮食粉、淀粉或乳的制品；糕饼点心	8 826	-28.4
第 20 章　蔬菜、水果、坚果或植物其他部分的制品	7 581	-24.3
第 21 章　杂项食品	16 917	-6.9
第 22 章　饮料、酒及醋	23 815	-33.0
第 23 章　食品工业的残渣及废料；配制的动物饲料	60 811	3.4
第 24 章　烟草、烟草及烟草代用品的制品	84 484	-40.6
第 25 章　盐；硫磺；泥土及石料；石膏料、石灰及水泥	30 668	-47.0
第 26 章　矿砂、矿渣及矿灰	1 915 685	4.4
第 27 章　矿物燃料、矿物油及其蒸馏产品；沥青物质；矿物蜡	11 909 046	-32.6
第 28 章　无机化学品；贵金属、稀土金属、放射性元素及其同位素的有机及无机化合物	202 563	0.8
第 29 章　有机化学品	241 574	-17.8
第 30 章　药品	992 009	10.3
第 31 章　肥料	164 872	-37.7
第 32 章　鞣料浸膏及染料浸膏；鞣酸及其衍生物；染料、颜料及其他着色料；油漆及清漆；油灰及其他类似胶粘剂；墨水、油墨	16 597	1.0
第 33 章　精油及香膏；芳香料制品及化妆盥洗品	65 118	-34.5
第 34 章　肥皂、有机表面活性剂、洗涤剂、润滑剂、人造蜡、调制蜡、光洁剂、蜡烛及类似品、塑型用膏、“牙科用蜡”及牙科用熟石膏制剂	13 202	-2.3
第 35 章　蛋白类物质；改性淀粉；胶；酶	23 781	0.5
第 36 章　炸药；烟火制品；引火合金；易燃材料制品	2 316	-2.2
第 37 章　照相及电影用品	10 720	-4.8
第 38 章　杂项化学产品	136 569	-9.9
第 39 章　塑料及其制品	213 289	-12.6
第 40 章　橡胶及其制品	54 444	-12.2

（续）

第 41 章	生皮（毛皮除外）及皮革	2 579	-30.3
第 42 章	皮革制品；鞍具及挽具；旅行用品、手提包及类似容器；动物肠线（蚕胶丝除外）制品	15 525	-28.9
第 43 章	毛皮、人造毛皮及其制品	12 618	-25.5
第 44 章	木及木制品；木炭	181 737	2.1
第 45 章	软木及软木制品	797	33.4
第 46 章	稻草、秸秆、针茅或其他编结材料制品；篮筐及柳条编结品	28	-16.8
第 47 章	木浆及其他纤维状纤维素浆；回收（废碎）纸及纸板	77 013	-24.4
第 48 章	纸及纸板；纸浆、纸或纸板制品	42 304	29.8
第 49 章	书籍、报纸、印刷图画及其他印刷品；手稿、打字稿及设计图纸	79 173	-4.4
第 50 章	蚕丝	64	-70.9
第 51 章	羊毛、动物细毛或粗毛；马毛纱线及其机织物	28 231	-28.1
第 52 章	棉花	196 688	106.0
第 53 章	其他植物纺织纤维；纸纱线及其机织物	11 779	4.6
第 54 章	化学纤维长丝；化学纤维纺织材料制扁条及类似品	5 569	-29.0
第 55 章	化学纤维短纤	8 589	-18.8
第 56 章	絮胎、毡呢及无纺织物；特种纱线；线、绳、索、缆及其制品	6 654	14.4
第 57 章	地毯及纺织材料的其他铺地制品	917	-32.5
第 58 章	特种机织物；簇绒织物；花边；装饰毯；装饰带；刺绣品	511	-35.8
第 59 章	浸渍、涂布、包覆或层压的纺织物；工业用纺织制品	3 797	-22.0
第 60 章	针织物及钩编织物	327	-52.0
第 61 章	针织或钩编的服装及衣着附件	14 345	-19.3
第 62 章	非针织或非钩编的服装及衣着附件	22 142	-8.3
第 63 章	其他纺织制成品；成套物品；旧衣着及旧纺织品；碎织物	12 002	383.2
第 64 章	鞋靴、护腿和类似品及其零件	13 185	-31.5
第 65 章	帽类及其零件	1 275	21.1
第 66 章	雨伞、阳伞、手杖、鞭子、马鞭及其零件	137	-26.4
第 67 章	已加工羽毛、羽绒及其制品；人造花；人发制品	132	300.5
第 68 章	石料、石膏、水泥、石棉、云母及类似材料的制品	5 025	-4.5
第 69 章	陶瓷产品	9 430	-14.3
第 70 章	玻璃及其制品	25 564	2.2

（续）

第 71 章 天然或养殖珍珠、宝石或半宝石、贵金属、包贵金属及其制品；仿首饰；硬币	512 651	-75.6
第 72 章 钢铁	180 032	109.2
第 73 章 钢铁制品	73 971	-5.1
第 74 章 铜及其制品	655 151	43.9
第 75 章 镍及其制品	65 660	129.4
第 76 章 铝及其制品	12 092	-21.7
第 78 章 铅及其制品	271	-68.2
第 79 章 锌及其制品	10 001	-40.3
第 80 章 锡及其制品	8 587	1 029.4
第 81 章 其他贱金属、金属陶瓷及其制品	7 790	-28.3
第 82 章 贱金属工具、器具、利口器、餐匙、餐叉及其零件	14 323	-12.5
第 83 章 贱金属杂项制品	23 207	-5.5
第 84 章 核反应堆、锅炉、机器、机械器具及零件	1 067 966	-6.1
第 85 章 电机、电气设备及其零件；录音机及放声机、电视图像、声音的录制和重放设备及其零件、附件	1 223 242	4.6
第 86 章 铁道及电车道机车、车辆及其零件；铁道及电车道轨道固定装置及其零件；附件；各种机械（包括电动机械）交通信号设备	8 607	-18.9
第 87 章 车辆及其零件、附件，但铁道及电车道车辆除外	3 112 171	6.3
第 88 章 航空器、航天器及其零件	29 432	-64.0
第 89 章 船舶及浮动结构体	3 119	-87.5
第 90 章 光学、照相、电影、计量、检验、医疗或外科用仪器及设备、精密仪器及设备；上述物品的零件、附件	1 049 619	-1.7
第 91 章 钟表及其零件	20 089	38.0
第 92 章 乐器及其零件、附件	2 841	-7.7
第 93 章 武器、弹药及其零件、附件	846	-0.6
第 94 章 家具；寝具、褥垫、弹簧床垫、软坐垫及类似的填充制品；未列名灯具及照明装置；发光标志、发光铭牌及类似品；活动房屋	29 438	-14.2
第 95 章 玩具、游戏品、运动用品及其零件、附件	29 504	10.6
第 96 章 杂项制品	9 936	76.8
第 97 章 艺术品、收藏品及古物	6 609	-52.0
第 98 章 特殊交易品及未分类商品	50 952	-50.3

注：摘自北京海关统计月报

（杜雨潇）

表 2－3　按洲别（地区）分海关进出口贸易额

表 2－3－1　北京出口到各洲情况一览表

金额单位：万美元

	出　　口	同比（±%）	占总出口比重（%）
亚洲	3 954 435	-18.0	59.0
非洲	438 216	-20.6	6.5
欧洲	1 265 466	37.3	18.9
拉丁美洲	442 255	-1.4	6.6
北美洲	392 288	-16.0	5.9
大洋洲	208 784	-29.3	3.1

注：摘自北京海关统计月报

（汪云云）

表 2－3－2　北京从各洲进口情况一览表

金额单位：万美元

	进　　口	同比（±%）	占总进口比重（%）
亚洲	10 432 172	-23.6	38.9
非洲	2 413 650	-33.9	9.0
欧洲	6 584 199	-13.7	24.6
拉丁美洲	2 185 553	-25.6	8.2
北美洲	2 815 833	-11.3	10.5
大洋洲	2 330 450	-22.4	8.7

注：摘自北京海关统计月报

（汪云云）

表 2－4　按国别（地区）分海关进出口贸易额

金额单位：万美元

国别（地区）	进出口	出　　口	进　　口
合　　计	**33 503 973**	**6 701 444**	**26 802 529**
美国	2 918 806	353 651	2 565 155
德国	2 555 008	167 981	2 387 027
澳大利亚	2 271 328	166 401	2 104 927
日本	1 694 978	277 473	1 417 506
沙特阿拉伯	1 573 600	57 970	1 515 630
俄罗斯联邦	1 463 922	178 726	1 285 196
伊拉克	1 337 656	39 173	1 298 483
巴西	1 182 810	55 488	1 127 322

（续）

国别（地区）	进出口	出　口	进　口
安哥拉	957 284	6 352	950 933
中国香港	893 484	838 183	55 301
阿曼	869 618	4 092	865 525
新加坡	752 753	549 804	202 949
科威特	653 196	5 019	648 177
阿联酋	608 403	102 657	505 746
土库曼斯坦	605 290	2 512	602 778
英国	590 927	131 106	459 821
韩国	524 006	210 974	313 032
越南	519 119	216 630	302 489
印度尼西亚	478 817	106 927	371 890
马来西亚	462 310	153 087	309 223
法国	419 435	114 065	305 369
印度	417 521	199 351	218 170
菲律宾	394 146	282 277	111 869
哈萨克斯坦	393 699	67 424	326 275
泰国	357 724	101 516	256 207
意大利	333 187	73 073	260 114
瑞士	293 336	15 291	278 045
加拿大	289 183	38 577	250 606
中国台湾	287 939	113 138	174 801
哥伦比亚	283 083	30 507	252 575
南非	275 424	22 808	252 616
爱尔兰	270 393	29 981	240 412
卡塔尔	236 016	7 531	228 485
墨西哥	220 672	117 680	102 992
刚果（布）	203 823	3 657	200 165
荷兰	200 820	76 496	124 324
比利时	199 384	62 455	136 929
秘鲁	194 657	32 177	162 480
巴基斯坦	184 692	149 321	35 371
西班牙	178 601	93 481	85 120

（续）

国别（地区）	进出口	出　口	进　口
智利	178 267	55 702	122 565
阿根廷	175 551	10 079	165 472
中华人民共和国	166 660	0	166 660
厄瓜多尔	160 557	15 549	145 008
奥地利	160 040	37 284	122 755
巴布亚新几内亚	154 820	14 660	140 160
尼日利亚	148 736	36 883	111 853
乌克兰	141 246	11 258	129 988
加纳	140 246	11 409	128 837
波兰	136 019	55 608	80 411
加蓬	127 074	3 432	123 642
缅甸	126 627	37 920	88 707
伊朗	126 545	43 023	83 522
孟加拉国	119 111	111 755	7 356
土耳其	116 790	95 694	21 096
匈牙利	113 015	31 618	81 396
挪威	110 638	6 104	104 534
乌兹别克斯坦	95 904	17 273	78 631
瑞典	95 217	13 955	81 262
阿尔及利亚	90 925	17 324	73 601
新西兰	83 205	6 199	77 006
刚果（金）	82 891	48 845	34 046
以色列	82 850	28 345	54 506
津巴布韦	72 007	13 186	58 821
南苏丹共和国	70 124	2 437	67 687
保加利亚	69 886	6 116	63 770
利比亚	67 794	3 361	64 433
丹麦	67 470	12 872	54 597
埃及	66 931	30 915	36 015
赤道几内亚	63 478	1 020	62 458
巴拿马	63 158	61 534	1 624
捷克	62 265	11 069	51 196
也门	61 839	1 270	60 569

（续）

国别（地区）	进出口	出　口	进　口
喀麦隆	59 151	9 891	49 260
柬埔寨	57 723	24 585	33 138
芬兰	55 331	6 418	48 913
老挝	52 550	20 489	32 061
罗马尼亚	50 349	6 013	44 336
塞尔维亚	47 124	15 009	32 115
纳米比亚	44 297	479	43 818
白俄罗斯	41 038	16 956	24 082
国别（地区）不详	40 672	0.02	40 672
古巴	38 779	12 571	26 208
乍得	37 802	7 471	30 331
利比里亚	37 130	37 094	35
赞比亚	36 103	15 192	20 911
斯洛伐克	35 056	8 854	26 202
蒙古国	32 007	14 313	17 694
阿塞拜疆	28 926	2 421	26 504
埃塞俄比亚	28 877	24 065	4 812
克罗地亚	26 225	25 509	716
科特迪瓦	25 191	9 792	15 398
毛里塔尼亚	24 913	5 436	19 478
坦桑尼亚	24 611	18 981	5 630
圭亚那	24 426	1 037	23 390
乌拉圭	23 582	3 760	19 823
斯里兰卡	22 006	19 230	2 776
葡萄牙	21 406	13 211	8 195
希腊	20 414	11 752	8 662
摩洛哥	19 687	14 119	5 568
马绍尔群岛	17 939	17 939	0
立陶宛	16 746	4 479	12 267
塞内加尔	15 261	4 824	10 437
莫桑比克	15 068	11 120	3 948
尼日尔	13 510	12 103	1 407
肯尼亚	13 263	12 698	565

（续）

国别（地区）	进出口	出　口	进　口
文莱	13 109	7 215	5 894
约旦	12 653	3 065	9 588
委内瑞拉	12 422	11 868	554
多米尼加共和国	12 262	5 911	6 351
苏丹	12 041	3 963	8 078
中国澳门	11 733	11 330	402
马耳他	10 910	10 028	882
塞拉利昂	10 566	6 466	4 099
尼泊尔	10 391	10 031	360
贝宁	10 212	6 175	4 037
马里	9 470	3 899	5 570
特立尼达和多巴哥	9 353	344	9 008
所罗门群岛	9 316	1 108	8 207
巴林	9 286	1 839	7 447
萨尔瓦多	8 840	1 235	7 605
多民族玻利维亚国	8 050	6 012	2 038
哥斯达黎加	7 928	2 082	5 845
几内亚	7 410	5 909	1 501
斯洛文尼亚	7 036	2 598	4 438
塞浦路斯	6 368	5 212	1 157
爱沙尼亚	6 225	949	5 276
卢森堡	6 110	5 285	824
危地马拉	5 740	4 731	1 008
马达加斯加	5 065	4 171	894
塔吉克斯坦	4 559	4 559	0.1
拉脱维亚	4 502	2 399	2 103
乌干达	4 386	3 488	898
突尼斯	4 310	3 317	993
卢旺达	4 044	4 021	23
布基纳法索	4 033	621	3 413
北马其顿共和国	4 002	590	3 412
多哥	3 392	807	2 584
黎巴嫩	3 307	2 709	597

(续)

国别（地区）	进出口	出　　口	进　　口
巴哈马	3 149	3 149	0.04
吉尔吉斯斯坦	2 979	2 979	0.2
波多黎各	2 855	2 134	721
马拉维	2 788	1 825	963
苏里南	2 562	38	2 524
巴拉圭	2 245	2 228	17
博茨瓦纳	2 163	720	1 443
几内亚比绍	2 052	2 052	0
吉布提	2 029	2 028	0.4
格鲁吉亚	1 922	1 739	183
马尔代夫	1 867	1 866	0.4
牙买加	1 808	1 710	98
东帝汶	1 802	1 802	0.1
毛里求斯	1 777	1 635	142
叙利亚	1 729	1 729	0.2
厄立特里亚	1 589	481	1 108
安提瓜和巴布达	1 406	1 405	1
洪都拉斯	1 258	1 064	194
摩尔多瓦	1 239	304	934
阿尔巴尼亚	1 178	537	641
阿富汗	941	843	98
斐济	915	780	135
尼加拉瓜	742	675	68
中非	703	180	523
黑山	678	657	21
瓦努阿图	614	614	0.004
冰岛	610	237	373
亚美尼亚	604	577	27
莱索托	590	71	519
布隆迪	492	490	2
海地	435	408	27
法罗群岛	417	2	414
波黑	360	227	133

（续）

国别（地区）	进出口	出　　口	进　　口
格林纳达	359	359	0.01
斯威士兰	276	268	9
列支敦士登	274	88	185
开曼群岛	239	239	0.1
索马里	233	152	81
巴勒斯坦	231	231	0.03
基里巴斯	230	230	0.01
伯利兹	180	180	0.3
留尼汪	177	176	1
萨摩亚	177	177	0.1
帕劳	164	164	0.02
冈比亚	153	97	56
巴巴多斯	129	124	6
图瓦卢	105	105	0
塞舌尔	92	88	4
科摩罗	91	91	0.01
法属波利尼西亚	85	85	0.1
新喀里多尼亚	83	83	0.04
密克罗尼西亚联邦	75	73	2
格陵兰	73	0.4	73
汤加	63	59	3
佛得角	60	60	0.2
百慕大	57	57	0.1
库克群岛	57	57	0.2
圣多美和普林西比	57	57	0.01
圣马力诺	55	10	45
多米尼克	52	52	0.2
摩纳哥	47	23	24
直布罗陀	46	46	0
圣马丁岛	36	36	0.3
朝鲜	36	35	1
不丹	33	33	0.3
英属维尔京群岛	31	7	25

（续）

国别（地区）	进出口	出　　口	进　　口
圣卢西亚	30	30	0
大洋洲其他国家（地区）	29	28	1
阿鲁巴	28	28	0.1
荷属安的列斯群岛	28	27	0.2
库腊索岛	27	27	0.04
圣文森特和格林纳丁斯	25	25	0.01
欧洲其他国家（地区）	20	0	20
瓦利斯和富图纳	20	20	0
瓜德罗普	15	15	0.03
安道尔	9	5	4
特克斯和凯科斯群岛	8	8	0.01
瑙鲁	8	0.02	8
马约特	7	7	0
马提尼克	7	7	0.01
加那利群岛	7	6	1
法属圭亚那	6	6	1
圣其茨和尼维斯	6	6	0.3
拉丁美洲其他国家（地区）	5	5	0.01
亚洲其他国家（地区）	3	0	3
北美洲其他国家（地区）	2	2	0.04
塞卜泰（休达）	0.2	0	0.2
非洲其他国家（地区）	0.2	0.2	0
蒙特塞拉特	0.1	0.02	0.1
梅利利亚	0.1	0.1	0
圣皮埃尔和密克隆	0.04	0.02	0.02
梵蒂冈城国	0.004	0.004	0
诺福克岛	0.001	0.001	0
西撒哈拉	0	0	0
博内尔	0	0	0

注：摘自北京海关统计月报，按进出口额排序

（杜雨潇）

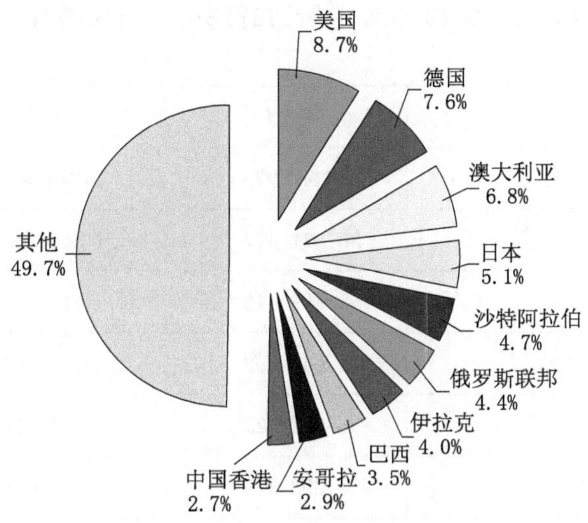

图 2-1　2020 年北京货物贸易前十位贸易伙伴

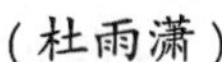
（杜雨潇）

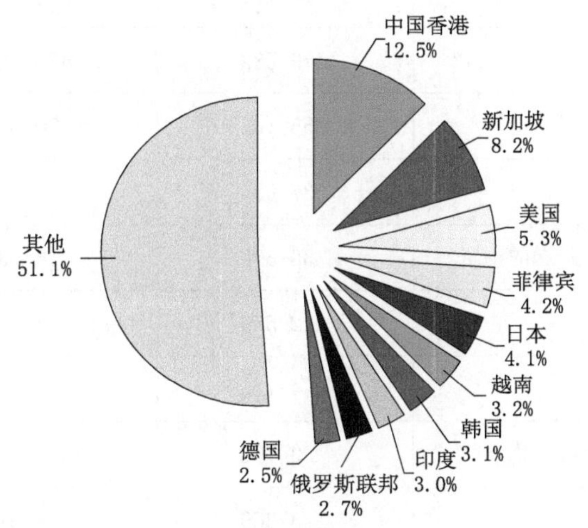

图 2-2　2020 年北京货物贸易前十位出口市场

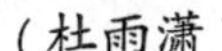
（杜雨潇）

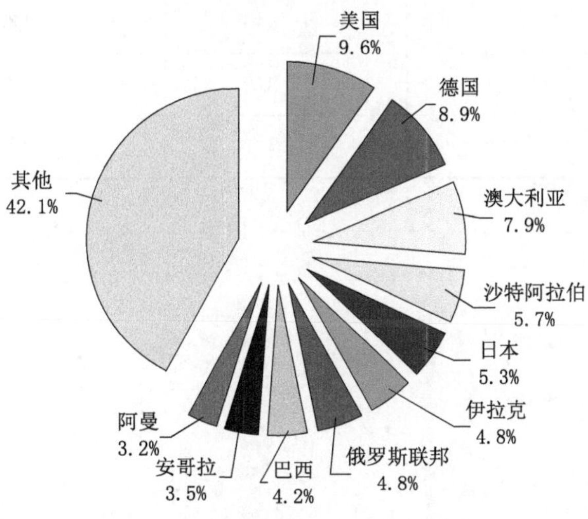

图 2-3　2020 年北京货物贸易前十位进口市场

（杜雨潇）

表 2－5　2020 年海关进出口贸易额（分贸易方式）

金额单位：万美元

贸易方式	进出口	出口	进口
合　　计	**33 503 973**	**6 701 444**	**26 802 529**
一般贸易	28 871 477	5 346 263	23 525 214
保税物流	2 499 116	418 613	2 080 503
海关保税监管场所进出境货物	1 646 592	401 067	1 245 524
海关特殊监管区域物流货物	852 525	17 546	834 979
加工贸易	1 398 315	360 626	1 037 689
来料加工贸易	926 558	48 732	877 826
进料加工贸易	471 757	311 893	159 864
对外承包工程出口货物	479 582	479 582	0
其他贸易	155 162	50 326	104 836
免税品	37 035	0	37 035
国家间、国际组织间无偿援助和赠送的物资	36 300	36 035	265
其他捐赠物资	12 559	8 124	4 435
免税外汇商品	4 775	0	4 775
外商投资企业作为投资进口的设备、物品	3 726	0	3 726
出料加工贸易	3 369	1 616	1 753
海关特殊监管区域进口设备	1 787	0	1 787
租赁贸易	446	259	188
加工贸易进口设备	322	0	322
易货贸易	1	0	1

注：摘自北京海关统计月报

（汪云云）

表 2－6　2020 年北京各区进出口情况表

金额单位：亿美元

序号	区（功能区）	进出口			出口			进口		
		总额	同比（%）	占比（%）	总额	同比（%）	占比（%）	总额	同比（%）	占比（%）
	总计	**3 350.4**	**－19.5**	**100.0**	**670.1**	**－10.7**	**100.0**	**2 680.3**	**－21.5**	**100.0**
1	朝阳区	1 590.2	-18.3	47.5	152.0	-20.4	22.7	1 438.2	-18.1	53.7
2	西城区	593.4	-41.6	17.7	137.2	-27.9	20.5	456.2	-44.8	17.0
3	海淀区	397.2	9.5	11.9	179.1	24.5	26.7	218.0	-0.4	8.1
4	北京经济技术开发区	199.5	1.9	6.0	58.5	2.1	8.7	141.1	1.9	5.3
5	丰台区	149.6	-14.9	4.5	43.6	-15.5	6.5	106.0	-14.6	4.0
6	东城区	147.0	-15.0	4.4	26.5	-20.6	4.0	120.5	-13.7	4.5
7	顺义区	136.0	-14.4	4.1	18.9	-44.1	2.8	117.2	-6.4	4.4
	其中：北京天竺综合保税区	89.8	2.5	2.7	3.3	-34.1	0.5	86.5	4.7	3.2
8	昌平区	44.5	23.8	1.3	14.6	7.7	2.2	29.9	33.5	1.1
9	大兴区	23.0	21.6	0.7	9.7	46.6	1.4	13.3	8.1	0.5
10	通州区	21.4	-30.1	0.6	8.4	-11.7	1.3	13.0	-38.4	0.5
11	密云区	10.8	27.9	0.3	4.5	91.1	0.7	6.3	3.2	0.2
12	房山区	10.1	4.7	0.3	4.1	3.0	0.6	6.0	5.9	0.2
13	怀柔区	9.0	-22.5	0.3	2.8	-2.1	0.4	6.2	-29.0	0.2
14	石景山区	7.2	-11.2	0.2	4.3	-18.9	0.6	2.9	3.5	0.1
15	门头沟区	5.5	33.9	0.2	3.4	52.9	0.5	2.1	11.7	0.1
16	平谷区	4.0	-38.3	0.1	1.1	-36.5	0.2	3.0	-39.0	0.1
17	延庆区	1.8	-3.1	0.1	1.5	0.7	0.2	0.3	-16.6	0.01
18	其他	0.01	-23.5	0.0002	0.003	175 003.5	0.001	0.005	-55.4	0.0002

注：1. 各区外贸统计口径按企业实际注册地（税务登记地）统计；

2. 顺义区数值含北京天竺综合保税区；东城区和西城区均指各自合并后的新区；
大兴区数值不含北京经济技术开发区；其他中含归属地不清及海关数据调整因素；

3. 进出口额是出口额与进口额之和；排序以进出口额为准；

4. 同比是指本年与上年相比的增长（下降）率，即（本年值－上年值）*100/ 上年值；

5. 占比是指各区值占总计值（全市值）的比重，用百分数表示。

（汪云云）

表 2－7　2020 年北京进出口进度表

金额单位：亿美元

时　间	北　京			
	当月进出口		累计进出口	
	金额	同比（±%）	金额	同比（±%）
1 月	—	—	—	—
2 月	—	—	607.7	-4.2
3 月	289.4	-15.9	899.3	-8.1
4 月	245.7	-35.7	1140.6	-16.2
5 月	216.7	-38.5	1355.9	-20.8
6 月	255.9	-23.3	1611.4	-21.3
7 月	277.0	-20.7	1888.4	-21.2
8 月	283.3	-19.8	2171.7	-21
9 月	302.5	-12.8	2474.2	-20.1
10 月	269.6	-14.8	2743.7	-19.6
11 月	297.6	-21.4	3041.4	-19.8
12 月	309.0	-17.1	3350.4	-19.5

注：数据摘自北京海关统计月报。自 2020 年起，海关总署对 1 月、2 月进出口数据合并发布，无 1 月和 2 月的月度数据。

（汪云云）

表 2－8　全国各省市进出口贸易总额

（按经营单位所在地分）

金额单位：亿美元

地　区	进出口额	出口额	进口额	同比（%）		
				进出口	出　口	进　口
总　值	**46 462.6**	**25 906.5**	**20 556.1**	**1.5**	**3.6**	**-1.1**
广东	10 236.3	6 283.7	3 952.6	-1.3	-0.2	-2.9
江苏	6 427.7	3 962.8	2 464.9	2.1	0.4	5.0
上海	5 031.9	1 981.1	3 050.8	1.9	-0.4	3.4
浙江	4 879.3	3 632.7	1 246.7	9.1	8.6	10.7
北京	3 350.4	670.1	2 680.3	-19.5	-10.7	-21.5
山东	3 184.5	1 890.4	1 294.1	7.2	17.1	-4.5
福建	2 026.7	1 224.0	802.6	4.9	1.8	10.1
四川	1 168.0	672.5	495.5	18.7	18.9	18.4

（续）

地　区	进出口额	出口额	进口额	同比（%）		
				进出口	出　口	进　口
天津	1 059.3	443.6	615.7	-0.7	1.3	-2.0
河南	969.2	593.0	376.2	17.5	9.4	33.0
辽宁	944.6	383.3	561.3	-10.3	-15.6	-6.3
重庆	941.8	605.3	336.5	12.2	12.5	11.6
安徽	780.5	455.8	324.6	13.6	12.8	14.6
湖南	705.3	478.6	226.7	12.2	7.5	23.8
广西	702.9	391.9	311.0	3.0	3.8	2.0
河北	637.9	364.6	273.3	9.9	6.1	15.5
湖北	620.8	390.6	230.2	8.6	8.5	8.8
江西	578.2	420.9	157.3	13.6	16.3	7.0
陕西	545.1	278.9	266.2	6.8	2.5	11.8
云南	389.5	221.4	168.1	15.6	47.4	-10.0
黑龙江	222.0	52.0	169.9	-18.1	2.7	-22.9
山西	218.7	127.3	91.4	4.2	8.9	-1.7
新疆	213.9	158.4	55.5	-9.8	-12.2	-2.0
吉林	184.9	42.0	142.9	-2.2	-10.6	0.6
内蒙古	150.7	50.4	100.2	-5.5	-7.8	-4.3
海南	135.4	40.1	95.2	2.9	-19.5	16.6
贵州	79.1	62.3	16.7	20.4	31.5	-8.4
甘肃	53.9	12.4	41.5	-2.4	-35.1	14.9
宁夏	17.8	12.5	5.3	-49.0	-42.0	-60.4
青海	3.3	1.8	1.5	-39.4	-39.4	-39.3
西藏	3.1	1.9	1.2	-55.8	-65.2	-24.4

数据来源：商务部

（汪云云）

表2－9 历年进出口总额一览表

（1993—2020年）

单位：万美元

年度	进出口总额	出口额	进口额
1993	2 826 683	672 105	2 154 578
1994	2 927 427	834 206	2 093 221
1995	3 703 513	1 024 977	2 678 536
“九五”时期	**17 417 315**	**5 010 231**	**12 407 084**
1996	2 931 833	811 975	2 119 858
1997	3 038 852	961 103	2 077 749
1998	3 050 609	1 051 293	1 999 316
1999	3 433 844	989 059	2 444 785
2000	4 962 177	1 196 801	3 765 376
“十五”时期	**39 273 900**	**9 269 879**	**30 004 021**
2001	5 154 131	1 178 687	3 975 444
2002	5 250 870	1 261 464	3 989 406
2003	6 846 262	1 685 173	5 161 089
2004	9 465 509	2 057 493	7 408 016
2005	12 557 128	3 087 062	9 470 066
“十一五”时期	**113 900 296**	**24 818 619**	**89 081 677**
2006	15 817 225	3 797 921	12 019 304
2007	19 294 630	4 892 328	14 402 302
2008	27 171 187	5 745 424	21 425 763
2009	21 476 276	4 836 261	16 640 014
2010	30 140 978	5 546 685	24 594 293
“十二五”时期	**196 175 679**	**29 893 938**	**166 281 740**
2011	38 949 480	5 902 502	33 046 978
2012	40 791 626	5 965 038	34 826 588
2013	42 910 333	6 324 622	36 585 711
2014	41 565 180	6 234 540	35 330 640
2015	31 959 059	5 467 235	26 491 824
“十三五”时期	**176 926 236**	**32 650 921**	**144 275 316**
2016	28 199 559	5 183 778	23 015 781
2017	32 372 058	5 850 305	26 521 753
2018	41 242 626	7 417 025	33 825 601
2019	41 608 020	7 498 368	34 109 652
2020	33 503 973	6 701 444	26 802 529

（汪云云）

表 2－10　1995—2020 年北京进出口额在全国各地区的排名

年份	进口	出口
1995	2	3
1996	2	7
1997	2	7
1998	2	5
1999	2	7
2000	2	7
2001	2	7
2002	3	7
2003	4	7
2004	4	8
2005	4	7
2006	3	7
2007	3	7
2008	2	6
2009	2	7
2010	2	7
2011	2	7
2012	2	7
2013	2	8
2014	2	8
2015	2	8
2016	3	7
2017	3	7
2018	2	7
2019	2	7
2020	3	8

（汪云云）

表 2 - 11　北京市 2020 年主要进出口商品情况表

表 2 - 11 - 1　北京市 2020 年主要出口商品情况表

金额单位：万美元

商品名称	金额（万美元）	增幅（%）	占出口总额比重（%）
成品油	1 863 901	-36.2	27.8
手机	943 929	49.2	14.1
纺织纱线、织物及其制品	300 424	323.8	4.5
电工器材	225 697	-12.7	3.4
服装及衣着附件	202 800	107.5	3.0
集成电路	198 605	12.1	3.0
钢材	188 245	-19.5	2.8
医疗仪器及器械	162 271	135.6	2.4
农产品	146 330	-4.5	2.2
通用机械设备	139 298	-4.2	2.1
汽车零配件	131 388	-1.2	2.0
计量检测分析自控仪器及器具	120 385	13.1	1.8
医药材及药品	98 682	65.2	1.5
文化产品	76 793	-15.6	1.1
液晶显示板	74 980	-12.7	1.1
合　　计	**4 873 729**	**-6.9**	**72.7**

（汪云云）

表 2 - 11 - 2　北京市 2020 年主要进口商品情况表

金额单位：万美元

商品名称	金额（万美元）	增幅（%）	占进口总额比重（%）
原油	9 449 492	-33.7	35.3
汽车（包含底盘）	2 677 453	7.2	10.0
农产品	2 034 354	-9.0	7.6
天然气	1 917 365	-27.3	7.2
铁矿砂及其精矿	1 769 682	10.5	6.6
医药材及药品	1 010 052	11.3	3.8
未锻轧铜及铜材	650 739	43.5	2.4
计量检测分析自控仪器及器具	553 473	3.1	2.1
汽车零配件	483 617	-8.6	1.8
文化产品	293 391	15.0	1.1
成品油	292 325	-23.2	1.1
电工器材	286 433	4.4	1.1

（续）

商品名称	金额（万美元）	增幅（%）	占进口总额比重（%）
集成电路	262 212	8.5	1.0
医疗仪器及器械	231 224	-5.4	0.9
基本有机化学品	226 343	-22.1	0.8
合 计	**22 138 157**	**-19.0**	**82.6**

（汪云云）

表 2－12 北京市 2020 年主要进出口市场情况表

表 2－12－1 北京市 2020 年主要出口市场情况表

金额单位：万美元

排名	国家（地区）	出口金额（万美元）	增幅（%）	占出口总额比重（%）
1	中国香港	838 183	-17.5	12.5
2	新加坡	549 804	-37.5	8.2
3	美国	353 651	-16.8	5.3
4	菲律宾	282 277	-8.9	4.2
5	日本	277 473	-1.7	4.1
6	越南	216 630	-27.7	3.2
7	韩国	210 974	-25.1	3.1
8	印度	199 351	29.1	3.0
9	俄罗斯联邦	178 726	-0.3	2.7
10	德国	167 981	74.1	2.5
11	澳大利亚	166 401	-32.5	2.5
12	马来西亚	153 087	-19.8	2.3
13	巴基斯坦	149 321	-27.0	2.2
14	英国	131 106	94.6	2.0
15	墨西哥	117 680	-17.6	1.8
	合 计	**3 992 644**	**-16.4**	**59.6**

（汪云云）

表 2－12－2 北京市 2020 年主要进口市场情况表

金额单位：万美元

排名	国家（地区）	进口金额（万美元）	增幅（%）	占进口总额比重（%）
1	美国	2 565 155	5.4	9.6
2	德国	2 387 027	-3.1	8.9
3	澳大利亚	2 104 927	-24.0	7.9
4	沙特阿拉伯	1 515 630	-43.6	5.7
5	日本	1 417 506	6.7	5.3

（续）

排名	国家（地区）	进口金额（万美元）	增幅（%）	占进口总额比重（%）
6	伊拉克	1 298 483	-34.3	4.8
7	俄罗斯联邦	1 285 196	-20.6	4.8
8	巴西	1 127 322	-20.5	4.2
9	安哥拉	950 933	-34.3	3.5
10	阿曼	865 525	-17.6	3.2
11	科威特	648 177	-28.4	2.4
12	土库曼斯坦	602 778	-30.3	2.2
13	阿联酋	505 746	12.5	1.9
14	英国	459 821	-38.2	1.7
15	印度尼西亚	371 890	-13.6	1.4
	合　计	**18 106 115**	**-19.8**	**67.6**

（汪云云）

三、服务贸易

表 3－1　2020 年北京地区服务贸易分项数据

单位：亿美元

	出口额	进口额	进出口总额
总　计	**506.7**	**711.5**	**1218.2**
运输	47.1	223.8	270.9
旅行	14.1	186.0	200.1
建筑	77.3	26.3	103.6
保险服务	30.8	81.6	112.4
金融服务	18.6	5.5	24.1
电信、计算机和信息服务	134.1	45.5	179.6
知识产权使用费	2.7	46.6	49.3
个人、文化和娱乐服务	6.8	16.9	23.7
维护和维修服务	10.5	6.2	16.7
加工服务	6.9	0.1	7.0
其他商业服务	157.8	72.9	230.7

（王娅婷）

表 3－2　北京地区历年服务贸易进出口情况统计表

单位：亿美元

年　度	出　口	进　口	进出口额	顺（逆）差
2003	82.45	79.78	162.24	2.67
2004	121.12	114.58	235.70	6.54
2005	165.81	134.92	300.74	30.89
2006	198.54	194.68	393.23	3.86
2007	252.81	250.25	503.06	2.55
2008	341.69	350.23	691.92	-8.53
2009	331.60	332.50	644.10	-20.90
2010	388.22	410.10	798.32	-21.88
2011	414.99	480.38	895.37	-65.39
2012	445.11	555.09	1 000.20	-109.98
2013	426.89	596.44	1 023.33	-169.55
2014	435.05	671.09	1 106.14	-236.04

（续）

年　度	出　口	进　口	进出口额	顺（逆）差
2015	490.67	812.11	1302.78	-321.44
2016	532.13	976.47	1508.60	-444.35
2017	437.2 （2 953.2 亿元人民币）	997.1 （6 734.8 亿元人民币）	1 434.3 （9 688 亿元人民币）	-559.9 （-3 781.60 亿元人民币）
2018	562.75 （3 724.3 亿元人民币）	1 043.43 （6 904.6 亿元人民币）	1 606.19 （10 628.9 亿元人民币）	-480.68 （3 180.32 亿元人民币）
2019	539.3 （3 720.1 亿元人民币）	1 004.1 （6 926.8 亿元人民币）	1 543.4 （10 646.9 亿元人民币）	-464.9 （-3 206.7 亿元人民币）
2020	506.7 （3 495.0 亿元人民币）	711.5 （4 907.6 亿元人民币）	1 218.2 （8 402.6 亿元人民币）	-204.8 （-1 412.6 亿元人民币）

（王娅婷）

表 3 - 3　北京市 2020 年服务外包（离岸）外包类别情况

外包类别	2019 年执行金额（万美元）	2020 年执行金额（万美元）	同比增幅（%）
服务外包（离岸）合计	757 216.29	777 866.52	2.73
其中：			
信息技术外包	429 646.4	360 167.57	-16.17
业务流程外包	198 823.89	152 408.08	-23.35
知识流程外包	128 746	265 290.87	106.06
其他服务产品	—	—	—

备注：自 2019 年商务部调整统计口径，2019 年至 2020 年用调整后口径数据。

（许　鑫）

表 3 - 4　北京市历年服务外包（离岸）情况

年　度	合同数（份）	执行金额（万美元）	同比增幅（%）
总　计	**45 229**	**5 035 466.03**	
2011	5 884	244 880.9	59.3
2012	5 887	355 953.3	45.4
2013	4 586	482 575.57	35.6
2014	3 950	532 693.4	10.4
2015	3 450	449 931.48	-15.5
2016	2 842	490 592.22	9
2017	3 025	456 555.49	-6.9
2018	2 823	487 200.86	6.7
2019	5 811	757 216.29	26.4
2020	6 971	777 866.52	2.7

备注：自 2019 年商务部调整统计口径，2019 年至 2020 年用调整后口径数据。

（许　鑫）

表 3－5　2020 年技术进出口合同登记情况

表 3－5－1　技术出口合同登记情况

一、按合同类型分

出口方式（合同类别）	合同数（个）	合同金额（万美元）	技术费（万美元）
合　　计	**675**	**388 835.91**	**378 787.55**
A：专利技术的许可或转让（包括专利申请权的转让）	51	1 106.10	1 106.10
B：专有技术的许可或转让	24	48 192.73	48 192.73
C：技术咨询、技术服务	575	266 227.40	256 179.04
D：计算机软件的出口	16	66 227.42	66 227.42
F：涉及 A、B、C 内容之一的合资生产、合作生产等	1	4 606.89	4 606.89
H：其他方式的技术出口	8	2 475.37	2 475.37

（郑　勇）

二、按企业性质分

企业性质	合同份数（个）	合同金额（万美元）	技术费（万美元）
合　　计	**675**	**388 835.91**	**378 787.55**
国有企业	45	18 774.36	9 222.88
集体企业	2	8.67	8.67
外商投资企业	412	343 580.54	343 326.26
民营企业	193	23 157.96	22 915.36
其他	23	3 314.38	3 314.38

（郑　勇）

三、按国民经济行业分

行　　业	合同份数（个）	合同金额（万美元）	技术费（万美元）
合　　计	**675**	**388 835.91**	**378 787.55**
其他行业	7	2 236.24	2 236.24
农、林、牧、渔业	3	8 310.24	376.35
采矿业	48	7 171.56	7 171.56
制造业	87	89 205.23	88 708.35
电力、燃气及水的生产和供应业	5	2 310.65	696.83
信息传输、计算机服务和软件业	320	120 779.51	120 775.74
租赁和商务服务业	22	932.87	932.87
科学研究、技术服务和地质勘查业	175	151 234.52	151 234.52
居民服务和其他服务业	7	6 654.14	6 654.14
文化、体育和娱乐业	1	0.95	0.95

（郑　勇）

四、按国别（地区）分

国别地区	合同数（个）	合同金额	技术费
合　　计	**675**	**388 835.91**	**378 787.55**
美国	143	88 859.58	88 859.58
德国	35	67 247.05	67 247.05
芬兰	2	42 400.15	42 400.15
爱尔兰	5	32 766.27	32 766.27
日本	189	23 418.3	23 418.3
中国香港	92	21 487.48	21 487.48
新加坡	26	20 540.09	20 540.09
荷兰	4	15 053.38	15 053.38
开曼群岛	17	14 650.17	14 650.17
韩国	10	13 679.66	13 679.66
乌兹别克	1	8 296.07	362.18
加拿大	2	6 909.72	6 909.72
瑞士	16	6 158.39	5 904.11
澳大利亚	5	5 087.99	5 087.99
文莱	5	4 876.63	4 876.63
阿拉伯联合酋长国	7	4 654.55	4 654.55
英国	10	4 272.45	4 272.45
孟加拉国	1	2 099.81	485.99
英属维尔京	6	1 296.93	1 296.93
法国	3	729.93	729.93
巴基斯坦	1	470.63	470.63
印度尼西亚	11	428.83	428.83
印度	5	378.63	378.63
伊拉克	1	343.2	343.2
越南	4	300.14	57.54
泰国	3	250.92	250.92
意大利	10	241.89	241.89
西班牙	1	216.6	216.6
马来西亚	5	195.87	195.87
中国台湾	10	182.17	182.17
尼日尔	1	179.75	175.98
捷克共和国	1	172.65	172.65

（续）

国别地区	合同数（个）	合同金额	技术费
菲律宾	1	124.03	124.03
刚果（金）	7	120.13	120.13
老挝	6	93.47	93.47
阿根廷	1	90.4	90.4
沙特阿拉伯	1	89.9	89.9
罗马尼亚	2	89.7	89.7
阿曼	1	64.98	64.98
俄罗斯	2	56.67	56.67
中国澳门	2	34.89	34.89
秘鲁	1	34.39	34.39
柬埔寨	1	32.24	32.24
南非	1	28.02	28.02
哈萨克	1	27	27
尼日利亚	1	26.82	26.82
赞比亚	2	24.69	24.69
巴西	2	11.75	11.75
挪威	1	11.44	11.44
墨西哥	2	9.69	9.69
缅甸	1	4.78	4.78
乌克兰	1	3.85	3.85
新西兰	1	3.61	3.61
斯里兰卡	1	3.28	3.28
智利	1	2.27	2.27
阿尔及利亚	1	1.15	1.15
蒙古国	1	0.68	0.68
以色列	1	0.2	0.2

（郑　勇）

表 3－5－2 技术进口合同登记情况

一、按合同类型分

引进方式（合同类别）	合同份数（个）	合同金额（万美元）	技术费（万美元）
合　计	**520**	**374 328.68**	**359 302.16**
专利技术	18	101 948.92	101 948.92
专有技术	110	127 619.05	127 599.78
技术咨询、技术服务	349	79 909.74	73 303.91
计算机软件	15	45 201.27	45 201.27
商标许可	0	247.89	247.89
合资生产、合作生产	0	24.05	24.05
成套设备、关键设备、生产线	8	9 948.24	1 546.82
其他方式	20	9 429.52	9 429.52

（郑　勇）

二、按企业性质分

企业性质	合同份数（个）	合同金额（万美元）	技术费（万美元）
合　计	**520**	**374 328.68**	**359 302.16**
国有企业	60	37 777.29	23 133.26
集体企业	1	7.71	7.71
外商投资企业	363	143 268.30	143 111.66
民营企业	76	146 884.17	146 658.32
其他	20	46 391.21	46 391.21

（郑　勇）

三、按国民经济行业分

行　业	合同份数（个）	合同金额（万美元）	技术费（万美元）
合计	**520**	**374 328.68**	**359 302.16**
其他行业	2	141.05	141.05
农、林、牧、渔业	0	150.38	150.38
采矿业	9	8 037.58	2 206.80
制造业	187	224 777.13	215 663.29
电力、燃气及水的生产和供应业	0	1.62	1.62
建筑业	1	147.53	147.53
交通运输、仓储和邮政业	0	7 950.81	7 950.81
信息传输、计算机服务和软件业	156	107 011.28	107 011.28
批发和零售业	2	1 834.11	1 834.11
住宿和餐饮业	0	55.35	55.35

（续）

金融业	7	716.26	716.26
租赁和商务服务业	1	234.00	234.00
科学研究、技术服务和地质勘查业	83	19 724.81	19 642.91
水利、环境和公共设施管理业	1	44.02	44.02
居民服务和其他服务业	70	2 627.35	2 627.35
卫生、社会保障和社会福利业	1	866.40	866.40
文化、体育和娱乐业	0	9.00	9.00

（郑　勇）

四、按国别（地区）分

国别地区	合同数（个）	合同金额	技术费
合　计	**520**	**374 328.68**	**359 302.16**
美国	44	169 925.32	169 925.32
德国	63	51 570	44 458.57
芬兰	2	45 481.55	45 481.55
韩国	122	31 406.3	31 292.94
瑞士	3	24 984.45	24 758.6
日本	66	19 984.16	12 673.43
中国香港	80	5 585.74	5 522.09
爱尔兰	2	4 924.35	4 924.35
丹麦	0	4 564.61	4 564.61
中国台湾	54	3 587.47	3 587.47
马来西亚	4	2 347.58	2 347.58
英国	15	1 958.17	1 958.17
荷兰	7	1 543.69	1 543.69
法国	8	1 133.25	1 133.25
阿根廷	1	1 073.33	1 073.33
秘鲁	1	1 024.39	1 024.39
西班牙	1	866.4	866.4
开曼群岛	5	766.45	766.45
比利时	2	348.73	147.23
新加坡	11	270.01	270.01
以色列	7	266.19	266.19
瑞典	3	218.59	218.59
加拿大	6	201.47	201.47
意大利	9	180.14	180.14
阿拉伯联合酋长国	1	50	50
泰国	1	28.2	28.2
奥地利	2	24.73	24.73
百慕大	0	13.41	13.41

（郑　勇）

四、利用外资

表 4－1　2020 年 1—12 月外商投资分方式结构表

金额单位：万美元

投资方式	实际外资
总　　计	**1 410 441**
中外合资企业	151 020
中外合作企业	20 119
外资企业	1 097 198
外商投资股份制	142 001

（巨振乐）

表 4－2　2020 年 1—12 月外商投资分产业结构表

金额单位：万美元

产业名称	实际外资
总　　计	**1 410 441**
第一产业	0
第二产业	49 866
第三产业	1 360 575

（巨振乐）

表 4－3　2020 年 1—12 月外商投资分行业结构表

金额单位：万美元

行业名称	实际外资
总　　计	**1 410 441**
农、林、牧、渔业	0
采矿业	0
制造业	44 419
电力、热力、燃气及水生产和供应业	5 410
建筑业	35

（续）

行业名称	实际外资
批发和零售业	59 738
交通运输、仓储和邮政业	48 573
住宿和餐饮业	72
信息传输、软件和信息技术服务业	446 295
金融业	114 093
房地产业	44 271
租赁和商务服务业	145 949
科学研究和技术服务业	479 903
水利、环境和公共设施管理业	7 939
居民服务、修理和其他服务业	1 064
教育	0
卫生和社会工作	8 734
文化、体育和娱乐业	3 946

（巨振乐）

表 4－4　2020 年 1—12 月外商投资主要国别和地区结构表

金额单位：万美元

国别（地区）	实际外资
中国香港	989 998
开曼群岛	125 859
德国	47 474
美国	42 568
英属维尔京群岛	30 214
韩国	26 256
日本	24 445
新加坡	21 949
毛里求斯	8 254
荷兰	4 943

（巨振乐）

五、对外经济

表 5-1 1979—2020 年对外投资一览表

金额单位：万美元

年度	企业数（个）	中方协议投资额	中方实际投资额
1979	1	22	
1980	4	181.8	
1981	2	25.8	
1982	3	20.8	
1983	2	166.5	
1984	3	210.07	
1985	5	190.3	
1986	4	56.6	
1987	6	213.72	
1988	12	720.7	
1989	6	671	
1990	11	396.9	
1991	23	3 623.18	
1992	34	819.45	
1993	47	12 562.49	
1994	30	486.68	
1995	25	2 510.86	
1996	22	1 656.7	
1997	20	715.46	
1998	21	550.73	
1999	13	394.58	
2000	20	2 502.29	
2001	20	912.3	
2002	25	5 086.04	
2003	38	63 249.61	
2004	52	20 371.08	15 739
2005	52	24 216.24	11 306
2006	76	31 654.53	5 612
2007	87	36 642.53	15 295
2008	103	42 491.15	47 299
2009	140	49 958.39	45 185
2010	266	177 084.38	76 614
2011	237	209 700.08	117 503
2012	277	202 133.22	168 855
2013	393	—	413 010
2014	375	—	727 353
2015	—	—	1 228 033
2016	—	—	1 557 362
2017	—	—	665 126
2018	—	—	647 042
2019	—	—	826 601
2020	—	—	598 518

（李　恩、罗　群）

表 5-2　2020 年 1—12 月我国对外承包工程和劳务合作业务分国别（地区）统计表

单位：份，万美元，人

国家（地区）名称	对外承包工程					对外劳务合作				累计派出各类劳务人员数量	期末在外各类劳务人员数量	雇用项目所在国人员数量
	新签合同份数	新签合同额	完成营业额	派出人数	期末在外人数	新签劳务人员合同工资总额	劳务人员实际收入总额	派出人数	期末在外人数			
甲	(1)	(2)	(3)	(4)	(5)	(6)	(7)	(8)	(9)	(10)	(11)	(12)
合　计	**154**	**792 161.669**	**364 794.428 5**	**3 134**	**9 575**	**15 328.097 4**	**52 136.051 6**	**17 571**	**32 813**	**20 705**	**42 388**	**23 836**
亚洲	107	503 133.647 1	168 071.742	1 503	4 004	13 591.316 2	44 020.304	14 068	28 710	15 571	32 714	6 544
巴林	0	0	359.99	0	0	0	0	0	0	0	0	3
孟加拉国	5	40 266.4	25 657.2	258	422	28.68	2.85	15	22	273	444	1 261
缅甸	0	0	240.99	13	31	0	0	0	0	13	31	85
柬埔寨	2	35 216.99	3 707.54	50	65	2.635	66.882	31	71	81	136	3
塞浦路斯	0	0	0	0	0	34.617 2	238.353 7	141	87	141	87	0
中国香港	32	244 902.05	9 396.98	135	169	1 313.387 2	12 598.125 4	4 144	4 047	4 279	4 216	10
印度	7	11 537.13	372.68	0	7	0.74	0.74	2	2	2	9	14
印度尼西亚	0	0	31.5	16	42	0	0	0	0	16	42	0
伊朗	1	12.24	3.17	1	7	0	0	0	0	1	7	0
伊拉克	1	10 000	9 240.45	68	310	0	0	0	0	68	310	319
以色列	19	6 292.01	13 447.95	118	440	11.777 5	96.884	64	47	182	487	71
日本	0	0	0	0	0	2 407.247	2 651.813	1 176	4 155	1 176	4 155	0
科威特	0	0	230	75	80	0	0	0	0	75	80	5
老挝	3	28 474.7	2 945.52	23	380	0	0	0	0	23	380	108
黎巴嫩	1	4.36	4.36	0	0	0	0	0	0	0	0	0
中国澳门	9	1 118.62	144.06	13	52	8 796.68	17 659.180 8	5 320	16 596	5 333	16 648	0

（续）

国家（地区）名称	对外承包工程					对外劳务合作				累计派出各类劳务人员数量	期末在外各类劳务人员数量	雇用项目所在国人员数量
	新签合同份数	新签合同额	完成营业额	派出人数	期末在外人数	新签劳务人员合同工资总额	劳务人员实际收入总额	派出人数	期末在外人数			
马来西亚	1	10 246.208 2	34 058.36	14	602	7.5826	49.9893	9	8	23	610	214
马尔代夫	2	14 257.6	4 886.82	35	539	0	0	0	0	35	539	300
蒙古国	0	4 263.91	1 449.89	18	58	0	0	0	0	18	58	283
尼泊尔	0	0	33.85	0	0	0	0	0	0	0	0	0
阿曼	0	0	787.8	0	19	0	0	0	0	0	19	0
巴基斯坦	2	128.597	4 388.47	137	105	0	0	0	0	137	105	210
菲律宾	0	0	1 823	0	0	9.268	54.636 8	68	54	68	54	0
卡塔尔	0	0	141.77	0	7	0.938 7	300.993 2	9	213	9	220	0
沙特阿拉伯	2	9 184.12	10 721.71	49	191	3.84	0	4	4	53	195	37
新加坡	3	2 195.917 7	2 429.87	0	0	691.352 9	6 897.469 6	2 162	2 209	2 162	2 209	0
韩国	0	0	0	0	0	12.322 2	428.573 6	108	110	108	110	0
斯里兰卡	7	3 493.277 4	2 006.483	6	53	7.2	27.7	2	20	8	73	105
泰国	3	5 346.446 8	9 310.17	14	105	1.78	38.415 6	2	16	16	121	1 888
土耳其	0	0	0	0	0	0.1822	0.546 6	1	9	1	9	0
阿拉伯联合酋长国	1	0	5 684.58	0	4	23.339 5	438.273 4	41	305	41	309	0
越南	5	14 746.42	7 486.25	130	97	0	0	0	0	130	97	35
中国台湾	0	0	0	0	0	237.746 2	2 468.877	769	735	769	735	0
哈萨克斯坦	1	61 200.62	16 644.699	329	217	0	0	0	0	329	217	1 591
乌兹别克斯坦	0	246.03	435.63	1	2	0	0	0	0	1	2	2
非洲	39	177 158.142 2	142 603.770 8	1 440	5 063	185.397 5	382.1916	174	271	1 614	5 334	16 372
阿尔及利亚	1	392	18 881.764	45	963	0	0	0	0	45	963	424

（续）

国家（地区）名称	对外承包工程					对外劳务合作				累计派出各类劳务人员数量	期末在外各类劳务人员数量	雇用项目所在国人员数量
	新签合同份数	新签合同额	完成营业额	派出人数	期末在外人数	新签劳务人员合同工资总额	劳务人员实际收入总额	派出人数	期末在外人数			
安哥拉	0	0	365.84	11	199	0	0	0	0	11	199	225
贝宁	0	0	0	0	9	0	0	0	0	0	9	5
喀麦隆	0	8 370	5 908	86	222	0	0	0	0	86	222	779
中非共和国	0	0	3.651 1	0	0	0	0	0	0	0	0	0
乍得	4	19 018	5 676.3	186	344	0	0	0	0	186	344	846
刚果（布）	1	1 014.75	4 283.6	62	350	0	0	0	0	62	350	328
吉布提	0	0	49.513 6	0	17	1.92	0	2	2	2	19	0
埃及	1	920	85	12	12	0	0	0	0	12	12	9
赤道几内亚	0	0	40	0	0	0	44.55	0	37	0	37	0
埃塞俄比亚	2	6 731	18 656.37	269	692	8.52	9.12	8	11	277	703	835
加纳	1	541.7	66.092 6	4	5	0	0	0	0	4	5	0
几内亚	1	990.11	2 019.68	6	22	0	0.6	0	3	6	25	0
科特迪瓦	0	5 813.8	146.96	4	3	5.77	0	3	3	7	6	5
肯尼亚	2	2 609.05	1 945.831	43	93	7.6	0.3	11	13	54	106	54
利比里亚	0	0	0	0	0	32.982 5	295.616 6	104	119	104	119	0
毛里塔尼亚	0	0	2 533.36	33	17	0	0	0	0	33	17	110
毛里求斯	0	11 711	2 402.69	29	97	0	0	0	0	29	97	59
摩洛哥	0	1 592.88	0	0	0	0	0	0	0	0	0	0
莫桑比克	0	743.7	6 229.15	127	139	0	0	0	0	127	139	62
尼日尔	0	430	5 110.512 9	14	85	0	0	0	0	14	85	228
尼日利亚	14	53 865.25	19 256.22	169	584	100.8	2.4	28	43	197	627	6 604
卢旺达	0	0	1 157.5	4	51	0	0.3	0	1	4	52	94

（续）

国家（地区）名称	对外承包工程					对外劳务合作				累计派出各类劳务人员数量	期末在外各类劳务人员数量	雇用项目所在国人员数量
	新签合同份数	新签合同额	完成营业额	派出人数	期末在外人数	新签劳务人员合同工资总额	劳务人员实际收入总额	派出人数	期末在外人数			
塞内加尔	0	3 278.934 9	2 243.506 9	5	87	1.92	0	1	1	6	88	121
塞拉利昂	1	582	772.9	6	57	0	0	0	0	6	57	33
南非	0	0	1 650.0037	0	7	0	0	0	0	0	7	11
苏丹	0	48 239.56	4.87	2	1	0	0	0	0	2	1	0
坦桑尼亚	1	1 980.94	9 816.17	112	155	7.68	0.6	8	12	120	167	857
多哥	0	0	0	0	7	0	0	0	0	0	7	4
突尼斯	0	0	502.22	0	0	0	0	0	0	0	0	0
乌干达	0	2 750.77	597.9	10	40	3.805	26.755	7	11	17	51	339
布基纳法索	0	413.540 5	396.065	0	24	0	0	0	0	0	24	0
赞比亚	6	699.67	16 445.59	110	473	14.4	1.65	2	13	112	486	3 300
南苏丹	0	0	467.01	22	35	0	0	0	0	22	35	25
刚果（金）	4	4 469.486 8	14 889.5	69	273	0	0.3	0	2	69	275	1 015
欧洲	6	108 026.679 7	43 327.615 7	132	262	1 225.413 8	4 543.625 1	2 187	2 429	2 319	2 691	709
丹麦	0	0	0	0	0	23.332 1	98.833 9	45	22	45	22	0
英国	0	6 297.03	11 205.07	3	8	18.472 5	132.66	141	107	144	115	480
德国	0	0	0	0	0	972.707 3	2 617.022	1 126	1 640	1 126	1 640	0
法国	0	0	0	0	0	27.192 3	191.604 2	83	58	83	58	0
意大利	2	986.59	662	1	0	2.691 2	13.699 2	21	0	22	0	0
荷兰	0	0	0	0	0	32.540 4	317.167 6	78	67	78	67	0
希腊	0	0	0	0	0	59.470 1	707.494 4	230	201	230	201	0
西班牙	0	0	0	0	0	0	4.944	0	6	0	6	0

（续）

国家（地区）名称	对外承包工程					对外劳务合作				累计派出各类劳务人员数量	期末在外各类劳务人员数量	雇用项目所在国人员数量
	新签合同份数	新签合同额	完成营业额	派出人数	期末在外人数	新签劳务人员合同工资总额	劳务人员实际收入总额	派出人数	期末在外人数			
阿尔巴尼亚	0	0	0	0	0	12.338 4	91.358	40	36	40	36	0
匈牙利	1	0	0	12	14	0	0	0	0	12	14	3
马耳他	0	0	0	0	0	3.380 9	12.365	7	5	7	5	0
摩纳哥	0	0	0	0	0	25.155	111.645	143	97	143	97	0
挪威	0	0	0	0	0	37.434 6	206.086 3	218	180	218	180	0
瑞士	0	0	0	0	0	7.77	25.492	34	9	34	9	0
白俄罗斯	2	22 999.159 7	8 242.402 7	35	79	0	0	0	0	35	79	29
俄罗斯联邦	0	77 737.73	22 024.953	61	100	0	0	0	0	61	100	0
克罗地亚	0	0	0	0	0	2.929	13.253 5	21	1	21	1	0
波黑	0	0	5.09	0	0	0	0	0	0	0	0	0
塞尔维亚	1	6.17	1 188.1	20	61	0	0	0	0	20	61	197
拉丁美洲	1	3 820.54	4 925.68	57	240	167.529 2	1 612.932 3	415	854	472	1 094	99
安提瓜和巴布达	0	41	0	0	0	0	0	0	0	0	0	0
阿根廷	0	0	440.68	0	0	0	0	0	0	0	0	0
巴哈马	0	0	0	0	0	0	13.17	0	19	0	19	0
玻利维亚	0	0	27.88	0	0	0	0	0	0	0	0	0
哥伦比亚	0	0	58.6	0	1	0	0	0	0	0	1	0
哥斯达黎加	0	1 299.14	296.36	0	0	0	0	0	0	0	0	0
厄瓜多尔	0	0	170.91	23	18	0	0	0	0	23	18	14
格林纳达	0	0	1 768.8	21	208	0	0	0	0	21	208	49
牙买加	0	0	0	0	0	59.28	253.56	13	309	13	309	0

（续）

国家（地区）名称	对外承包工程					对外劳务合作				累计派出各类劳务人员数量	期末在外各类劳务人员数量	雇用项目所在国人员数量
	新签合同份数	新签合同额	完成营业额	派出人数	期末在外人数	新签劳务人员合同工资总额	劳务人员实际收入总额	派出人数	期末在外人数			
墨西哥	1	7.35	590.58	1	1	0	0	0	0	1	1	11
巴拿马	0	0	0	0	0	108.249 2	1 346.202 3	402	526	402	526	0
秘鲁	0	2 244.39	170.17	0	0	0	0	0	0	0	0	0
特立尼达和多巴哥	0	228.66	1 401.7	12	12	0	0	0	0	12	12	25
北美洲	0	0	5 369.06	1	1	31.545	234.108 8	336	132	337	133	81
加拿大	0	0	0	0	0	15.745	100.803 4	141	110	141	110	0
美国	0	0	5 369.06	1	1	15.8	133.305 4	195	22	196	23	81
大洋洲	1	22.66	496.56	1	5	74.987 6	820.157 1	217	255	218	260	31
澳大利亚	1	20.52	58	1	4	0	0	0	0	1	4	0
库克群岛	0	0	0	0	0	0.841	17.975	1	1	1	1	0
斐济	0	0	213.99	0	0	0	0	0	0	0	0	0
新西兰	0	0	210.83	0	1	0	0	0	0	0	1	31
巴布亚新几内亚	0	2.14	13.74	0	0	0	0	0	0	0	0	0
所罗门群岛	0	0	0	0	0	8.64	0	1	1	1	1	0
马绍尔群岛共和国	0	0	0	0	0	65.506 6	802.182 1	215	253	215	253	0
洲别不详	0	0	0	0	0	51.908 1	522.732 7	174	162	174	162	0
其他国家	0	0	0	0	0	51.908 1	522.732 7	174	162	174	162	0

六、口岸通关

表 6－1　2020 年北京口岸运营情况一览表

项　　目	本年累计	去年同期	同比增长 ±%
北京首都机场口岸			
旅客吞吐量（人次）	34 514 639	100 005 979	-65.49
其中：进港（人次）	17 260 335	50 018 520	-65.49
出港（人次）	17 254 304	49 987 459	-65.48
出入境人员（人次）	2 925 692	26 547 920	-88.98
其中：入境（人次）	1 421 086	13 357 199	-89.36
出境（人次）	1 504 606	13 190 721	-88.59
其中：出入境外籍人员（人次）	552 838	6 962 885	-92.06
外籍人员入境（人次）	229 365	3 574 501	-93.58
其中：出入境港澳台同胞（人次）	106 963	1 263 394	-91.53
港澳台同胞入境（人次）	50 118	630 805	-92.05
其中：出入境内地居民（人次）	2 265 891	18 321 641	-87.63
其中：旅客过境（人次）	133 848	1 476 013	-90.93
其中：144 小时过境免签旅客（人次）	2 284	44 942	-94.92
飞机起降（架次）	291 497	594 286	-50.95
其中：进港（架次）	145 739	297 138	-50.95
出港（架次）	145 758	297 148	-50.95
出入境飞机起降（架次）	42 684	149 475	-71.44
货邮运量（吨）	1 209 864.52	1 951 857.20	-38.01
其中：国际货邮（吨）	589 571.85	993 641.90	-40.67
国内货邮（吨）	620 292.67	958 215.30	-35.27
海关监管货物总量（吨）	110 969 810.00	103 051 258.00	7.68
其中：监管进口货物（吨）	108 775 322.00	101 669 610.00	6.99
监管出口货物（吨）	2 194 488.00	1 381 648.00	58.83
其中：跨关区通关货物（吨）	110 324 808.00	101 455 120.00	8.74
其中：进口货物（吨）	108 620 942.00	101 428 191.00	7.09
出口货物（吨）	1 703 866.00	26 929.00	6 227.25
北京大兴机场口岸			
旅客吞吐量（人次）	16 091 442	3 075 565	423.20

（续）

项　　目	本年累计	去年同期	同比增长 ±%
其中：进港（人次）	8 079 404	1 540 347	424.52
出港（人次）	8 012 038	1 535 218	421.88
出入境人员（人次）	83 589	91 779	-8.92
其中：入境（人次）	39 959	47 067	-15.10
出境（人次）	43 630	44 712	-2.42
其中：出入境外籍人员（人次）	16 297	17 083	-4.60
外籍人员入境（人次）	6 439	8 429	-23.61
其中：出入境港澳台同胞（人次）	595	4 508	-86.80
港澳台同胞入境（人次）	289	2 346	-87.68
其中：出入境内地居民（人次）	66 697	70 188	-4.97
其中：旅客过境（人次）	153	209	-26.79
其中：144 小时过境免签旅客（人次）	41	135	-69.63
飞机起降（架次）	129 966	20 528	533.12
其中：进港（架次）	65 006	10 260	533.59
出港（架次）	64 960	10 268	532.65
出入境飞机起降（架次）	662	832	-20.43
货邮运量（吨）	76 959.90	7 483.79	928.35
其中：国际货邮（吨）	1 382.50	1 589.75	-13.04
国内货邮（吨）	75 577.40	5 894.04	1182.27
海关监管货物总量（吨）	9 845.00	1 520.00	547.70
其中：监管进口货物（吨）	699.00	279.00	150.54
监管出口货物（吨）	9 146.00	1 241.00	636.99
其中：跨关区通关货物（吨）	680.00	135.00	403.70
其中：进口货物（吨）	592.00	126.00	369.84
出口货物（吨）	88.00	9.00	877.78
北京西站铁路口岸			
出入境人员（人次）	2 082	30 618	-93.20
其中：入境（人次）	1 237	15 720	-92.13
出境（人次）	845	14 898	-94.33
其中：出入境外籍人员（人次）	82	1 348	-93.92
外籍人员入境（人次）	34	749	-95.46
其中：出入境港澳台同胞（人次）	782	10 701	-92.69
港澳台同胞入境（人次）	507	6 030	-91.59
其中：出入境内地居民（人次）	1 218	18 569	-93.44

（续）

项　　目	本年累计	去年同期	同比增长 ±%
其中：旅客过境（人次）	0	18	-100.00
其中：144 小时过境免签旅客（人次）	0	16	-100.00
北京丰台货运口岸			
海关监管货物（吨）	10 025.00	8 662.00	15.74
其中：监管进口货物（吨）	9 314.00	7 049.00	32.13
监管出口货物（吨）	711.00	1 613.00	-55.92
北京朝阳口岸			
海关监管货物（吨）	726 378.00	824 948.00	-11.95
其中：监管进口货物（吨）	659 476.00	761 066.00	-13.35
监管出口货物（吨）	66 902.00	63 882.00	4.73
北京平谷国际陆港			
海关监管货物（吨）	51 920.00	70 826.00	-26.69
其中：监管进口货物（吨）	50 764.00	69 226.00	-26.67
监管出口货物（吨）	1 156.00	1 600.00	-27.75
北京天竺综合保税区		0.00	
实际进出口货物（吨）	74 557.00	71 737.00	3.93
北京口岸合计			
出入境人员合计（人次）	3 011 363	26 670 317	-88.71
其中：入境（人次）	1 462 282	13 419 986	-89.10
出境（人次）	1 549 081	13 250 331	-88.31
其中：出入境外籍人员（人次）	569 217	6 981 316	-91.85
其中：出入境港澳台同胞（人次）	108 340	1 278 603	-91.53
其中：出入境内地居民（人次）	2 333 806	18 410 398	-87.32
海关监管货物合计（吨）	111 767 978.00	103 956 135.00	7.51
监管进口货物（吨）	109 495 575.00	102 506 032.00	6.82
监管出口货物（吨）	2 272 403.00	1 450 103.00	56.71
海关征收税款净入库税额（亿元）	596.42	677.86	-12.01

注：海关征收税款净入库税额是北京海关征收的税款合计，包含进出口关税和进口环节税。

海关监管货物合计不包含北京天竺综合保税区。

（何　剑）

第七部分

大　事　记

大 事 记

一季度

1月1日，中华人民共和国《外商投资法》正式施行。北京市全面落实《外商投资法》相关要求，实施外商投资信息报告制度。

1月1日起，市商务局进驻市政务服务中心事项“货物出口许可证”事项实现了“全程网办”，企业群众“一次不用跑”即可办成事，年减少纸质许可证5000余份，减少企业纸质申报材料15000份，减少企业跑腿2000余次，切实减轻企业负担。

1月21日，应对突发疫情启动生活必需品应急监测机制，开展粮油肉蛋菜量价监测及缺断货统计，建立并形成四部门长效会商机制，累计上报简要分析500余篇，为生活必需品保供稳价提供数据参考；启动百家重点企业日监测并建立常态化周监测机制，及时关注企业经营状况，把握消费运行走势，累计上报简要分析300余篇，服务部门决策及行业发展。

2月，中国（北京）国际贸易单一窗口正式上线海外物资捐赠平台。

2月，印发《北京市商务局关于公示北京口岸“阳光服务”收费项目清单的通知》，推行“三阳服务”模式，促进口岸企业规范化操作。

3月初，中国（北京）国际贸易单一窗口完成空港物流区块链和京津冀海运区块链的建设，并入选《北京市政务服务领域区块链应用创新蓝皮书》。

3月初，依托北京“单一窗口”，积极协调北京海关、天津海关、北京市税务局、首都机场、大兴机场、天津港集团等单位，完成空港区块链和京津冀海运区块链的建设，作为首批上线运行的区块链应用在全市示范推介，入选《北京市政务服务领域区块链应用创新蓝皮书》，为区块链技术在跨境贸易方面示范应用打下坚实的基础。

3月20日，为加强外贸领域疫情防控，全面促进我市外贸稳定运行，印发《关于外贸领域防疫情稳运行若干措施的通知》，有效缓解了疫情对外贸企业的不利影响。

3月30日，牵头制定出台《关于促进商务咨询服务业健康发展的若干措施》，聚焦会计税务、法律、广告业、会议展览、企业总部管理、人力资源、旅行社和安全保护服务等行业，从抗疫情稳经营、补短板提品质、抓统筹建机制等3个方面，推出19条具体措施，提振企业信心、助力复工复产、稳定行业发展。

二季度

4月18日，我市北京热景生物技术股份有限公司、北京金沃夫生物工程科技有限公司、北京健乃喜生物技术有限公司、北京科卫临床诊断试剂有限公司、北京乐普医疗科技有限责任公司和北京库尔科技有限公司6家新冠肺炎检测试剂生产企业通过商务部审核，成为首批进入商务部医疗物资出口白名单的企业，获得海关放行资格。

三季度

6月6日，蔡奇同志带领四套班子领导到

王府井大街出席2020北京消费季启动活动。

8月21日，经市政府批准正式印发《北京国际航空物流发展工作方案》。

8月28日，国务院批复《关于深化北京新一轮服务业扩大开放综合试点　建设国家服务业扩大开放综合示范区工作方案》（国函〔2020〕123号）。

8月30日，国务院批复《中国（北京）自由贸易试验区总体方案》（国发〔2020〕10号）。

8月，按照市领导指示精神，组建北京市稳外资工作专班。

截至8月，流通领域现代供应链体系建设试点工作共完成16条供应链37个项目建设。参与试点供应链综合成本平均降低20%以上，平均库存周转率同比提高10%以上，单元化物流占比提升10%以上。

9月4日至9月9日，由商务部和北京市人民政府共同主办的2020年中国国际服务贸易交易会在京举办。

9月4日，习近平总书记在2020年中国国际服务贸易交易会全球服务贸易峰会上发表重要致辞，表示：支持北京打造国家服务业扩大开放综合示范区，加大先行先试力度，探索更多可复制可推广经验；设立以科技创新、服务业开放、数字经济为主要特征的自由贸易试验区，构建京津冀协同发展的高水平开放平台，带动形成更高层次改革开放新格局。

9月7日，国务院发布《国务院关于深化北京市新一轮服务业扩大开放综合试点建设国家服务业扩大开放综合示范区工作方案的批复》（国函〔2020〕123号）。

9月8日，陈吉宁同志到前门大街出席全国消费促进月暨北京消费季时尚消费月启动活动。

9月，圆满完成了服贸会机场抵离迎送保障工作。

9月，完成《“一市两场”航空货运发展研究》课题。

9月21日，国务院发布《国务院关于印发北京、湖南、安徽自由贸易试验区总体方案及浙江自由贸易试验区扩展区域方案的通知》（国发〔2020〕10号）。

9月24日，中国（北京）自贸试验区揭牌仪式举行，市委书记蔡奇为自贸区揭牌并讲话，市委副书记、市长陈吉宁宣读国务院批复，市人大常委会主任李伟、市政协主席吉林出席。

9月28日，为加强外贸领域疫情防控，全面促进我市外贸稳定运行，印发《关于支持外贸稳定增长的若干措施的通知》，有效缓解了疫情对外贸企业的不利影响。

四季度

10月9日，本市召开建设国家服务业扩大开放综合示范区和中国（北京）自由贸易试验区动员部署大会。市委书记蔡奇强调：以首善标准推进“两区”建设，为构建新发展格局作出首都新贡献。会议由市委副书记、市长陈吉宁主持，市委常委、副市长殷勇作工作部署。商务部等中央有关部门和北京市领导参加会议。市有关部门和单位、各区、自贸试验区各片区、重点开发园区的主要负责同志以视频会形式参加会议。

10月，北京市商务局印发《中国（北京）自由贸易试验区制度创新清单（第一批）》（京商函字〔2020〕1104号），包括155项具体任务措施。

10月，完成3家区域性物流中心疏解。

11月5日，国家服务业扩大开放综合示范区和北京自贸试验区门户网站上线试运行。

10月14日，北京市商务局、商务部市场建设司联合承办的“诚信兴商宣传月”主题日活动在京举办。

11 月 5 日，北京大兴国际机场综合保税区获国务院批复。

12 月，中国（北京）自由贸易试验区完成落桩定界工作，自贸试验区实施范围、四至坐标通过商务部、自然资源部审核验收并经国务院备案，其界址示意图开始在“两区”官方网站上对外公布。

12 月 7 日，市委机构编制委员会印发《关于设立中国（北京）自由贸易试验区（国家服务业扩大开放综合示范区）工作领导小组的通知》（京编委〔2020〕55 号），明确：经市委编委研究，市委决定，设立中国（北京）自由贸易试验区（国家服务业扩大开放综合示范区）工作领导小组，为市委议事协调机构，市委书记担任领导小组组长，市委副书记、市长担任第一副组长，有关市领导担任副组长，成员包括市委市政府有关副秘书长及 44 家部门主要负责同志，领导小组办公室设在市商务局。

12 月 8 日，市委机构编制委员会印发《关于中国（北京）自由贸易试验区（国家服务业扩大开放综合示范区）工作领导小组办公室有关机构编制事项的批复》（京编委〔2020〕56 号），明确在整合原为北京市服务业扩大开放综合试点工作领导小组办公室设置的规划政策处、协调推进处 2 个内设机构的基础上，为我局重新设置综合协调处、制度创新处、运行指导处、统计信息处、督查评估处 5 个内设机构，承担推进综合示范区和自由贸易试验区建设相关工作。

12 月 12 日，市委书记蔡奇带领十六区和相关部门负责人，到 CBD、北京经济技术开发区就“学习贯彻党的十九届五中全会精神，推进国家服务业扩大开放综合示范区和自由贸易试验区建设”进行拉练式检查并召开现场推进会暨“两区”工作领导小组第一次会议。市委副书记、市长陈吉宁，市人大常委会主任李伟，市政协主席吉林，市委副书记张延昆，市领导杜飞进、魏小东、崔述强、殷勇、张家明、隋振江、王红、杨晋柏、靳伟、于鲁明参加。

12 月 28 日，首列平谷—天津港海铁联运班列试运行开通。

2020 年，新增境外服务中心 3 家，境外服务中心总数达 43 家，遍布全球五大洲 33 个国家和地区的 39 个城市。疫情期间，各境外服务中心积极参与北京防疫物资进口、出口。

截至 2020 年底，北京“单一窗口”区块链平台已建成北京商务局节点、北京海关节点、天津港节点，在建唐山港节点，完成北京海关通关数据、天津海关通关数据、首都机场物流数据、大兴机场物流数据、天津港物流数据等数据上链，实现了货物全流程追溯和时效统计，实现了外贸业务跟踪与查询“一链全通”，助力提升国际贸易物流通关效率，优化京津冀跨境贸易营商环境。

2020 年我市北京经济技术开发区国家外贸转型升级基地（集成电路）和海淀区集成电路基地顺利通过考核，被评为国家级外贸转型升级基地。

2 月 1 日至 12 月 31 日，市商务局进驻单位针对受疫情影响严重的国家和地区在京代表机构申请延期工作，指派专人主动对接，采取“先办后补”举措，开辟绿色审批通道，大大缓解了代表机构由于证书过期无法正常开展业务活动燃眉之急。先后为英国伦敦金融城北京代表处、意大利对外贸易委员会北京办事处 6 家代表机构提供容缺受理和快速审批服务。

截至 12 月 31 日，北京“单一窗口”全年业务总量 2510.87 万票。

截至 12 月 31 日，北京关区进、出口整体通关时间分别为 38.23 小时、1.44 小时，同比 2017 年分别压缩 72.80%、90.60%。

第八部分

附　　录

北京市商务局（北京市人民政府口岸办公室）组织序列

（截至2020年12月31日）

序号	市商务局处室
1	办公室
2	综合处（研究室）
3	法制与公平贸易处（世贸组织事务处）
4	综合协调处
5	制度创新处
6	运行指导处
7	统计信息处
8	督查评估处
9	规划建设处
10	流通发展处
11	服务质量促进处（流通秩序处）
12	消费促进处（批发业发展处）
13	生活服务业处
14	储备调控处
15	市场建设处（京津冀商务发展协同处）
16	电子商务处（跨境电商促进处）
17	物流发展处
18	商务服务业发展处
19	商务环境协调推进处（总部经济发展处）
20	外贸运行处（北京市机电产品进出口办公室）
21	贸易发展处
22	会展处（北京市会展发展局）
23	服务贸易处
24	外资发展处
25	外资管理处（对港澳台经济合作处）
26	对外经济合作处
27	安全管理处
28	口岸综合业务处
29	航空港处
30	陆港口岸管理处

（续）

序　号	市商务局处室
31	电子口岸处
32	新闻宣传处
33	财务处
34	人事处
35	机关党委（党建工作处）
36	机关纪委
37	工会
38	离退休干部处
序　号	北京市粮食和物资储备局（部门管理机构）
1	办公室
2	法规体改处
3	规划建设处（流通管理处）
4	粮食储备处
5	物资储备处
6	安全仓储与科技处
7	执法督查处
8	财务审计处
9	机关党委（人事处）
10	机关纪委
11	离退休干部处
序　号	直属单位
1	市国际服务贸易事务中心（北京市会展业发展促进中心）
2	市商务局行政事务服务中心
3	市商务局机关后勤服务中心
4	市商务局离退休干部活动中心
5	市商务举报投诉中心
6	市商务局应急储备保障中心
7	市商务局信息中心
8	市流通经济研究中心（北京商业信息咨询中心）
9	世界贸易网点联盟北京中心
10	市商务局教育中心（市对外贸易学校）
11	市政府口岸办综合管理服务中心
12	首都联合职工大学
13	外贸建外办公大楼管理处
14	市进出口协调发展中心

北京市商务局领导成员

（截至 2020 年 12 月 31 日）

闫立刚　党组书记、局长，中国（北京）自由贸易试验区（国家服务业扩大开放综合示范区）工作领导小组办公室副主任（兼）（2020 年 12 月任职）

孙　尧　党组成员、副局长，一级巡视员（2020 年 7 月任职），机关党委书记、工会主席

柯永果　党组成员（2020 年 5 月任职）

吴向阳　党组成员、副局长（2020 年 5 月任职）

路金启　党组成员、驻局纪检监察组组长

刘梅英　党组成员，副局长（2020 年 12 月免职）、中国（北京）自由贸易试验区（国家服务业扩大开放综合示范区）工作领导小组办公室专职副主任（2020 年 12 月任职）

张　钢　二级巡视员（2020 年 11 月由副局长改任）

王洪存　二级巡视员

丁剑华　二级巡视员

赵立宗　二级巡视员

北京市粮食和物资储备局领导成员

（截至 2020 年 12 月 31 日）

柯永果　党组书记、局长（2020 年 5 月任职）

李广禄　一级巡视员（2020 年 9 月退休）

朱　雷　党组成员、副局长（2020 年 7 月免职），二级巡视员（2020 年 6 月任职）

阎维洪　党组成员、副局长、二级巡视员（2020 年 1 月退休）

任昌坤　党组成员、副局长

王德奇　党组成员、副局长

北京市商务领域社团名录

序号	单位名称	会长	秘书长	联系人	联系电话	单位地址	脱钩情况
1	北京市餐饮行业协会	汤庆顺	贺保贵	冯　颖	66035722	东城区安定门外大街183号京宝花园M201室	第一批已完成
2	北京西餐业协会	魏　青	许　萌	渠迎春	64810615	海淀区羊坊店路18号光耀东方广场S座505室（西客站北广场东北角）	第一批已完成
3	北京市进出口企业协会	陈　伟	叶长有	陈　红	84289882/9001	朝阳区和平里小黄庄北街2号C座	第一批已完成
4	北京服务外包企业协会	钟明博	李　劲	宋国彪 刘　双	82825690-1820	海淀区东北旺西路8号中关村软件园1号楼信息中心C座一层	第一批已完成
5	北京市国际技术贸易协会	林云生	张　涛	韩翼龙	82825690 82826079	海淀区东北旺西路8号中关村软件园1号楼信息中心C座一层	第一批已完成
6	北京礼品流通协会	郑康淳	谢　辉	崔吟絮	64529406	朝阳区林萃桥北200米路东	第一批已完成
7	北京国际经济技术合作协会	马铁山	王晓兰	周京华	63927887	西城区广莲路1号建工大厦1201室	第二批已完成
8	北京品牌协会	孟卫东	夏　明	夏　明	58260938	朝阳公园西里南区6号楼副楼503室	第二批已完成
9	北京市印章行业协会	王汉平	文　节	文　节	62389103	西城区新明胡同2号楼	第二批已完成
10	北京市洗染行业协会	潘福增	高云丽	高云丽	63972756	丰台区莲花池西里20号宝辰洗衣厂四楼	第二批已完成
11	北京美发美容行业协会	陈桂钦	杨京云	张佳祺	63188435	西城区珠市口西大街120号太丰惠中大厦1137室	第二批已完成
12	北京肉类食品协会	司京成	刘金英	吴　萍	63266413/26	西城区广安门外广华轩6号楼	第二批已完成
13	北京蜂产品协会	杨寒冰	赵增莲	钟一鸣	67869258	经济技术开发区同济中路7号兴盛工业园3栋	第二批已完成
14	北京市商业服装行业协会	陈普照	朱名华	李　艺 曾　龙	65242123	东城区东交民巷28号	第二批已完成
15	北京焙烤食品糖制品协会	黄　利	刘俊欣	刘俊欣	63265499	西城区广安门外广华轩6号楼	第二批已完成
16	北京市调味品协会	杜吉信	陈尤太	陈　杰	68367994	西城区北礼士路8号	第二批已完成
17	北京市化工商业协会	邓五一	刘志刚	高世国	87612660 67603818	丰台区永外宋家庄顺八条1号	第二批已完成
18	北京家政服务协会	庞大春	徐化愚	徐育玲	63432818/5414	西城区莲花池东路丙1号	第二批已完成

（续）

序号	单位名称	会长	秘书长	联系人	联系电话	单位地址	脱钩情况
19	北京市豆制品协会	张振山	卢桂芳	金桂华	63521149	丰台区桥南马场 138 号	第二批已完成
20	北京农业生产资料协会	崔长青	李　涛	王宣伟	83828509	丰台区西四环南路 30 号院 8-1 供销农资大厦 12 层	第二批已完成
21	北京文化用品行业协会	张　军	周文安	田秀丽	67226062	东城区永外东革新里 42 号	第二批已完成
22	北京孕婴童用品行业协会	邓正学	范培宏	金　珠	84602486	朝阳区曙光西里甲 6 号院 8 号楼时间国际 708 室	第二批已完成
23	北京市石油流通行业协会	陈立国	王顺增	孟庆钊	85835928	朝阳区十里堡 1 号恒泰大厦七层 7002-7006 室	第二批已完成
24	北京市摄影行业协会	朱秀英	向　诚	刘　超	66039982	西城区大酱坊胡同甲 26 号	第二批已完成
25	北京市国际货运代理行业协会	李建华	王泰山	李　茜	64621398/99	朝阳区亮马桥路 44 号海昌大厦 209 室	第二批已完成
26	北京中外企人力资源协会	谢克海	贾庆森	李　芳	57041981	朝阳区西大望路 15 号院 4 号楼外企大厦 B 座 1906 室	第二批已完成
27	北京市眼镜行业协会	邢荣栋	赵宏序	赵宏序	67059782	东城区天坛路 57 号院内东楼 4 层 401	第二批已完成
28	北京拍卖行业协会	甘学军	姚光锋	任春声 李　冰	68334469	西城区北礼士路甲 98 号阜成大厦 B 座 305 室	第二批已完成
29	北京物流与供应链管理协会	王国丰	林友来	黄少阳	63435426/9	西城区莲花池东路丙 1 号	第二批已完成
30	北京市商业企业管理协会	孟卫东	施燕青	赵志毅	64070692	东城区魏家胡同 20 号	第二批已完成
31	北京市商业联合会	傅跃红	丁淑芬	田旭升	63435418/22/29	西城区莲花池东路丙 1 号	第三批（进行中）
32	北京市商务服务业联合会	刘建华	曹　磊	曹　磊	59424830 68627180	石景山区石景山路 22 号万商大厦 1916	第三批（进行中）
33	北京服务贸易协会	李露霞	杨丽君	张秀菊	68059909	西城南礼士路头条 3 号	第三批（进行中）
34	北京市茶业协会	白文祥	付光丽	刘秀荣	68337903 68339188	西城区北礼士路甲 98 号阜成大厦 A 座 4 层 421 号	第三批（进行中）
35	北京市连锁经营协会	李燕川	刘雁红	高　雅	82111213	海淀区昆明湖南路 11 号院 1 号楼等 3 幢 3 号 2 层 0009 号	第三批（进行中）
36	北京国际会议展览业协会	刘　洋	张学山	张　玲 张　晟	88070431/0324/0343	西城区南礼士路头条 3 号	第三批（进行中）
37	北京电子商务协会	丁同欣	石志红	石志红	63435415	西城区莲花池东路丙 1 号 312 室	第三批（进行中）

（续）

序号	单位名称	会长	秘书长	联系人	联系电话	单位地址	脱钩情况
38	北京口岸协会	姚军	王立刚	陈小梅	13552020058	顺义区首都机场货运路 2 号联检楼 3016 号	第三批（进行中）
39	北京国际经济贸易发展协会	王大路	谭成海	董小华	87211326	丰台区芳星园三区 16-17 号楼 207 室	第三批（进行中）
40	北京国际经贸标准化促进会	王忠敏	黄　俊	闫伯伟	85322254	朝阳区高碑店乡半壁店村惠河南街 1008B 四惠大厦 2 层西区 2015 到 2017 房间	第三批（进行中）
41	北京国际贸易与投资促进会	汪国武	房明	熊　彬	53351341	朝阳区建国路 89 号 3 号楼 509 室	第三批（进行中）
42	北京国际生态经济协会	郝吉明	李军洋	卓　丽	65181160-6003	东城区建国门内大街 18 号恒基中心一座 16 层	专业类不脱钩
43	北京市供销合作经济组织协会	任　军	刘甫强	李占领	63520898	朝阳区小营北路 11 号和泰大厦 7 层 710 室	专业类不脱钩
44	北京老字号协会	刘小虹	仵文贞	仵文贞	66023478 62370448	西城区西绒线胡同 51 号北门四川饭店内	专业类不脱钩
45	北京市对外经济贸易会计学会	徐小溪	赵京娥	赵京娥	65280245	丰台区芳群园四区 21 号楼 450 室	注销（办理中）
46	北京商业经济学会	王成荣	赖　阳	魏　刚	85932083	东城区礼士胡同 41 号	学术类不脱钩
47	北京市商业文化研究会	张连登	胡庆平	魏　刚	85932083	东城区东四南大街礼士胡同 41 号	学术类不脱钩
48	北京京商流通战略研究院	赖　阳	黄爱光	黄爱光	65230718	东城区礼士胡同 41 号	民非类不脱钩
49	北京国际经济管理技术促进会	戴绪龙	柳　峥	王　薇	13910387012	朝阳区阜通东大街 6 号院 5 号楼 7 层 805	专业类不脱钩